SERMÕES

II

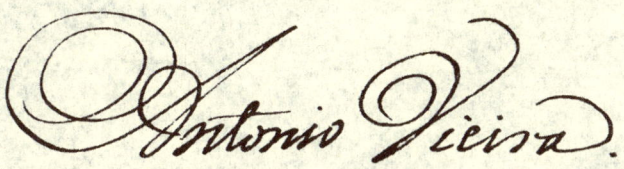

SERMÕES

II

de acordo com as regras do novo *acordo ortográfico*
da língua portuguesa

Direção: † Pe. Gabriel C. Galache, SJ
Ryad Adib Bonduki
Editor: Joaquim Pereira
Assistente: Eliane da Costa Nunes Brito
Capa e Projeto gráfico: Maurélio Barbosa
Revisão: Iranildo B. Lopes

Edições Loyola Jesuítas
Rua 1822, 341 – Ipiranga
04216-000 São Paulo, SP
T 55 11 3385 8500
F 55 11 2063 4275
editorial@loyola.com.br
vendas@loyola.com.br
www.loyola.com.br

Todos os direitos reservados. Nenhuma parte desta obra pode ser reproduzida ou transmitida por qualquer forma e/ou quaisquer meios (eletrônico ou mecânico, incluindo fotocópia e gravação) ou arquivada em qualquer sistema ou banco de dados sem permissão escrita da Editora.

ISBN 978-85-15-03607-3
2ª edição: agosto de 2014
© EDIÇÕES LOYOLA, São Paulo, Brasil, 2009

SUMÁRIO

Apresentação 7
Sermão da Rainha Santa Isabel 9
Sermão da Glória de Maria, Mãe de Deus 25
Sermão da Primeira Dominga da Quaresma 41
Sermão da Terceira Quarta-Feira da Quaresma 61
Sermão de Santo Antônio 85
Sermão de S. Roque 97
Sermão de S. Pedro Nolasco 119
Sermão da Sexta Sexta-Feira da Quaresma 137
Sermão da Quinta Dominga da Quaresma 153
Sermão de Nossa Senhora da Graça 171
Sermão de S. Antônio (aos peixes) 191
Sermão para o Dia de S. Bartolomeu 211
Sermão do Mandato 225
Sermão ao Enterro dos Ossos dos Enforcados 243
Sermão da Primeira Dominga do Advento 257
Notas 281
Aprovações 289
Licenças 291

APRESENTAÇÃO

Três datas marcam o início da vida de Vieira: em 6 de fevereiro de 1608 nasce em Lisboa, primogênito de Cristóvão Vieira Ravasco e de Maria de Azevedo; em 1609, o pai parte para Salvador da Bahia para exercer o cargo de escrivão no Tribunal da Relação, retornando a Lisboa em 1612 — com a mãe, Vieira aprende a ler e escrever; em 1614, a família emigra para o Brasil.

"A cidade era a corte do Brasil. A assistência do governador, do bispo e cabido, do ouvidor e juízes principais do Estado autorizava a denominação. No povoado e seu termo de quase doze freguesias, havia cerca de três mil vizinhos portugueses, oito mil índios e três a quatro mil escravos africanos", escreve João Lúcio de Azevedo em *História de Antonio Vieira* (tomo I, São Paulo, Alameda, 2008, p. 22). Esta cidade, por nove anos, o iniciou em artes e humanidades no Colégio dos Jesuítas. Aí fez também os seus primeiros sermões. Como exemplo, em 1637, pregou na Igreja da Misericórdia da Bahia, o *Sermão ao Enterro dos Ossos dos Enforcados* — circunstância estranha para nós.

Neste volume, além desse sermão, *seis são pregações em festividades de Santos*: São Roque (Lisboa, entre 1644 e 1646, havendo peste no reino do Algarve); Santo Antônio ("aos peixes", em São Luís do Maranhão, 1654, sermão lido e relido); São Pedro Nolasco (novamente em São Luís do Maranhão, entre 1655 e 1660, no dia da dedicação da Igreja das Mercês); Santo Antônio (Roma, 1670, presente o Marquês das Minas); São Bartolomeu (Roma, entre 1670 e 1674, na apresentação dos cardeais); e Rainha Santa Isabel (Roma, 1674, na Igreja dos Portugueses). *Cinco são sermões quaresmais*: Primeira Dominga da Quaresma (1655); Terceira Quarta-Feira da Quaresma (1669); Sexta Sexta-Feira da Quaresma (1662) — os três na Capela Real; Quinta Dominga da Quaresma (catedral de Lisboa, 1651); e Quinta-Feira Santa (Sermão do Mandato, na Capela Real, 1645, um ano após haver sido nomeado pregador régio). *Dois sermões celebram festas marianas*: Da Glória de Maria, Mãe de Deus (Lisboa, 1644, na Igreja de N. Senhora da Glória); e De Nossa Senhora da Graça (Lisboa, 1651, na Igreja de N. Senhora dos Mártires). Por fim, *um sermão pregado na Primeira Dominga do Advento* (na Capela Real, 1652, sobre o Juízo Final).

Os assuntos são vários, pregados em diversos lugares e tempos, assim o quis Vieira.

EDIÇÕES LOYOLA

SERMÃO DA
Rainha Santa Isabel*

*Pregado em Roma,
na Igreja dos Portugueses, no ano de 1674.*

"O reino dos céus é semelhante a um homem negociante que busca boas pérolas.
E tendo achado uma de grande apreço, vai vender tudo o que tem e a compra."
(Mt 13,45s)

Em Roma, na festa da "Rainha Santa", como a chamam os portugueses.

São dois os focos do sermão: a realeza e a santidade de Isabel. E três as qualidades que poucas vezes se concordam na vida real: cabedal, diligência e ventura. Isabel é a maior santa porque rainha e a maior rainha porque santa. O "cabedal" de Isabel são duas coroas: a de Portugal e a de Aragão. Se é difícil ser rei e santo, muito mais difícil é ser rainha e santa. De todos os reis de Israel e Judá, três são santos; de todas as rainhas, nenhuma é santa. "Diligência": Isabel deixou a coroa sem a deixar, demitiu-a sem demitir, renunciou-a sem renunciar. Conservou o cabedal de rainha, e uniu a humildade com a majestade, a moderação com o poder supremo, o desprezo do mundo com o mesmo mundo aos pés. "Ventura": porque foi rainha com mais poder, senhora da saúde e da vida, senhora da natureza e da morte, com maior jurisdição, com maior império.

Que os reis entendam que podem ser santos sem deixar de ser reis.

§ I

A uma rainha duas vezes coroada, coroada na terra e coroada no céu, coroada com uma das coroas que dá a fortuna, e coroada com aquela coroa que é sobre todas as fortunas, se dedica a solenidade deste dia. O mundo a conhece com o nome de Isabel; a nossa pátria, que lhe não sabe outro nome, a venera com a antonomásia de rainha santa. Com este título, que excede todos os títulos, a canonizou em vida o pregão de suas obras; a este pregão se seguiram as vozes de seus vassalos, a estas vozes a adoração, os altares, os aplausos do mundo, rainha e santa. Este será o argumento, e estes os dois polos do meu discurso.

No texto do Evangelho que propus, temos a parábola de um negociante, em que concorreram todas aquelas três qualidades, ou boas partes, que poucas vezes se concordam: cabedal, diligência e ventura. Cabedal: "Tudo o que tem"; diligência: "Que procura boas pérolas"; ventura: "Encontrada uma de grande apreço". Rico, diligente, venturoso. E que negociante é este? É todo aquele, que com os bens da terra sabe negociar o reino do céu: "O reino dos céus é semelhante a um homem negociante".

Este mundo, senhores, composto de tanta variedade de estados, ofícios e exercícios públicos e particulares, políticos e econômicos, sagrados e profanos, nenhuma outra coisa é senão uma praça, ou feira universal, instituída e franqueada por Deus a todos os homens, para negociarmos nela o reino do céu. Assim o ensinou Cristo na parábola daquele rei que repartiu diferentes talentos ou cabedais a seus criados, para que negociassem com eles até sua vinda: "Negociai até que eu volte" (Lc 19,13). Para as negociações da terra, a muitos falta o cabedal; outros têm cabedal, mas falta-lhes a diligência; outros têm cabedal e diligência, mas falta-lhes a ventura. Na negociação do céu não é assim. A todos dá Deus o cabedal, a todos oferece a ventura, e a todos pede a diligência. O cabedal são os talentos da natureza, a ventura são os auxílios da graça, a diligência é a cooperação das obras. Quando o rei disse: "Negociai até que eu volte", os criados a quem entregou a sua fazenda, para que negociassem com ela, eram três: todos três tiveram cabedal, dois tiveram diligência, um não teve ventura. E por que não teve ventura este último? Porque não teve diligência: enterrou o talento. Bem o conhecia o rei, pois fiou dele o menos. E que sucedeu aos outros dois? O que tinha cinco talentos negociou, e granjeou outros cinco. O que tinha dois talentos negociou, e granjeou outros dois. Ambos tiveram igual ventura, porque fizeram igual diligência, mas o que entrou com maior cabedal, saiu também com maior ganância.

Ninguém entrou na praça deste mundo com maior cabedal que a nossa rainha Santa: uma coroa, e outra coroa: a de Aragão e a de Portugal. O mercante do Evangelho tratava em pérolas; Santa Isabel, em coroas. Grande cabedal! De uma grande rainha de Lacedemônia disse Plínio no livro *De Summa Felicitate* este elogio: "Em toda a história da Lacedemônia encontra-se apenas uma mulher filha de rei, esposa de rei e mãe de rei"[1]. Isabel não só foi filha de rei, mulher de rei e mãe de rei: mas que filha? que mulher? que mãe? Filha de um rei em quem estavam unidos os brasões de todos os reis da Europa, Pedro Segundo de Aragão; mulher de um rei que foi árbitro dos reis em todos os pleitos que tiveram em seu tempo as coroas de Espanha, Dionísio de Portugal; mãe de um rei, Afonso Quarto, de quem descendem todos os monarcas e príncipes da cristandade, não vivendo hoje nenhum, que o melhor sangue que tem nas veias não seja de Isabel. Grande fortuna de mulher, grande cabedal! Mas parece que não havia de ser mulher, porque o negociar é ofício de homem: "A um homem negociante". O reparo é do Evangelho, a solução será da epístola.

"Uma mulher forte, quem a encontrará?" (Pr 31, 10.11.15.18 etc.). Quem achará no mundo uma mulher forte, uma mulher varonil, uma mulher como homem? — Tudo isso quer dizer o texto: "Forte, viril, corajosa". Quando eu li as bravezas desta proposta e pergunta de Salomão, estava esperando, ou por uma Judite, com a espada na mão direita e a cabeça de Olofernes na esquerda, ou por uma Jael, com o cravo e com o martelo atravessando as fontes de Sísara; por uma Débora, plantada na testa de um exército, capitaneando esquadrões e vencendo batalhas. Mas não é isto o que responde Salomão. Diz que a mulher forte, a mulher varonil, a mulher mais que mulher, era uma mulher negociante: "Comprou um campo, vendeu lenços, e viu que a sua negociação é boa" (Pr 31,16.18.24). E como negociava esta mulher? Como o homem do Evangelho: com cabedal, com diligência, com ventura. Com cabedal: "Repartiu a presa a seus domésticos" (Pr 31,15); com diligência: "A sua candeia não se apagará de noite" (Pr 31,18); com ventura, e ventura sobre todas: "Muitas filhas ajuntaram riquezas; tu excedeste a todas" (Pr 31,29). Já temos uma mulher negociante como homem. Só nos faltava para Santa Isabel que nos dissesse Salomão o nascimento, a pátria e o estado desta notável mulher. Também isso disse. Disse que era rainha, e espanhola, e aragonesa. Rainha: "Vestiu-se de finíssimo linho e de púrpura" (Pr 31,22), porque naquele tempo só às pessoas reais era lícito vestir púrpura. Espanhola: "Seu preço excede a tudo quanto vem de remontadas distâncias, e dos últimos confins da terra" (Pr 31,10), porque na antiga cosmografia, e na frase da escritura, o fim da terra é Espanha. Finalmente aragonesa, e tal aragonesa, que é mais: "Não necessitará de despojos" (Pr 31,11), porque os aragoneses, entre todas as nações de Espanha, foram os primeiros que enobreceram e enriqueceram com despojos a sua coroa, conquistando novas terras, novos mares e novas gentes. E Santa Isabel em particular foi nascida e criada nos braços de el-rei Dom Jaime de Aragão, por sobrenome, o Conquistador, o qual, e seu filho el-rei Dom Pedro, pai de Isabel, foram os que conquistaram em Espanha o reino de Valença, em Itália o reino de Sicília, no Mediterrâneo as Ilhas de Evisa e Malhorca. E não pararam aqui os despojos. A estes se seguiram sucessivamente, primeiro os Reinos de Córsega e Sardenha, depois o florentíssimo e belicosíssimo Reino de Nápoles, e ultimamente, quê? A mesma Jerusalém, onde Salomão escrevia, e onde estava vendo a mulher forte de que falava, entre despojos nascida, entre despojos criada, e de tão gloriosos despojos herdeira: "Não necessitará de despojos".

Isto suposto, e suposto que eu não sei dizer senão o que me diz o Evangelho, o tema será o sermão, e o assunto dele a melhor negociante do reino do céu: "O reino dos céus é semelhante a um homem negociante". Negociou Isabel de um reino para outro reino, e de uma coroa para outra coroa, não do reino e coroa de Aragão para o reino e coroa de Portugal, senão do reino e coroa da terra, para o reino e coroa do céu, que vem a ser, em menos palavras, rainha e santa. Estes dois nomes somente havemos de complicar um com o outro, e veremos a nossa rainha tão industriosa negociante no manejo destas duas coroas, que com a coroa de rainha negociou ser maior santa, e com a coroa de santa negociou ser maior rainha. Maior rainha, porque santa, e maior santa, porque rainha. A rainha de todos os santos nos alcançará a graça. *Ave Maria*.

§ II

"O reino dos céus é semelhante a um homem negociante".

Rainha e santa, e porque santa, maior rainha. Esta é a primeira parte do nosso discurso, e este foi o primeiro lanço da melhor negociante do reino do céu.

O maior cabedal que pode dar o mundo é uma coroa. Mas, ainda que as coroas são as que dão as leis, não são mercadoria de lei. Ao menos eu não havia de assegurar esta mercadoria de fogo, mar e corsário, porque as mesmas coroas, muitas vezes, elas são o roubo, elas o incêndio, elas o naufrágio. Para conquistar reinos da terra, o melhor cabedal é uma coroa, mas para negociar o reino do céu, é gênero que quase não tem valor. Ponde uma coroa na cabeça de Ciro; conquistará os reinos de Baltasar; ponde uma coroa na cabeça de Alexandre: conquistará os reinos de Dario; ponde uma coroa, não na cabeça, senão no pensamento de César, e oprimirá a liberdade da pátria, e da mais florente república fará o mais soberbo e violento império. Mas para negociar o reino do céu, nem a Baltasar, nem a Dario, nem a Alexandre, nem a César, nem ao mesmo Ciro, a quem Deus chamava o seu rei e o seu ungido, "Ao meu ungido, Ciro" (Is 45,1), valeram nada as coroas.

Ora, eu andei buscando no nosso Evangelho alguma coroa, e ainda que Cristo nunca multiplicou tantas semelhanças e tantos modos de adquirir o reino do céu em diversos estados e ofícios, o de rei não se acha ali. Achareis um lavrador, um mercante, um pescador, um letrado, mas rei não. E por quê? Não são personagens os reis, que pudessem entrar também em uma parábola e autorizar muito a cena com a pompa e majestade da púrpura? Claro está que sim. E assim o fez Cristo muitas vezes. Mas vede o que dizem as parábolas dos reis: "O reino dos céus é semelhante a um rei que fez as bodas a seu filho" (Mt 22,2); "Entrou o rei para ver os que estavam à mesa" (Mt 22,11); "Que há, que estando para ir para a campanha contra outro rei" (Lc 14,31); "Foi para um país muito distante, tomar posse de um reino" (Lc 19,12). Reis que fazem bodas, que fazem banquetes, que fazem guerras, que mandam exércitos, que conquistam reinos da terra, isso achareis no Evangelho; mas reis que se empreguem em adquirir o reino do céu, parece que não é ocupação de personagens tão grandes. Ao menos Cristo disse que o reino do céu era dos pequenos: "Deixai vir a mim os pequeninos, porque dos tais é o reino dos céus (Mc 10,14)". Tais são o lavrador no campo, o mercador na praça, o pescador no mar, o letrado na banca e sobre o livro. Mas nas cortes, nos palácios, nos tronos, e debaixo dos dosséis, que achareis? Bodas, banquetes, festas, comédias, e por cobiça, ou ambição, exércitos, guerras, conquistas. Eis aqui por que as coroas não são boa mercadoria, ao menos muito arriscada para negociar o reino do céu. Reis belicosos, reis e políticos, reis e deliciosos, quantos quiserdes; mas reis e santos, muito poucos. Vede-o nas letras divinas, onde só se pode ver com certeza. De tantos reis quantos houve no povo de Deus, só três achareis santos: Davi, Ezequias, Josias. Houve naquele tempo grande quantidade de santos, grande sucessão de reis, mas reis e santos, santidade e coroa? Três.

E se é coisa tão dificultosa ser rei e santo, muito mais dificultoso é ser rainha e santa. No mesmo exemplo o temos. De todos os reis de Israel e Judá, três santos; de todas as rainhas, nenhuma. Ainda não está ponderado. O número das rainhas naquele tempo era muito maior, sem comparação, que o dos reis, porque era permitida e usada a poligamia; e assim como hoje é grandeza e majestade terem os reis muitos criados e muitos ministros, assim então era parte da mesma majestade e da mesma grandeza terem muitas rainhas. Das rainhas que teve Davi, além de outras muitas, sabemos o nome a sete; Jeroboão teve dezoito, e só Salomão, setecentas. "E ele teve setecentas mulheres, que eram como rainhas" (3Rs 11,3). E sendo tão inumerável o número das rainhas, santa nenhuma. Finalmente, desde o princípio do mundo até Cristo, em que passaram quando menos quatro mil anos, em todos os reinos e todas as nações não achareis rainha santa mais que unicamente Ester.

E qual é a razão disto? Porque é mais dificultoso ser rainha santa que rei santo, porque, ainda que no rei e na rainha é igual a fortuna, na mulher é maior a vaidade. Os fumos da coroa não sobem para o céu: descem para a cabeça. Ponde a mesma coroa na cabeça de Davi e na cabeça de Micol; na de Micol, tantas fumaradas; na de Davi, nenhum fumo. E se me disserdes que Davi era humilde e santo, tomemos outras parelhas. O mais vão rei que houve no mundo foi el-rei Assuero; mas a rainha Vasti, muito mais fumosa que Assuero. O mais soberbo rei que houve em Israel foi el-rei Acab; mas a rainha Jezabel, muito mais fumosa que Acab. Lembrai-vos de Atália, que foi a segunda Medeia, ou a segunda Semíramis do povo Hebreu. Era mãe e avó, que é mais, e por muito vã, e muito fumosa, não duvidou tirar a vida a todos os filhos de seu filho, el-rei Ocosias. De nenhum homem se lê semelhante resolução. E buscando a causa os padres e expositores, não acham outra, nem dão outra, senão o ser mulher: "Porque era mulher"[2], diz com todos Abulense. Mulher Atália, mulher Jezabel, mulher Vasti, mulher Micol, mulher Bersabé, mulher finalmente Eva. E em todas estas sempre pode mais a vaidade que a virtude.

§ III

Perdoai-me, Rainha Santa, este discurso, mas não mo perdoeis, porque todo ele foi ordenado a avaliar o preço, a encarecer a singularidade, e a sublimar a grandeza de vossas glórias. Menos santa fora Isabel, se a sua santidade não assentara sobre mulher e coroa. Destes dois metais, um tão frágil, outro tão precioso, deste vidro e deste ouro se formou, se fabricou a peanha que levantou a estátua de Isabel até as estrelas. Mas antes que mais nos empenhemos na ponderação desta verdade, acudamos às vozes do Evangelho, que parece estão bradando contra ela. O modo de negociar o reino do céu, e a forma ou contrato desta negociação, diz Cristo que há de ser dando, deixando e renunciando o negociante tudo quanto tiver: "Deu tudo que tinha, e a comprou". Se Isabel renunciara à coroa, e deixara de ser rainha, então disséramos justamente que com a coroa da terra comprou e negociou a coroa do céu; mas ela viveu rainha e morreu rainha, e não renunciou à coroa. Eu bem sei que renunciar uma coroa, assim como é a maior coisa do mundo, assim é também a mais dificultosa, mas não por isso impossível. Exemplo temos no nosso século, posto que o não vissem os passados. Roma o viu, e Roma o vê: Uma das maiores coroas da Europa, renunciada com tanto valor e deixada com tanta glória, só por seguir a fé do Evangelho, e segurar debaixo das chaves de Pedro aquele reino que só elas podem abrir. Pois, por que não deixou Isabel este tudo, que verdadeiramente é o tudo do mundo: "Tudo o que tem?". Por que não renunciou e demitiu de si a coroa, para se conformar com o Evangelho?

Primeiramente digo que sim: deixou Isabel a coroa, mas deixou-a sem a deixar, demitiu-a sem a demitir, e renunciou-a sem a renunciar. Era Isabel rainha; mas que rainha? Uma rainha que debaixo da púrpura trazia perpetuamente o cilício; uma rainha, que assentada à mesa real, jejuava quase todo o ano a pão e água; uma rainha, que quando se representavam as comédias, os saraus, os festins, ela estava arrebatada no céu, orando e contemplando; uma rainha, que por dentro da sua coroa lhes estavam atravessando a cabeça e o coração os espinhos da coroa de Cristo; uma rainha, que adorada e servida dos grandes de seu reino, ela servia de joelhos aos pobres, e lhes lavava os pés com suas mãos, e lhes curava e beijava as chagas. Desta maneira usava Isabel da coroa, ajuntando e unindo, na pessoa da rainha, dois extremos tão distantes e dois exercícios tão contrários, e isto digo que foi deixar a coroa sem a deixar. Tenho para prova um texto de S. Paulo, muito vulgar e sabido, mas de tão dificultosa inteligência, que tendo-se empregado variamente nele todos os expositores sagrados, ainda se lhe deseja mais própria e adequada exposição.

"O qual, tendo a natureza de Deus, se aniquilou a si mesmo, tomando a natureza de servo" (Fl 2,6s). Quer dizer: sendo o Verbo Eterno, por essência e igualdade ao Pai, Deus, quando tomou e uniu a si a natureza humana, despiu-se e despojou-se de tudo quanto era e quanto tinha. Ainda o diz com maior energia o apóstolo: "Aniquilou-se a si mesmo"; assim como quando um vaso, quando se emborca e se esgota, lança de si quanto tem, e fica vazio, assim o fez, e ficou Deus, fazendo-se homem. Já estais vendo a dificuldade, não só os teólogos, mas todos. Deus, fazendo-se homem, não perdeu nada do que tinha, nem deixou nada do que era. Era Deus, e ficou Deus; era infinito, e ficou infinito; era eterno e imenso, e ficou eterno e imenso; era impassível e imortal, e ficou imortal e impassível. Pois se Deus não deixou, nem renunciou, nem demitiu de si nada do que era, nem do que tinha, como diz S. Paulo que se despojou e se esgotou a si mesmo, e de si mesmo: "Aniquilou-se a si mesmo?". Assim o disse profundamente o apóstolo, e também diz o como isto podia ser, e como foi: "Tomando a natureza de servo, quando tinha a natureza de Deus". É verdade que Deus, fazendo-se homem, não perdeu nada do que era, nem deixou nada do que tinha, porém tomou e uniu ao que era tudo o contrário do que era; tomou e uniu ao que tinha tudo o contrário do que tinha; e tomar e unir na mesma pessoa extremos tão contrários e tão distantes, foi despojar-se de tudo o que era, sem se despojar. Era Deus, e fez-se homem; era eterno, e nasceu em tempo; era imenso, e determinou-se a lugar; era impassível, e padecia; era imortal, e morreu; era supremo senhor, e fez-se servo; e servir o senhor, morrer o imortal, padecer o impassível, limitar-se o imenso, e humanar-se o divino, não só foi tomar o que não era, senão deixar o que era. Não deixar, deixando, que isso não podia ser, mas deixar retendo, deixar conservando, deixar sem deixar: "Aniquilou se a si mesmo to mando a natureza de servo, quando tinha a natureza de Deus". Isto é o que fez o Verbo, e isto é o que fez Isabel, conformando-se altissimamente com o Evangelho ao modo do mesmo autor do Evangelho. Rainha com majestade e coroa, mas que coroa, que majestade, que rainha! Coroa sim, mas coroa, sem a deixar, deixada, porque deixou toda a pompa e esplendor do mundo, com que se engrandecem as coroas. Majestade sim, mas majestade, sem a renunciar; renunciada porque renunciou toda a ostentação, toda a altiveza e toda a idolatria com que se adoram as majestades. Rainha sim, mas rainha não rainha, porque, tirada a soberania do título, nenhuma outra coisa se via em Isabel das que se admiram nas rainhas, sendo por isso mesmo a mais admirável de todas.

Desta maneira deixou a nossa rainha a coroa e o tudo que pedia o Evangelho: "Tudo o que tem". Mas assim como a deixou sem a deixar, por que a não deixou deixando? Por que não abdicou a majestade, por que não deixou de ser rainha, ou não aceitando a coroa, quando se lhe ofereceu, ou renunciando-a, depois de aceitada? Respondo que esta foi a maior indústria de sua negociação: conservar o cabedal de rainha para granjear ser maior santa. O maior bem, ou o único bem que têm as supremas dignidades do mundo, é serem um degrau sobre o qual se levanta mais a virtude, é serem um cunho real, com que sobe a maior valor a santidade. Santo foi Davi, e Santo Abraão, e primeiro Abraão que Davi. Contudo S. Mateus, referindo a genealogia de Cristo, antepõe Davi a Abraão: "Filho de Davi, filho de Abraão" (Mt 1,1). Pois se Abraão também era santo, e santo da primeira classe, como Davi, e precedia na antiguidade, por que se lhe antepõe Davi? Dá a razão Santo Tomás angelicamente. Porque ainda que Abraão era santo, e tão santo como Davi,

Davi era santo e rei juntamente, o que não concorria em Abraão. A santidade de Abraão, posto que grande, era santidade sem coroa; a santidade de Davi era santidade coroada, e santidade assentada sobre coroa, ainda em grau igual, é maior santidade.

E por quê? Porque na majestade, na grandeza, no poder, na adoração, e em todas as outras circunstâncias que acompanham as coroas, concorrem todos os contrários que pode ter a virtude e a santidade; e a virtude conservada entre os seus contrários é dobrada virtude. Ouvi uma das mais notáveis sentenças de Santo Agostinho: "Ouçam todas as idades o que nunca ouviram"[3]. — E que hão de ouvir? Fala do parto virginal, e diz assim: "A virgem elevou-se com seu parto; e ao parir, dobrou a virgindade". Nestas últimas palavras reparo. Diz Santo Agostinho, que Maria Santíssima concebendo, parindo, e ficando Virgem, não só conservou, mas dobrou a virgindade: "E ao parir, dobrou a virgindade". Se falara de qualquer outra virtude, não tinha dificuldade esta doutrina. Mas da virgindade, parece que não pode ser, porque a virgindade consiste em ser indivisível. É uma inteireza perfeita, incorrupta, intemerata, que não pode crescer, nem minguar, nem admite mais ou menos. Pois se esta virtude soberana e angélica não admite diminuição nem aumento, se quando é, sempre é igual e sempre a mesma, como diz S. Agostinho que cresceu, que se aumentou, e que se dobrou, e foi dobrada no parto da Virgem? Porque foi virtude que se conservou inteira entre seus contrários. A conceição, o parto, o ter filho, o ser mãe, são os contrários da virgindade; e conservar-se Maria Virgem, sendo juntamente mãe, foi ser dobradamente virgem: "E ao parir, dobrou a virgindade". Tais foram as virtudes de Isabel. O maior contrário, e o maior inimigo da virtude, é uma grande fortuna; e quanto maior figura, tanto maior inimigo. A humildade, o desprezo do mundo, a moderação, a abstinência, a pobreza voluntária, na outra gente, são simples virtudes; mas estas mesmas, com uma coroa na cabeça, com um cetro na mão, debaixo de um dossel, e assentadas em um trono, são dobradas virtudes, porque são virtudes juntas com seus contrários. A humildade, junta com a majestade, é dobrada humildade; a moderação, junta com o supremo poder, é dobrada moderação; o desprezo do mundo, junto com o mesmo mundo aos pés, é dobrado desprezo do mundo; a pobreza com a riqueza, a abstinência com a abundância, a mortificação com o regalo, a modéstia com a lisonja, é dobrada pobreza, é dobrada abstinência, é dobrada mortificação, é dobrada modéstia, porque é cada uma delas, não uma rosa entre os espinhos, mas uma sarça verde entre as chamas. E porque a nossa negociante do céu sabia que debaixo do risco está a ganância, por isso teve por maior conveniência não deixar, senão ajuntar a coroa com a virtude; não deixar, senão ajuntar a majestade com a santidade, para que, sendo rainha e juntamente santa, fosse também maior santa, porque rainha.

E se quereis ver tudo isto com os olhos em uma admirável figura, ponde-os comigo, ou com S. João, no céu. No capítulo doze do Apocalipse, diz S. João que "apareceu no céu um grande prodígio". E, declarando logo qual fosse este prodígio e sua grandeza, diz que era uma mulher, que tinha os pés no primeiro céu, que é o céu da lua: "A lua sob os seus pés"; o corpo no quarto céu, que é o céu do sol: "Vestida de sol"; e a cabeça no oitavo céu, que é o céu das estrelas: "E uma coroa de doze estrelas sobre a sua cabeça" (Ap 12,1). Grande mulher, grande prodígio e grande retrato de Isabel!

Mulher que, vivendo na terra, já seus méritos a tinham canonizado e colocado no céu: "Apareceu no céu um grande prodígio"; mulher tão desprezadora das grandezas do mundo, que todas as coisas sublunares as pisou e meteu debaixo dos pés: "A lua sob os seus pés"; mulher tão alumiada e ilustrada das luzes da graça, que, aos olhos de Deus e dos homens, resplandecia como um sol: "Vestida de sol"; mulher tão adornada de todas as perfeições e dotes sobrenaturais, que todo o coro das virtudes, como outras tantas estrelas lhe teciam e esmaltavam a coroa: "E uma coroa de doze estrelas sobre a sua cabeça". Até aqui Isabel santa. E sendo esta prodigiosa mulher tão grande, poderá ser maior? Estando tão alta, poderá subir mais? Estando no céu, poderá ser mais celeste? Sim. E como? Se ao celeste se ajuntar o real, e às suposições de santa as circunstâncias de rainha. Assim foi, e assim o viu o mesmo profeta.

"E a esta mulher — diz S. João — foram-lhe dadas duas asas da águia grande, para que voasse com elas" (Ap 12,14). A águia é a rainha das aves; e mulher com asas de águia é mulher com prerrogativas reais, é mulher com circunstâncias de rainha. Mas notai que não só diz que se deram à mulher duas asas de águia, senão duas asas de águia grande: "Foram dadas à mulher duas asas da águia grande". Agora pergunto: Qual é neste mundo a águia grande, e quais são as duas asas desta águia? A águia grande não há dúvida que é Espanha, a mais dilatada monarquia de todo o universo, águia real, coroada de tantas coroas. As duas asas desta águia também não há dúvida que são o reino de Aragão de uma parte, o reino de Portugal de outra. Não é divisão ou distinção minha, senão de todos os cosmógrafos, os quais dividem a Espanha em três partes, ou três Espanhas: "Espanha Bética, Espanha Tarraconense, Espanha Lusitânica". O corpo e a cabeça desta grande águia é a Espanha Bética, que compreende as duas Castelas. Uma das asas é a Espanha Tarraconense, isto é, Aragão, que de Tarragona se disse Aragona; a outra asa é a Espanha Lusitânica, isto é Portugal, que de Luso se disse Lusitânia. Ao ponto agora. Tendo o céu engrandecido tanto a Isabel, tendo-a sublimado a um lugar tão alto de perfeição, tendo depositado nela tudo o precioso e lustroso de seus tesouros e graças, que fez Deus? "Foram dadas à mulher duas asas da águia grande": ajuntou e acrescentou a esta prodigiosa mulher as duas asas reais da grande águia de Espanha: por nascimento, a de Aragão, e por casamento, a de Portugal. E para quê? "Para que voasse com elas": para que, levantada sobre estas duas asas a santidade de Isabel, o grande dela crescesse à maior grandeza, o alto subisse à maior altura, o luminoso à maior luz, o celeste à mais celeste, e à mesma santidade a mais santa. Santa Isabel, porque santa, e maior santa, porque rainha. Santa, porque santa: por isso colocada no céu: "Apareceu no céu um grande prodígio"; e maior santa, porque rainha: por isso, depois de colocada no céu, acrescentada com asas de águia e com circunstâncias reais: "Foram dadas à mulher duas asas da águia grande".

E se não voemos nós também com as mesmas asas, e subamos do céu estrelado, onde a viu S. João, ao céu empírio, onde a viu Davi: "À tua direita estava a Rainha com um vestido dourado, e envolta em outro de cor vária" (Sl 44,10). Vi — diz Davi — uma rainha colocada à destra de Deus, a qual estava vestida com duas galas diferentes: por dentro, com uma roupa bordada de ouro: "Com um vestido dourado"; por fora, com outra roupa de cor vária: "E envolta em outro de cor vária". — Eis aqui como está a nossa rainha santa no céu, vestida e adornada com duas galas: uma por baixo, e por dentro, que é o vestido de rainha que vestiu primeiro, e por isso bordado de ouro: "Com um vestido dourado"; outra por cima e por fora, que é o hábito de Santa Clara, que vestiu depois, e por isso de cor vária — pardo e branco: "E envolta em outro de cor vária". E qual destas duas galas a faz mais majestosa e mais gloriosa no céu: a de dentro ou a de fora, a de brocado ou a de burel, a de rainha ou a de religiosa? Digo que ambas, mas porque uma assentou sobre a outra. Porque o hábito de religiosa assentou sobre o de rainha, porque o burel assentou sobre o brocado, porque o vestido de fora assentou sobre o de dentro; daí é que lhe vem toda a graça e toda a formosura. O mesmo Davi o disse: "Toda a sua glória é de dentro, em franjas de ouro, envolta em vestidos de cor vária" (Sl 44,14s): a graça e a formosura do vestido de fora toda lhe vem do vestido de dentro. O hábito de S. Francisco e de Santa Clara é uma das mais vistosas e mais bizarras galas que se trajam no céu. Mas esta mesma gala em Isabel, assentada sobre vestiduras reais, é muito mais vistosa, muito mais bizarra e muito mais formosa, porque toda a graça e formosura lhe vem das guarnições e bordaduras de ouro, que por baixo da orla estão reluzindo: "Toda a sua glória é de dentro, em franjas de ouro".

E se perguntarmos mais curiosamente a Davi qual era o lavor dessas guarnições e dessa bordadura da orla, também o disse milagrosamente: "Em franjas de ouro"; lê o hebreu: *In scutulatis*. A guarnição e bordadura que aparecia na orla do vestido real, por baixo do burel de que a rainha estava revestida, era um lavor e recamo de ouro, formado e enlaçado de escudos. E que escudos são estes? São aqueles dois escudos que vedes pintados ao lado de Isabel: o escudo das armas de Aragão e o escudo das armas de Portugal. De maneira que a bordadura da orla que faz sair e sobressair a gala com que Isabel se ostenta gloriosa à destra de Deus, é composta admiravelmente e tecida destes dois escudos travados e alternados um com o outro, as barras entre as quinas, e as quinas entre as barras: *In scutulatis*. E nestes escudos reais, cobertos e sobrevestidos de burel áspero e grosseiro, diz Davi que consiste todo o realce da gala e toda a formosura e glória da filha do rei: "Toda a glória da filha do rei é de dentro", porque, se Isabel é gloriosa e exaltada no céu por santa, muito mais exaltada é por santa sobre rainha: "À tua direita estava a Rainha com um vestido dourado, e envolta em outro de cor vária".

§ IV

Temos visto a Isabel maior santa porque rainha; segue-se que a vejamos agora maior rainha, porque santa. Este foi o segundo lanço da melhor negociante do reino do céu, e nisso mesmo parecida ao negociante do Evangelho. A fortuna nunca iguala os desejos dos homens; mas se houvesse uma fortuna tão grande, que não só igualasse, mas vencesse e excedesse os desejos, esta seria a maior fortuna que se pode imaginar. Tal foi a fortuna do negociante do Evangelho. Ele desejava "e procurava pérolas boas". E quando só desejava pérolas boas, e de preço e estimação ordinária, foi tal a sua fortuna, que achou uma pérola tão preciosa que excedia o valor de quanto buscava e de quanto tinha: "E tendo achado uma

pérola preciosa, deu tudo o que tinha, e a comprou". Ainda foi maior fortuna a de Isabel: Isabel não buscava coroas, antes as coroas a buscavam a ela; e porque buscada das coroas, ela buscou a santidade, por isso essa mesma santidade lhe acrescentou à coroa, e a fez muito maior rainha. A dignidade de rainha é tão alta e tão soberana, que parece não admite maioria. Mas Isabel, pelos privilégios de santa, foi rainha maior que rainha, porque foi rainha com maior poder, rainha com maior jurisdição, rainha com maior império.

Uma das acusações que se deram contra Cristo, e a que venceu a causa, foi dizerem que se fazia rei, e que tomava a jurisdição de César: "Se livras a este, não és amigo de César, porque todo o que se faz rei contradiz ao César" (Jo 19,12). Todos os padres e expositores sagrados impugnam esta calúnia, e a provam com cinco mil testemunhas contestes. Estes foram aqueles cinco mil homens, que, depois de Cristo lhes matar a fome no milagroso banquete do deserto, o reconheceram pelo verdadeiro Messias, e o quiseram aclamar por rei, quando o senhor, para mostrar que não era rei dos que fazem ou podem fazer os homens, os deixou e se retirou para o monte. Grande prova de Cristo se não fazer rei, como era acusado. Mas São Leão Papa[4], com mais alto pensamento, apresenta-se entre os mesmos acusadores diante de Pilatos, e argumenta assim por parte deles: "Para que não pareça totalmente vã a objeção dos judeus, examine o presidente diligentemente": Examine Pilatos diligentemente a causa, e achará que não é totalmente falsa a acusação. — Em dizerem os judeus que Cristo se fez rei, falam verdade; em dizerem que se fez rei como César, aqui é que mentiram. Haviam de dizer que se fez rei maior que César, e maior que todos os reis. E por quê? Ouvi a razão do eloquentíssimo pontífice, que é divina: "Este homem, acusado de se fazer rei, deu olhos a cegos, ouvidos a surdos, pés a mancos, fala a mudos; sarou febres, resolveu dores, ressuscitou mortos, e com todas estas coisas, ainda que não provou que era rei, como César e como os outros reis que não têm tal poder, mostrou, porém, e demonstrou que era maior rei que todos eles."

O mesmo digo de Isabel. Entrava Isabel nos hospitais que ela e seus antecessores tinham edificado, concorriam a Isabel os enfermos de todas as enfermidades. E que sucedia? Ia Isabel fazendo o sinal da cruz sobre eles: os cegos viam, os mudos falavam, os surdos ouviam, os mancos e aleijados saltavam, os mortos, os que estavam para morrer ressuscitavam: "Estas coisas demonstram perfeitamente a grandeza da rainha". Dizei às outras rainhas, e aos outros reis, que façam isto com todo seu poder. Fazer mancos, fazer aleijados, fazer cegos, fazer estropiados, isso fazem os reis, e isso podem. E se não, ide a essas campanhas, a estes exércitos, e a essas cortes: uns em muletas, outros arrastando; uns sem pernas, outros sem braços; uns sem olhos, outros sem orelhas, outros pedindo esmola com os dedos, porque não têm língua; outros sem casco na cabeça, meio atontados; outros sem queixadas no rosto, horríveis e disformes. Homens miseráveis, homens que não sois homens, senão parte de homens: quem vos pôs neste estado? Padre, o serviço de el-rei. Fomos à guerra, e dela escapamos desta maneira. Isto é o que podem fazer os reis, e tanto mais quanto mais poderosos. Não assim Isabel. Era rainha que restituía braços e pés, e olhos, e ouvidos. Ver a majestade e pompa com que se diz dos reis que são senhores da vida! Senhores da vida? Leiam à margem destes títulos à glosa de Cristo: "Não temais aos que matam o corpo". (Mt 10,28). São senhores da vida para a tirar; para a dar, não. Se sois delinquente, podem-vos matar por justiça; se sois inocente, podem-vos matar por tirania; se tendes pouco juízo e pouco coração, podem-vos matar com uma carranca, ou com um voltar de olhos; mas dar vida ou saúde, não é da jurisdição dos reis. Assim o confessou um rei mais verdadeiro que todos: "Não queirais confiar nos príncipes, em quem não há salvação" (Sl 145,3). Isabel, sim, que era senhora da saúde e da vida, e por isso maior rainha que todas as rainhas: "Estas coisas demonstram perfeitamente a grandeza da rainha".

§ V

Outra demonstração em maiores corpos. Chega santa Isabel a Santarém, para atravessar o Tejo. Estava prevenida uma galé real para a pessoa, gôndolas e bargantins toldados para a corte; mas, em aparecendo Isabel na praia, abre-se o rio de repente, levantam-se dois muros de cristal de uma e outra parte, os peixes, como às janelas, em cardumes e atônitos, pasmando da maravilha, e Isabel caminhando sobre o seu bordão por aquela rua nova, juncada de limos verdes, mas sobre areias de ouro. Não é afetação minha, que já o disse o Espírito Santo em caso semelhante: "Um campo viçoso no profundo abismo" (Sb 19,7). Passemos agora de Portugal à Palestina e do Tejo ao Jordão. Para o Rio Jordão à vista da Arca do Testamento, cabeça também coroada: "Farás sobre ela uma coroa de ouro em roda" (Ex 25,11). — Pinta o caso Davi, e exclama: "Que tens, ó mar, para fugires? E tu, Jordão, por que retrocedeste?" (Sl 113,5). Rio que paras, mar que foges, que é o que viste? — Bizarra e elegante prosopopeia de Davi, mas em pequeno teatro; maior é o nosso. Que rio e que mar eram aqueles com quem falava Davi? O mar era o Mar Morto, chamado por outro nome "Vale das Salivas"[5], porque era uma saliva do oceano. Cuspiu o oceano, e fez aquele mar. O rio era o Jordão, composto de dois regatos, um o *Jor*, outro o *Dan*, que para terem cabedal com que ir morrer no Mar Morto, se ajuntaram e fizeram companhia um com outro. Esta era a grandeza do rio, a quem aquele pequeno lago engolia de um bocado, como diz o profeta: "Ele se promete que o Jordão entrará pela sua boca" (Jó 40,18).

Comparai-me agora rio com rio, e mar com mar. Assim como a Arca do Testamento passou por aquela parte onde as águas do Jordão se misturam com as do Mar Morto, assim passou Isabel por aquela parte onde as águas do Tejo se confundem com as do Oceano. O Oceano é aquele pego vastíssimo e imenso, que ele só é todo o elemento da água; e, estendendo infinitos braços, está recebendo como nas pontas dos dedos o tributo de todos os rios do universo. Este foi o mar que se retirou e fez pé atrás à vista de Isabel. E o rio, qual era? Aquele soberbíssimo Tejo, primeiro domador do mesmo Oceano, a quem pagaram párias em pérolas o Indo e o Ganges, não coroados de juncos e espadanas, como o Pai Tibre, mas com grinaldas de rubis e capelas de diamantes. Este soberbo mar, este soberbo rio, são os que fizeram praça a Isabel, e lhe descobriram nova terra para que pisasse. Davi, respondendo à sua pergunta, disse: "Comoveu-se a terra na presença do Senhor, perante o Deus de Jacó" (Sl 113,7). E aqui está o maior excesso de maravilha. Lá o Jordão parado, cá o Tejo parado; lá a Arca coroada, cá Isabel coroada; lá a Arca caminhando a pé enxuto, cá Isabel a pé enxuto; mas lá, porque o rio viu a face de Deus; cá, porque viu a face de Isabel; lá, porque viu a face do senhor de Israel; cá, porque viu a face da rainha de Portugal: "Na presença do Senhor, perante o Deus de Jacó". Que Deus visto refreie a corrente dos rios, isso é ser Deus; mas que, à presença de Isabel, lhe façam os rios a mesma reverência, vede se é ser rainha mais que rainha? E se não, perguntai ao mesmo Tejo, quantas vezes passaram por ele as outras rainhas, quais eram as suas cortesias. Passavam as Teresas, passavam as Dulces, passavam as Mafaldas, passavam as Urracas, as Leonoras, as Luísas, as Catarinas, e o Tejo, que fazia? Corria como dantes. Porém a Isabel — falemos em frase de Roma — a Isabel firmava-se o Tejo, às outras não se firmava, porque as outras eram rainhas, Isabel era rainha e santa, e por isso maior rainha.

§ VI

Eu já quisera acabar, mas está me chamando a nova primavera que vemos a que repare naquelas rosas. Levava Isabel na aba do vestido grande cópia de moedas de ouro e prata, para repartir aos pobres, e era inverno. Perguntou-lhe el-rei que levava, e respondeu que rosas. Rosas neste tempo, como pode ser? — diz el-rei. Abriu a santa, e eram rosas. Há rainha, há rei no mundo que tenha tais poderes? Gastar muito dinheiro, e grandes tesouros em flores, em jardins, e ainda em sombras, que é menos, isto podem fazer, e fazem os reis; mas fazer de um dobrão uma rosa, converter uma substância em outra, ainda que seja um grão de ouro em um grão de areia, nem todos os reis do mundo juntos o podem fazer; é outra jurisdição mais alta. Manda Deus a Moisés sobre o Egito, e o título que lhe deu foi de Deus de Faraó: "Eis aí te constituí Deus de Faraó" (Ex 7,1). Parece demasiado título, e não necessário. Faraó era rei de Egito, seja Moisés rei de Faraó, e basta. Pois por que lhe não dá Deus título de rei, senão de Deus? Porque era razão que o título se conformasse com os poderes. Moisés havia de converter a vara em serpente, o Nilo em sangue, a água em rãs, o pó em mosquitos, e converter umas substâncias em outras é poder e jurisdição mais alta que a dos reis. Chama-se logo Moisés, não rei de Faraó, senão Deus. Esta foi a discrição do demônio no formulário das suas tentações. Quando disse a Cristo que convertesse as pedras em pão, acrescentou: "Se és filho de Deus" (Mt 4,3); quando lhe ofereceu todos os reinos do mundo, não falou em ser Filho de Deus. Pois se lhe chama Filho de Deus quando lhe diz que converta as pedras em pão, por que lhe não chama também Filho de Deus quando lhe oferece os reinos de todo o mundo? Porque o domínio de um reino, e de muitos reinos, e de todos os reinos, cabe na jurisdição de um homem rei; mas converter uma substância em outra é poder mais que humano, é poder mais que real, é poder divino. Tais foram neste caso os poderes daquela rainha, sobre todos os reis e rainhas do mundo. Mas ainda não está ponderado o fino da maravilha.

Não esteve a maravilha em converter as moedas em rosas, senão em quê? Em dizer: são rosas, e serem rosas. Serem rosas, só porque Isabel lhe chamou rosas, é maravilha só da boca de Deus. Ponderação admirável de São Paulo: "Deus chama com tanta verdade as coisas que não são, como aquelas que são (Rm 4,17)." — E esta é a maior glória do seu poder, e o maior poder da sua palavra, porque basta que ele mude os nomes às coisas, para que elas mudem a natureza, e o que era deixe de ser, e o que não era, seja. Mas, quantas vezes fez Deus esta maravilha? Uma só vez, e no maior milagre dos seus milagres, e na maior obra de sua onipotência. Na instituição do Diviníssimo Sacramento quis Cristo que o pão se convertesse e transubstanciasse em seu corpo; e o que fez para isso? Disse que o pão que tinha nas mãos era seu corpo: "Isto é o meu corpo" (Lc 22,19); e bastou que chamasse seu corpo ao pão, para que o que era pão deixasse de ser pão, e o que não era seu corpo, fosse seu corpo. Na criação do mundo não fez Deus semelhante maravilha. Mandou que se fizessem as coisas, e fizeram-se: "Ele disse e foram feitas" (Sl 32,9); porém, no Diviníssimo Sacramento, para o qual tinha reservado os maiores poderes do seu poder, fez que fosse seu corpo o que era pão, só com lhe chamar seu corpo: "Chama as coisas que não são como aquelas que são". O mesmo fez Isabel. Não levantou as mãos, não orou, não pediu, não mandou, só disse que eram rosas as moedas, e foram rosas. O chamar foi produzir, e o dizer que eram, foi fazer que fossem o que não eram: "Chama as coisas que não são como aquelas que são". Em Cristo foi poder ordinário; em Isabel poder delegado, mas infinitamente maior que todos os poderes reais.

Os reis também arremedam, ou querem arremedar a Deus na soberania deste poder. Cobri-vos marquês, assentai-vos duque. Só com o rei vos chamar marquês, sois marquês; só com vos chamar duque, sois duque. Mas tudo isso que vem a ser? Um nome; no demais sois o mesmo que dantes éreis. Podem os reis dar nomes, sim, mas dar ser, ou tirar ser, ou mudar ser, não chega lá a sua jurisdição, por mais poderosos que sejam. Depois que Deus criou o mundo, e o povoou, e fez a Adão rei e senhor de todo ele, mandou que todos os animais viessem à presença do mesmo Adão, para que ele lhes pusesse os nomes: "Levou os animais a Adão para que ele os visse e lhes desse um nome" (Gn 2,19). E por que não pôs Deus os nomes aos animais, e quis que lhos pusesse Adão? Judiciosamente S. Basílio de Selêucia: "Dividamos a graça deste engenho formador: conheçam-me como artífice da natureza por lei; e a ti entendam como senhor pela designação dos nomes"[6]: Quis Deus que Adão pusesse os nomes aos animais, para partir com ele o império, e mostrar a diferença que havia de um a outro. Eu, Deus, e tu, rei do universo; eu Deus, porque dei o ser aos animais; tu rei, porque lhes pusestes os nomes. — De maneira que o mais a que pode chegar um rei, ainda que seja rei de todo o mundo, é pôr nomes e dar nomes; é fazer que vos chameis dali por diante o que ele vos chamou: "Todo o nome que Adão pôs de alma vivente, esse é o seu nome" (Gn 2,19). Porém fazer, com esse nome, que o que não era seja, e que esse mesmo chamar seja dar ser, é jurisdição incomparavelmente mais soberana, por natureza, só de Deus, por delegação, só de Isabel. Enquanto rainha, podia dar nomes, mas nomes que não eram mais que nomes; enquanto santa, deu nomes que davam ser e mudavam ser, e por isso maior rainha que todas as rainhas.

Por fim dos poderes de Isabel, quero acabar com aquele poder que tudo acaba, e que pode mais que os que tudo podem, a morte. A morte pode mais que todas as rainhas e todos os reis, mas também este poder todopoderoso foi sujeito à nossa rainha. A morte matou a Isabel, mas Isabel pôde mais, porque matou a morte. E como a matou? Não podendo a morte desfazer o corpo em que vivia aquela alma, o qual há trezentos anos se conserva incorrupto. Ameaçava Cristo pelo Profeta Oseias a morte, e dizia-lhe: "Serei tua morte, ó morte" (Os 13,14): Deixate estar morte, que eu te matarei, eu serei a tua morte. — Esta era a profecia, mas o sucesso parece que foi o contrário, porque a morte matou a Cristo. Pois se Cristo morreu, e a morte o matou, como diz o mesmo Cristo que havia de ser morte da morte? Assim foi, em dois sentidos. Foi morte da morte em nós, porque matou a morte da alma, que é o pecado; e foi morte da morte em si, porque matou a morte do corpo, não podendo a morte corromper nem desfazer o corpo morto de Cristo: "Não permitirás que o teu santo veja a corrupção" (Sl 15,10). Quando a morte mata e fica viva depois de matar o homem, desfaz-lhe o corpo; porém quando a morte morre matando, quando a morte mata, e fica morta, não pode desfazer o corpo do mesmo a quem matou, e assim não pôde desfazer o de Cristo, mais poderoso que ela. "Ao matares tão potente adversário nosso, mataste"[7] — disse S. Jerónimo com elegância de palavras que não cabe nas nossas. E isto que se viu no corpo de Cristo em três dias, é o mesmo que está vendo o mundo no corpo de Isabel há trezentos anos. Mas donde lhe veio a Isabel a soberania deste privilégio? Não da coroa, senão da santidade; não por rainha, mas por santa: "Não permitirás que o teu santo veja a corrupção".

§ VII

Esta imagem, senhores, de Isabel morta, mas com dotes de imortalidade, é a que eu hoje desejo levemos todos retratados na alma. E para que fique nela mais altamente impressa, ponhamos à vista deste retrato o retrato de outra Isabel, também de Portugal, também coroada, e também morta. Quando S. Francisco de Borja abriu a arca em que ia a depositar o corpo da nossa imperatriz Dona Isabel, mulher de Carlos Quinto, vendo a corrupção daquele cadáver e daquele rosto, que pouco antes era um milagre da natureza, ficou tão penetrado e tão atônito daquela vista, que ela bastou para o fazer santo. Se um só destes retratos obrou tais efeitos em um juízo racional e cristão, que farão ambos os retratos juntos, e um defronte do outro? Acolá Isabel, aqui Isabel; acolá uma coroa, aqui outra coroa; acolá um corpo morto e todo corrupção, aqui outro corpo morto, mas incorruptível e como imortal. Oh! que mudança! Oh! que diferença! Oh! que desengano! Assim se morre, senhores, e assim se pode morrer.

Com razão escreveu Roma sobre aquela imagem e retrato de Isabel: "E agora, ó reis, entendei: instruí-vos os que julgais a terra" (Sl 2,10). Até agora parece que tinham alguma desculpa os monarcas da terra em não entender a diferença que há do aparente ao verdadeiro, do real ou imperial, ao santo, de uma coroa a outra coroa, e de reinar a reinar. Porém agora, à vista de um prodígio e testemunho do céu tão manifesto e tão constante, à vista do respeito que guardou a morte, ou do poder que não teve sobre os despojos mortais e já mortos de Isabel, e muito mais, se a esta vista ajuntamos o paralelo tão notável de uma e outra majestade, ambas do mesmo nome, ambas do mesmo sangue, e ambas da mesma dignidade soberana e suprema, que rei haverá que não acabe de entender o que tão mal se entende, que príncipe que não queira aprender o que tão pouco se estuda? "Entendei e instruí-vos". Não digo — pois nem Deus o manda — que as cabeças ou testas coroadas façam o que fez Carlos, convencido de uma só parte deste exemplo, nem que renunciem e se despojem, como ele se despojou, das coroas; o que só digo, e diz Deus a todos os reis, é que aprendam a não as perder, e se perder, mas a negociar com elas, e que, com o exemplo canonizado de Isabel rainha e santa, entendam que também podem ser santos sem deixar de ser reis, e que então serão maiores reis, quando forem santos. Não consiste a negociação do reinar em acrescentar o círculo às coroas da terra, que maiores, ou menores, todas acabam, mas em granjear, e assegurar, e amplificar com elas o que há de durar para sempre. Assim negociou com as suas duas coroas a nossa negociante do reino do céu, agora maior, mais poderosa, e mais verdadeira rainha. Assim está reinando, e reinará para sempre; assim goza, e gozará sem fim os lucros incomparáveis da sua prudente e venturosa negociação: na terra, enquanto durar o mundo; sobre os altares, e no céu, por toda a eternidade, em sublime trono de glória.

SERMÃO DA
Glória de Maria, Mãe de Deus

*Em dia da sua gloriosa Assunção,
pregado na Igreja de Nossa Senhora da Glória,
em Lisboa, no ano de 1644.*

"Maria escolheu a melhor parte."
(Lc 10,42)

Em 1644, três anos após chegar a Lisboa, Vieira é nomeado pregador régio. Prega hoje, na casa da Senhora da Glória, a festa da Glória da Senhora. Pretende mostrar que a glória de Maria comparada com a glória do mesmo Deus tem a melhor parte. Embora a glória de Deus seja infinitamente maior que a de Maria, a melhor parte que uma mãe pode escolher é que a glória de seu filho seja ainda maior. Ouçamos os filósofos: com exemplos de Sêneca, de Ovídio, de Plutarco e de Claudiano, Vieira afirma que o que mais se deve desejar é o melhor que se pode escolher. Assim, o que mais devem desejar os pais é que os filhos os vençam e os excedam. Ouçamos ainda os Padres da Igreja. As referências são de Sidônio Apolinar, São Gregório Nazianzeno e de Santo Agostinho. Segundo eles, se a honra dos filhos é superior à dos pais é querida pelos pais e não deixa de ser dos pais, por serem pais. Ouçamos as Escrituras. Três são os exemplos que se apresentam: o de Barcelai fiel a Davi, o de Abraão sacrificando sua vida e a do filho Isaac e o de Davi entronizando Salomão, seu filho. Aprende-se deles que, por mais gloriosa que seja a glória de um pai, nenhuma outra glória lhe resta desejar senão que o seu filho o exceda em tudo. Termina parabenizando Maria pelo Filho.

§ I

Bem se concordam neste dia e neste lugar o título da casa com o da festa, e o da festa com o da Casa: a Casa da Senhora da glória, e a festa da glória da Senhora. O Evangelho, que deve ser o fundamento de tudo o que se há de dizer, também eu o quisera concordar com esta glória, mas o que dele e dela se tem dito até agora não concorda com o meu desejo, nem com o meu pensamento. O Evangelho diz que escolheu Maria a melhor parte. "Maria escolheu a melhor parte". E os santos e teólogos que mais se alargaram, aplicando esta escolha e esta parte à glória da Senhora, só dizem que verdadeiramente foi a melhor, porque a glória a que a Senhora hoje subiu e está gozando no céu, é melhor e maior glória que a de todos os bem-aventurados. Os bem-aventurados da glória, ou são homens, ou anjos; e não só em cada uma destas comparações, senão em ambas, dizem que é maior a glória de Maria, que a de todos os homens e a de todos os anjos, e não divididos, mas juntos. Grande glória! Grande, incomparável, imensa! O sol não só excede na luz a cada uma das estrelas e a cada um dos planetas, senão a todas e a todos incomparavelmente. Por isso a Senhora neste dia se chama escolhida como o sol: "Quem é esta que se levanta, escolhida como o Sol?" (Ct 6,9). O mar não só excede na grandeza a cada uma das fontes e a cada um dos rios, senão a todas e a todos imensamente: por isso a Senhora se chama Maria, que quer dizer mar, e só por este nome, que não tem outra coisa no Evangelho, se lhe aplicam as palavras dele: "Maria escolheu a melhor parte". Isto é, como dizia, tudo o que dizem os santos e teólogos; mas nem o Evangelho assim entendido, nem a glória da Senhora assim declarada, nem a comparação dela assim deduzida, concordam com o meu pensamento. O Evangelho dizendo: "A melhor parte", parece-me que quer dizer muito mais; a glória de Maria, sendo de Maria, Mãe de Deus, parece-me que é muito maior, e a comparação com os outros bem-aventurados somente, parece-me muito estreita e quase indigna. O meu pensamento é, Deus me ajude nele, que a comparação de glória a glória não se deve fazer só entre a glória de Maria com a glória de todas as outras criaturas humanas e angélicas, senão com a glória do mesmo Criador delas, a quem Maria criou. O texto e a palavra "a melhor", a tudo se estende, porque, sendo superlativa, põe as coisas no sumo lugar, do qual se não exclui Deus, antes se inclui essencialmente. Neste tão remontado sentido pretendo provar e mostrar hoje, que comparada a glória de Maria com a glória do mesmo Deus, e fazendo da glória de Maria duas partes, a melhor parte é a de Maria: "Maria escolheu a melhor parte". Até não me ouvirdes, não me condeneis. E espero que me não haveis de condenar, se a mesma Senhora da glória me assistir com sua graça: *Ave Maria*.

§ II

"Maria escolheu a melhor parte". Suspensos considero todos os que me ouvem, na expectação do assunto que propus: os curiosos com indiferença, os devotos com alvoroço, os críticos com a censura já prevenida, e todos com razão. É certo, e de fé, que, por grande e grandíssima que seja a glória de Maria, Senhora nossa, a glória de Deus é infinitamente maior, assim como ele — que só se compreende — é por natureza infinito. Pois se a glória de Maria, como glória de pura criatura, posto que criatura mais excelente de todas, é glória finita, e infinitamente menor que a glória de Deus, como me atrevo eu a afirmar, e como se pode entender que, ainda em comparação da glória do mesmo Deus, se verifiquem as palavras do Evangelho na glória de Maria, e que goze Maria a melhor parte: "Maria escolheu a melhor parte"?

Para inteligência desta verdade, nas mesmas palavras do Evangelho temos outra dúvida não menos dificultosa, que se deve averiguar primeiro. Esta, que o texto chama a melhor parte, diz o mesmo texto que Maria a escolheu: "Maria escolheu a melhor parte". E também esta escolha não tem lugar, nem se pode verificar na glória da Senhora. A eleição para a glória é só de Deus; Deus é o que elegeu e escolheu para a glória a todos os bem-aventurados, que por isso se chamam escolhidos. E, ainda que entre todos os escolhidos a Senhora tenha o primeiro e mais sublime lugar, ela também foi escolhida, e não a que escolheu. Assim a canta a Igreja, quando canta a mesma entrada da Senhora no céu: "Deus a escolheu e a pré-escolheu, e a fez morar em sua casa". Pois se Maria foi escolhida para a glória que tem no céu e a escolha foi de Deus, e não sua, como diz a mesma Igreja, nas palavras que lhe aplica, que a Senhora foi a que escolheu e elegeu esta melhor parte: "Maria escolheu a melhor parte"? Na inteligência desta segunda dúvida consiste a solução da primeira. Ora vede, e com atenção. É certo que a Senhora foi escolhida por Deus para a glória, e também é certo que a glória de Deus é infinitamente maior que a glória da Senhora, e contudo, diz o Evangelho, que Maria foi a que escolheu, e que escolheu a melhor parte, uma e outra coisa com grande mistério e energia. Diz que Maria foi a que escolheu, porque, ainda que a eleição não foi da Senhora, a grandeza de sua glória é tão imensa, que não parece que foi a glória escolha para ela, senão que ela foi a que a escolheu para si. E diz que Maria escolheu a melhor parte, porque, ainda que a glória de Deus é infinitamente maior que a sua, a melhor parte que pode escolher uma mãe é que a glória de seu filho seja a maior. Como Maria é Mãe de Deus, e Deus Filho de Maria, mais se gloria a Senhora de que seu Filho goze esta infinidade de glória, e de ela a gozar em seu Filho, do que se a gozara em si mesma. E daqui se segue que, considerada a glória de Deus e a glória de Maria em duas partes, porque a parte de Deus é a máxima, por isso a parte de Maria é a ótima: "Maria escolheu a melhor parte".

Para todos os que sois pais e mães, não hei mister maior nem melhor prova do que digo que os vossos próprios afetos e o ditame natural dos vossos corações. Dizei-me: se houvera neste mundo uma dignidade, uma honra, uma glória maior que todas, e se pusera na vossa eleição, e na vossa escolha querê-la para vós ou para vosso filho, para quem a havíeis de querer? Não há dúvida que para vosso filho. Pois isto mesmo é o que devemos considerar na glória da Senhora. É verdade que a glória de Deus é infinitamente maior que a de sua Mãe; mas como todo esse excesso de glória é de seu filho, e está em seu filho, ela a possui e goza em melhor parte, que se a gozara em si mesma. Assim entendo e suponho que o entendem todos os que são pais e mães. Mas porque muitos dos que me ouvem não têm esta experiência, e porque em algum coração humano, ainda que paterno ou materno, pode estar este mesmo afeto menos bem ordenado, para a glória da Senhora da glória, e para maior evidência de que mais gloriosa é pela glória de seu Filho que pela sua, e que gozando nele toda essa glória, a goza na melhor parte, ouçamos e provemos esta mesma verdade, pelo testemunho universal e concorde de todas as letras sagradas, Eclesiásticas e profanas. No primeiro lugar ouviremos os filósofos, no segundo os Santos Padres da Igreja, no terceiro as Escrituras divinas, e no último ao mesmo Deus na pessoa do pai. E veremos quão conforme foi o seu afeto com o desta soberana Mãe, pois ambos são pai e Mãe do mesmo Filho.

§ III

Comecemos pelos filósofos. Põe em questão Sêneca[1], e disputa sutilissimamente, no livro terceiro dos cinco que intitulou *De Beneficiis,* se pode um filho vencer em algum benefício a seu pai. A razão de duvidar é porque o primeiro e maior benefício é o ser, e, havendo o pai dado o ser ao filho, o filho não pode dar o ser a seu pai. Mas esta diferença não tem lugar no nosso caso, porque falamos de um pai e de uma filha em que o pai é juntamente pai e filho da mesma mãe, e a mãe é juntamente mãe e filha do mesmo pai. Abstraindo porém deste impossível da natureza, que os filósofos gentios não conheceram, resolve o mesmo Sêneca, que bem pode um filho vencer no maior benefício a seu pai, e o prova com o exemplo de Eneias, o qual por meio das lanças dos gregos, e do incêndio e labaredas de Troia, levando sobre os seus ombros ao velho Anquises, deu mais heroicamente a vida a seu pai, do que dele a recebera. À vista deste famoso espetáculo de valor e de piedade, não há dúvida que venceu o filho ao pai; mas qual foi então mais glorioso, o filho vencedor ou o pai vencido? A este exemplo ajunta o mesmo filósofo o de Antígono, e de outros, que deram a seus pais mais ainda que o ser e a vida que lhes deviam, e conclui assim: "Felizes os que vencerem, felizes os que são vencidos: o que é portanto mais feliz do que assim resultar?". Quando os filhos vencem os pais, e se ostentam maiores que eles, felizes são os que vencem, e felizes os vencidos, mas muito mais felizes os pais vencidos que os filhos vencedores, porque não pode haver maior gosto nem maior glória para um pai que ver-se vencido de seu filho. Grande glória é do filho que vença ao pai que lhe deu o ser; mas muito maior glória é do mesmo pai ver que deu o ser a um tal filho que o vença a ele.

Isto que disse Sêneca, falando dos benefícios, corre igualmente, e muito mais em todas as outras ações ou grandezas, em que os pais se veem vencidos dos filhos. Ouçamos a outro filósofo que melhor ainda que Sêneca conheceu os afetos naturais, e não só em mais harmonioso estilo, mas com mais profunda especulação que todos, penetrou a anatomia do coração humano. Faz paralelo Ovídio entre os dois primeiros Césares, Júlio e Augusto, aquele pai, e este filho, e depois de assentar que a maior obra de Júlio César foi ter um tal filho como Augusto: "Entre os feitos de César nenhum foi maior do que ter sido pai de Augusto"[2] — supõe, com a comum opinião de Roma, que um cometa que na morte de Júlio César apareceu, era a alma do mesmo Júlio colocada entre os deuses, como um deles. E no meio daquela imaginada bem-aventurança, qual vos parece que seria a maior glória de um homem, que nesta vida tinha logrado todas as que pode dar o mundo? Diz o mesmo Ovídio — tão falso na suposição como poeta, mas tão certo no discurso como filósofo — que o que fazia lá de cima Júlio César era olhar para seu filho Augusto, e que, considerando as grandezas do mesmo filho, e reconhecendo e confessando que eram maiores que as suas, o seu maior gosto e a sua maior glória era ver-se vencido dele: "E ao ver as grandes obras do que nasceu, confessou que eram maiores do que as suas e se alegrou de ter sido vencido por ele". Ah! Virgem gloriosíssima: no céu estais verdadeiramente, como crê e adora a nossa fé; mas nas sombras escuras e falsas deste fabuloso pensamento, que consideração haverá que não reconheça quais são lá os mais intensos afetos e as maiores glórias do vosso? Estais vendo e contemplando, como em um espelho claríssimo, o infinito ser, os infinitos atributos, a infinita e imensa majestade de vosso unigênito filho; conheceis e confessais que as suas grandezas excedem e são também infinitamente maiores que as vossas: "Confessou que eram maiores do que as suas"; mas a mesma evidência de que vosso filho vos vence e excede na glória é a melhor parte da mesma glória vossa, e a de que mais vós gozais e gozareis eternamente com ele: "E se alegrou de ter sido vencido por ele". Quem pudera imaginar que Júlio César, vencedor de Cipião e de Pompeu, e de tantos outros capitães famosos, que junto a estes perdem o nome, triunfador da África, do Egito, das Gálias e das Espanhas, e da mesma Roma, aquele enfim de tão altivo coração, que ninguém sofreu lhe fosse superior ou igual no mundo, quem pudera imaginar, digo, que havia de gostar e gloriar-se de ser vencido de outro? Mas como Augusto, que o vencia, era filho seu, o ser vencido dele era a sua maior vitória, este o maior triunfo de seus triunfos, esta a maior glória de suas glórias: "E se alegrou de ter sido vencido por ele".

Mas por que neste exemplo não nos fique o escrúpulo de ser adulação poética, posto que tão conforme ao afeto natural, confirmemo-lo com testemunho histórico e verdadeiro, em nada menor que o passado, e porventura mais notável. Celebra Plutarco, tão insigne historiador como filósofo, o grande extremo com que Filipe, rei de Macedônia, amava a seu filho Alexandre, já digno do nome de Grande em seus primeiros anos, pela índole e generosidade real que em todos seus pensamentos, ditos e ações resplandecia[3]. E para prova deste extremado afeto, refere uma experiência, que nos vassalos pudera ser tão arriscada, como do rei mal recebida, se o amor de pai a filho a não interpretara doutra sorte. Foi o caso que os macedônios, sem embargo da fé que deviam a Filipe, publicamente chamavam a Alexandre o rei, e a Filipe o capitão. Mas como castigaria Filipe este agravo? Não há ciúmes mais impacientes, mais precipitados e mais vingativos que os que tocam no cetro e na coroa. Apenas tem havido púrpura antiga, nem moderna, que por leves suspeitas neste gênero, se não tingisse em sangue. E que sofre Filipe, aquele que tanto tinha dilatado o império de Macedônia, que seus próprios vassalos em sua vida e em sua presença, lhe tirem o nome de rei, e o deem a Alexandre? Muito fora que o sofresse, mas muito mais foi que não só o sofria, senão que o estimava e se gloriava muito disso. Ouvi a Plutarco: "Felipe amou este filho merecidamente, a ponto de se alegrar quando os Macedônios chamavam Alexandre como rei e a Felipe como chefe". Era Filipe pai, e Alexandre filho, e tão fora estava o pai de sentir que lhe antepusessem o filho, que antes o tinha por lisonja e glória, e esse era o seu maior gosto: "A ponto de se alegrar". Quando lhe tiravam a coroa para a darem a seu filho, então se tinha Filipe por mais coroado; quando já faziam Alexandre herdeiro do reino, antes de lhe esperarem pela morte, então se tinha por imortal; quando o apelidavam com menor nome, então se tinha por maior; e quando lhe diziam que ele só era capitão, então aceitava esta gloriosa injúria, como os vivas e aplausos da mais ilustre vitória, porque a maior glória de um pai é ser vencido de seu filho: "E se alegrou de ter sido vencido por ele".

A razão e filosofia natural deste afeto é porque ao maior desejo, quando se consegue, segue-se naturalmente o maior gosto, e o maior desejo que tem, e devem ter os pais, é serem tais seus filhos, que não só os igualem, mas os vençam e excedam a eles. Assim o disse ou cantou ao imperador Teodósio, Claudiano, tão insigne na filosofia, como na poética. Descreve copiosamente as virtudes imperiais, militares e políticas, com que seu filho Honório se adiantava admiravelmente aos anos, e não só igualava, mas excedia a seu pai, e fazendo uma apóstrofe a Teodósio, lhe diz confiadamente assim: "Olhai agora por onde quer que brilheis, ó grande Pai, seja no círculo do Austro ou no frio Setentrião, olhai, que o voto se realiza: o filho nascido já vos iguala nos méritos e o que é mais desejável, vence"[4]: De lá, onde como estrela de Marte, ilustrais o mundo com vossas vitórias, ou seja, no círculo do Austro, ou no frio Setentrião, olhai, felicíssimo César, para Honório, vosso filho, e se como imperador tendes conseguido o nome de Grande, chamando-vos a voz pública Teodósio, o Magno, a minha, diz Claudiano, não vos invoca com o nome de grande imperador, senão com o de "Grande pai" e o que celebro mais entre todas as glórias de vossa felicidade, e o que tenho por mais digno do emprego de vossa vista, é que vejais e torneis a ver: "Olhai, olhai", que chegastes a ter um filho, o qual não só vos iguala, que é o que desejam os pais, mas que já vos excede e vence, que é o que mais devem desejar: "E o que é mais desejável, vence". Notai muito as palavras: "O que é mais desejável", e aplicai-as ao nosso caso. O que mais se deve desejar, é o melhor que se pode escolher. E como o que mais devem desejar os pais é que os filhos os vençam e os excedam, bem se conclui que, se entre a glória de Deus e a da sua Mãe fora a escolha da mesma Mãe, o que a Senhora havia de escolher para si é que seu filho a excedesse e vencesse na mesma glória, como verdadeiramente a excede e vence: "E o que é mais desejável, vence". Vence Deus incomparavelmente a sua Mãe na glória infinita que goza, mas como este mesmo excesso é o mais que Maria podia desejar, e o melhor que podia escolher como Mãe, por isso se diz com razão que Maria escolheu a melhor parte: "Maria escolheu a melhor parte".

§ IV

Temos ouvido os filósofos que falam pela boca da natureza; ouçamos agora os Santos Padres, que falam pela da Igreja. São Sidônio Apolinar, bispo Arvernense e Padre do quinto século, escrevendo a Audaz, prefeito dos reis godos, no tempo em que dominaram Itália, promete-lhe suas orações, e conclui com estas palavras: "Rogo a Deus por vós, por vossos filhos que vos imitem e o que mais convém querer, vos transcendam"[5]: Rogo a Deus por vós e por vossos filhos, diz o eloquentíssimo Padre — e o que peço para eles é que vos imitem; o que peço para vós é que vos excedam. — Que vos imitem, porque isso é o que eles devem fazer; que vos excedam, porque isso é o que vós deveis desejar: "E o que mais convém querer, vos transcendam". Oh! quisesse Deus que fossem hoje tais os pais e tal a criação dos filhos, que por uns e outros lhe pudés semos fazer esta oração! Mas é tanto pelo contrário, que podemos chorar da nossa idade o que o outro gentio lamentava da sua: "A idade dos pais pior do que a dos avós fez-nos ainda piores, em breve há de dar uma geração ainda mais viciosa"[6]. Os avós foram maus, os filhos são piores, os netos serão péssimos. Haviam-se de prezar os pais, não só de ser bons, mas de dar tal criação aos filhos, que se pudessem gloriar de serem eles melhores. Mas, deixadas estas lamentações, que não são para dia tão alegre, continuemos a ouvir os Santos Padres, e sejam os dois maiores da Igreja grega e latina: Nazianzeno e Agostinho.

Faz duas elegantes epístolas S. Gregório Nazianzeno, uma a Nicóbulo, famoso letrado, em nome de um seu filho, e outra ao filho, em nome do mesmo Nicóbulo. E na primeira, pedindo o filho ao pai que lhe dê licença para frequentar as escolas e seguir as letras, diz assim: "A graça que vos peço, pai meu, é mais para vós que para mim, e mais é vossa que minha"[7]. — Se isto dissera o moço que ainda não tinha mais que o desejo de saber, não me admirara o dito; mas falando por boca dele o grande Nazianzeno, do qual com singular elogio afirma a Igreja, que em nenhuma coisa das que escreveu errou, como pode ser verdade que a glória do filho seja mais do pai que do mesmo filho: "É mais do pai do que do filho"? E se esta proposição é verdadeira, segue-se dela, aplicada ao nosso intento, que a glória de Deus é mais de Maria que do mesmo Deus, porque Deus é filho, e ela Mãe. E por que não faça dúvida o falarmos da glória de um e outro, com a mesma palavra se explica o Santo Padre nas que logo acrescenta: "Pois a glória do pai é a fama e a honra dos filhos, reciprocamente para os filhos, a fama dos pais é glória". Como pode ser logo neste caso, ou em algum outro, que a glória do filho seja mais do pai que do filho: "É mais do pai do que do filho"? Não há dúvida que falou nesta sentença Nazianzeno como quem tão altamente penetrava e distinguia a sutileza dos afetos humanos, entre os quais o amor paterno, como é o mais eficaz e mais forte, é também o mais fino. Diz que a glória do filho é glória do pai, e mais sua, do pai, que do mesmo filho, porque mais se gloriam os pais de a gozarem seus filhos, ou de a gozarem neles, que se a gozaram em si mesmos. E neste sentido se pode dizer, com verdade e propriedade natural, que a glória de Deus, em certo modo, é mais de Maria que do mesmo Deus, porque não sendo sua, como não é, é do filho unicamente seu, em que ela mais a estima e da qual mais se gloria, que se pudera ser ou fora sua.

Isto é o que disse Nazianzeno ao pai, por boca do filho; vejamos agora o que diz e responde ao filho por boca do pai: "Sede sem dúvida mais eminente do que o pai": Queres, filho, seguir-me na profissão e ser grande, como o mundo e a fama diz que sou, na ciência e nas letras? Sou contente, mas não me contento só com isso; o que peço a Deus é que saias tão eminente nelas, que me faças grandes vantagens, e sejas muito maior que teu pai: "Sede sem dúvida mais eminente do que o pai". Assim diz Nicóbulo, ou Nazianzeno por ele, e dá a razão tão própria do nosso caso, como se eu a dera: "Alegra-se o pai, quando o seu filho arrebata-lhe a palma da virtude: e daí nasce um prazer maior do que se vencesse todos os demais": Desejo, filho, que sejas maior que eu, porque não há gosto para um pai, como ver que seu filho lhe leva a palma, e de se ver assim vencido dele se gloria muito mais que se vencera e se avantajara a todos quantos houve no mundo. Mudai agora o nome de "De 'pai' e 'mãe'", e entendei que falou Nazianzeno da glória de Maria no céu, onde tão gloriosamente se vê vencida da glória de seu filho: "Alegra-se pois a mãe quando a sua descendência arrebata-lhe a palma da virtude". Vê-se Maria, quando vê a Deus, infinitamente vencida da imensidade de sua glória, mas como é glória não de outrem, senão de seu filho, "Sua descendência", o ver-se vencida dele é a sua vitória e a sua palma: "Quando lhe arrebata a palma". Nas outras contendas, a palma é do vencedor; mas quando contende o filho com o pai ou com a mãe, a palma é do pai ou da mãe vencida, porque a sua maior glória é ter um filho que a vença nela. Este dia da Senhora da Glória, chama-se também da Senhora da Palma, porque, como é tradição dos que assistiram a seu glorioso trânsito, o anjo embaixador de seu Filho, que lhe trouxe a alegre nova, lhe meteu juntamente na mão uma palma, com a qual, como vencedora da morte e do mundo, entre as aclamações e vivas de toda a corte beata, entrasse triunfante no céu. Subi, Senhora, subi, subi ao trono da glória que vos está aparelhado sobre todas as jerarquias, que lá vos espera outra palma infinitamente mais gloriosa. E que palma? Não aquela com que venceis em glória a todos os espíritos bem-aventurados, senão aquela com que, na mesma glória, sois vencida de vosso filho: "Quando a sua descendência arrebata-lhe a palma". Grande glória da Senhora é, como lhe canta a Igreja, ver-se exaltada no céu sobre todos os coros e jerarquias dos espíritos angélicos; grande glória que os principados e potestades, que os querubins e serafins lhe ficam muito abaixo, e que no lugar, na dignidade, na honra, na glória excede incomparavelmente a todos; porém, o ver que nesse mesmo excesso de glória é excedida infinitamente de seu filho, isso é o de que, naquele mar imenso de glória mais se gloria, isso é o que, naquele verdadeiro paraíso dos deleites eternos, mais a deleita: "Daí nasce um prazer maior do que se vencesse a todos os demais".

Mas ouçamos já a Agostinho, que mais sutilmente ainda penetrou os efeitos e causas desta tão verdadeira, como racional complacência[8]. Escreve S. Agostinho em seu nome e no de Elvídio a Juliana, mãe da virgem Demetríade, bem celebrada nas epístolas de S. Jerônimo; e porque esta senhora romana, de nobreza consular, desprezadas as grandezas, riquezas e pompas do mundo, se tinha dedicado toda a Deus no estado mais sublime da perfeição evangélica, dá o parabém Agostinho à mãe com estas ponderosas palavras: "Vence-vos a vossa filha, por vossa vontade e por vosso gosto: pela geração procede de vós, pela honra está acima de vós, e também o que é vosso e que em vós não pôde existir, nela começou a existir": Vossa filha Demetríade, ó Juliana, vence-vos, sim, na alteza do estado a que a vedes sublimada, mas muito por vossa vontade e muito por vosso gosto vos vence: "Vence-vos por vossa vontade e por vosso gosto" — porque é filha vossa aquela de quem vos vedes vencida: "pela geração procede de ti, pela honra está acima de ti"; a honra que goza é muito sobre vós, mas como a geração que tem é de vós, também esta mesma honra é vossa porque o que não podíeis ter nem alcançar em vós e por vós, já o tendes e gozais nela por ser vossa filha: "e também o que é vosso e que em vós não pôde existir, nela começou a existir". Vai por diante Agostinho, ainda com mais profundo pensamento: "Ela não se desposou carnalmente, a fim de crescer espiritualmente, não só por si mas também por vós e acima de vós; e assim vós sois menor do que ela com a compensação de que vos desposastes para que ela nascesse"

Demetríade, vossa filha, é maior que vós, e vós menor que ela, mas se ela vos excedeu a vós no que tem de maior, não vos excedeu só para si, senão também para vós, porque esse excesso se compensa com nascer de vós: "não só por si mas também por vós e acima de vós, com a compensação de que nasceria". Em uma só coisa não vem própria a semelhança, porque Maria pode ser Mãe, como Juliana, e Virgem juntamente, como Demetríade, mas em tudo o mais especulou e ponderou a agudeza de Agostinho, quanto se pode dizer no nosso caso.

"Vence-vos por vossa vontade e por vosso gosto". Vence-vos vosso Filho na glória, Virgem Mãe, mas muito por vossa vontade e por vosso gosto, porque esse mesmo excesso de glória, por ser sua, é o que mais quereis, e de que mais gozais: "pela geração procede de vós, pela honra está acima de vós": a sua honra, a sua grandeza, a sua majestade, a sua glória imensa e infinita, é muito sobre vós, porque ele é Deus, e vós criatura: "Pela honra está acima de vós"; mas a geração desse mesmo Deus que é tanto sobre vós, é de vós: "Pela geração procede de vós". E que se segue daqui? Segue-se que tendes o que não podíeis ter, e que toda a glória, que é sua, começa também a ser vossa: "e também o que é vosso e que em vós não pôde existir, nela começou a existir". Vós não podíeis ser Deus, mas como Deus pôde fazer que fôsseis sua Mãe, tudo o que não podíeis ter em vós, tendes nele. Ele é maior que vós, e vós menor: "Sois menor", mas tudo o que tem de maior — que é tudo — não só o tem para si, senão também para vós: "não só por si mas também por vós e acima de vós". Oh! Quem pudera declarar dignamente a união destes termos: "acima de vós, e por vós"! Enquanto a glória de Deus é infinita e imensa, estende-se muito além de vós: "Acima de vós"; mas enquanto é glória de vosso filho, toda se contrai e reflete a vós: "Por vós". Para os raios do sol fazerem reflexão, é necessário que tenham limite onde parem; mas a glória da divindade de vosso filho, que não tem nem pode ter limite, por isso se limitou à humanidade que recebeu de vós, para refletir sobre vós, nascendo de vós: "Com a compensação de que nasceria". E chama-se este nascer de vós compensação ou recompensa, com que Deus vos compensou toda a grandeza e glória que tem mais que vós, porque, nascendo de vós, é vosso verdadeiro filho, e, sendo toda essa glória de vosso filho, também é vossa, e vossa naquela parte onde a tendes por melhor: "Escolheu a melhor parte".

§ V

Parece que não podia falar mais concordemente ao nosso intento, nem a filosofia nos gentios, nem a teologia nos Santos Padres: vejamos agora o que dizem as Escrituras Sagradas. O primeiro exemplo que elas nos oferecem é o famoso de Barcelai (2Rs 19,38). No tempo em que Absalão se rebelou contra Davi — que tão mal pagam os filhos a seus pais o amor que lhes devem — um dos senhores que seguiram as partes do rei foi este Barcelai, o qual o assistiu sempre tão liberal e poderosamente, que ele só, como refere o texto, lhe sustentava os arraiais. Restituído pois Davi à coroa, e lembrado deste serviço ou gentileza, de que outros príncipes se esquecem com a mudança da fortuna, qui-lo ter junto a si na corte, e fazer-lhe a mercê e honra que sua fidelidade merecia, e, para o vencer na liberalidade, ou não ser vencido dele, disse-lhe que ele mesmo se despachasse, porque tudo quanto quisesse lhe concederia: "Qualquer coisa que te agradar, se me pedires, terás". Generoso rei! Venturoso vassalo! Mas para quem vos parece que quereria toda esta ventura? Era Barcelai pai; tinha um filho que se chamava Camaam; escusou-se de aceitar o lugar e mercê que o rei lhe oferecia, e o que só lhe pediu foi que a fizesse a seu filho: "Aqui está Camaam, teu servo: vá ele mesmo contigo, e faze dele o que for mais do teu gosto" (2Rs 19,37). Dirão os que têm lido esta história, que se escusou Barcelai porque se via carregado de anos, como ele mesmo disse; mas isso só foi um desvio e modo de não aceitar cortesmente, e não é razão que satisfaça, pois vemos tantas velhices decrépitas tão enfeitiçadas das paredes de palácio que, tropeçando nas escadas, sem vista e sem respiração, as sobem todos os dias, bem esquecidos dos que lhes restam de vida. E quando Barcelai não fosse tocado deste contágio, ao menos podia dividir a mercê entre si e o filho, e aparecerem ambos na corte, como vemos muitos títulos com duas caras — a modo do Deus Jano — uma com muitas cãs, e outra sem barba. Mas a verdadeira razão por que este honrado pai não aceitou a mercê do rei para si, e a pediu para seu filho, nem a dividiu entre ambos, podendo, pois estava na sua eleição, foi, como dizem literalmente Lira e Abulense, porque era pai, e entendeu que tanto lograva aquela honra em seu filho, como em si mesmo. Eu acrescento, que mais a lograva nele do que em si, porque nele era mais sua, como acima disse S. Gregório Nazianzeno. E porque o santo não deu a razão desta sua sentença, nós a daremos e provaremos agora com outro mais notável exemplo da escritura.

 Quando Abraão sacrificou seu filho Isaac, é coisa muito notável, e mui notada, que sendo Isaac a vítima do sacrifício, os louvores desta ação e desta obediência se deem a Abraão, e não a Isaac (Gn 17,10). Isaac não se ofereceu com grande prontidão ao sacrifício? Não se deixou atar? Não se inclinou sobre o altar e se lançou sobre a lenha? Não viu sem horror desembainhar a espada? Não aguardou sem resistência o golpe? Que mais fez logo Abraão, para que a obediência de Isaac se passe em silêncio, e a de Abraão se estime, se louve, se encareça com tanto excesso? Nenhuma diferença houve no caso, senão ser Abraão pai, e Isaac filho. Amava Abraão mais a vida de Isac que a sua, e vivia mais nela que em si mesmo. E posto que ambos sacrificaram a vida, e a mesma vida, o sacrifício de Abraão foi maior e mais heroico que o de Isaac, porque se Isaac sacrificou a sua vida, Abraão sacrificou a vida que era mais que sua, porque era de seu filho. Até aqui está dito, e bem dito, mas eu passo avante, e noto o que, a meu ver, é digno ainda de maior reparo. Premiou Deus esta famosa ação de Abraão, e como a premiou, e em quem? Não a premiou no mesmo Abraão, senão em Isaac: "Já que fizeste esta ação, todas as gentes da terra serão benditas naquele que há de proceder de ti" (Gn 22,15s); "De Isaac é que há de sair a estirpe" (Gn 21,12). Pois se a ação do sacrifício foi celebrada em Abraão, e não em Isaac, por que foi premiada em Isaac, e não em Abraão? Por isso mesmo. A ação foi celebrada em Abraão, e não em Isaac, porque Isaac sacrificou a sua vida, e Abraão sacrificou a vida que estimava mais que a sua, porque era de seu filho; e da mesma maneira foi premiada em Isaac, e não em Abraão, para que o prêmio, sendo de seu filho, fosse também mais estimado dele do que se fora seu. A vida que sacrificastes era mais que vossa, porque era de vosso filho? Pois seja o prêmio também de vosso filho, para que seja mais que vosso. E como os pais estimam mais os bens dos filhos que os seus próprios, e os logram e gozam mais neles que em si mesmos, vede se escolheria ou quereria a Senhora a imensa glória de seu filho antes para ele, que para si, se a terá por sua, e mais que sua, e se as mesmas vantagens de glória em que infinitamente se vê excedida, serão as que mais gloriosa a fazem e de que mais se gloria?

O mesmo filho de Maria, por ser filho seu, se chama também filho de Davi, e na história do mesmo Davi nos dá a escritura Sagrada o maior e mais universal testemunho que, para prova desta verdade, se pode desejar nem ainda inventar. Chegado Davi aos fins da vida, quis nomear sucessor do reino, e mandou ungir a seu filho Salomão por rei. Deu esta ordem a Banaias, capitão dos guardas da pessoa real, o qual lhe beijou a mão pela eleição, que não era pouco controversa, e o cumprimento com que falou ao rei, foi este: "Como esteve o Senhor com o rei, meu senhor, assim esteja com Salomão, e faça o trono dele mais sublime do que o trono do rei Davi, meu senhor" (3Rs 1,37): Assim como Deus assistiu sempre e favoreceu a Vossa Majestade, assim assista e favoreça o reinado de Salomão, e sublime e exalte o seu trono muito mais que o trono de Vossa Majestade. — Executou-se prontamente a ordem; ungiram a Salomão no Monte Gion com todas as cerimônias que então se usavam em semelhante celebridade. Entrou o novo rei por Jerusalém a cavalo, com trombetas e atabales diante, entre vivas e aclamações de todo o povo e exército; vieram todos os príncipes e ministros maiores das doze tribos congratular-se com Davi, e as palavras com que lhe deram o parabém foram outra vez as mesmas: "Que Deus engrandeça o nome de Salomão sobre o teu nome e exalte o trono dele sobre o teu trono" (3Rs 1,47): Seja maior o nome de Salomão, senhor, que o vosso nome, e mais alto e glorioso o seu trono, do que foi o vosso. O que me admira sobretudo, neste caso, é que todos dissessem a mesma coisa. Estas são as ocasiões em que a discrição, o engenho e a cortesania dos que dão o parabém ao rei se esmera em buscar cada um novos modos de congratulação, novos motivos de alegria, e ainda novos conceitos de lisonja, e mais os que fazem a fala em nome dos seus tribunais ou repúblicas. Como logo em tantas tribos, tantos ministros, tantos príncipes e senhores — que, como diz o texto, vieram todos — não houve quem falasse por outro estilo, nem dissesse outra coisa a Davi, senão que Deus fizesse a seu filho maior que ele, e sublimasse e exaltasse o trono de Salomão mais que o seu trono? Isto disseram todos, porque a um rei tão famoso e glorioso como Davi, nenhuma outra felicidade nem glória lhe restava para desejar, senão que tivesse um filho que em tudo se lhe avantajasse e o excedesse, e que o trono do mesmo filho fosse muito mais levantado e sublimado que o seu. A Davi, enquanto Davi, bastava-lhe por glória ter sido Davi; mas enquanto pai, não lhe bastava. Ainda lhe restava outra maior glória que desejar, e esta era ter um tal filho, que na majestade, na grandeza, na glória, e no mesmo trono, o vencesse e excedesse muito: "E exalte o trono dele sobre o teu trono".

Dois tronos há no céu mais sublimes que todos: o de Deus e o de sua Mãe: o de Deus infinitamente mais alto que o de sua Mãe, e o de sua Mãe quase infinitamente mais alto que o de todas as criaturas. Mas a maior glória de Maria não consiste em que o seu trono exceda o de todas as jerarquias criadas, senão em ter um filho, cujo trono excede infinitamente o seu. E este é o parabém que no céu lhe estão dando hoje, e lhe darão por toda a eternidade todos os espíritos bem-aventurados, sem haver em todos os coros de homens e anjos quem diga nem possa dizer outra coisa, senão: "O trono dele sobre o teu trono". Vence Maria no céu a todas as virgens na glória que se deve à pureza; a todos os confessores, na que se deve à humildade; a todos os mártires, na que se deve a paciência; a todos os apóstolos, patriarcas e profetas, na que se deve à fé, à religião, ao zelo e culto da honra de Deus. Mas assim os confessores, como as virgens, assim os mártires, como os apóstolos, assim os patriarcas, como os profetas, deixadas todas essas prerrogativas em que gloriosamente se veem vencidos, os louvores e euges eternos com que exaltam a Gloriosíssima Mãe, é ser inferior o seu trono ao de seu filho: "O trono dele sobre o teu trono". Vence Maria a todos os anjos e arcanjos, a todos os principados e potestades, a todos os querubins e serafins, na virtude, no poder, na ciência, no amor, na graça, na glória; mas todos esses espíritos angélicos, passando em silêncio os outros dons sobrenaturais, que tocam a cada uma das jerarquias, em que veneram e reconhecem a soberana superioridade com que a Senhora, como rainha de todas, incomparavelmente as excede, todos, como tão discretos e entendidos, o que só dizem e sabem dizer, o que sobretudo admiram e apregoam, é: "O trono dele sobre o teu trono". Assim que homens e anjos, unidos no mesmo conceito e enlevados no mesmo pensamento, o que cantam, o que louvam, o que celebram prostrados diante do trono da segunda majestade da glória, e os vivas que lhe dão concordemente, é ser Mãe de um filho, que excedendo ela a todos em tão sublime grau na mesma glória, ele a vence e excede infinitamente. E isto é o que, divididos em dois coros de inumeráveis vozes, e unidos em uma só voz, aplaudem, aclamam, festejam, e tudo o mais calam, conformando-se nesta eleição com a parte da mesma glória que a Senhora elegeu como a melhor: "Escolheu a melhor parte".

§ VI

$\mathcal{E}$ por que a preferência não fique só nos juízos e nos entendimentos criados, subamos aos arcanos do entendimento divino, e vejamos como o Eterno Pai, em tudo que teve liberdade para eleger e escolher, também escolheu esta parte, e a teve por melhor.

Para inteligência deste ponto, havemos de supor que tudo quanto tem e goza o filho de Deus, o recebeu de seu Pai, mas por diferente modo. O que pertence à natureza e atributos divinos recebeu o Verbo Eterno do Eterno Pai, não por eleição e vontade livre do mesmo Pai, senão natural e necessariamente. E a razão é porque a geração divina do Verbo procede por ato do entendimento, antecedente a todo ato de vontade, sem o qual não há eleição. É verdade que, ainda que a geração do Verbo não procede por vontade nem é voluntária, nem por isso é involuntária ou contra vontade. E daqui se ficará entendendo a energia e propriedade daquelas dificultosas palavras de S. Paulo, onde diz que a igualdade que o filho tem com o Pai, na natureza e atributos divinos, não foi furto, nem o mesmo Verbo o reputou por tal: "Não teve por usurpação ser igual a Deus" (Fl 2,6). E por que declarou S. Paulo o modo da geração do Verbo pela semelhança ou metáfora do furto, dizendo que não foi furto, nem como furtado ou roubado o que recebeu do Pai? Divinamente por certo, e não se podia declarar melhor. O furto é aquilo que se toma ou se retém e possui contra vontade de seu dono. E a divindade que o Verbo recebeu do Pai, ainda que da parte do mesmo Pai não fosse voluntária, contudo não foi invita; não foi voluntária, sim, mas não foi contra vontade; e como o Pai não foi *invito* na geração do Verbo e na comunicação da sua divindade — posto que fosse necessária, e não livre — por isso a igualdade que o Verbo tem com ele é verdadeiramente sua, e não roubada: "Não teve por usurpação ser igual a Deus" (Fl 2,6).

Até aqui o Filho recebeu do Pai, necessariamente, e sem eleição sua. E que é o que recebeu por vontade livre, e por verdadeira e própria eleição? O que logo se segue e acrescentou o mesmo S. Paulo: "Mas ele se aniquilou a si mesmo, tomando a natureza de servo, fazendo-se semelhante aos homens, e sendo reconhecido na condição como homem; pelo que Deus também o exaltou, e lhe deu um nome que é sobre todo nome" (Fl 2,7.9). Recebeu o Filho do Pai, por verdadeira e própria eleição, o ofício e dignidade de redentor do gênero humano, fazendo-se juntamente homem, e com esta nova e inefável dignidade recebeu um nome sobre todo nome, que é o nome de Jesus, mais sublime e mais venerável pelo que é e pelo que significa, que o mesmo nome de Deus: "Para que, ao nome de Jesus, se dobre todo o joelho" (Fl 2,10). Recebeu a potestade judiciária, que o Pai demitiu de si, competindo ao Filho privativamente o juízo universal e particular de vivos e mortos: "O Pai a ninguém julga, mas todo o juízo deu ao Filho" (Jo 5,22). Recebeu o primeiro trono entre as três pessoas da Santíssima Trindade, assentando-se à mão direita do mesmo Pai: "Disse o Senhor ao meu Senhor: Senta-te à minha mão direita" (Sl 109,1). Tudo isto, e o que disto se segue, com imensa exaltação e glória recebeu o filho de Deus de seu Pai Eterno, por vontade livre e própria eleição.

Mas se toda esta nova exaltação, e toda esta nova glória, não era devida à pessoa do filho por força ou direito da geração eterna, em que somente era igual ao Pai na natureza e atributos divinos, e a eleição livre de dar ou tomar a mesma exaltação e glória estava e dependia da vontade do mesmo Pai, por que a não tomou para si? Assim como encarnou a pessoa do Filho, assim pudera encarnar a pessoa do Pai. E no tal caso, a nova dignidade de redentor, o nome sobre todo o nome, a maior veneração e adoração de homens e anjos, e todas as outras prerrogativas e glórias, que pelo mistério da Encarnação e Redenção sobrevieram e acresceram ao filho, não haviam de ser do Filho, senão do mesmo Pai. Pois se a eleição voluntária e livre de tudo isso estava na mão do Pai, e podia tomar para si toda essa exaltação e glória, por que a quis antes para a pessoa do Filho? Por nenhuma outra razão, senão porque era Filho, e ele Pai: "Eu porém fui por ele constituído rei sobre Sião, seu monte santo. O Senhor disse para mim: Tu és meu filho" (Sl 2,6s). Assim como o Pai Eterno, para encarecer o amor que tinha aos homens, não se nos deu a si, senão a seu filho: "Assim amou Deus ao mundo, que lhe deu seu Filho unigênito" (Jo 3,16): assim, para manifestar o amor que tinha ao mesmo filho, não tomou para si essas novas glórias, senão que todas as quis para ele, e lhas deu a ele, entendendo que quando fossem de seu filho, então eram mais suas, e que mais e melhor as gozava nele que em si mesmo.

E que filho é este, Virgem gloriossíssima, senão o mesmo Filho vosso, Filho unigênito do Pai Eterno e Filho unigênito de Maria. E se o Pai Eterno, em tudo o que pode ter eleição própria, escolheu os excessos de sua glória para seu Filho, essa mesma glória que ele goza em si, e vós nele, em que infinitamente vos vedes excedida, quem pode duvidar, se tem inteiro juízo, que seria também vossa a mesma eleição? Toda a Igreja triunfante no céu, e toda a militante na terra, reconhece e confessa que entre todas as puras criaturas, ou sobre todas elas, nenhuma há mais parecida a Deus Pai que aquela singularíssima Senhora que ele criou e predestinou "Desde toda a eternidade" para Mãe de seu unigênito Filho, porque era justo que o Pai e a Mãe, de quem ele recebeu as duas naturezas de que inefavelmente é composto, fossem, quanto era possível, em tudo semelhantes. E se o amor do pai, por ser amor de Pai, e pai sem mãe, escolheu para seu Filho, e não para si, as glórias que cabiam na sua eleição, não há dúvida que o amor da Mãe, e mãe sem pai, escolheria para o mesmo Filho também, e não para si, toda a glória infinita que ele goza. E esta é a eleição que teria por melhor: "Maria escolheu a melhor parte".

Assim o entendeu da mesma Mãe o mesmo pai, e o provou maravilhosamente o juízo e amor da mesma Senhora para com seu filho, onde a eleição foi propriamente sua. Quando o Pai Eterno quis dar Mãe a seu Unigênito, foi com tal miramento e atenção à grandeza e majestade da que sublimava a tão estreito e soberano parentesco, que não só quis que fosse sua, isto é, do mesmo Pai a eleição da Mãe, senão que também fosse da Mãe a eleição do Filho. Bem pudera o Pai Eterno formar a humanidade de seu Filho nas entranhas puríssimas da Virgem Maria, sem consentimento, nem ainda conhecimento da mesma Virgem, assim como formou a Eva da costa de Adão, não acordado e estando em si, senão dormindo. Mas para que o Filho, que havia de ser seu, posto que era Deus, não só fosse seu, senão da sua eleição, por isso — como diz Santo Tomás — lhe destinou antes por embaixador um dos maiores príncipes da sua corte, o qual de sua parte lhe pedisse o sim, e negociasse e alcançasse o consentimento, e o aceitasse em seu nome. Este foi, como lhe chamou S. Paulo, o maior negócio que nunca houve nem haverá entre o céu e a terra, dificultado primeiro pela Senhora, e depois persuadido e concluído por S. Gabriel. Mas quais foram as razões e os motivos de que usou o anjo para o persuadir e concluir? É caso digno de admiração, e que singularmente prova da parte de Deus, do anjo, e da mesma Virgem, qual é na sua eleição a melhor parte.

Repara Maria na embaixada, insta o celeste embaixador, e as promessas que alegou, para conseguir o consentimento, foram estas: "Eis que conceberás e darás à luz um Filho, e o chamarás Jesus; ele será grande, e será chamado Filho do Altíssimo: o Senhor Deus dará a ele o trono de seu pai Davi e reinará na casa de Jacó, e o seu reino não terá fim" (Lc 1,31). O Filho de que sereis Mãe terá por nome Jesus, que quer dizer: o Redentor do mundo; este será grande, chamar-se-á Filho de Deus, dar-lhe-á o mesmo Deus o trono de Davi, seu pai, reinará em toda a casa de Jacó, e seu reino e império não terá fim. Não sei se advertis no que diz o anjo, e no que não diz, no que promete, e no que não promete. Tudo o que promete são grandezas, altezas e glórias do Filho; e da Mãe com quem fala, nenhuma coisa diz, e à mesma a quem pretende persuadir, nada lhe promete. Não pudera Gabriel dizer à Senhora, com a mesma verdade, que ela seria a florescente vara de Jessé, que nela ressuscitaria o cetro de Davi, que a sua casa se levantaria e estenderia mais que a de Jacó, que seria rainha sua, e de todas as jerarquias dos anjos, senhora dos homens, imperatriz de todo o criado, e que esta majestade e grandeza também a lograria sem fim? Tudo isto, e muito mais podia e sabia dizer o anjo. Pois por que diz e promete só o que há de ser o Filho, e não diz nem promete o que há de ser a Mãe? Porque falou como anjo, conforme a sua ciência, e como embaixador, conforme às suas instruções. Por isso, nem ele diz, nem Deus lhe manda dizer, senão o que há de ser seu Filho, porque nas matérias onde Maria tem a eleição livre, o que mais pesa no seu juízo, e o que mais move e enche o seu afeto, são as grandezas e glórias de seu Filho, e não as suas. As de seu Filho, e não as suas, porque as tem mais por suas, sendo de seu Filho; as de seu Filho, e não as suas, porque as estima mais nele e as goza mais nele que em si mesma. Isto é o que, segundo o conhecimento de Deus e o do anjo, e o seu, elegeu Maria na terra, e isto é o que na presença de Deus, dos anjos, e de todos os bem-aventurados tem por melhor no céu: "Maria escolheu a melhor parte".

§ VII

E nós, Senhora, que como filhos de Eva ainda gememos neste desterro, e como filhos, posto que indignos, vossos, esperamos subir convosco e por vós a essa bem-aventurada pátria, o que só nos resta depois desta consideração de vossa glória, é dar-vos o parabém dela. Parabém vos seja a eleição, parabém vos seja a parte e parabém a melhoria. Parabém a eleição que, ainda que não foi, nem podia ser vossa na predestinação com que fostes escolhida para a glória de Mãe de Deus, foi vossa no consentimento voluntário e livre que se vos pediu, e destes para o ser. Parabém vos seja a parte que compreende aquele todo incompreensível de glória, que só pode abarcar e abraçar o ser imenso, e conter dentro em si o infinito, que vós também, com maior capacidade que a do céu, tivestes dentro em vós. Parabém vos seja finalmente a melhoria, pois melhor vos está como Mãe que toda essa imensidade e infinidade de glória seja de vosso Filho, e melhor a gozais por esse modo, segundo as leis do perfeito amor, que se a gozáreis em vós mesma. E assim como vos damos o parabém, e nos alegramos com todo o afeto de nossos corações de que a estejais gozando e hajais de gozar por toda a eternidade, assim vos pedimos, humildemente prostrados ao trono de vossa gloriosíssima majestade, que como Senhora da Glória e liberalíssima dispensadora de todas as graças de vosso benditíssimo Filho, alcançadas e merecidas pelo sangue preciosíssimo que de vós recebeu, nos comuniqueis, aumenteis e conserveis até o último dia em que passarmos, como vós hoje, desta vida, àquela graça que nos é necessária, para vos louvarmos eternamente na glória.

SERMÃO DA
Primeira Dominga da Quaresma

Pregado na Capela Real, no ano de 1655.

∽

"E lhe mostrou todos os reinos do mundo, e a glória deles, e lhe disse:
Tudo isto te darei, se prostrado me adorares."
(Mt 4,8s)

Vieira partira para o Maranhão em 1652 e voltara em 1655, causando certa estranheza na corte. Neste breve ano ele prega durante a quaresma oito sermões, desde a Sexagésima, passando pelos Domingos e até dois sermões do Mandato. São alguns dos sermões mais vigorosos de sua vida. O tema deste sermão é comum na quaresma: o das tentações. Escolhe a terceira tentação do demônio em que Cristo é tentado, como ele diz, como puro homem: "O demônio mostrou-lhe todos os reinos do mundo e a sua glória". Cristo rebateu fortemente: "Vai-te Satanás". Para bem entender as tentações apresenta as suas notas características: são fantasiosas, vãs, falsas, momentâneas. Mas, por que têm tanto peso? O peso não está nas coisas, está no coração com que as amamos. E como vencê-las? Pondo o mundo diante dos olhos e olhando bem para ele. Se o peso do mundo é esse, qual é o peso de uma alma? Com qual balança pesá-la? A resposta é clara: com a cruz de Cristo. Vale tanto a alma como Deus. Por que a estimamos tão pouco? Ponhamos os olhos em um Cristo crucificado e aprenderemos a estimar a nossa alma.

§ I

Se o demônio é tão astuto que até dos nossos remédios faz tentações, por que não seremos nós tão prudentes, que até das suas tentações façamos remédios? Esta é a conclusão que tiro hoje de toda a história do Evangelho. Quarenta dias havia, e quarenta noites, que jejuava Cristo em um deserto. Sucedeu ao jejum naturalmente a fome, e sobre a fome veio logo a tentação: "Se és Filho de Deus — diz o demônio — manda a estas pedras que se convertam em pães" (Mt 4,3). Vede se inferi bem que dos nossos remédios faz o demônio tentação? Com as pedras se defendia das suas tentações S. Jerônimo; os desertos e soledades são as fortalezas dos anacoretas; o jejum de quarenta dias foi uma penitência prodigiosa; procurar de comer aos que hão fome é obra de misericórdia; converter pedras em pão, com uma palavra, é onipotência; ser Filho de Deus, é divindade. Quem cuidara que de tais ingredientes como estes se havia de compor uma tentação? De pedras, de deserto, de jejum, de obra de misericórdia, de onipotência, de divindade? De pedras: "estas pedras"; de deserto: "Jesus foi levado ao deserto"; de jejum: "como jejuasse"; de obra de misericórdia: "se convertam em pães"; de onipotência: "manda"; de divindade: "Se és Filho de Deus". Se o demônio tenta com as pedras, que fará com condições menos duras? Se tenta com o deserto, que será com o povoado e com a corte? Se tenta com o jejum, que será com o regalo? Se tenta com a obra de misericórdia, que será com a injustiça? Se tenta com a onipotência, que será com a fraqueza? E se até com a divindade tenta, com a humanidade e com a desumanidade, que será?

Vencido o demônio nesta primeira tentação, diz o texto que levou a Cristo à Cidade Santa de Jerusalém, e, pondo-o sobre o mais alto do Templo, lhe disse desta maneira: "Lança-te daqui abaixo, porque está escrito que Deus deu ordens aos seus anjos a teu respeito, para que te guardem em todos os teus caminhos" (Mt 4,6; Lc 4,10s). Deita-te daqui abaixo, porque prometido está na Sagrada Escritura que mandará Deus aos seus anjos te guardem em todos teus caminhos. Vede outra vez como tornam os remédios a ser tentações. E nesta segunda tentação, ainda com circunstâncias mais notáveis. E quais foram? A Cidade Santa, o Templo de Jerusalém, as Sagradas Escrituras, os Mandamentos de Deus, os Anjos da Guarda, e também o descer para baixo. Podia haver coisas menos ocasionadas para tentações? Pois disto fez o demônio uma tentação. Da Cidade Santa: "Levou-o à Cidade Santa"; do Templo de Jerusalém: "E o pôs sobre o pináculo do templo", da Sagrada Escritura: "Porque está escrito"; dos mandamentos de Deus: "Deus, deu ordens a teu respeito"; dos Anjos da Guarda: "Aos seus anjos para que te guardem"; do descer para baixo: "Lança-te daqui abaixo". Se o demônio tenta com a Cidade Santa, que será com a cidade escandalosa? Se tenta com o Templo de Deus, que será com as casas dos ídolos? Se tenta com as Sagradas Escrituras, que será com os livros profanos? Se tenta com os Mandamentos de Deus, que será com as leis do mundo? Se tenta com os Anjos da Guarda, que será com os anjos da perdição? Se tenta finalmente com o descer, que será com o subir?

Eis aqui como o demônio, dos remédios faz tentações. Mas como será possível que nós, das tentações, façamos remédios? O demônio, na primeira tentação, pediu a Cristo que fizesse das pedras pão; e na segunda, que fizesse dos precipícios caminhos. Que coisa são as tentações senão pedras e precipícios?

Pedras em que tropeçamos, e precipícios donde caímos. Pois como é possível que das pedras em que tropeçamos se faça pão com que nos sustentemos, e dos precipícios donde caímos se façam caminhos por onde subamos? Isto havemos de ver hoje, e hei de ser tão liberal com o demônio, que lhe hei de conceder tudo o que Cristo lhe negou. Que queres, demônio? Que te faça das pedras pão? Sou contente. Que queres mais? Que dos precipícios faça caminhos? Também farei isso hoje. O demônio, do pão fez pedras, e dos caminhos fez precipícios, porque dos remédios fez tentações. Eu às avessas: das pedras hei de fazer pão, e dos precipícios caminho, porque das tentações hei de fazer remédios.

Para reduzir todo este ponto tão grande e tão importante a uma só máxima universal, tomei por fundamento a terceira tentação que propus, que é a maior que o demônio fez hoje a Cristo, e a maior que nunca se fez, nem há de fazer, nem pode fazer no mundo. Vencido primeira e segunda vez, o demônio não desesperou da vitória, porque lhe faltava ainda por correr a terceira lança em que mais confiava. Levou a Cristo ao cume de um monte altíssimo, e, mostrando-lhe dali todos os reinos e monarquias do mundo, com todas suas glórias e grandezas, com todas suas riquezas e delícias, com todas suas pompas e majestades, apontando em roda para todo este mapa universal, tão grande, tão formoso, tão vário, disse assim: "Tudo isto que vês te darei, se com o joelho em terra, me adorares." — Esta foi a última tentação do diabo, e esta foi a terceira vitória de Cristo. As armas com que o senhor se defendeu, e o remédio que tomou nesta tentação, como nas outras, foram as palavras da Escritura Sagrada: "Ao Senhor teu Deus adorarás, e a ele só servirás" (Mt 4,10). É a Escritura Sagrada um armazém divino onde se acham todas as armas; é uma oficina medicinal, onde se acham todos os remédios; esta é aquela Torre de Davi da qual disse Salomão: "Dela estão pendentes mil escudos, toda a armadura dos fortes" (Ct 4,4), porque, como comenta S. Gregório: "Todas as nossas armas estão contidas nas Sagradas Escrituras". Esta é aquela botica universal da qual diz S. Basílio: "Na Escritura, como em uma botica, cada um poderá encontrar o remédio certo para a sua enfermidade.". E muito antes o tinha dito a Sabedoria: "Porquanto, nem foi erva que os sarou, nem lenitivo algum, mas sim a tua palavra, Senhor, que sara todas as coisas" (Sb 16,12). Poderosíssimas armas e eficacíssimos remédios contra as tentações do demônio são as divinas Escrituras. Mas como eu prego para todos, e nem todos podem menear estas armas, nem usar destes remédios, é o meu intento hoje inculcar-vos outras armas mais prontas, e outros remédios mais fáceis, com que todos possais resistir a todas as tentações. Na boca da víbora pôs a natureza a peçonha e juntamente a triaga. Se quando a serpente tentou aos primeiros homens souberam eles usar bem das suas mesmas palavras, não haviam mister outras armas para resistir nem outro remédio para se conservar no paraíso. O mais pronto e mais fácil remédio contra qualquer tentação do demônio é a mesma tentação. A mesma coisa oferecida pelo demônio é tentação; bem considerada por nós, é remédio. Isto hei de pregar hoje.

§ II

Na primeira e na segunda tentação, tentou o demônio a Cristo como Filho de Deus; na terceira, como a puro homem. Por isso na terceira tentação não disse: "Se és Filho de Deus", como tinha dito na primeira e na segunda. Tentou a Cristo como se tentara a qualquer homem. Esta é a razão e a diferença porque só esta última tentação nos pertence propriamente a nós. Mas como poderá um homem, como poderá um filho de Adão resistir a uma tentação tão poderosa e tão imensa, como esta que o demônio fez a Cristo? A Adão fez-lhe tiro o demônio com uma maçã e derrubou-o; a Cristo fez-lhe tiro com o mundo todo: "Mostrou-lhe todos os reinos do mundo". Mas sendo esta bala tirada a Cristo como homem, e dando em um peito de carne, foi tão fortemente rebatida, que voltou com maior força contra o mesmo tentador: "Vai-te, Satanás!" (Mt 4,10). Um dos casos mais notáveis que sucederam em nossos dias, no famoso cerco de Ostende, foi este[1]. Estava carregada uma peça no exército católico; entra pela boca da mesma peça uma bala do inimigo, concebe fogo a pólvora, sai outra vez a bala com dobrada fúria; e como veio e voltou pelos mesmos pontos, foi se empregar no mesmo que a tinha tirado. Oh! que bizarro e venturoso "Vai-te, Satanás!". Assim havemos de fazer aos tiros do demônio. Volte outra vez a bala contra o inimigo, e vençamos ao tentador com a sua própria tentação. Não cortou Davi a cabeça ao gigante com a sua própria espada? Judite, sendo mulher, não degolou a Holofernes com a sua? Pois assim o havemos nós de fazer, nem necessitamos de outras armas, mais que as mesmas com que o demônio nos tenta.

Mostrou o demônio a Cristo todos os reinos do mundo e suas glórias; disse-lhe que tudo aquilo lhe daria de uma vez se lhe dobrasse o joelho. Parece que faz estremecer a grandeza desta tentação! Mas o demônio é o que havia de tremer dela. Desarmou-se a si e armou-nos a nós. Tu, demônio, ofereces-me de um lanço todo o mundo, para que caia, para que peque, para que te dê a minha alma: logo a minha alma, por confissão tua, vale mais que todo o mundo. A minha alma vale mais que todo o mundo? Pois não te quero dar o que vale mais pelo que vale menos: "Vai-te, Satanás!". Pode-nos o demônio dar ou prometer alguma coisa que não seja menos que o mundo? Claro está que não! Pois aqui se desarmou para sempre: nesta tentação perdeu todas, se nós não temos perdido o juízo. Ouvi a Salviano: "Portanto, que loucura é termos como vis as nossas almas, quando o mesmo diabo a julga como preciosas". Homens loucos, homens furiosos, homens sem entendimento nem juízo, é possível que, sendo as nossas almas na estimação do mesmo demônio tão preciosas, no vosso conceito, e no vosso desprezo, hão de ser tão vis? O demônio, quando me quer roubar, quando me quer perder, quando me quer enganar, não pode deixar de confessar que a minha alma vale mais que todo o mundo; e eu, sendo essa alma minha, não há de haver no mundo coisa tão baixa, tão vã e tão vil, pela qual a não dê sem nenhum reparo? "Que loucura, que demência, que furor é este nosso?" Muito mais obrigada está a nossa alma ao demônio, muito mais lhe deve que a nós. Ele a honra, nós a afrontamos. Envergonhou-se o demônio, no primeiro lanço, de oferecer menos por uma alma que o mundo todo.

Caio César, como refere Sêneca, mandou de presente a Demétrio duzentos talentos de prata, que fazem hoje da nossa moeda mais de duzentos mil cruzados. Não creio que haveria na nossa corte quem não beijasse a mão real, e aceitasse com ambas as mãos a mercê. Era porém Demétrio filósofo estoico, como se disséssemos cristão daquele tempo. E que respondeu? "Se decidiu me tentar, eu devia ter sido provado com todo o seu império."² Andai, levai os seus talentos ao imperador, e dizei-lhe que, se me queria tentar, que havia de ser com todo o seu império. É, e chama-se senhor de todo o mundo? Com todo o mundo me havia de tentar. Não nos fez assim o César, porque não conhecia a Demétrio, mas fê-lo assim o demônio: "Príncipe deste mundo", porque sabe o que vale uma alma. Se vos tentar o demônio com menos que todo o mundo, dai-vos por afrontado; e se vos tentar com todo o mundo, fique vencido: "Que servirá a um homem ganhar o mundo inteiro, se vem a prejudicar a sua alma"? (Mt 16,26). Que aproveita ao homem ganhar todo o mundo, adquirir todo o mundo, senhorear e dominar todo o mundo, se há de perder a sua alma? "Ou que dará um homem em troca de sua alma?". Ou que coisa pode haver de tanto peso, e de tanto preço, pela qual se haja de vender a alma, ou se haja de trocar? Este é o caso e a suposição em que estamos, nem mais, nem menos. Oferece-nos o demônio o mundo, e pede-nos a alma. Considere e pese bem cada um se lhe está bem este contrato, se lhe está bem esta venda, se lhe está bem esta troca. Mas nós trocamos e vendemos, porque não pesamos.

Chegou Esaú do campo, cansado e com fome de todo o dia, e chegou a desastrada hora, porque estava no mesmo tempo seu irmão Jacó cozinhando, diz o texto, umas lentilhas. Estes eram os grandes homens, e estes os grandes regalos daquele tempo. Pediu Esaú a seu irmão um pouco daquela vianda, mas ele, aproveitando-se da ocasião e da necessidade, respondeu que dar não, mas vender sim: que se Esaú lhe vendesse o seu morgado, começaria desde logo a lhe dar aqueles alimentos. Deus nos livre de se ajuntar no mesmo tempo a fome e a tentação. O sucesso foi que Esaú aceitou o contrato, deu o morgado. Pois valha-me Deus, o morgado de Isac, a herança de Abraão, a bênção dos patriarcas, que foi a maior coisa que desde Adão houve no mundo, por uma escudela de lentilhas? Este homem era cego? Era louco? Era vil? Nada disto era, mas era um homem — diz a escritura — que vendeu, e não pesou o que vendia: "Foi-se, dando-se-lhe pouco de ter vendido o seu direito de primogenitura" (Gn 25,34). E homem que vende sem pesar o que vende, não é muito que por uma escudela de grosserias desse o maior morgado do mundo. Se Esaú, antes de vender, tomara a balança na mão, e pusera de uma parte o morgado e da outra a escudela, parece-vos que venderia? Pois eis aí porque há tantas almas venais. Esta história de Esaú e Jacó aconteceu uma só vez antigamente, mas cada dia se representa no mundo: o papel de Jacó fá-lo o demônio; o de Esaú fazemo-lo nós. O demônio oferece-nos um gosto, ou um interesse vil, e pede-nos o morgado que nos ganhou Cristo; e nós, porque contratamos sem a balança na mão, e não pesamos a vileza do que recebemos com a grandeza do que damos, consentimos no contrato, e ficamos sem bênção. Quando Esaú vendeu o morgado, não o sentiu, nem fez caso disso; mas depois, quando viu que Jacó levava a bênção, e ele ficava sem ela, diz o texto que "soltou um grande grito, no auge da amargura" (Gn 27,34): que tudo era encher o céu de clamores e gemidos, e despedaçar-se a si mesmo e desfazer-se com dor. Ah! mal aconselhados Esaús! Agora vendemos a alma e o morgado do céu pela vileza de um gosto, pelo engano de um apetite, pela grosseria de um manjar de brutos, e disto não fazemos caso. Mas quando vier aquele dia em que Cristo dê a bênção aos que estiverem à sua mão direita, e nós virmos que ficamos sem ela por umas coisas tão vis: Oh! que dor! oh! que desesperação! oh! que circunstância de inferno será esta tão grande para nós!

Pois que havemos de fazer, para não cometer um erro tão grande e tão sem remédio? Fazer remédio da mesma tentação. Tomar na mão a balança que faltou a Esaú, e pesar o que o demônio nos promete e o que nos pede. O que nos promete não é todo o mundo; o que nos pede, e o que lhe havemos de dar, é a alma. Ponhamos de uma parte da balança o mundo todo, e da outra parte uma alma, e vejamos qual pesa mais. Oh! se Deus me ajudasse a vos mostrar com evidência a diferença destes dois pesos! Vamos ponderando uma por uma as mesmas palavras da tentação.

§ III

"Mostrou-lhe todos os reinos do mundo e a sua glória".

Desde aquele monte alto, onde o demônio subiu a Cristo, lhe mostrou todos os reinos do mundo e a sua glória. Isto, que tão facilmente se diz, não é tão fácil de entender. De um monte, por alto que seja, não se pode descobrir todos os reinos do mundo. O sol está levantado na quarta esfera, e contudo descobre um só hemisfério, e nem vê, nem pode ver os antípodas. Pois como foi possível que o demônio desde aquele monte mostrasse todo o mundo a Cristo? A sentença mais certa e mais seguida é que o mundo que o demônio mostrou a Cristo não foi este mundo verdadeiro, senão um mundo fantástico e aparente, uma aparência e representação do mundo. Assim como os anjos, quando aparecem aos homens, se vestem de corpos fantásticos que parecem corpos formosíssimos, e não são corpos, assim o demônio, que no poder natural é igual aos anjos, em todo o ar que se estendia daquele monte até os Horizontes, com cores, com sombras, com aparências, pintou e levantou em um momento montes, vales, campos, terras, cidades, castelos, reinos, enfim um mundo. De maneira que todo aquele mundo, todo aquele mapa de reinos e de grandezas, bem apertado, vinha a ser um pouco de vento. E com ser assim esta representação — notai agora —, com ser o que o demônio mostrava uma só representação fantástica, uma aparência, contudo diz o evangelista que o demônio mostrou a Cristo todos os reinos do mundo e suas glórias, por que todas as glórias e todas as grandezas do mundo, bem consideradas, são o que estas eram: ar, vento, sombras, cores aparentes. Antes digo que mais verdadeiro e mais próprio mundo era este mundo aparente que o mundo verdadeiro; porque o mundo aparente eram aparências verdadeiras, e o mundo verdadeiro são as aparências falsas. E se não, dizei-me: de todos aqueles reinos, de todas aquelas majestades e grandezas que havia no tempo de Cristo quando sucedeu esta tentação, há hoje alguma coisa no mundo? Nenhuma. Pois que é feito de tantos reinos, que é feito de tantas monarquias, que é feito de tantas grandezas? Eram vento, passaram; eram sombra, sumiram-se; eram aparências, desapareceram. Ainda agora são o que de antes eram: eram nada, são nada. Até dos mármores daquele tempo não há mais que pó e cinza; e os homens, como bem notou Filo Hebreu, vendo isto com os nossos olhos, somos tão cegos que fazemos mais caso deste pó e desta cinza que da própria alma: "Dais mais valor à cinza e ao pó do que à alma".

Isto são hoje os reinos daquele tempo; e os reinos de hoje, que são? São porventura outra coisa? Diga-o o rei do reino mais florente e o mais sábio de todos os reis: "Palavras do Eclesiastes, filho de Davi, rei de Jerusalém: Vaidade de vaidades, e tudo vaidade" (Ecl 1,1). Eu fui rei, e filho de rei — diz Salomão — experimentei tudo o que era, e tudo o que podia dar de si o poder, a grandeza, o senhorio do mundo, e achei que tudo o que parece que há nele é vão, e nada sólido, e que bem pesado e apertado, não vem a ser mais que uma vaidade composta de muitas vaidades: "Vaidade de vaidades, e tudo vaidade". Vaidade os cetros, vaidade as coroas, vaidade os reinos e monarquias, e o mesmo mundo que delas se compõe, vaidade das vaidades: "Vaidade de vaidades". Esta é a verdade que não sabemos ver, por estar escondida e andar enfeitada debaixo das aparências que vemos. E este é o conhecimento e desengano com que devemos rebater e desprezar o tudo ou o nada com que nos tenta o mundo. Oh! como ficariam desvanecidas as maiores tentações, se soubéssemos responder ao "tudo" do demônio com o "tudo" de Salomão: "Todos os reinos do mundo? Tudo vaidade. Dar-te-ei todas as coisas? Tudo vaidade".

Mas se todo este mundo, e tudo o que nele mais avulta é vão, antes a mesma vaidade, como é possível que tenha tanto valor e tanto peso com os homens, que pese para com eles mais que o céu, mais que a alma e mais que o mesmo Deus? Tão falsas são as balanças do juízo humano! Não são elas as falsas, somos nós: "Mentirosos são os filhos dos homens em balanças, para que se enganem a si mesmos com a vaidade" (Sl 61,10). São tais os homens — diz Davi — que com a balança na mão trocam o peso às coisas. — Não diz que as balanças são falsas, senão que os homens são falsos nelas: "Mentirosos são os filhos dos homens em balanças". E a razão desta falsidade, ou desta falsificação, é porque os mesmos homens se querem enganar a si mesmos com a vaidade: "para que se enganem a si mesmos com a vaidade". Não é o nosso juízo o que nos engana; é o nosso afeto, o qual, pendendo e inclinando para a parte da vaidade, leva após si o fiel do juízo. Nestas balanças — que são como as de S. Miguel, em que se pesam as almas —, de uma parte está a alma, da outra o mundo; de uma parte está o temporal, da outra o eterno; de uma parte está a verdade, da outra a vaidade. E porque nós pomos o nosso afeto e o nosso coração da parte do mundo e da vaidade, esse afeto e esse coração é o que dá à vaidade do mundo o peso que ela não tem nem pode ter. A vaidade não amada não tem peso, porque é vaidade; mas essa mesma vaidade, amada, pesa mais que tudo, porque o nosso amor e o nosso afeto é o que falsamente lhe dá peso. De maneira que o peso não está nas coisas, está no coração com que as amamos.

O mesmo Davi o disse admiravelmente: "Filhos dos homens, até quando haveis de ter os corações pesados? Até quando haveis de amar a vaidade?" (Sl 4,3) Notai a consequência. Queixa-se de amarem os homens a vaidade: "Até quando haveis de amar a vaidade?". E acusa-os de terem os corações pesados: "Até quando haveis de ter os corações pesados?". Porque o peso que achamos na vaidade não está na mesma vaidade, senão no coração com que a amamos. Amamos e estimamos a vaidade, e por isso a balança inclina a ela e com ela, e nos mostra falsamente o peso onde o não há. Oh! se pesássemos bem e fielmente, com o coração livre de todo o afeto, como veríamos logo que a inclinação e movimento da balança pendia todo para a parte da alma, e que todo o mundo, contrapesado a ela, não pesa um átomo.

Agora entendereis a astúcia da tentação do demônio no modo com que hoje mostrou a Cristo todos os reinos do mundo. Diz S. Lucas que lhos mostrou em um instante: "Mostrou-lhe todos os reinos do mundo em um instante" (Lc 4,5). E por que razão em um instante? Por que não deu mais espaço de tempo a quem tentava com uma tão grande ostentação? Seria porventura porque ainda o demônio, quando engana, não pode encobrir a brevidade momentânea com que passa e se muda esta cena das coisas do mundo, aparecendo e desaparecendo todas em um instante? Assim o diz S. Ambrósio: "Não se mostra tanto a rapidez do presente, do que se exprime a fragilidade caduca do poder: pois em um instante todas aquelas coisas passaram"[3]. Mostrou o demônio todos os reinos e grandezas do mundo em um instante, porque as mostrou assim como elas são, e tudo o que há neste mundo não tem mais ser que um instante. O que foi, já não é; o que há de ser, ainda não é; e o que é, não é mais que no instante em que passa: "Em um instante todas aquelas coisas passaram". Boa razão, e verdadeira, como de tal autor. Mas ainda debaixo dela se encobria outra astúcia do tentador, o qual não quis dar tempo ao tentado para pesar o que lhe oferecia. O peso das coisas vê-se pela inclinação e movimento da balança. E como em instante não pode haver movimento, por isso lhe mostrou tudo em um instante. Veja o tentado o mundo que lhe ofereço, mas veja-o em instante somente, e não em tempo, para que não possa averiguar o pouco que pesa: "Em um instante todos os reinos do mundo".

Juntamente com os reinos do mundo mostrou também o demônio a Cristo todas as suas glórias: "E a glória deles". Mas, ainda que autorizadas com tão especioso nome, nenhum pendor fazem à balança, porque são tão vãs como o mesmo mundo, e ainda mais, se pode ser. E se não, discorrei por elas com qualquer átomo de consideração. O que mais pesa e o que mais luz no mundo são as riquezas. E que coisas são as riquezas, senão um trabalho para antes, um cuidado para logo e um sentimento para depois? As riquezas, diz S. Bernardo, adquirem-se com trabalho, conservam-se com cuidado e perdem-se com dor. Que coisa é o ouro e a prata, senão uma terra de melhor cor? E que coisa são as pérolas e os diamantes, senão uns vidros mais duros? Que coisas são as galas, senão um engano de muitas cores? Cabelos de Absalão, que pareciam madeixas, e eram laços. Que coisa é a formosura, senão uma caveira com um volante por cima? Tirou a morte aquele véu, e fugis hoje do que ontem adoráveis. Que coisa são os gostos, senão as vésperas dos pesares? Quem mais as canta, esse as vem a chorar mais. Que coisa são as delícias, senão o mel da lança de Jônatas? Juntamente vai à boca o favo e o ferro. Que coisa são todos os passatempos da mocidade, senão arrependimentos depositados para a velhice? E o melhor bem que podem ter é chegarem a ser arrependimentos. Que coisa são as honras e as dignidades, senão fumo? Fumo que sempre cega, e muitas vezes faz chorar. Que coisa é a privança, senão um vapor de pouca dura? Um raio do sol o levanta e outro raio o desfaz. Que coisas são as provisões e os despachos grandes, senão umas cartas de Urias? Todas parecem cartas de favor, e quantas foram sentença de morte? Que coisa é a fama, senão uma inveja comprada? Uma funda de Davi que derruba o gigante com a pedra, e ao mesmo Davi com o estralo. Que coisa é toda a prosperidade humana, senão um vento que corre todos os rumos? Se diminui, não é bonança; se cresce, é tempestade. Finalmente, que coisa é a mesma vida, senão uma alâmpada acesa, vidro e fogo? Vidro, que com um assopro se faz; fogo, que com um assopro se apaga. Estas são as glórias do vosso mundo e dos vossos reinos: "Todos os reinos do mundo, e a glória deles". E por estas glórias falsas, vãs e momentâneas, damos aquela alma imortal que Deus criou para a glória verdadeira e eterna.

Certo que andou o demônio muito néscio em mostrar o mundo e suas glórias a quem queria tentar com elas. Havia de encobrir a mercadoria, se queria que lha comprassem. O mundo, prometido, forte tentação parece; mas visto, não é tentação. Quereis que vos não tente o mundo ou que vos não vença, se vos tentar? Olhai bem para ele. Mordiam as serpentes no deserto venenosamente aos filhos de Israel. E que fez Moisés? Mandou levantar em lugar alto uma daquelas serpentes feita de bronze: olhavam para ela os mordidos, e saravam. Todos nesta vida andais mordidos: uns mordidos do valimento, outros mordidos da ambição, outros mordidos da honra, outros mordidos da inveja, outros mordidos do interesse, outros mordidos da afeição; enfim, todos mordidos. Pois, que remédio para sarar destas mordeduras do mundo? Pôr o mesmo mundo diante dos olhos e olhar bem para ele. Quem haverá que olhe para o mundo com os olhos bem abertos, que veja como todo é nada, como todo é mentira, como todo é inconstância, como hoje não são os que ontem foram, como amanhã não hão de ser os que hoje são, como tudo acabou e tudo acaba, como havemos de acabar e todos imos acabando; enfim, que veja ao mundo bem como é em si, que se não desengane com ele e se não desengane dele? A serpente de Moisés era de bronze; o mundo também é serpente, mas de barro, mas de vidro, mas de fumo, que ainda são melhores metais para o desengano.

§ IV

Mas demos já uma volta à balança. Vimos quanto pesa o mundo: vejamos agora quanto pesa uma alma. Neste peso entramos todos. O peso do mundo não pertence a todos, porque muitos têm pouco mundo; o peso da alma, ninguém há a quem não pertença: o rei, o vassalo, o grande, o pequeno, o rico, o pobre, todos têm alma. Ora vejamos quanto pesa e quanto vale isto que todos trazemos e temos dentro em nós.

Onde porém acharemos nós uma balança tal que se possa pesar nela uma alma? Quatro mil anos durou o mundo, sem haver em todo ele esta balança. E, porventura, essa foi a ocasião de se perderem naquele tempo tantas almas. Chegou finalmente o dia da Redenção, pôs-se o Filho de Deus em uma cruz, e ela foi a verdadeira e fiel balança que a divina justiça levantou no Monte Calvário, para que o homem conhecesse quão imenso era o peso e preço da alma que tinha perdido. Assim o canta e no-lo ensina a Igreja:

"Bem-aventurada a cruz, transformada em balança, de cujos braços pende a salvação do mundo, roubando ao inferno a presa".

Vês, homem, aquela cruz em que está pendente e morto o Filho de Deus? Pois sabe que ela é a balança justa em que Deus pesou o preço da tua alma, para que tu a não desprezes. O braço direito desceu tanto com o peso, que não só trouxe Deus do céu à terra, mas do céu até o inferno; e o braço esquerdo subiu tanto, que, estando a alma no inferno pelo pecado, não só a levantou do inferno, mas a pôs no céu. De maneira que quem fielmente quiser pesar uma alma, não há de pôr de uma parte da balança a alma, e da outra o mundo, senão de uma parte a alma, e da outra a Deus. O mundo custou a Deus uma palavra; a alma custou a Deus o sangue, custou a Deus a vida, custou a Deus o mesmo Deus: "Que se deu a si mesmo para redenção de todos" (1Tm 2,6). Ouvi agora a Eusébio Emisseno: "A redenção é avaliada então grande preço, que parece o homem valer o mesmo que Deus". É tal o preço que Deus deu pelas almas, que, posta de uma parte a alma, e da outra o preço, parece que vale tanto a alma como Deus. — Parece, diz, porque Deus verdadeiramente vale e pesa mais que toda a alma. Mas a divina justiça não pôs em balança com a alma outro peso, nem aceitou por ela outro preço, que o do mesmo Deus, porque, de peso a peso, só Deus se pode contrapesar com a alma, e, de preço a preço, só Deus se pode avaliar com ela: "Que parece valer o mesmo que Deus". Sendo pois esta a verdadeira balança, e sendo este o peso e o preço da alma, que tão cara comprou Deus e nós tão barata vendemos ao demônio, não vos quero persuadir que a não vendais; só vos peço, e vos aconselho, que o não façais sem a pôr primeiro em leilão. O demônio, no primeiro lanço, ofereceu por ela o mundo; Deus, no segundo lanço, deu por ela a si mesmo. Se achardes quem vos dê mais pela vossa alma, dai-a embora.

Toda a desgraça da pobre alma, tão falsamente avaliada, e tão vilmente trocada e vendida, é porque a não vemos como vemos o mundo. O demônio mostrou todos os reinos do mundo: "Mostrou-lhe todos os reinos do mundo". Se eu também vos pudera mostrar uma alma, estavam acabadas todas as tentações, e não eram necessários mais discursos. O demônio dá todo o mundo por uma alma, porque a vê e a conhece: é espírito, vê as almas. Nós, como somos corpo, vemos o mundo e não vemos a alma, e porque a não conhecemos, por isso a desestimamos. Oh! se Deus nos mostrasse uma alma! Que pasmo, que estimação seria a nossa, e que desprezo de quanto há no mundo e na vida! Mostrou Deus uma alma a Santa Madalena de Pazzi, e oito dias ficou fora de si, arrebatada, de assombro, de pasmo, de estranheza, só na memória, na admiração, na novidade do que vira. Isto é uma alma? Isto é. A Santa Catarina de Sena mostrou-lhe Deus também uma alma, e dizia — como refere Santo Antonino[4] — que nenhum homem haveria, se tivesse visto uma alma, que não desse por ela a vida cem vezes cada dia, e não pela própria, senão pela alheia. De sorte que toda a diferença e toda a desgraça está em que o mundo, com que o demônio nos engana, é visível, e a alma invisível. Mas por isso mesmo havíamos nós de estimar muito mais a alma, se tivéramos juízo. O mundo é visível, a alma é invisível: o mundo vê-se, a alma não se vê. Logo muito mais preciosa é a alma, muito mais vale que todo o mundo. Ouvi a S. Paulo: "Porque não miramos as coisas que se veem, mas sim as que não se veem. Pois, as coisas que se veem são temporais, e as que não se veem são eternas" (2Cor 4,18). Não havemos de admirar, nem estimar o que se vê, senão o que se não vê, diz S. Paulo, porque o visível, o que se vê, é temporal; o invisível, o que se não vê, é eterno. — O mundo que o demônio me mostra é visível, porque é temporal como o corpo; a alma que o demônio não pode mostrar — nem me havia de mostrar, se pudera — é invisível, porque é eterna como Deus; e, assim como os olhos não podem ver a Deus por sua soberania, assim não podem ver a nossa alma. Não é a nossa alma tão baixa que a houvessem de ver os olhos. Veem o mundo, veem o céu, veem as estrelas, veem o sol: a alma não a podem ver, porque não chega lá a sua esfera.

Mas já que somos tão corporais e damos tanto crédito aos olhos, os mesmos olhos quero que nos digam e que confessem o que é a alma. Quereis ver o que é uma alma? Olhai — diz Santo Agostinho — para um corpo sem alma. Se aquele corpo era de um sábio, onde estão as ciências? Foram-se com a alma, porque eram suas. A retórica, a poesia, a filosofia, as matemáticas, a teologia, a jurisprudência, aquelas razões tão fortes, aqueles discursos tão deduzidos, aquelas sentenças tão vivas, aqueles pensamentos tão sublimes, aqueles escritos humanos e divinos que admiramos e excedem a admiração, tudo isto era a alma. Se o corpo é de um artífice, quem fazia viver as tábuas e os mármores? Quem amolecia o ferro, quem derretia os bronzes, quem dava nova forma e novo ser à mesma natureza? Quem ensinou naquele corpo regras ao fogo, fecundidade à terra, caminhos ao mar, obediência aos ventos, e a unir as distâncias do universo, e meter todo o mundo venal em uma praça? A alma.

Se o corpo morto é de um soldado, a ordem dos exércitos, a disposição dos arraiais, a fábrica dos muros, os engenhos e máquinas bélicas, o valor, a bizarria, a audácia, a constância, a honra, a vitória, o levar na lâmina de uma espada a vida própria e a morte alheia: quem fazia tudo isto? A alma. Se o corpo é de um príncipe, a majestade, o domínio, a soberania, a moderação no próspero, a serenidade no adverso, a vigilância, a prudência, a justiça, todas as outras virtudes políticas com que o mundo se governa: de quem eram governadas e de quem eram? Da alma. Se o corpo é de um santo, a humildade, a paciência, a temperança, a caridade, o zelo, a contemplação altíssima das coisas divinas; os êxtases, os raptos, subido o mesmo peso do corpo e suspendido no ar: que maravilha! Mas isto é alma. Finalmente os mesmos vícios nossos nos dizem o que ela é. Uma cobiça que nunca se farta, uma soberba que sempre sobe, uma ambição que sempre aspira, um desejo que nunca aquieta, uma capacidade que todo o mundo a não enche, como a de Alexandre, uma altiveza como a de Adão, que não se contenta menos que com ser Deus. Tudo isto, que vemos com nossos olhos, é aquele espírito sublime, ardente, grande, imenso: a alma. Até a mesma formosura, que parece dote próprio do corpo, e tanto arrebata e cativa os sentidos humanos, aquela graça, aquela proporção, aquela suavidade de cor, aquele ar, aquele brio, aquela vida: que é tudo senão alma? E se não, vede o corpo sem ela, insta Agostinho: "Não é o corpo que a faz amável, senão a alma?"[5]. Aquilo que amáveis e admiráveis não era o corpo, era a alma: "Apartou-se o que não se via, ficou o que com dor se vê": Apartou-se o que se não via, ficou o que se não pode ver. — A alma levou tudo o que havia de beleza, como de ciência, de arte, de valor, de majestade, de virtude, porque tudo, ainda que a alma se não via, era a alma. Viu S. Francisco de Borja o corpo defunto da nossa imperatriz Dona Isabel, e que lhe sucedeu? Pela diferença do corpo morto, viu naquele espelho o que era a alma, e como viu o que era a alma, deixou o mundo. Não nos enganara o demônio com o mundo, se nós víramos e conhecêramos bem o que é a alma. Mas já que a não podemos ver em si, vejamo-la em nós: no que o corpo há de ser, vejamos o que ela é.

§ V

Então que vos diga o demônio com a boca muito cheia e muito inchada: "Tudo isto te darei"! Mente o diabo, e troque as balanças: *o omnia* não há de estar na balança do mundo, senão na balança da alma. O tudo deste mundo e do outro é a alma, não é o mundo. No capítulo doze de São João, diz Cristo: "E eu, quando for exaltado da terra, trarei todas as coisas a mim" (Jo 12,32): E eu, quando for levantado na cruz, hei de trazer a mim tudo: "Todas as coisas". Digam-me agora os doutos, que tudo é este que Cristo havia de trazer a si? Cristo, desde o instante da Encarnação, foi senhor universal de tudo pela união hipostática, pelo direito hereditário da filiação, como Filho natural de Deus, e por outros muitos títulos. S. Paulo: "Ao qual constituiu herdeiro de tudo" (Hb 1,2); S. João: "Sabendo que o Pai depositara em suas mãos todas as coisas" (Jo 13,3); e o mesmo Cristo: "Todas as coisas me foram entregues por meu Pai" (Mt 11,27). Pois se Cristo era, e sempre foi senhor de tudo, que tudo era este que diz que há de adquirir e trazer a si na cruz? Era o tudo que só é tudo: as almas. Assim o resolve S. Crisóstomo, S. Cirilo, Teofilato, Beda, Leôncio e todos. Desde o instante da Encarnação foi Cristo absoluto senhor de todas as criaturas, quanto ao domínio e quanto à sujeição; só das almas, ainda que era senhor quanto ao domínio, quanto à sujeição não o era, porque estavam cativas e escravas do demônio e do pecado. E como Cristo na cruz havia de redimir, adquirir, sujeitar e trazer a si as almas, este é o tudo a que absolutamente chama tudo: "Trarei todas as coisas a mim".

E se me perguntardes por que na cruz não trouxe a si atualmente mais que uma só alma, a do bom ladrão, foi por que entendêssemos que o tudo de que falava não eram só todas as almas coletivamente, senão qualquer e cada uma delas. Assim o declarou admiravelmente a versão siríaca: "Trarei cada um até mim". Todas, tudo; cada uma, tudo. A vossa alma é tudo, a minha tudo, a de Dimas e a de qualquer homem, tudo: "Todas as coisas, cada um". Mas para que são versões nem exposições, se temos o mesmo autor do texto? "O reino dos céus é semelhante a um homem negociante que busca boas pérolas. E tendo achado uma de grande apreço vai vender tudo que tem, e a compra" (Mt 13,45s). Um mercador — diz Cristo — que negociava e tratava em pérolas, achando uma, deu tudo quanto tinha, e comprou-a. — Quem é o mercador, qual é a pérola, e que é o tudo que deu por ela? O mercador — diz Haymo[6] — é Cristo; a pedra preciosa é a alma; o tudo que deu por ela é tudo o que Deus tinha e tudo o que era. De maneira que não por todas, nem por muitas, senão por uma só alma: "Uma pérola de grande apreço", deu Deus tudo o que tinha e tudo o que era, e não uma só vez, nem por um só modo, senão por tantos: "Ao nascer deu-se como companheiro; na ceia, como alimento; ao morrer, como preço; reinando, dá-se como prêmio": Deu-se na Encarnação, deu-se no sacramento, deu-se na cruz, dá-se na glória. E aquilo por que Deus tantas vezes, e por tantos modos, deu tudo, vede se é tudo: "Trarei todas as coisas a mim". — A alma, a alma, tentador, é o verdadeiro tudo, e não o mundo, a que tu falsamente dás esse nome: "Tudo isto te darei".

Que bem o entendeu assim o mesmo demônio, que para tudo nos dá armas. Terceira vez vencido o tentador, diz São Lucas que se retirou por então, não para desistir totalmente de tentar a Cristo, mas reservando a tentação para outro tempo: "E acabando o diabo toda a tentação, ausentou-se dele por algum tempo" (Lc 4,13). Contudo, nem S. Lucas, nem algum dos outros evangelistas dizem expressamente quando o diabo tornasse a tentar a Cristo. Que tempo foi logo este, e que tentação? Santo Atanásio, e comumente os Padres e expositores, resolvem que o tempo foi no último dia e hora da morte de Cristo — que é a ocasião em que o demônio faz o último esforço para tentar aos homens — e que a tentação foi por boca dos judeus, quando disseram: "Se és o filho de Deus, desça agora da cruz, e creremos em ti" (Mt 27,42): Se é Filho de Deus, desça da cruz, e creremos nele. — E verdadeiramente a frase e modo da tentação bem mostra ser do mesmo artífice que tinha tentado a Cristo no deserto e no Templo, onde sempre começou, dizendo: "Se és o filho de Deus". Vede agora a astúcia e consequência do demônio, em que fundou toda a sua esperança. Como na última tentação, em que se retirou vencido, tinha oferecido a Cristo todos os reinos do mundo, fez este discurso: Este homem, ofereci-lhe todo o mundo, e não o pude render; necessário é logo acrescentar e reforçar a tentação, e oferecer-lhe coisa que pese e valha mais que todo o mundo. Coisa de maior preço e de maior valor que todo o mundo não há, senão a alma. Hei-o de tentar com almas. E assim o fez: "Desça da cruz e creremos em ti". De sorte que só com o oferecimento daquelas almas, que o demônio tanto possuía, lhe pareceu que podia render a quem não tinha rendido com o oferecimento de todo o mundo.

Esta foi a tentação que o demônio reservou para a última batalha. Mas, ainda que nesta ocasião fez o tiro a Cristo com muitas almas, já antes dela o tinha feito com uma só, não oferecendo-lha, mas querendo-lha roubar. Para o demônio roubar a Cristo a alma de Judas, persuadiu-lhe a traição. E que fez o bom pastor para tirar dos dentes deste lobo aquela ovelha? Lançou-se aos pés do mesmo Judas para lhos lavar: "Como já o diabo tinha lançado no coração de Judas o propósito de traí-lo, começou a lavar os pés dos discípulos" (Jo 13,2.5). Senhor meu, vós aos pés de Judas, persuadido pelo demônio a vos entregar? Vós aos pés de Judas, a quem chamastes demônio: "Um de vós é o diabo" (Jo 6,71)? Ainda é maior e mais fundada a minha admiração. Diz expressamente S. Lucas que, antes deste ato e deste dia, já o demônio tinha entrado em Judas: "Satanás entrou em Judas, e buscava ocasião oportuna de traí-lo. Entretanto chegou o dia dos pães ázimos, no qual era necessário imolar-se a Páscoa" (Lc 22,3.6.7). Pois se Judas não só é demônio por maldade, mas em Judas está por realidade o mesmo demônio, como se ajoelha Cristo diante de Judas? A figura em que o demônio tentou a Cristo quando disse: "Se prostrado me adorares", era de homem, e não de demônio. Judas, em quem agora está o demônio, também é homem. Como pois se ajoelha Cristo a um homem que é demônio, e dentro do qual está o demônio? Aqui vereis quanto vale uma alma, e quanto vale mais que o mundo todo. Por todo o mundo não dobrou Cristo o joelho, nem o podia dobrar a um demônio transfigurado em homem; e por uma alma lançou-se de joelhos aos pés de um homem que era demônio, e tinha dentro de si o demônio. Por todo o mundo não conseguiu o demônio que Cristo se ajoelhasse a ele; por uma alma, se não conseguiu que se ajoelhasse a ele, conseguiu que se ajoelhasse diante dele.

Ah! idólatras do mundo, que tantas vezes dais a alma e dobrais o joelho ao demônio, não pelo mundo todo, senão por umas partes tão pequenas dele, que nem migalhas do mundo se pode chamar! Quantos príncipes dão a alma, e tantas almas ao demônio por uma cidade, por uma fortaleza? Quantos títulos por uma vila? Quantos nobres por uma quinta, por uma vinha, por uma casa? Que palmo de terra há no mundo que não tenha levado muitas almas ao inferno, pela demanda, pelo testemunho falso, pela escritura suposta, pela sentença injusta, pelos ódios, pelos homicídios, e por infinitas maldades? Se o mundo todo não pesa uma alma, como pesam tanto estes pedacinhos do mundo? Barro afim. Deitai ao mar um vaso de barro inteiro: nada por cima da água; quebrai esse mesmo vaso, fazei-o em pedaços, e todos, até o mais pequeno, se vão ao fundo. Se o mundo todo inteiro pesa tão pouco, como pesam tanto estes pedaços do mundo, que todos se vão ao fundo e nos levam a alma após si? Quisera acabar aqui, e já há muito que devera, mas como estamos em um ponto de tanta importância, que é a maior e a única, e toca igualmente a todos e a cada um, dai-me licença com que acabe de desarmar ao demônio, dando-lhe muitas mais armas das que ele tem, e concedendo-lhe tudo o que hoje prometeu e tudo o que se não atreveu a prometer. Se alguma hora me destes atenção, seja neste último argumento, que desejo apertar de maneira que não haja coração tão duro, nem entendimento tão rebelde, que não dê as mãos e fique convencido.

§ VI

Quando o demônio ofereceu o mundo a Cristo, disse-lhe juntamente, como refere S. Lucas, que ele tinha poderes de Deus para dar o que oferecia: "Dar-te-ei todo este poder e a glória destes reinos, porque eles me foram dados, e eu os dou a quem bem me parecer" (Lc 4,6). Estes poderes que o demônio alegava eram tão falsos como as mesmas promessas. Mas, para apertarmos este ponto, suponhamos que os poderes eram verdadeiros, e que eram ainda maiores. Suponhamos que tinha o demônio poderes de Deus, para verdadeiramente dar este mundo a um homem, e demais destes poderes, que tinha também delegação da onipotência para prometer, cumprir e executar tudo o que quisesse. Neste caso, se o demônio nos propusesse o mesmo contrato que hoje propôs a Cristo, se nos oferecesse todos os reinos e grandezas do mundo, e nos mostrasse procurações de Deus para tudo, aceitá-lo-íamos? Eu entendo que neste caso, qualquer homem bem entendido podia pôr três réplicas, ou três instâncias, a este oferecimento: a primeira, na brevidade da vida; a segunda, na inconstância dos reinos; a terceira, na limitação da natureza humana. Ora, discorrei comigo, e falemos com o demônio. — Tu, demônio, me ofereces todos os reinos do mundo. Grande oferecimento é, mas bem sabes tu que Alexandre Magno não durou mais que seis anos no império, e outros imperadores duraram muito menos, e algum houve que durou só três dias. Pois por seis anos, ou por vinte anos, ou por quarenta anos que posso viver, e esses incertos, hei eu de entregar a minha alma? Não é bom partido. — Não seja essa a dúvida — diz o demônio — eu te seguro, com os poderes que tenho, cem mil anos de vida, e esses sem dor, sem velhice, sem enfermidade. Há mais outra dúvida? — Ainda que eu haja de ter cem mil anos de vida, quem me segurou a mim a duração e permanência desses reinos e dessa monarquia?

Não há coisa mais inconstante no mundo que os reinos, nem menos durável que sua glória e felicidade. Sem recorrer aos exemplos passados, digam-no as mudanças que vimos nestes nossos dias, em que tão pouco segura tiveram os reis a obediência dos vassalos e a coroa, e ainda a mesma cabeça sobre que assentam as coroas[7]. Pois se os vassalos mesmos se me houvessem de rebelar, ou os estranhos me houvessem de conquistar os reinos, que me importaria a mim ter o nome e o domínio deles? — Não seja essa também a dificuldade — diz o demônio — eu te asseguro a duração e perpetuidade da monarquia e todos os reinos que te mostrei, por espaço de cem mil anos, e te prometo que os possuirás sempre quietos e pacíficos. Há mais ainda alguma coisa em que reparar? — Ainda há uma. Sendo eu rei de todo o mundo, não me posso gozar de todo ele ao mesmo tempo. Quando tiver a corte em Lisboa, não a posso ter em Paris; quando a tiver em Roma, não a posso ter em Constantinopla; se lograr as terras da Europa, não posso lograr as da América; se lograr as delícias de Itália, não posso gozar as da Índia. Pois se eu não hei de ter mais capacidade para os gozos da vida, do que tem qualquer outro homem, que me importa ter tanto poder e tanta matéria para eles? — Também isso tem remédio — diz o demônio. Assim como Cristo no sacramento está em todos os lugares do mundo, sendo um só e o mesmo, assim farei eu pela onipotência delegada, que tu, sendo um só, estejas juntamente em todos os lugares do mundo, para que em todos possas gozar tudo o que quiseres.

Eis aqui as condições com que suponho que nos oferece o demônio o seu contrato. Parece-vos que são boas condições estas, e dignas de se aceitarem? Um homem com cem mil anos de vida seguros, sem dor, nem enfermidade; um homem monarca universal de todos os reinos do mundo, com certeza de não se mudarem; um homem multiplicado em todas as partes do mundo, para poder gozar no mesmo tempo as delícias de todo ele. Parece que a imaginação não pode inventar mais, nem querer mais o desejo. Dizei-me agora: se este contrato vo-lo oferecesse o demônio, assinado por Deus, aceitaríeis esta vida, esta majestade, estas delícias de cem mil anos, com condição de, no cabo deles, perder a alma, e ir ao inferno? É certo que nenhum de nós aceitaria tal contrato. Ao menos, eu não. Pois se não aceitaríamos ao demônio um tal contrato, como aceitamos tentações tão diferentes? Dizei-me: quando o demônio vos tenta, promete-vos larga vida? Antes são muitas vezes tais as tentações que sabeis de certo que, caindo nelas, quando menos, haveis de encurtar a vida e perder a saúde. Mais. Quando o demônio vos tenta, promete-vos reinos e monarquias universais do mundo? Não: um governo, uma privança, um título, um morgado, uma herança e outros interesses menores. Mais. Quando o demônio vos tenta, multiplica-vos a capacidade dos sentidos, para que possais gozar com maior largueza e sem limite os gostos e delícias do mundo? Nada disto. Pois se fora loucura e rematada loucura entregar um homem a sua alma por aquele contrato, que será entregarmo-la cada dia e cada hora por tentações de tanto menos porte? Por uma vaidade, por um desejo, por uma representação, por um apetite, que no instante de antes o desejais, e no instante de depois o aborreceis? Tomara que me respondêsseis a esta evidência, para ver que razão me dais.

Só uma vos pode ocorrer que tenha alguma aparência, e é o que nos engana a todos. Padre, entre aquele contrato e as tentações ordinárias do demônio há uma diferença grande. Consentindo naquele contrato, ficava eu perdendo a minha alma de certo; consentindo nas outras tentações, somente ponho a minha alma em dúvida, porque, depois de aceitar a tentação e lograr o que o diabo ou o apetite me promete, posso arrepender-me, e salvar-me. Primeiramente essa mesma conta fizeram todos os cristãos que estão no inferno. Mas sem chegar a essa suposição, tão leve negócio é pôr a alma e a salvação em dúvida? Aprendamo-lo do mesmo demônio, e torne a tentação a ser remédio. Quando o diabo tentou a Cristo, bem via que aquele homem, quem quer que fosse, depois de aceitar o partido e se ficar com os reinos do mundo, assim como se houvesse posto de joelhos diante do demônio, para o adorar, assim se podia pôr de joelhos diante de Deus, para pedir perdão e se restituir à graça, e salvar-se. Pois se isto era assim, por que lhe oferecia o demônio todo o mundo, só por aquela adoração, só por aquele pecado? Porque aquele pecado em um homem, ainda que lhe não tirava a salvação com certeza, punha-lhe a salvação em dúvida, e só por pôr em dúvida a salvação de uma alma, dará e dá o demônio todo o mundo. Pois se o demônio, que não é interessado como eu, dá o mundo, só por pôr a minha salvação, em dúvida, eu por que porei em dúvida a minha alma e a minha salvação, ainda que seja por todo o mundo?

Cristãos, Deus nos livre de pôr a salvação de nossa alma em dúvida, ainda que seja pelo preço de todo o mundo e de mil mundos. O que se põe em dúvida, pode ser e não pode ser. E se for? Se a dúvida inclinar para a pior parte, se eu me não salvar e me condenar, como se condenaram tantos que lhe fizeram esta mesma conta; será bem que fique a alma nestas contingências? Oh! tristes almas as nossas, que não sei que nos têm feito, que tanto mal lhes queremos! Por certo, que não nos havemos nós assim nas temporalidades. O negócio em que vos vai a vida, ou a fazenda, ou a honra, ou o gosto, contentais-vos com o deixar nessas dúvidas? Não buscais sempre o mais seguro? Pois só a Deus, e à ventura, hão de ser para a triste alma? Vede como se queixava Cristo desta sem-razão: "Dividiram entre si as minhas vestes, e as sortearam" (Mt 27,35). As minhas vestiduras exteriores, dividiram-nas para si, e a minha túnica interior, lançaram-na a sortes. — Os vestidos exteriores de Cristo, dividiram-nos entre si os soldados em partes iguais; a túnica interior, jogaram-na a ver quem a levava inteira. Que é esta túnica interior, e que vestiduras exteriores são estas que os homens receberam de Deus? As vestiduras exteriores são os bens temporais; a túnica interior é a alma. Vede agora com quanta razão se queixa Cristo: "Dividiram entre si as minhas vestes". As vestiduras exteriores, os bens temporais estimam-nos os homens tanto que os não querem pôr na dúvida de uma sorte: dividem-nos com grande tento, reparando em um fio, e cada um segura a sua parte. "E as sortearam": porém a túnica interior, a alma, fazem tão pouco caso dela os homens, que a lançam a sortes e à ventura, ao tombo de um dado. Atrevemo-nos a estar eternamente no inferno? Para quando guardamos os nossos juízos? Para quando guardamos os nossos entendimentos? Por que cuidais que foram prudentes as cinco virgens do Evangelho? Por que eram muito entendidas? Por que falavam com grande discrição? Não. Porque quando as companheiras lhes pediram do óleo para acompanhar o esposo às bodas, elas responderam: "Talvez não baste para nós e para vós" (Mt 25,9). Não, amigas, porque não sabemos se nos bastará o que temos. — Pôr em dúvida a entrada do céu, pôr em dúvida a salvação da alma, nem por amor das amigas, nem por amor das bodas, nem por amor do esposo.

§ VII

Não digo eu pôr a salvação da alma em dúvida. Ainda que algum de nós soubera de certo, e tivera revelação que a sua alma se não havia de salvar, só por ser alma, a não havia de dar por nenhum preço do mundo. Ouvi uma ponderação que me faz tremer. É de fé que o Filho de Deus morreu por todos os homens. Assim o definiu Inocêncio Décimo em nossos dias, contra o erro dos jansenistas, e assim o diz expressamente S. Paulo em dois lugares de suas epístolas: na segunda "aos Coríntios", capítulo cinco: "Cristo morreu por todos" (2Cor 5,15); e na primeira "a Timóteo", capítulo dois: "Que se deu a si mesmo para redenção de todos" (1Tm 2,6). Todos os homens quantos há, e houve, e há de haver no mundo, ou são predestinados que se hão de salvar, ou são precitos que se hão de perder. Que Cristo morresse pelas almas dos predestinados, bem está: são almas que se hão de salvar, e que hão de ver, e gozar, e amar a Deus por toda a eternidade; mas morrer Cristo, e dar o preço infinito de seu sangue também pelas almas dos precitos? Sim. Morreu pelas almas dos predestinados, porque são almas que se hão de salvar; e morreu também pelas almas dos precitos, porque, ainda que se não hão de salvar, são almas. Nos predestinados, morreu Cristo pela salvação das almas; nos precitos, morreu pelas almas sem salvação, porque é tão grande o valor das almas por si mesmas, ainda sem o respeito de se haverem de salvar, que deu Deus por bem empregado, ou por bem perdido nelas, o preço infinito de seu sangue. Grande exemplo em uma alma particular.

Fez Cristo por Judas os extremos que todos sabem; mas nem todos os ponderam como merecem. Se Cristo tivera certeza de que Judas se havia de salvar, bem empregadas estavam todas aquelas despesas de trabalho e de amor. E se, quando menos, a salvação de Judas estivera duvidosa, também era bem-aventurar todas aquelas diligências na contingência dessa dúvida. Mas Cristo sabia de certo que Judas era precito e se havia de condenar. Pois, senhor, como empregais e despendeis tantas vezes o preço infinito de vossas palavras, de vossas ações e de vossas lágrimas com esse infeliz homem? Não sabeis que se há de perder a sua alma? Sim, sei; mas, ainda que se há de perder, é alma. A certeza da sua perdição não lhe tirou o ser, antes acrescenta a dor de tamanha perda. E que haja ainda almas que se queiram perder certamente? Que haja ainda tantos Judas, que deem entrada ao demônio em suas almas, não por todo o mundo, nem por trinta dinheiros, mas por outros preços mais vis e mais vergonhosos?

Ora, cristãos, se uma alma, ainda sem o respeito da salvação, vale tanto, as nossas almas, que pela misericórdia de Deus ainda estão em estado de salvação, por que as estimamos tão pouco? Que nos fizeram as nossas almas, para lhes querermos tanto mal, para as desprezarmos tanto? Cristo estima infinitamente a minha alma mais que todo o mundo; o mesmo demônio estima também mais a minha alma que todo o mundo, e só eu hei de estimar todas as coisas do mundo mais que a minha alma? Que coisa há neste mundo tão vil, ou seja da vida, ou seja da honra, ou seja do interesse, ou seja do gosto, que a não estimemos mais que a alma, e que não vendamos a alma por ela? Ponhamos os olhos em um Cristo crucificado, e aprendamos naquela balança a pesar e estimar nossa alma. Como está Cristo na cruz? Despido, afrontado, atormentado, morto: despido pela minha alma, para que eu estime mais a minha alma que o interesse; afrontado pela minha alma, para que eu estime mais a minha alma que a honra; atormentado pela minha alma, para que eu estime mais a minha alma que os gostos; morto pela minha alma, para que eu estime mais a minha alma que a vida. Oh! pesemos, e pesemos bem o que é e o que há de ser o mundo, o que é e o que há de ser a nossa alma. Seja esta a principal devoção desta quaresma, e seja também a principal penitência. Não vos peço que nesta quaresma acrescenteis as devoções nem as penitências: só uma comutação delas vos peço, e é que tomeis na mão aquela balança. Tomemos sequer meia hora cada dia, para nos fecharmos conosco e com a nossa alma, e para tratarmos dela e com ela. Diz S. João no Apocalipse: "que se fez silêncio no céu por espaço de meia hora" (Ap 8,1), enquanto se tratava das petições da terra. Se no céu, onde tudo é segurança e felicidade, se toma meia hora para tratar da terra, na terra, onde nada é seguro e tudo é miséria, por que se não tomará meia hora para tratar do céu? De vinte e quatro horas do dia, não lhe bastaram ao corpo vinte e três e meia, e a pobre alma não terá sequer meia hora? E que seja necessário que isto se vos esteja rogando e pedindo, e que não baste? Ora, fiéis cristãos, façamo-lo assim todos nesta quaresma, para que também a quaresma seja cristã. Consideremos que a nossa alma é uma só, que esta alma é imortal e eterna, que a união que tem esta alma com o corpo — a que chamamos vida — pode desatar-se hoje; que todas as coisas deste mundo cá hão de ficar, e só nossa alma há de ir conosco; que a esta alma a espera uma de duas eternidades: se formos bons, eternidade de glória; se formos maus, eternidade de pena. É isto verdade ou mentira? Cremos que temos alma, ou não o cremos? São estas almas nossas, ou são alheias? Pois que fazemos?

Também das alheias nos devemos lastimar muito. Todo o mundo, que o demônio hoje ofereceu a Cristo, foi por uma alma alheia. Se dá todo o mundo o demônio por perder uma alma, porque não daremos nós, e por que não faremos alguma coisa por tantas almas que se perdem? Neste mesmo instante se estão perdendo infinitas almas na África, infinitas almas na Ásia, infinitas almas na América — cujo remédio venho buscar —, tudo por culpa e por negligência nossa. Verdadeiramente não há reino mais pio que Portugal; mas não sei entender a nossa piedade, nem a nossa fé, nem a nossa devoção. Para as almas que estão no purgatório, há tantas irmandades, tantas confrarias, tantas despesas, tantos procuradores, tantos que as encomendem de noite e de dia; só aquelas pobres almas que estão indo ao inferno não têm nada disto. As almas do purgatório, ainda que padeçam, têm o céu seguro; as que vivem e morrem na gentilidade, não só têm o céu duvidoso, mas o inferno e a condenação certa, sem haver quem lhes acuda. Não é maior obra de misericórdia esta? Pois por que não haverá também uma irmandade, por que não haverá também uma congregação; por que não haverá também uma junta; por que não haverá também um procurador daquelas pobres almas? Senhor. estas almas não são todas remidas com o vosso sangue? Senhor, estas almas não são todas remidas com o sangue de Cristo[8]? —

Senhor, a conversão destas almas não a entregastes aos reis e reino de Portugal? — Senhor, estas almas não estão encarregadas por Deus a Vossa Majestade com o reino? — Senhor, será bem que estas almas se percam e se vão ao inferno contra o vosso desejo? — Senhor, será bem que aquelas almas se percam, se vão ao inferno por nossa culpa? Não o espero eu assim da Vossa Majestade divina, nem da humana. Já que há tantos expedientes para os negócios do mundo, haja também um expediente para os negócios das almas, pois valem mais que o mundo. Desenganemo-nos: quanto mais se adiantar o negócio da salvação das almas, tanto os do mundo irão mais por diante. O demônio ofereceu todos os reinos do mundo a Cristo pela perdição de uma alma, e Cristo, porque tratou da salvação das almas, está hoje senhor de todos os reinos do mundo. Assim nos sucederá a nós também, e assim o prometo em nome do mesmo Deus. Deixai-me santificar as palavras do demônio, e pô-las na boca de Cristo: "Mostrou-lhe todos os reinos do mundo". Está-nos Deus mostrando todos os reinos desse novo mundo, que por sua liberalidade nos deu, e por nossa culpa nos tem tirado em tanta parte. E, apontando para a África, para a Ásia, para a América, nos está dizendo: "Tudo isto te darei, se prostrado me adorares": Reino de Portugal, eu te prometo a restituição de todos os reinos que te pagavam tributo, e a conquista de outros muitos, e mui opulentos desse novo mundo, se tu, pois te escolhi para isso, fizeres que creia em mim, e me adore: "Se prostrado me adorares". Assim o prometo da bondade de Deus, assim o espero do grande zelo e piedade de sua majestade, assim o confio da muita cristandade de todos os ministros; e, se tratarmos das almas alheias, este meio, de que tanto se serve Deus, será o mais eficaz de conseguirmos a salvação das próprias, nesta vida, com grandes aumentos de graça, e na outra, com o prêmio da glória.

SERMÃO DA

Terceira Quarta-Feira da Quaresma

Pregado na Capela Real, no ano de 1669*.

~

"Não me pertence o dar-vos, mas isso é para aqueles
a quem está preparado por meu Pai."
(Mt 20,23)

Este sermão, dito dos pretendentes, Vieira faz antes de partir para Roma em busca do apoio do Papa frente ao poder da Inquisição. Retomara o direito de pregar, mas a situação política — deposição de Afonso VI e regência de Dom Pedro — continuava instável. Parte do mais difícil, a saber, daquilo que o pretendente menos espera: um "não". Duro para quem ouve e duro também para quem diz. Será conveniente e decente a um rei dizer não? É a primeira questão. Tão vil é na mentira o sim, como honrado na verdade o não. E como se evitam as ocasiões de dizer não? Por exemplo, não concedendo aos validos o que pretendem. Depois, que os despachos sejam inteiros, justos e retos e conhecidos como tais. E insistir na observância inviolável das leis. Finalmente, antecipar as provisões e impedir os postos vazios. No caso que se convém a dizer não, como se deve dizer? É a segunda questão. São mais numerosos os modos de pedir do que os de negar. Às vezes cabe um não muito resumido, muito claro dito, àqueles que pretendem sem entenderem o que pretendem e sem experiência. Outras vezes, escusa-se um não com outro não — se o costume assim o pede ou se o parecer do conselho já o determinou para outros. O melhor modo é sempre o que diz Cristo: não cabe a mim porque o meu Pai já os decretou para outros.

§ I

Estamos em sermão de pretendentes, e, segundo a experiência e queixa comum, ou seja com razão, ou sem ela, acho eu que os pretendentes das cortes, em seus requerimentos, são como os nossos argonautas e primeiros descobridores da Índia, senão que navegam ao revés e fazem a viagem às avessas. Os nossos descobridores primeiro passaram o Cabo de Não, e depois o cabo de Boa Esperança; os pretendentes, pelo contrário, começam pelo cabo de Boa Esperança, e acabam pelo Cabo de Não. Assim sucedeu hoje aos filhos do Zebedeu, que também eram navegantes. Começaram pelo Cabo de Boa Esperança, e com tão boa monção, que o passaram em uma sangradura, porque o vento era Galerno e o mar bonança. Fundavam a esperança na graça de Cristo, na eleição que deles tinha feito, e na prontidão com que tinham deixado, não só as barcas e as redes, como Pedro e André, senão também o próprio pai; fundavam a esperança no valimento de João, conhecidamente o mais aceito a Cristo, e descobertamente o amado entre todos os discípulos; fundavam a esperança na propinquidade do sangue, por serem primos do mesmo Senhor, não reparando que os príncipes não têm parentes, e muito menos ao perto; fundavam finalmente a esperança na intercessão de sua mãe, que, por mulher, era digna de todo o respeito, e, por viúva, de toda a piedade. Mas ainda que passaram tão felizmente o Cabo de Boa Esperança, e se prometiam pronto e inteiro despacho, alfim acabaram como os demais pelo Cabo de Não: "Não me pertence dar-vos".

Terrível palavra é um "não". Não tem direito, nem avesso; por qualquer lado que a tomeis, sempre soa e diz o mesmo. Lede-o do princípio para o fim, ou do fim para o princípio, sempre é "não". Quando a vara de Moisés se converteu naquela serpente tão feroz, que fugia dela por que o não mordesse, disse-lhe Deus que a tomasse ao revés, e logo perdeu a figura, a ferocidade e a peçonha. O "não" não é assim: por qualquer parte que o tomeis, sempre é serpente, sempre morde, sempre fere, sempre leva o veneno consigo. Mata a esperança, que é o último remédio que deixou a natureza a todos os males. Não há corretivo que o modere, nem arte que o abrande, nem lisonja que o adoce. Por mais que confeiteis um não, sempre amarga; por mais que o enfeiteis, sempre é feio; por mais que o doureis, sempre é de ferro. Em nenhuma solfa o podeis pôr que não seja mal soante, áspero e duro. Quereis saber qual é a dureza de um não? A mais dura coisa que tem a vida é chegar a pedir, e, depois de chegar a pedir, ouvir um não. Vede o que será? A língua hebraica, que é a que falou Adão, e a que mais naturalmente significa e declara a essência das coisas, chama, ao negar o que se pede, envergonhar a face. Assim disse Bersabé a Salomão: "Trago-vos, senhor, uma petição: não me envergonheis a face" (3Rs 2,16). — E por que se chama envergonhar a face negar o que se pede? Porque dizer não a quem pede é dar-lhe uma bofetada com a língua, tão dura, tão áspera, tão injuriosa palavra é um não. Para a necessidade dura, para a honra afrontosa e para o merecimento insofrível.

E se um não é tão duro para quem o ouve, creio eu que não é menor a sua dureza para quem o diz, e tanto mais, quanto mais generoso for o coração e mais soberano o ânimo que o houver de pronunciar. Dos três anjos que apareceram a Abraão no vale de Mambré, os dois que representavam ministros partiram a executar o castigo nas cidades infames, e o terceiro, ou primeiro, que representava a Deus, ficou com Abraão. E porque o estar só por só com Deus é o melhor tempo e modo de negociar com ele, animou-se então o santo patriarca a pedir a revogação da sentença. Eram as cidades cinco, e disse assim: Senhor, se naquelas cinco cidades houver cinquenta justos, não lhes perdoará Vossa Majestade? — Sim, perdoarei — respondeu Deus ou o anjo em seu nome. — E se não chegarem a cinquenta, e forem somente quarenta e cinco? — Também perdoarei. — Alentado com esta partida, continuou Abraão a outras menores. — E se forem só quarenta? — Perdoarei por quarenta. — E se trinta, senhor? — Também por trinta. — E se vinte? — Por vinte. — E se dez somente? — Também perdoarei por dez. — E dizendo isto, desapareceu o anjo: "E foi-se o Senhor" (Gn 18,33). Notável despedida! Não aguardou o anjo a que Abraão instasse mais e oferecesse ou rogasse com menor partido. A submissão, o comedimento, e a santa cortesania com que Abraão instava e passava de uma petição a outra é admirável, e digníssima de que todos a leiam, e de que o anjo só pelo ouvir se detivesse. Pois se tinha aguardado não só com paciência, mas com tão particular agrado, desde a primeira instância até a sexta, por que não esperou a sétima, por que se retirou e escondeu tão súbita e improvisamente? Por não chegar a dizer um não. A comissão que trazia o anjo eram dois decretos: um condicional, outro absoluto. O condicional, que se nas cinco cidades houvesse até dez justos, suspendesse o castigo; o absoluto, que se fossem menos de dez, executasse e ardessem. E como o anjo, que a seis petições de Abraão tão benevolamente tinha sempre dito sim, se ele continuasse e instasse com a sétima, era forçado a dizer não, por se não atrever a pronunciar esta duríssima palavra, desapareceu e escondeu-se. — Naquelas cinco cidades não há mais que quatro justos, de que consta a família de Lot, sobrinho de Abraão; se Abraão, como é certo, descer a este número, eu, diz o anjo, não lhe posso conceder o partido, e é força responder-lhe de não. Pois, para que nem eu tenha o dissabor de dizer tal palavra, nem ele o desgosto e pena de a ouvir, fugir e desaparecer é o melhor meio: "E foi-se o Senhor" (Gn 18,33).

Os reis e príncipes soberanos representam e têm as vezes de Deus na terra, como tinha esse anjo. Também, como o mesmo anjo neste caso, não podem deixar de ouvir petições e ser importunados de requerimentos a que não devem deferir. E porque dizer não aos pretendentes é coisa tão dura para eles, como para o mesmo príncipe, será matéria mui própria deste lugar e deste Evangelho pôr hoje em questão e averiguar duas coisas. Primeira: se é conveniente e decente a um rei dizer não? Segunda: qual é o modo com que o deve dizer, no caso que convenha? Uma e outra resolução nos darão as palavras do tema: "Não me pertence dar-vos, mas para aqueles a quem está preparado por meu Pai".

§ II

Dos imperadores que precederam ao império de Trajano, diz o seu panegirista Plínio que desejavam muito ser rogados, e que todos lhes pedissem, só pelo gosto que tinham de dizer não: "Os príncipes anteriores amavam ser rogados pelos súditos, não tanto pelo gosto de dizer sim do que de dizer não"[1]. Mas como estes, que ele chama príncipes, verdadeiramente eram tiranos, e mais monstros da natureza humana que homens, excluído sem controvérsia este escândalo da razão e da humanidade, e começando a nossa questão pelas razões prováveis de duvidar, parece que não é conveniente nem decente à majestade e autoridade de um rei, que pronuncie de palavra ou firme com a pena um não. Ou o rei diz não porque não quer, ou porque não pode: se porque não quer, ofende o amor; se porque não pode, desacredita a grandeza. E se as petições e requerimentos são tais que se não devem conceder, entendam os pretendentes o não, mas não o ouçam; seja discurso seu, e não resposta ou resolução real. Mais decente negativa é para o governo, e menos descoberta desconsolação para os que requerem, que eles tomem por si o desengano. Desengane-os a dilação, desengane-os o tempo, e se de dia não cuidam, nem de noite sonham mais que no seu despacho, os mesmos dias e noites lhes digam o que se lhes não diz, e por elas saibam o que não querem entender. Sustentem-se na sua esperança, posto que falsa, e fique sempre inteiro ao príncipe o pundonor de que não negou. Se por este modo se estendem os requerimentos, e se entretêm e multiplicam os que vêm requerer, isso mesmo é um certo gênero de grandeza e autoridade haver muitos pretendentes. O que eles gastam e despendem sustenta a majestade da corte, e também as cortes dos que não são majestade. Já que pretendem sem merecimento, paguem as custas da sua ambição, e sirva-lhes a eles de castigo e aos mais de exemplo.

Contra o sofístico destas razões — que verdadeiramente têm muito da vaidade — parece que são mais sólidas as do ditame contrário. Tão vil é na mentira o Sim como honrado na verdade o não. A verdade — que por isso se pinta despida — não sabe encobrir, nem fingir, nem enfeitar, nem corar, e muito menos enganar; e a primeira virtude do trono, ou seja, da justiça ou da graça, é a verdade. Todo o artifício é coisa mecânica, e não nobre, quanto mais real. O sol abranda a cera e endurece o barro, porque obra conforme a disposição dos sujeitos; mas em todos, e com todos descobertamente: por isso o calor é inseparável da luz. Importa distinguir o bastão do cetro. Os estratagemas não são para o despacho: sejam embora para a campanha, mas não para a corte; para os inimigos, e não para os vassalos. Saibam os pretendentes se podem esperar ou não, para que no fim não desesperem. Quem diz que é arte de não desgostar, não diz nem cuida bem. Melhor é dar um desgosto que muitos. Queixem-se de que os não satisfizeram, mas não possam dizer justamente que os enganaram. Se é dura palavra um não, mais duras são as boas palavras que suspendem e encobrem o mesmo não, até que o descobre o efeito. Quem fez o não tão breve, não quis que se dilatasse.

Pediu Filipe, rei de Macedônia, à República de Atenas o deixasse passar com o exército pelas suas terras, o que o senado lhe não quis conceder. E porque o estilo dos — atenienses — que ainda hoje se chama estilo Lacônico — era resumir tudo o que se havia de dizer às palavras mais breves, tomaram um grande pergaminho — que era o papel daquele tempo — e escreveram nele um não com tamanhas letras, que o enchia todo, e cerrado, e selado, esta foi a resposta que deram aos embaixadores de Filipe. É mu célebre nas histórias gregas este breve e grandíssimo não, mas na nossa Atenas ainda os há maiores. Tantas petições, tantas remissões, tantas provisões, tantas patentes, tantas certidões, tantas justificações, tantas folhas corridas, tantas vistas, tantas informações pedidas muitas vezes à Ásia e à América, tantas consultas, tantas interlocutórias, tanta réplicas e tantas outras cerimônias e mistérios por escrito, a que não se sabe o número nem o nome; e ao cabo de quatro, de seis e de dez anos, ou o despacho, ou o que significa o despacho em meia resma de papel, é um não. Não fora melhor este desengano ao princípio? E as despesas deste injusto entretenimento, que se devem restituir nesta vida, ou se hão de pagar na outra, por cuja conta correm? Já que não haveis de fazer ao pretendente a mercê que pede, por que não lha fareis, ao menos, do que há de gastar inutilmente na pretensão? Ao outro que presentava o seu memorial, disse el-rei D. João Segundo, na primeira audiência, que não tinha lugar no que pedia, e ele beijou-lhe a mão. Entendestes-me? — replicou el-rei. — Senhor, sim. — Por que me beijais, logo, a mão? — Porque me fez Vossa Alteza mercê do dinheiro que trazia para gastar na corte, e agora o torno a levar para minha casa. — Estas são as mercês do desengano e os despachos do não dito a seu tempo. Não o dizer será maior política, maior autoridade e decência; mas dizê-lo, em muitos casos é obrigação e consciência.

§ III

Disputada assim problematicamente a nossa questão, de umas e outras razões de duvidar, se conclui com certeza que o não, sem ser coisa alguma, é como as outras coisas deste mundo, que todas têm seus bens e seus males, suas utilidades e seus inconvenientes. Para não cair, ou tropeçar nestes, que a cada passo se oferecem ou atravessam em tanta multidão de requerimentos, o primeiro cuidado ou cautela do prudente príncipe deve ser evitar, quanto for possível, as ocasiões de dizer não. Mas como se podem evitar ou atalhar estas ocasiões, sendo os pretendentes e as pretensões, os requerentes e os requerimentos tantos? Digo que fazendo com destreza e constância que sejam menos, e muito menos, e usando para isso dos meios que agora apontarei e nos ensina o nosso Evangelho.

O primeiro meio é que os validos, ou privados, por mais juntos que estejam à pessoa real, e por mais dentro que estejam na graça, sejam os primeiros a que se não conceda o que pretenderem. A razão, ou consequência, é manifesta. Porque se os que estão de fora virem que os que estão de dentro, e tão de dentro, não alcançam o que pretendem, como se atreverão eles a pretender, nem pedir? Tinha Deus determinado castigar o povo de Israel com quatro pragas ou açoites, de fome, de guerra, de peste e de bestas feras, e para que entendessem que por nenhuns rogos ou intercessões se suspenderia a execução destes castigos, acrescenta que, ainda que lho pedisse Noé, Jó e Daniel, não lho havia de conceder. O modo desta cominação pelo profeta Ezequiel é muito singular, porque diz assim: Se mandar fome, ainda que interceda Noé, Jó e Daniel, hão-se de secar os campos e as searas; se mandar guerra, ainda que interceda Noé, Jó e Daniel, tudo há de levar a espada; se mandar peste, ainda que interceda Noé, Jó e Daniel, tudo há de consumir a morte; se mandar bestas-feras, ainda que interceda Noé, Jó e Daniel, tudo hão de destruir e devastar as feras. Com razão chamei a este modo de cominação singular, porque se não lê outro semelhante em toda a escritura. Pois por que o faz Ezequiel, e o manda fazer Deus com tão expressa e tão multiplicada repetição, de que não hão de valer ao povo as orações de Noé, de Jó e de Daniel? Porque estes três, em diferentes séculos, foram os maiores validos de Deus, e para persuadir e desenganar a todos de que se lhes não há de conceder o que pedirem, o meio e exemplo mais eficaz é negar e não conceder aos validos as suas petições. Se a Noé, se a Jó, se a Daniel se nega o que pedirem, como se me há de conceder a mim? Não quero pedir. No nosso texto o temos.

Os apóstolos, antes de descer sobre eles o Espírito Santo, eram muito tocados da ambição e apetite de ser, como homens alfim levantados do pó da terra ou das areias da praia. Daqui nasceu aquela contenda tão indigna do Sagrado Colégio: "Houve entre eles a contenda sobre qual deles parecia ser o maior" (Lc 22,24). Descobertamente disputaram e altercaram entre si sobre a preferência, cuidando e defendendo cada um que ele era o maior. E tão aferrados estavam todos à própria opinião, que, ainda consultando a seu Divino Mestre sobre a matéria, não se sujeitaram a que ele absolutamente a definisse, circunstância digna de grande ponderação: "Quem julgas que é o maior no reino dos céus" (Mt 18,1). Não disseram: quem de nós é o maior? Senão: "Quem julgas": Quem vos parece que o é? — Para que, ainda depois da resposta, ficasse a maioria em opinião, e cada um seguisse a sua — e se não descesse dela. Pois se esta ambição era de todos, e não só de João e Diogo, como foram só estes dois os que pretenderam e pediram as primeiras cadeiras, e nenhum dos outros, que tanto como eles o desejavam, intentou tal coisa? Por isso mesmo. João e Diogo eram conhecidamente os maiores validos de Cristo, e os mais entrados na sua graça, e os que a tinham mais bem fundada, ainda naquela razão natural que corre pelas veias; e como os outros apóstolos viram que os lugares que todos apeteciam se negaram aos validos, todos amainaram as velas e recolheram os remos da sua ambição, e nenhum teve confiança nem atrevimento para pretender nem pedir, quando a eles se tinha negado. Vede a virtude de um não para evitar muitos. Com o senhor dizer uma vez não: "Não me pertence dar-vos", se livrou de o dizer oitenta e duas vezes. Se Cristo concedera ou condescendera com esta petição dos dois apóstolos, logo os outros dez haviam de vir com as suas, e após os dez apóstolos, os setenta e dois discípulos, que todos se haviam de querer aproveitar de tão boa maré; mas com um não que disse aos validos, se livrou o senhor de dizer dez nãos, e setenta nãos.

Porque os reis não imitam o exemplo do rei dos reis, e por isso se veem tão perseguidos de petições e tão atribulados de requerimentos, de que se não podem desembaraçar, mais constrangidos da consequência que obrigados da razão, devendo e querendo negar a muitos, e não o podendo fazer pelo que têm concedido a poucos. Diga-se um não a João e a Diogo, ainda que sejam validos, e logo não só se poderá dizer com liberdade aos mais, mas cessarão as ocasiões de ser necessário dizer-se. Dirão porém os mesmos validos, ou alguém por eles, que não parece, nem é justiça, nem ainda bom exemplo e crédito do mesmo rei, que aos que servem e trabalham junto à sua pessoa, e sustentam o peso da monarquia, devendo ser os primeiros e mais remunerados, fiquem sem mercê e sem prêmio. E é pouca mercê e pouco prêmio o ser validos? É pouca mercê e pouco prêmio estar sempre junto à pessoa real? O prêmio que Cristo prometeu a seus ministros foi que estariam onde ele está: "Onde eu estiver, estará ali também o que me serve" (Jo 12,26). Nem o rei pode dar maior prêmio, nem o ministro desejar mais avantajada mercê. É verdade que isto mesmo se concedeu a um ladrão venturoso: "Hoje estarás comigo" (Lc 23,43), o que também pode ter sua propriedade e sua aplicação. Mas ouçamos o que sucedeu a S. Paulo, e como Cristo o tratou em uma só petição que lhe fez, sendo o ministro que mais trabalhou que todos em seu serviço.

Pediu São Paulo a Cristo que o isentasse de certa pensão que pagava por conta de uma pouca de terra que herdara de seus pais e nossos, cujo exator o apertava e molestava muito; e fazendo três vezes esta petição: "Por cuja causa roguei ao Senhor três vezes" (2Cor 12,8), nem à primeira, nem à segunda, nem à terceira se serviu o senhor de lhe deferir: sempre saiu escusado. Pois a Paulo, que se não era o primeiro valido, não era o segundo, porque dos dois primeiros ministros da casa e reino de Cristo ele era um, a Paulo, que só para o meter em seu serviço, desceu o mesmo Cristo segunda vez do céu à terra, e o levou em vida ao céu para lhe comunicar seus segredos? A este ministro, a este valido, a este que tanto privava com o seu príncipe, nega o senhor uma pretensão tão justa e tão fácil, e não uma só vez na petição, senão outra vez na nova instância, e terceira na réplica? Sim: para que nem os validos estranhem as negativas, nem os príncipes se encolham e desanimem, ou cuidem que os agravam e faltam à sua obrigação em lhes negar o que pedirem. Não era Paulo ministro que servisse em Palácio, à sombra de tetos dourados, sem molhar o pé no mar nem o meter na campanha, mas era um ministro que, em serviço e honra de seu príncipe, peregrinava e corria o mundo em roda viva, desde levante até poente, sempre com o montante na mão, em perpétuas batalhas e conquistas, por mar e por terra, e suportando no mar tais tempestades e naufrágios, que talvez "passou um dia e uma noite debaixo das ondas" (2Cor 11,25). E com que rosto — para que o digamos assim — ou com que palavras se atreveu Cristo a negar a um tal ministro o que lhe pedia? O mesmo S. Paulo as referiu, e são digníssimas de quem as disse: "Disse-me: basta-te a minha graça" (2Cor 12,9). Nego-te, Paulo, o que me pedes, porque te basta a minha graça. — Aos validos, e que logram a graça do príncipe, basta-lhes a mercê da mesma graça, e todas as outras se lhes podem negar confiadamente. Confiadamente digo, e pudera dizer que com ressaibos de desconfiança, porque o ministro que se não contenta com a graça, e além da graça quer outra mercê, não só é indigno da mercê, senão também da graça. Mas há muitos que não conhecem o preço dela, e por isso, com injúria da mesma graça e do príncipe, fazem da graça degrau para outros interesses, que é o mesmo que pisá-la.

Mas ouçamos o que diz S. Paulo da sua graça, que pode ser tenha alguma escusa: "Todo o ser que tenho o devo à graça de meu senhor." (2Cor 14,10) — Assim o devem dizer e confessar ainda os que, por merecimentos seus, e não por nossos pecados, estiverem na graça, porque o contrário seria muita soberba e maior ingratidão. Por diante: "E a sua graça" — continua Paulo — "não foi em mim vazia". Aqui parece que entra a escusa. Logo, se a graça não há de ser vazia, há-se de encher? Por isso vemos os cheios da graça tão cheios: para se encher se aproveitam da graça. Mas Paulo não diz que se encheu a si com a graça, senão que a graça se encheu nele: "E a sua graça não foi em mim vazia". E como se encheu nele a graça? Muito havia mister para se encher, porque o vaso era muito grande: "Este é para mim um vaso escolhido" (At 9,15), e assim o fez o famoso Paulo. "A sua graça não foi em mim vazia, antes tenho trabalhado mais copiosamente que todos" (2Cor 15,10). O modo com que a graça se encheu em mim foi trabalhando e servindo não só muito, senão mais que todos. Porque essa é a diferença que hão de fazer aos demais os que estão na graça. Não se hão de encher com a graça, nem hão de encher a graça com mercês, senão com novos e maiores serviços. E segundo esta obrigação, bem lhes pode o príncipe negar o que pedirem, e eles prezarem-se muito dessas negações.

Os filósofos distinguem dois gêneros de negações: umas que se chamam puras negações, e outras a que deram nome de privações. A pura negação nega o ato, e mais a aptidão; a privação supõe a aptidão, e nega o ato. O silêncio é negação de falar, mas com grande diferença no homem e na estátua: na estátua é pura negação, porque a estátua não fala, nem é apta para falar, senão inepta: porém no homem é negação e privação, porque, ainda que o homem não fale, é apto e capaz de falar. Daqui se segue que, assim como o silêncio na estátua é incapacidade, e no homem virtude, assim o que se nega ao indigno é pura negação, a qual o afronta, e o que se nega ao digno é privação que o honra e acredita, e tanto mais quanto for mais digno. Tais são as negações que os príncipes fizeram e devem fazer aos seus validos. São privações com que não só se acredita a si, senão também a eles, porque o maior crédito do valido é que a sua privança seja privação. Por isso os validos, com mais nobre e heroica etimologia, se chamam privados. E quando eles folgarem de o ser, ou o príncipe fizer que o sejam, ainda que não folguem, as privações dos privados farão mais toleráveis as negações dos que o não são. E desenganados os demais com este exemplo, nem eles se atreverão a pedir o que se lhes deve negar, nem o príncipe será forçado a negar o que lhe pedirem, ficando livre por este meio de muitas e molestas ocasiões em que, contra o decoro e agrado da majestade, seja obrigado a dizer não.

§ IV

O segundo meio ou indústria de prevenir e atalhar o não e as ocasiões de o dizer é que o príncipe em todos seus despachos e resoluções seja inteiro, justo e reto, e conhecido por tal. Desta justiça e inteireza — que por outra parte é a sua primeira obrigação — se seguirão dois efeitos notáveis. O primeiro, que ninguém se atreverá a pedir senão o que for justo; o segundo que, pedindo todos somente o justo, a todos concederá o príncipe o que pedirem, e nunca dirá não.

O mais justo, reto, inteiro e constante homem que houve entre os Romanos foi Marco Pórcio Catão. E que conseguiu com esta inteireza e constância de sua justiça inflexível? Conseguiu, como refere Plínio, que ninguém no seu consulado se atreveu a lhe pedir coisa que não fosse justa. Assim lho disse com admiração a eloquência de Túlio: "Tu és feliz, Marco Pórcio, porque ninguém ousa pedir-te uma coisa não justa!"[2]. Tal será a reverência do governo e tal a felicidade do rei que em todas suas resoluções e despachos observar constantemente a justiça. A justiça, como a definem os teólogos e juristas, não é outra coisa que uma perpétua e constante vontade de dar a cada um o que merece. Se esta vontade — que ordinariamente é tão mudável nos afetos humanos — for constante e perpétua no príncipe, todos se desenganarão que não hão de alcançar dele senão o que for devido a seus serviços e proporcionado a seus merecimentos. E, por meio deste desengano, conseguirá a felicidade de que ninguém se atreva a lhe pedir senão o que for justo. "Feliz és tu porque ninguém ousa pedir-te uma coisa não justa!". Feliz, porque, não se atrevendo ninguém a pedir senão o justo, serão muito menos as petições e requerimentos; feliz, porque, não pedindo ninguém senão o que lhe é devido, haverá com que satisfazer a todos; feliz, porque, sendo as petições e requerimentos justificados, sempre o príncipe concederá o que se lhe pedir, e nunca dirá não. Não é melhor e mais decente, e mais breve, e mais útil, que o não o digam a si mesmos aqueles que haviam de pedir, do que dizer-lho a eles o príncipe depois de pedirem? Pois isso é o que sucederá, se ninguém se atrever a pedir senão o que merecer.

Disse Isaías a el-rei Acab que, em prova do que lhe tinha anunciado, desde o céu até o inferno pedisse livremente o sinal que quisesse: "Pede para ti um sinal ao Senhor nas profundezas do inferno ou então nas alturas" (Is 7,11). E que responderia Acab? "Não pedirei tal coisa". — Assim o disse resolutamente e assim o cumpriu. Mas por quê? Se o profeta o assegurava e exortava a que pedisse aquele sinal, e com tanta largueza de eleição quanta vai do céu ao centro da terra, porque não quer pedir Acab? Ele mesmo deu a razão: "Não pedirei tal coisa, porque não quero tentar a Deus." — Tentar a Deus é querer que Deus faça o que não deve, assim como o demônio nos tenta para que façamos o que não devemos. E fez este discurso Acab: Deus é justo e justíssimo, antes a mesma justiça; eu não lhe tenho feito nenhuns serviços — porque sirvo a outros deuses — para que me faça tamanhas mercês; pois como terei eu atrevimento para lhe pedir o que me promete Isaías? Isto será tentar a Deus e querer que o justo e justíssimo faça o que não deve. E assim me resolvo a não pedir: "Não pedirei". Seja o príncipe justo, e tão constantemente justo, que por nenhum outro motivo nem respeito dê a ninguém senão o que merecer e lhe for devido, e logo os vassalos se não atreverão a pretender as sem-razões e exorbitâncias que vemos, e se benzerão de pedir como de tentação: "Não pedirei, e não tentarei o Senhor" (Is 7,12).

Oh! se os reis, tantas vezes e tão injuriosamente tentados, ao menos não consentissem na tentação! Não digo que castiguem severamente algumas petições, posto que imitariam nisto a Salomão, o qual por uma petiçãozinha — que assim lhe chamou a intercessora: "Uma mínima petição" (3Rs 2,20). — mandou cortar a cabeça a Adonias. E verdadeiramente há petições que, bem interpretadas, são libelos infamatórios dos mesmos príncipes em cujas mãos se metem. Porque, se são dolosas, como era esta de Adonias, supõem que são néscios; se são exorbitantes, supõem que são pródigos; se são contra os cânones apostólicos — como são muitas — supõem que não são católicos. E de qualquer modo que peçam o que não é justo, supõem que são injustos. Mas se, antes de fazerem as petições, suposerem e se desenganarem que nenhuma coisa hão de conseguir, senão o que ditar a inteira e reta justiça, eles se comporão com a sua ambição, e tomarão por partido o não pedir: "Não pedirei". Notai onde está o "não", e vede quanto mais conveniente é para o vassalo, e mais expediente para o governo, e mais decente para o rei, o não antes do "pedirei" que depois da petição. É mais conveniente para o vassalo, porque melhor lhe está que, desenganado, tome por si mesmo o não, e o ponha antes das suas petições, que ouvi-lo depois delas. É mais expediente para o governo porque, cessando o tumulto e inundação dos requerimentos, que verdadeiramente afogam, terão mais fácil expedição os negócios. E finalmente é mais decente e decoroso para o rei, porque nenhum que vier buscar o prêmio ou o remédio aos pés da majestade, se apartará deles descontente. Virão a ser por essa via todas as petições da nossa corte, como as que se despacham na do céu. Davi dizia a Deus: "Entre, senhor, a minha petição ao vosso conspecto" (Sl 118, 170). Nas cortes da terra deseja o pretendente que saia a sua petição; na do céu deseja que entre, porque uma vez que a petição foi tal que pudesse entrar, infalivelmente sai despachada. Assim será cá também, se ninguém pedir senão o que for justo, porque o rei justo à petição justa nunca pode dizer não.

Mas que fará o rei para adquirir este crédito e reputação universal de justo, e por meio dela evitar as petições e requerimentos injustos, sem os quais fique livre dos inconvenientes e dissabores do não? Digo que só o poderá conseguir aplicando o não também a si, e primeiro a si que aos súditos. É um grande documento do nosso texto, e digno de se reparar muito nele: "Não me pertence dar-vos": Diz o senhor que o dar não é seu; e o não primeiro cai sobre ele, que sobre os dois a quem negou o que pretendiam: primeiro sobre o "me" e depois sobre "a vós". Assim há de fazer o rei que quer ser justo e ter opinião de tal. Cuidam os reis que o dar é seu, e o rei dos reis diz que não é seu o dar: "Não me pertence dar-vos". Pois Cristo, enquanto Deus e enquanto homem, não é senhor de tudo? Sim, é. Logo pode dar a quem quiser e como quiser? Distingo: com justiça, sim; sem justiça, não. Santo Ambrósio: "Não me pertence a mim que sirvo à justiça e não à graça". Eu dou por justiça e não por graça: por justiça é meu o dar; por graça, como vós quereis, não é meu: "Não me pertence dar-vos". A razão disto é porque Cristo fundou e ordenou o seu reino em tal forma, que nenhuma coisa se desse nele de graça e por graça, senão por merecimento e por justiça. Por isso S. Paulo chamou à coroa que o esperava, coroa de justiça, e que lha havia de dar o senhor, não como senhor, mas como justo juiz: "Desde agora, a coroa da justiça está reservada, a qual o senhor, justo juiz, me dará" (2Tm 4,8). Os lugares da mão direita e esquerda que pretendiam os dois irmãos eram do reino de Cristo: "À direita e à esquerda no teu reino" (Mt 20,21). O modo por que o pediam não era por merecimento e por justiça, senão por graça e por parentesco: "Dize que estes meus dois filhos se assentem no teu reino" (Mt 20,21): e por isso respondeu o senhor que não era seu o dar, porque o dar por justiça é seu, o dar por graça não é seu: "Não me pertence dar-vos, porque sirvo à justiça e não à graça".

Nenhuma coisa anda mais mal entendida e pior praticada nas cortes que a distinção entre a justiça e a graça. Donde se segue que apenas há mercê da que se chamam graça que não seja injustiça, e contenha muitas injustiças. Não nego que os reis podem fazer graças, e que o fazê-las é muito próprio da beneficência e magnificência real, mas isso há de ser depois de satisfeitas as obrigações da justiça. Zaqueu disse que daria a metade da sua fazenda aos pobres, e que da outra metade pagaria as suas dívidas e os danos delas: "Eis que eu darei aos pobres metade dos meus bens; e se em alguma coisa tiver defraudado alguém, o restituirei quadruplicado" (Lc 19,8). Disse bem, mas perverteu e trocou a ordem, porque em primeiro lugar estava o pagar as dívidas, que é obrigação de justiça, e depois o dar as esmolas, que é ato de liberalidade. E que desordem seria, se se tomasse aos pobres, e não se pagasse aos credores? Que desordem seria — por lhe não dar outro nome — se a uns se tomasse violentamente o necessário, para se dar a outros prodigamente o supérfluo? Como o pagar é espécie de sujeição, e o dar é soberania e grandeza, gostam mais os príncipes de dar que de pagar. Deem, mas deem do seu, se o tiverem; que dar e não pagar é dar do alheio. E se os Zebedeus — que são os que levam as graças — os importunarem que deem, respondam com Cristo: "Não me pertence dar-vos". O que perde, não só o governo, mas as consciências e almas dos príncipes é cuidarem que podem tudo, porque podem tudo. Se assim lho dizem, é lisonja, e se o creem, é engano. O rei pode tudo o que é justo; para o que for injusto nenhum poder tem. Esta é a verdadeira e maior lisonja que se pode dizer aos reis, porque é fazê-los poderosos como Deus. Deus é onipotente, e poderá Deus fazer uma injustiça? De nenhum modo. Pois assim devem entender os reis que são poderosos. E se os súditos se persuadirem que o rei assim o entende e assim o observa, nem eles, desenganados, pedirão senão o que for justo, nem o rei, importunado, terá ocasiões de dizer não.

§ V

O terceiro meio de se cortarem as ocasiões de dizer não é a observância inviolável das leis. Se as leis se conservarem em todo seu vigor, sem dispensação, sem privilégio, sem exceção de pessoa, o não di-lo-á a lei, e não o rei. As leis de Deus proibitivas, todas começam por não: "Não matarás, não fornicarás, não furtarás, não dirás falso testemunho" (Ex 20,13ss). Houve algum homem até hoje, por atrevido e insolente que seja, que fizesse petição a Deus para matar, para adulterar, para furtar, para levantar falso testemunho? Nenhum, porque estas leis são invioláveis e indispensáveis. Pois o mesmo sucederá ao príncipe, se conservar e mantiver as suas inviolável e indispensavelmente. E por este modo tão decoroso e tão fácil se livrará de muitas ocasiões de dizer não, porque já o tem dito a lei.

Pronunciou Deus, depois do primeiro pecado, a lei universal da morte, à qual quis que ficasse sujeito Adão e todo o gênero humano, e no mesmo ponto em que fez a lei, fez também que fosse inviolável. A lei da morte parece inviolável de sua mesma natureza, mas naquele tempo podia-se violar facilmente, porque comendo Adão, e qualquer outro homem, do fruto da Árvore da Vida, ficava isento de morrer. E que fez Deus? "Para que não tome da árvore da vida, e coma, e viva para sempre" (Gn 3,22). Por que não aconteça que Adão, assim como quebrou a primeira lei, comendo da árvore da ciência, quebre também a segunda, comendo da árvore da vida, e fique imortal: "Pôs diante do Paraíso um querubim com uma espada de fogo, para guardar o caminho da árvore da vida" (Gn 3,24). Pôs à porta do paraíso um querubim com uma espada de fogo, para que, sem exceção, defendesse a entrada a todos, e se algum intentasse eximir-se da lei de morrer, morresse primeiro. Esta foi a ordem cerrada do querubim, e este o rigor indispensável da lei, da qual não quis Deus que fosse privilegiado nem seu próprio Filho. O privilégio chama-se em Direito, "ferida da lei". E o poder e espada do legislador não há de ser para ferir as leis, senão para ferir, matar e queimar a quem intentar quebrá-las, que por isso a espada do querubim era espada, e de fogo. Bem pudera Deus cortar a Árvore da Vida, com que se escusavam todos aqueles aparatos de horror; quis porém que a árvore ficasse em pé, e a lei se guardasse contudo inviolavelmente, para que entendessem os legisladores que, ainda que eles possam dispensar nas leis, e o modo da dispensação seja fácil, nem por isso o hão de permitir. — Mas, senhor, a árvore da vida está carregada de frutos: uns nascem, outros caem, e todos se perdem, podendo-se aproveitar com tanta utilidade. Oh! malditas utilidades! Este é o engano que perde aos príncipes. Dispensam-se as leis por utilidades — que ordinariamente são dos particulares, e não suas — e abre-se a porta à ruína universal, que só se pode evitar com a observância inviolável das leis. Percam-se os frutos da árvore da vida, que são a mais preciosa coisa que Deus criou; percam-se as mesmas vidas, e não se recupere a imortalidade; morra e sepulte-se o mundo todo, mas a lei não se quebre nem se dispense.

E que se seguiu deste rigor indispensável da lei? Seguiu-se aquele desengano universal que pregou Davi: "Que homem há que viva, e não haja de morrer?" (Sl 88,4) — E, desenganados uma vez os homens de que a lei era inviolável, sendo a morte a coisa mais aborrecida, e a vida a mais amada, ninguém houve jamais que se atrevesse, nem lhe viesse ao pensamento intentar ser dispensado para não morrer. Guardem-se as leis tão severa e inviolavelmente, que se desenganem todos que se não hão de dispensar, e com o não que elas dizem se livrarão os príncipes de o dizer. Mas porque alguns príncipes são de tão bom coração, ou de tão pouco, que nem à mãe dos Zebedeus, nem a seus filhos se atrevem a dizer: "Não sabeis o que pedis" (Mt 20,22), eles tomam confiança para pedir, as petições saem despachadas, e o não das leis caem sobre elas e não sobre o que proíbem. Tanto que o proibido se dispensa, logo a lei não é lei, não só porque o que se concede a um não se pode negar a outros, senão também, e muito mais, porque o que se concede a um, que o pede, também se há de conceder aos outros, ainda que o não peçam.

Pediu o filho pródigo a seu pai que lhe desse em vida a parte da herança que lhe pertencia: "Pai, dá-me a parte da herança que me cabe" (Lc 15,12). Bem mostrou na petição o que havia de ser, ou o que já era. Vem cá, moço louco e atrevido, não sabes que os filhos não herdam a seus pais senão depois da morte? Pois como te atreves a pedir a teu pai que te dê a tua herança, estando vivo, e como se te mete em cabeça que ele te há de conceder uma coisa tão alheia de toda a razão e de toda a lei? Fiou-se no grande amor que o pai lhe tinha, e o amor, assim como é cego para conceder, assim é fraco para negar. Enfim o bom velho dispensou na lei comum, e deu-lhe a parte da herança que lhe pertencia, mas com uma circunstância notável, porque os filhos eram dois, e quando deu a sua parte a este, deu também a sua ao outro: "Repartiu entre eles a herança" (Lc 15,12). Repara muito no caso S. Pedro Crisólogo, e admira-se com razão de que, sendo um só filho o que pediu esta dispensação, o pai a concedeu logo a ambos: "Foi um o que pediu e para ambos repartiu logo a herança"[3]. Que o pai em sua vida dê a parte da herança a um filho, porque lha pede, muito tinha que duvidar, mas passe; porém a outro filho, que não teve tal desejo, nem pediu tal coisa, porque lhe dá também logo a sua parte, e não o deixa esperar pelo fim de seus dias? É certo que o pai não obrou prudentemente no que concedeu àquele filho, e mais, quando o devia conhecer; mas uma vez que lhe deu a ele a sua parte, procedeu coerentemente em dar também ao outro a sua, porque a dispensação que se concede a um, porque a pede, não se pode negar a outro, ainda que a não peça: "Foi um o que pediu e para ambos repartiu logo". É o caso do nosso Evangelho, mas decidido mais altamente por Cristo. Os apóstolos eram doze: dois pediram, dez não pediram, e se o senhor concedesse aos dois o que pediam, porque pediram, também o havia de conceder aos dez, posto que não pedissem. Pois assim como o pai do pródigo obrou coerentemente em conceder ao filho que não pediu o que tinha concedido ao que pedira, assim o senhor, com mais alta coerência negou aos dois que pediram o que se não devia conceder, nem a eles, nem aos dez que não tinham pedido. O pai, pela petição de um, despachou a ambos; e Cristo, pelo despacho dos dois, respondeu a todos; mas o pai imprudentemente, porque relaxou a lei concedendo, e o senhor divinamente, porque a estabeleceu negando.

Eu não nego que, em matéria de conceder e negar, pode haver maior razão em uns que em outros; mas a consequência de concederdes a outro, logo não me haveis de negar a mim, é argumento que se não solta com maior razão. Vendo-se Raquel estéril, e que sua irmã Lia tinha muitos filhos, pediu a Jacó que admitisse ao tálamo uma escrava sua, por nome Bala, para que os filhos que dela houvesse, por serem da sua escrava, fossem de algum modo seus (Gn 30,4.5.9). Já o casamento de Raquel lhe tinha custado a Jacó o casamento aborrecido de Lia, e agora lhe havia de custar o indecente de Bala; mas a tudo se sujeita quem ama. Nasceram filhos a Bala, e não contente Lia com quatro legítimos que já tinha, pediu também a Jacó que admitisse outra escrava sua, chamada Zelfa. Há tal perseguição de mulheres? Que vos parece que faria Jacó neste caso? Para conceder aquela consolação a Raquel, além das obrigações do amor, alguma razão tinha; mas a Lia não amada e cercada de filhos? Contudo concedeu Jacó com esta segunda petição, e admitiu a Zelfa. Pois se Lia nenhuma razão tinha para o que pedia, e pedia só por emulação e apetite, um homem tão racional e tão justo como Jacó, por que lhe concede o que pede? Porque já o tinha concedido a Raquel. Se Jacó negara a Lia esta petição, havia-o de reconvir com a de sua irmã, e não havia de sofrer que se lhe negasse a ela o que a Raquel se tinha concedido. E posto que a disparidade era tão manifesta, como ser Raquel estéril e Lia fecunda, Lia ter tantos filhos e Raquel nenhum, nenhuma destas considerações havia de bastar para que Lia sossegasse, porque contra o argumento de negar a um o que se concede a outro, e contra a força — ou forçosa, ou forçada — desta consequência, não valem soluções de maior razão.

Persuada-se o príncipe que o que se concede a um, porque o pede, também se há de conceder aos outros, ainda que o não peçam. Entenda que as dispensações e privilégios, não só são feridas da lei, mas feridas mortais, e que a lei morta não pode dar vida à república; considere que as leis são os muros dela, e que, se hoje se abriu uma brecha por onde possa entrar um só homem, amanhã será tão larga que entre um exército inteiro. Olhe para as leis políticas, para as ordenanças militares, e para tantas pragmáticas econômicas, que, sendo instituídas para remédio, vieram por esta causa a ser descrédito. E seja a última e única resolução do príncipe justo tratar as suas leis como suas, sustentando-as e mantendo-as em seu vigor inviolável e indispensavelmente, porque o que a lei nega a todos sem injúria, depois que se concede a um — ainda que seja com razão — não se pode negar a outro sem agravo. E é melhor, mais fácil e mais decente que as mesmas leis digam o não conservando-se, do que quebrá-las o príncipe pelo não dizer.

§ VI

O quarto e último meio ou indústria de evitar o não é antecipar os provimentos, e não ter lugares vagos, porque, tanto que o lugar está provido, cessam as pretensões. Admirável é a diligência e cuidado que a natureza põe em impedir o vácuo e que em todo o universo não haja lugar vazio. A este fim vemos subir a água, descer o ar, mover-se a terra, romper-se os mármores, estalarem os brasões e correrem todas as criaturas com ímpeto contra suas próprias inclinações. Daqui nascem os frequentes terremotos, e os extraordinários e horrendos, que não poucas vezes derrubaram e destruíram cidades inteiras. O mesmo que faz a natureza por impedir o vácuo, faz a ambição pelo ocupar. Em havendo lugares vagos, de todas as partes concorrem tumultuariamente a eles os pretendentes, não por impedir — que só se impedem uns a outros — mas por ocupar o vácuo, e tanto com maior e mais violento ímpeto quanto a natureza acode ao bem comum do universo e a ambição ao particular de cada um. E quais sejam os terremotos e perturbações da república que aqui se levantam, basta que o digam as batalhas interiores de Roma no concurso dos consulados. No governo monárquico é muito fácil atalhar todos estes inconvenientes, antecipando o vácuo de tudo aquilo que se pode pretender ou pedir com prevenir vigilantemente que não haja lugares vagos. E assim o deve fazer todo o prudente príncipe.

Partindo-se Cristo para o céu, mandou a seus apóstolos e discípulos que se recolhessem a Jerusalém, e que assim esperassem a vinda do Espírito Santo, que não tardaria muitos dias. Fizeram-no assim recolhidos ao cenáculo. E S. Pedro, que já tinha recebido a investidura de príncipe da Igreja, sem esperar que o Espírito Santo viesse, a primeira e única coisa que logo fez foi prover, como proveu em S. Matias, o lugar que estava vago pela morte de Judas. Ninguém haverá que se não admire desta notável resolução e ação de S. Pedro em tal lugar e tal tempo. O tempo em que os apóstolos se haviam de repartir pelo mundo não era chegado, nem havia de ser, como não foi, senão daí a alguns anos, depois de compostos e bem assentados os fundamentos de um tão grande edifício, como era o da nova e universal Igreja. Pois por que não dilata S. Pedro este provimento, ao menos por alguns dias, e por que não espera que desça o Espírito Santo sobre ele, para fazer com mais infalível acerto a eleição daquele lugar? Porque tanto importa, e tanto entendeu S. Pedro que importava que os lugares não estejam vagos, nem por um momento. "Convinha" foi a primeira palavra com que começou a sua proposta o grande príncipe do Apostolado, e as últimas com que concluiu a sua oração: "Para que tome o lugar deste ministério e apostolado, do qual, por sua prevaricação, caiu Judas para ir ao seu lugar" (At 1,25). Os que ali se achavam, como nota o evangelista, eram cento e vinte homens — que bastava serem homens para se temer algum inconveniente: "Estava reunida uma assembleia de quase cento e vinte homens" (At 1,15). Os que se converteram e se lhes agregaram, no mesmo dia em que desceu o Espírito Santo, foram três mil: "E naquele dia, agregaram se cerca de três mil almas" (At 2,41).

O número que depois acresceu foi muito maior, e em tanta multidão de gente, toda capaz de aspirar e pretender aquele lugar, se estivesse vago; bem se vê quão perigosa ocasião podia ser perturbar a paz e esfriar a união dos que convinha que fossem, como verdadeiramente diz o evangelista que eram: "Um só coração e uma só alma" (At 4,32). Pois, para prevenir este perigo, e os inconvenientes que dele humanamente se podiam temer, proveja-se logo o lugar — diz S. Pedro — e não esteja um momento vago; donde se seguirá que, vendo-o os presentes, e achando-o, os que vierem, provido, a todos se tire a ocasião de o pretender ou pedir. Nem se podia duvidar que o provimento, que parecia antecipado, e a eleição dele seria acertada, porque como S. Pedro, por razão do seu ofício, tinha segura a assistência do Espírito Santo — posto que o mesmo Espírito Santo desceu sobre todos visivelmente ao décimo dia — naquele mesmo dia desceu invisivelmente sobre S. Pedro, como já tinha descido, quando eficazmente lhe inspirou que não dilatasse o provimento.

Se assim o fizerem os príncipes seculares, a quem também por seu modo não falta a assistência do Espírito Santo, esta será uma discreta política, com que livrem aos pretendentes do trabalho ou tentação de pedir, e a si mesmos das ocasiões de negar. A maior e mais dificultosa ocasião que tem havido neste gênero foi o provimento da sucessão de Davi. Queria Davi, e sabia, que era conveniente ao bem do reino que o seu sucessor fosse Salomão, e que assim o tinha Deus decretado. Contra isto estava ser Salomão ilegítimo e menor, e Adonias, seu competidor, não só legítimo, mas de todos os filhos de Davi, que então viviam, o primogênito, e como tal, assistido do séquito comum do Eclesiástico, e popular, e de grande parte da milícia. Era chegado o negócio a termos que, em um banquete, que naquele dia tinha dado Adonias a todos os príncipes e senhores da sua parcialidade, já se lhe faziam os brindes à saúde de el-rei. Teve notícia disto naquela mesma hora Davi, e que resolução tomaria? Sele-se, diz, a minha mula — que eram os cavalos de que então usavam os reis — monte nela Salomão, e, ungido pelo profeta Natã, saia por Jerusalém com trombetas e atabales diante, e digam todos: Viva el-rei. — Assim se executou no mesmo ponto. Ouviu-se no banquete com assombro o som das trombetas, soube-se o que se passava, retiraram-se cheios de medo os convidados, e todos no mesmo dia beijaram a mão a Salomão. Mas que razão deu de si Davi, e do que tinha mandado? Como respondeu ao direito e pretensão de Adonias? E como enfeitou ou adoçou o não de o não ter nomeado a ele? Nenhuma coisa lhe disse, nem teve necessidade de lha dizer, porque, vendo Adonias o lugar provido, compôs-se com sua fortuna, foi beijar a mão a Salomão, e nem a ele, nem a seu pai replicou uma só palavra. Tanto importa o pronto provimento dos lugares, para pôr silêncio à ambição dos pretendentes e também ao não dos príncipes.

A praxe desta política exercitou gloriosamente no nosso reino el-rei Dom João, o Segundo[4], digno de ser chamado Dom João, o do Bom Memorial, assim como Dom João, o Primeiro, se chamou o de Boa Memória. Tinha este prudentíssimo rei um memorial secreto, no qual trazia apontados todos os que se avantajavam em seu serviço, ou fossem ministros do estado, ou da justiça, ou da fazenda, ou da guerra, e, segundo o merecimento de cada um, lhes tinha destinado os lugares e prêmios, assim como fossem vagando. Era provérbio dos hebreus, de que também usou Cristo: "Onde houver corpo morto, logo ali correrão as águias" (Lc 17,37). Fala das águias vulturinas, que são aves de rapina, as quais têm agudíssima vista e sutilíssimo olfato, e, em vendo ou cheirando corpo morto, logo correm a empolgar e cevar-se nele. Assim sucede com a ambição dos pretendentes a todos aqueles por cuja morte vaga ofício, comenda, vara, cadeira, mitra, governo, ou outro emolumento útil e pingue, em que empregar — não digo as unhas — as mãos. Mas que fazia nestes casos cotidianos o rei do bom memorial? Como nele tinha já destinadas as pessoas a quem havia de fazer o provimento, respondia que já o lugar, ofício, ou benefício estava provido, e as águias, que corriam famintas aos despojos do morto, encolhiam as asas, embainhavam as unhas, e, ainda que queriam grasnar, tapavam o bico.

É o que aconteceu hoje aos nossos dois pretendentes. A razão com que Cristo lhes tapou a boca foi com dizer que aqueles lugares já estavam destinados e dados a outrem: "Não a vós, mas para aqueles a quem está preparado pelo meu Pai". Se vós soubéreis que para se proverem os lugares do meu reino não se espera que concorram os pretendentes a pedi-los, senão que muito antes disso estão já destinados, é certo que os não pretendereis nem pedireis; mas porque não sabeis este estilo do meu governo, por isso pedis, e "não sabeis o que pedis". No mesmo caminho em que se fez esta petição, acabava Cristo de dizer que ia a Jerusalém a morrer. João era a águia, e Diogo seu irmão, e, como lhe cheirou a corpo morto, também quiseram empolgar e aproveitar-se da ocasião; mas ainda que os lugares que pediam tivessem sido do morto, e ele fora como os outros mortos que morrem e não ressuscitam, nem por isso sabiam o que pediam, porque o segredo altíssimo de destinar os lugares antes que vaguem faz que, ainda que morram as pessoas, os ofícios sempre ficam e estão vivos. Imitem pois os príncipes aquela regra universal da natureza: "A corrupção de um é a geração de outro". E assim como ela não permite que a matéria esteja sem forma, nem por um instante, assim eles tirem do mundo a vacância dos lugares, e não consintam que vaguem, ou estejam vagos um só momento, senão sempre providos e vivos.

Podem replicar a isto os nossos pretendentes que os lugares que pediam não eram vacantes, senão criados, ou que se haviam de criar de novo. Mas também esta instância se desfaz com o "para quem está preparado", e com a prevenção ou predestinação dos providos. Deus, quando cria ofícios de novo, primeiro cria os oficiais que os ofícios, e assim já nascem providos, sem terem instante de vagos. No princípio do mundo criou três presidências, duas no céu, e uma na terra, mas primeiro criou os presidentes que as presidências. A primeira presidência do céu foi a do sol, para que presidisse ao dia, e a segunda a da lua, para que presidisse à noite; mas, antes que criasse estas presidências, já tinha criado um e outro presidente: "Fez dois luzeiros grandes: o luzeiro maior para que presidisse ao dia, o luzeiro menor para que presidisse à noite" (Gn 1,16). A presidência da terra foi a do homem sobre todos os animais do mar, do ar e da mesma terra, mas também estava já criado o presidente antes que criasse a presidência: "Façamos o homem à nossa imagem e semelhança, o qual presida aos peixes do mar, às aves do céu, aos animais selvagens, e a toda a terra" (Gn 1,26). O mesmo estilo observou Deus em todos os ofícios que criou de novo. Houve de criar de novo o reino de Israel, e primeiro criou o rei, e mandou ungir a Saul por Samuel, do que criasse e lhe desse o reino. Houve de criar de novo o ofício de restaurador do mundo, e primeiro, e cem anos primeiro, nomeou a Noé, e lhe mandou fabricar a arca, do que lhe desse e exercitasse o ofício. Não posso deixar de me lembrar neste passo de quantas vezes se têm visto as naus da Índia de vergas de alto, sem se saber, nem estar nomeado quem as há de governar. Nós começamos as nossas naus pela quilha; Deus começou a sua pelo piloto. Assim o fez também Cristo. Muito antes de morrer, nomeou a S. Pedro, e, depois de ressuscitar, lhe entregou a barca. Imitem esta política do céu os príncipes da terra: dos ofícios que se criarem façam primeiro os oficiais que os ofícios, e nos ordinários, e de sucessão, tenham-lhes prevenidos os sucessores, para que, vagando, não estejam vagos. E desta sorte, ativa e passivamente, cessará em grande parte o desagrado do não.

§ VII

Temos apontado os meios com que antecipadamente se podem atalhar ou diminuir as ocasiões de se dizer nem ouvir este tão duro advérbio. Mas porque se podem oferecer contudo algumas em que seja forçoso negar, vejamos agora o modo, ou modos, com que nos tais casos, com menos sentimento dos vassalos e menor mortificação do príncipe, se há de dizer não. El-rei, que está no céu, disse a um seu confidente que tinha vinte e quatro modos de negar. Teve esta notícia um embaixador, que havia tempos requeria certo despacho, e com a confiança de criado antigo que tinha sido de sua Majestade, deu uma nova instância com estas palavras: — Cá ouço que Vossa Majestade tem vinte e quatro modos de negar. Senhor, se Vossa Majestade tem vinte e quatro modos de negar, eu tenho vinte e cinco de pedir. — Quais fossem estes vinte e quatro modos de negar, eu o não sei, nem me ocorrem, mas como são e podem ser mais os modos de pedir, necessário será contra a importunidade dos pretendentes, repulsá-los talvez com um não mais ou menos desenganado, segundo o que pedir a matéria.

Primeiramente me parece que são merecedores de um não muito claro e muito seco certo gênero de alvitreiros, que, inventando e oferecendo novos arbítrios e indústrias de acrescentar o erário ou fazenda real, juntamente dizem — e aqui bate o ponto — que eles hão de ser também os executores, e para isso pedem meios e jurisdições. Nasceu cizânia, diz Cristo, entre a seara de um pai de famílias, o que vendo os criados, vieram logo mui zelosos encarecendo aquela perda da fazenda de seu amo, e oferecendo-se a ir mondar a seara e arrancar a cizânia: "Quereis, Senhor, que a vamos colher?" (Mt 13,28). — Colher, disseram, e não arrancar, porque estes zelos e oferecimentos sempre se encaminham à colheita. Respondeu o pai de famílias, sem lhes agradecer o cuidado. E que respondeu? "Disse-lhes: Não" (Mt 13,29). Assim se há de responder com um não muito seco e muito resoluto a semelhantes propostas. O pai de famílias entendia melhor da lavoura que os criados. Os criados representavam a utilidade, e o amo reconhecia os inconvenientes; eles diziam que queriam mondar a seara, e ele reconheceu que haviam de arrancar o trigo: "Para que ao colherdes a cizânia, não arranqueis juntamente o trigo" (Mt 13,29). Nem se há de fazer o que quereis, nem o haveis de fazer vós: far-se-á a seu tempo, e fa-lo-ão os segadores, que é seu ofício, e o entendem. "No tempo da ceifa direi aos segadores" (Mt 13,30). Quando os que não entendem as coisas, nem têm experiência delas, oferecem alvitres e se oferecem para os executar, sendo as utilidades só aparentes, as ocasiões intempestivas e os danos certos — como ordinariamente acontece — despida-os o pai de famílias a eles e às suas propostas, e diga-lhes um não muito resumido e muito claro: "Disse-lhes: Não".

Em outras ocasiões de negar se costuma escusar um não com outro, e por que é modo muito ordinário e usado, não é bem que passe sem exame e sem censura. Negou Labão a Jacó o prêmio de sete anos de serviço, em que se concertaram, e em lugar de Raquel — que foi pior que negar — como quem paga com moeda falsa, lhe introduziu a Lia. Descobriu à luz do dia o engano, queixou-se Jacó a Labão de lhe não ter dado a Raquel: "Por acaso não te servi eu por amor de Raquel?" (Gn 29,25). E que satisfação lhe daria Labão, que quer dizer o cândido? Desculpou um não com outro não, dizendo que "não era costume da sua terra casarem em primeiro lugar as filhas segundas" (Gn 29,26). É costume da vossa terra não cumprir o prometido? É costume da vossa terra enganar? É costume da vossa terra mentir? É costume da vossa terra faltar à justiça e à razão, e dar por escusa que não é costume? Passemos da terra de Labão à nossa. Em toda a terra, como demonstra Aristóteles, é lei natural que os sábios governem e mandem, e que os que menos sabem, obedeçam e sirvam. Em toda a terra é lei natural, confirmada com as civis, que os que forem mais eminentes em cada gênero subam aos maiores lugares e tenham os primeiros prêmios. Mas tira-se por exceção a nossa terra, na qual, para alcançar estes prêmios, e para subir a estes lugares, não basta a eminência dos talentos nem dos merecimentos, se falta certo grau de qualidade, bastando só esta qualidade sem outro merecimento nem talento, para pretender e alcançar, ou alcançar sem pretender, os mesmos lugares. E se os estrangeiros se admiram e pasmam de ver que os homens que eles e o mundo veneram, não ocupem aqueles postos, responde-se a este não com outro não: "Não era costume da sua terra".

Se um dos nossos pretendentes do Evangelho — e seja S. Tiago, que veio a Portugal — viera hoje, e, em lugar da cadeira que pediu, pretendera a de qualquer bispado do Reino, haviam-lhe de responder que no reino não, porque era filho de um pescador, que o maior favor que se lhe podia fazer era dar-lhe um bispado ultramarino, e logo lhe nomeariam satiricamente o de Meliapor, por ser na Costa da Pescaria. Se Josué, conquistador de trinta e três reinos, e de quem se prezou o sol de ser soldado, quisesse ser capitão-general, também lhe haviam de opor que tinha sido criado de Moisés; e José, o qual teve maior indústria que todos os homens para adquirir fazenda a seu rei, e maior fidelidade para a conservar, se quisesse ser vedor da fazenda, vede se lho consentiriam as ovelhas que tinha guardado seu pai? Não falo em Bartolo[5], se lhe viesse ao pensamento a regência da justiça, ou a Navarro, a da consciência, porque o segundo, tendo ensinado em Portugal, com assombro de todas as universidades, o que aprendeu na de Coimbra, foi a tomar por si o Não, e ir morrer em terras estranhas, por que se lhe não dissesse na nossa: "Não era costume da sua terra". A censura deste que se chama costume é que não é costume, senão abuso contrário à natureza, à razão, à virtude, e prejudicial à república, e que os príncipes que se escusam com este modo de não, ele não só os não escusa, mas acusa e condena mais, fazendo-os odiosos aos vassalos, ao mundo e ao mesmo Deus, o qual por isso fez a todos os homens filhos do mesmo pai e da mesma Mãe.

Excluído, pois, este abuso particular da nossa terra, o modo que em todas e todos aprovam, e os melhores políticos ensinam como o mais decente, é que, nas ocasiões de negar, para abrandar a dureza do não, depois de mandar consultar as matérias, se escuse o sábio príncipe com seus conselhos. É necessário porém advertir neste meio, que deve ser aplicado com tal moderação e cautela, que, por enfeitar o não, não se afeie a autoridade do rei nem o crédito dos conselhos, nem as mesmas razões da escusa. Negou el-rei Aquis a Davi a licença que lhe pedia para o servir em certa guerra como aventureiro entre suas mesmas tropas, e escusou o não com os seus conselheiros: "Não agradais aos príncipes" (1Rs 29,6). Porém, antes de chegar a pronunciar este não, e depois dele, fez com juramento um protesto mais honrado para quem o ouvia que para quem o jurava: "Juro-vos, Davi, que no meu conceito sois reto e bom, e me pareceis tão bom e tão reto como um anjo de Deus; mas não contentais aos do meu conselho" (1Rs 29,6.9). — Quantas coisas se negam aos grandes sujeitos como Davi, não porque não sejam dignos e digníssimos delas, mas porque não contentam ao conselho dos reis. Se dissera que lhes não contentavam os oferecimentos de Davi, motivos podiam ter para isso, mas que lhes não contentava a pessoa: "Não agradais?" E se o conceito do rei era tão diverso, que o tem por homem justo e bom, e que mais lhe parece anjo que homem, por que se não conforma o rei antes com o seu parecer, e com o seu juízo, que com o descontentamento dos conselheiros? E já

que se conforma com eles na resolução, por que a intima a Davi floreada de tantos louvores, que os mesmos louvores confutam e condenam a negativa? Tudo isso disse Aquis para enfeitar o não com que negava a Davi o que lhe pedia, mas, com estes mesmos enfeites, afeou primeiramente a autoridade e soberania de rei, porque, seguindo o voto dos conselheiros, contra o juízo e experiência própria, mostrou que era súdito dos seus conselhos, e não superior e senhor; afeou também o crédito dos mesmos conselhos porque, dizendo que Davi lhes não contentava, mostrou que se governavam mais pelo afeto das pessoas que pelo merecimento das causas; e afeou finalmente a mesma razão com que se escusava, porque, sendo os procedimentos de Davi tão retos, como ele reconhecia, jurava e tinha experimentados, eles mesmos desfaziam toda a chamada razão da escusa, e convenciam ser pretexto. Havendo pois o príncipe de se escusar ou escudar com os seus conselhos, diga que mandou considerar a matéria, e que se conformou com eles, e não diga mais.

§ VIII

Isto é, senhor, o que prudentemente ensina a política humana, confirmada mais altamente com os documentos da sagrada, que tenho referido; o meio porém que sobre todos represento e ofereço a Vossa Alteza, para a feliz administração do cetro, que com particular providência pôs nas reais mãos de Vossa Alteza a divina, é o exemplo do Filho de Deus nas palavras que tomei por tema, tão próprias do tempo, circunstâncias e ocasião presente, que parecem ditadas e escritas só para ela. Negou Cristo aos dois irmãos os lugares que pediam, e o meio com que lhes adoçou a eles o não, e com que o fez decoroso e decentíssimo para si, foi com alegar os decretos e disposições de seu pai: "Não me pertence dar-vos, mas para aqueles a quem está preparado por meu Pai". Não é meu — diz o senhor — conceder-vos o que pedis, porque esses lugares já meu pai os decretou para outros; e assim como dele herdei o poder, assim dele hei de seguir e confirmar os decretos. Isto é o que devem imitar os príncipes herdeiros, e tanto mais gloriosamente quanto filhos de pais mais gloriosos. É consequência natural que, com o sol que se põe, se escureçam uns lugares, e com o que nasce se alumiem outros, e esta é a alva ou o alvo das pretensões no oriente dos reis que começam, e ocaso dos reis que acabam. Mas o príncipe que teve a fortuna de suceder a um pai tão digno das saudades dos vassalos como da imitação dos filhos, com se referir às eleições de seu pai, se livra de inovar outras. Se João e Diogo, ou por si ou por outrem, fizerem instâncias, responda com o formulário do rei dos reis: "Não para vós, mas para aqueles a quem está preparado por meu Pai"; e ser-lhe-á tão fácil o não, como decoroso e reverente.

Haverá, não duvido — como sempre há nos novos reinados — ambições desejosas de se introduzir, que aconselhem e persuadam o contrário. Mas quais sejam os efeitos destas novidades que tão docemente se ouvem e tão facilmente se abraçam, bem o podem ver os conselheiros e os aconselhados, e escarmentar — se quiserem — no novo e infausto reinado de Roboão, filho de el-rei Salomão, por cuja morte o juraram todas as doze tribos de Israel nas cortes de Siquém. Assentaram também nas mesmas cortes pedir ao novo rei os aliviasse dos tributos que pagavam no tempo de seu pai, os quais, por ocasião das fábricas, assim do Templo como dos palácios reais, e muito mais pela excessiva despesa com que Salomão sustentava tanto número de rainhas, chegaram a ser insuportáveis. Feita esta petição, diz o texto sagrado que chamou Roboão a conselho os velhos do tempo de seu pai, e que todos lhe aconselharam concedesse benignamente aos povos o que tão justamente pediam, porque assim lhes ganharia as vontades, e se conservaria no reino. Não se aquietando porém Roboão com este conselho, diz o mesmo texto que consultou o negócio com os moços, com quem se tinha criado e o assistiam, e que, aconselhado por eles, respondeu ao povo que o seu dedo miminho era mais grosso que seu pai pela cintura, e que, conforme esta diferença da sua grandeza, não só lhes não havia de moderar o açoite dos tributos, mas que, se as correias no tempo de seu pai eram de couro, no seu haviam de ser de ferro: "Meu pai açoitou-vos com correias, e eu açoitar-vos-ei com escorpiões" (3Rs 12,14). Este foi o conselho, e esta a resposta e o sucesso em suma, qual se podia esperar de tal resposta e de tal conselho. Porque das doze tribos que juraram a Roboão por rei, as dez lhe negaram logo a obediência, e a deram a Jeroboão, criado que tinha sido de seu pai, querendo antes ser vassalo de um criado de Salomão, que de um tal filho de Salomão.

E se buscarmos a origem de tão infeliz e desastrado sucesso, em que um rei, sem batalha, perdeu as dez partes do seu reino, para si e para todos seus descendentes em uma hora, acharemos que foi por não querer conservar os ministros antigos que assistiam ao lado de seu pai, e tomar outros. Assim o diz e pondera a escritura: "Abandonou o conselho dos velhos que assistiam Salomão, seu pai, quando este ainda vivia e consultou os moços que tinham sido criados com ele e que o assistiam" (3Rs 12,6.8). Notai este e aquele assistiam. A causa próxima da ruína de Roboão foi deixar o maduro conselho dos velhos experimentados, e tomar o dos moços orgulhosos e sem experiência. Mas a origem dessa mesma causa esteve num passo mais atrás, que foi mudar os ministros que assistiam ao lado de seu pai: "Que faziam corte a Salomão, seu Pai"; e criar de novo aqueles com que se tinha criado, para que o assistissem a ele: "Que tinham sido criados com ele e que lhe assistiam". A última decocção dos negócios faz-se entre ministros que estão ao lado dos reis, como se viu neste mesmo caso, e se os mesmos que assistiam a Salomão assistissem a seu filho, o voto destes havia de ser o que prevalecesse, e os povos ficariam contentes, o reino inteiro, o rei obedecido e amado, e Roboão, que dizia que era maior que seu pai, tão grande como ele.

Nem deve passar sem advertência a repetição enfática com que o texto sagrado, depois de dizer: "Assistiam Salomão", acrescenta: "Seu Pai". Parece desnecessária esta nova expressão, pois de toda a narração da história constava ser Salomão pai de Roboão. Mas foi nota e ponderação digníssima de se não dissimular, como de uma maior circunstância, que notavelmente agrava o caso. Porque, ainda que os ministros, de quem Salomão em sua vida se tinha servido junto a sua pessoa, por serem ministros do rei mais sábio que teve o mundo, mereciam ser estimados, honrados e conservados no lugar que com ele tinham, só por serem ministros de seu pai, ainda que esse pai não fora Salomão, se devia Roboão servir deles, e tê-los sempre junto a si, e fazer maior confiança da sua fidelidade, da sua verdade, do seu zelo e do seu amor que do de todos os outros: "O teu amigo e o amigo de teu Pai não o apartes de ti" (Pr 27,10), diz o Espírito Santo, por boca do mesmo Salomão. — E que mais têm os amigos que foram amigos dos pais, do que os amigos novos e particulares dos filhos? Têm de mais aquela diferença que há entre o certo e o duvidoso. Os amigos novos, que os filhos elegem, poderá ser que sejam bons e fiéis amigos; mas os que foram amigos dos pais, já é certo que o são, porque estes já estão experimentados e provados; aqueles ainda não. Até em Deus tem sua força essa consequência. Quando Deus apareceu a Moisés na sarça, não sabendo ele quem era, disse-lhe: "Eu sou o Deus de teu pai" (Ex 3,6); irás libertar o povo, e dir-lhe-ás, para que te deem crédito, que o Deus de seus pais te manda: "O Deus de vossos pais me enviou a vós" (Ex 3,13). Queria-os libertar do cativeiro de Faraó, e, para os assegurar deste grande benefício, não só disse que era Deus, que o podia fazer, mas que era Deus de seus pais, para que estivessem certos que o faria. Por isso disse sabiamente Isócrates que os mais seguros amigos são os que se herdaram. A amizade dos que se fazem de novo é duvidosa; a dos que se herdaram, e vem de pais a filhos, certa. E daqui conclui este famosíssimo filósofo: "Que os filhos não só são herdeiros da fazenda dos pais, senão também dos amigos." Se Roboão, assim como herdou a coroa, herdara também os amigos de seu pai, ele não perdera o reino; mas porque, herdando o reino, quis fazer novos amigos, eles o perderam.

Quando estes se quiseram introduzir à assistência da pessoa e lugares do lado de Roboão, facilmente, e sem os escandalizar, lhes pudera ele dizer que estavam diante os que tinham servido a seu pai, e de quem ele tinha feito eleição: "Não para vós, mas para aqueles a quem está preparado por meu pai". Mas o erro de Roboão esteve em que os que se tinham criado com ele a primeira coisa que lhe persuadiram foi que as suas eleições haviam de ser melhores. Por que, se puderam tanto com as suas lisonjas, e se cegou tanto com elas o pobre moço, que se persuadiu e se atreveu a dizer que o seu anel tinha maior roda que o cinto de seu pai, como lhe não meteriam também em cabeça que, sendo seu pai Salomão, sabia mais que ele? Esta é a cegueira em que ordinariamente caem os filhos dos reis, e por isso, em sucedendo no governo, mudam criados e ofícios e quanto seus pais tinham ordenado, não advertindo que em matéria de prover lugares, sabem mais os pais com os olhos fechados que os filhos, por mais sábios que sejam, com eles abertos. Estava Jacó já cego com a velhice, quando seu filho José lhe presentou os dois netos, Manassés e Efraim, para que lhes lançasse a bênção. Era Manassés o maior, e por isso lho pôs José à mão direita, como a Efraim, porque era o menor, à esquerda; porém Jacó cruzou e trocou as mãos, e pôs a direita sobre a cabeça de Efraim, e a esquerda sobre a de Manassés. — Não, senhor, replicou José — que este sobre que pondes a mão direita é o menor, e o maior fica à esquerda. — E que responderia Jacó? Que responderia o pai cego? "Sei, filho meu, sei" (Gn 48,19). Bem sei, filho meu, qual é o maior e o menor, e bem sei também o que faço. Sei qual é o maior e o menor, porque sei o que vós vedes, e sei também o que faço, porque sei o que não vedes. Vós vedes só as idades desses dois meninos; eu vejo-lhes as idades e mais as fortunas. E porque a fortuna de Efraim há de ser muito maior que a de Manassés, por isso ponho a mão direita sobre o que vós tendes por menor, e a esquerda sobre o outro. José era tão sábio, como todos sabem, e como experimentou e admirou o Egito, onde sucedeu este caso. E contudo Jacó, estando cego, via duas vezes mais que José, e sabia duas vezes mais que ele: "Sei, filho meu, sei"; porque mais sabe, como dizia, um pai com os olhos fechados, que o mais sábio filho com eles abertos. Cuidem os filhos e não desconfiem de que se cuide que seus pais sabem mais que eles.

Uma vez perguntaram os discípulos a Cristo quando havia de restituir o Reino de Israel, e outra vez, quando havia de ser o dia do Juízo, e de ambas as vezes se escusou o senhor com responder que estes segredos só os sabia seu pai. Pois, Mestre divino, em quem o mesmo pai tem depositado os tesouros de sua sabedoria, não sabeis vós também estes dois segredos? Sim, sei: mas sei-os para os guardar, não os sei para os dizer. Excelente solução, e esta é a verdadeira destes dois textos. Será bem, contudo, Senhor, que cuidem os vossos discípulos que não sabeis tudo? Como a comparação não é mais que entre meu pai e mim, cuidem embora. Nenhum filho deve desconfiar de que se cuide que seu pai sabe mais que ele. E assim o há de entender e supor, como também Cristo o supunha, enquanto homem. E se alguém me replicar que este, ou seja conhecimento, ou modéstia, não é tão decente nem tão decorosa nos outros filhos como em Cristo, porque seu pai é Deus, digo que os outros pais, em respeito de seus filhos, também são deuses, ou, quando menos, que os filhos os devem estimar e venerar como tais, para seguir seus ditames.[6] Diz Filo: "Os bons filhos veneram a seus pais como deuses visíveis, e como de tais, observam seus exemplos." — Esta sentença tomou-a o Platão dos hebreus do Platão dos gregos, o qual chamou aos pais, "deuses domésticos", e acrescenta que os ditames dos pais, como de deuses, hão de ser recebidos e observados dos filhos, não como conselhos ou preceitos, senão como oráculos: "Os filhos devem receber os ditames dos pais como oráculos". Finalmente, por que não faça dúvida esta doutrina, que Platão ditou sem fé de Deus e Filo sem fé de Cristo, e para que dela possamos colher e gozar os abundantes e felicíssimos frutos que nossas esperanças nos prometem, fechemos este tão importante discurso com o oráculo irrefragável do Espírito Santo, o qual mandou pregar pelo filho de Sirac a todos os filhos: "Filhos, ouvi o juízo de vosso pai, e fazei-o assim, para que vos conserveis nesta vida, e vos salveis na outra" (Eclo 3,2).

SERMÃO DE

Santo Antônio

Pregado em Roma, na igreja dos portugueses,
e na ocasião em que o Marquês das Minas,
Embaixador Extraordinário do Príncipe nosso Senhor,
fez a embaixada de Obediência à Santidade de Clemente X (1670).

∽

"Vós sois a luz do mundo."
(Mt 5,14)

Apenas chegado a Roma, na ocasião em que o Marquês das Minas, Embaixador Extraordinário do Príncipe, fez a Embaixada de Obediência à Santidade de Clemente X, Vieira está na igreja dos portugueses, pregando sobre o santo mais ilustre de Portugal. O tema é claro, laudatório: Santo Antônio é luz do mundo porque foi verdadeiro português. Essa prerrogativa de ser luz do mundo nas outras nações é particular das pessoas; em Portugal, não só é particular das pessoas, senão universal de toda a nação. Portugal foi fundado e instituído por Deus muito semelhantemente à mesma Igreja, não para um fim político, senão para um fim apostólico, para que fosse levado o nome de Cristo a gentes estranhas. Santo Antônio desempenhou essa obrigação nos cinco passos de sua vida: 1. Mudando de religião: troca a clausura de Santo Agostinho e parte para o mundo com o hábito de São Francisco. 2. Saindo da pátria: sementeira de luz para transplantá-la pelo mundo. 3. Embarcando-se: abriu e mostrou os caminhos. 4. Dedicando-se à conversão dos infiéis: esse era o espírito português. 5. Vindo a Roma dar obediência ao Vigário de Cristo: tradição que os reis vêm repetindo com fidelidade e que agora se repete na pessoa do Embaixador. Alegre-se Lisboa, alegre-se Portugal!

§ I

A um português italiano e a um italiano português, celebra hoje Itália e Portugal. Portugal a Santo Antônio de Lisboa; Itália a Santo Antônio de Pádua. De Lisboa, porque lhe deu o nascimento; de Pádua, porque lhe deu a sepultura. Assim foi, mas eu cuidava que não havia de ser assim. José, o prodigioso, José, o que tanto cresceu fora de sua pátria, mandou que seu corpo fosse levado a ela, e não ficasse no Egito. Em Egito obrou as maravilhas, em Egito recebeu as adorações, mas não quis que descansassem os seus ossos na terra onde reinara, senão na terra onde nascera. Quis que conhecesse a sua pátria que estimava mais a natureza que as fortunas. Antes quis uma sepultura rasa, em sete pés da terra própria, que os mausoléus e as pirâmides Egípcias na estranha. Assim cuidava eu que à lei de bom português devia fazer também Santo Antônio, mas quando por parte da pátria me queria queixar do seu amor, atalhou-me o Evangelho com a sua obrigação: "Vós sois a luz do mundo" (Mt 5,14). Reparai, diz o evangelista, que Antônio foi luz do mundo. Foi luz do mundo? Não tem logo que se queixar Portugal. Se Antônio não nascera para sol, tivera a sepultura onde teve o nascimento; mas como Deus o criou para luz do mundo, nascer em uma parte, e sepultar-se na outra, é obrigação do sol. Profetizando Malaquias o nascimento de Cristo, diz que nasceria como sol de justiça: "Nascerá para vós o sol da justiça" (Ml 4,2). E que fez Cristo como sol e como justo? Como sol, mudou os horizontes; como justo, deu a cada um o seu. Como sol mudou os horizontes, porque nasceu num lugar e morreu noutro; como justo, deu a cada um o seu, porque a Belém honrou com o berço, a Jerusalém com o sepulcro. Assim também Antônio. Se Lisboa foi a aurora do seu oriente, seja Pádua a sepultura do seu ocaso.

Levante Pádua glorioso mausoléu às sagradas relíquias de Antônio, e veja-se esculpida nas quatro fachadas dele a obediência dos quatro elementos sujeitos a seu império. A terra com os animais prostrados, o mar com os peixes ouvintes, o ar com as tempestades suspensas, o fogo com os incêndios parados. Pendurem-se nas pirâmides por troféus os despojos inumeráveis de sua beneficência: as bandeiras dos vencedores, as âncoras dos naufragantes, as cadeias dos cativos, as mortalhas dos ressuscitados, e dos enfermos de todas as enfermidades, os votos. Dispa-se a fama para fazer cortinas a este Sacrário, bordadas — como fazia a antiguidade — de olhos, de línguas e de orelhas. Das orelhas, com que deu ouvidos a tantos surdos; dos olhos, com que restituiu a vista a tantos cegos; das línguas, com que desimpediu a fala a tantos mudos. E por alma de todo este corpo milagroso, veja-se — como hoje se vê — e adore-se em custódia de cristal a mesma língua de Antônio, depois da morte, viva, antes da ressurreição, ressuscitada, apesar da terra, incorrupta, apesar das cinzas, inteira, apesar da sepultura, imortal, e apesar dos tempos, eterna.

Isto é o que vê Itália em Pádua. E em Lisboa, que vê Portugal e o mundo? Não se veem ali muitos milagres, vê-se ali um só milagre; não se veem os milagres do santo; vê-se o milagre dos santos. Vê-se Antônio sobre os altares, com as mãos carregadas de memoriais, como primeiro valido de Deus e, como bom valido, despachados logo. Vê-se a casa onde nasceu convertida e consagrada com magnificência real em suntuoso templo; vê-se, com religiosa razão de estado, fundado sobre as abóbadas do mesmo templo, o Capitólio ou Senado daquela triunfante cidade, daquela cidade, digo, que, depois de pôr freio ao nunca domado oceano, descobriu, conquistou e sujeitou, e uniu à Igreja Romana aqueles vastíssimos membros do corpo do mundo, de que Roma já se chamava a cabeça, mas ainda o não era.

Neste templo e naquele sepulcro se vê dividido Antônio entre Portugal e Itália; nestes dois horizontes tão distantes se vê dividida a luz do mundo entre Pádua e Lisboa. Gloriosa Pádua, porque pode dizer: Aqui jaz. Gloriosa Lisboa, porque pode dizer: Aqui nasceu. Mas qual das duas mais gloriosa? Não quero decidir a questão: dividi-la sim. Fiquem as glórias de S. Antônio de Pádua para a eloquência elegantíssima dos Oradores de Itália. E eu, que me devo acomodar ao lugar e ao auditório, só falarei hoje de S. Antônio de Lisboa.

Para louvor, pois, do santo português, e para honra e doutrina dos portugueses que o celebramos, reduzindo estes dois intentos a um só assunto e fundando tudo nas palavras do Evangelho: "Vós sois a luz do mundo", será o argumento do meu discurso esse: Que Santo Antônio foi luz do mundo porque foi verdadeiro português, e que foi verdadeiro português porque foi luz do mundo. Declaro-me: bem pudera Santo Antônio ser luz do mundo, sendo de outra nação, mas, uma vez que nasceu português, não fora verdadeiro português, se não fora luz do mundo, porque o ser luz do mundo nos outros homens é só privilégio da graça; nos portugueses é também obrigação da natureza. Isto é o que hoje hão de ouvir os portugueses de si e do seu português. *Ave Maria.*

§ II

"Vós sois a luz do mundo".
Fala Cristo nestas palavras com os apóstolos, e neles com todos seus sucessores, os varões apostólicos. E porque a obrigação do ofício apostólico é alumiar o mundo com a luz do Evangelho, por isto lhes dá Cristo por título o mesmo caráter da sua obrigação, chamando-lhes luz do mundo: "Vós sois a luz do mundo". Esta prerrogativa tão gloriosa, que nas outras nações é graça particular das pessoas, nos portugueses não só é particular das pessoas, senão universal de toda a nação. A Pedro e a João disse Cristo que eram luz do mundo; mas, ainda que Pedro e João eram galileus, não o disse a toda Galileia. A Basílio e Atanásio disse Cristo que eram luz do mundo; mas, ainda que Basílio e Atanásio eram gregos, não o disse a toda Grécia. A Cipriano e Agostinho disse Cristo que eram luz do mundo; mas, ainda que Cipriano e Agostinho eram africanos, não o disse a toda a África. A Antônio, porém, disse Cristo que era luz do mundo, e não só o disse a Antônio, que era português, senão também a todos os portugueses. E qual é, ou qual pode ser a razão desta diferença tão notável? A razão é porque os outros homens, por instituição divina, têm só obrigação de ser católicos; o português tem obrigação de ser católico e de ser apostólico; os outros cristãos têm obrigação de crer a fé; o português tem obrigação de a crer, e mais de a propagar. E quem diz isto? São Jerônimo ou santo Ambrósio? Não: o mesmo Cristo, que disse: "Vós sois a luz do mundo".

É glória singular do reino de Portugal que só ele, entre todos os do mundo, foi fundado e instituído por Deus. Bem sei que o reino de Israel também foi feito por Deus, mas foi feito por Deus só permissivamente, e muito contra sua vontade, porque teimaram os israelitas a ter rei, como as outras nações; porém o reino de Portugal, quando Cristo o fundou e instituiu, aparecendo a el-rei — que ainda o não era Dom Afonso

Henriques — a primeira palavra que lhe disse foi: "quero". Como o reino de Portugal havia de ser tão filho da Igreja Católica, e lhe havia de fazer no mundo tão relevantes serviços, quis Cristo que a sua instituição fosse muito semelhante à da mesma Igreja. A S. Pedro disse Cristo: "Tu és Pedro, e sobre esta pedra edificarei a minha Igreja" (Mt 16,18); a D. Afonso disse Cristo: "Quero em ti e teus descendentes fundar para mim um império"[1]. A Pedro disse: Quero fundar em ti uma Igreja, não tua, senão minha: "A minha Igreja". A Afonso disse: Quero fundar em ti um império, não para ti, senão para mim: "Um império para mim". A Pedro, na instituição da Igreja, não disse: "Em ti e teus descendentes", porque, como o império da Igreja era universal sobre todas as nações do mundo, quis que todas as nações tivessem direito à eleição da tiara: o hebreu, como Pedro; o grego, como Anacleto; o romano, como Gregório; o alemão, como Vítor; o francês, como Martinho; o espanhol, como Calixto; o português, como Dâmaso. Mas na instituição do Reino de Portugal disse Cristo: "Em ti e teus descendentes", porque, como era reino particular de uma só nação, quis que fosse hereditário e não eletivo, para que se continuasse na sucessão e descendência do mesmo sangue. E por que tudo isto, e para quê?

Não para o fim político, que é comum a todos os reinos e a todas as nações, senão para o fim apostólico, que é particular deste reino e desta nação. O mesmo Cristo o disse nas palavras com que o instituiu: "Por cujo meio [pelos portugueses], seja meu nome publicado entre as nações estranhas" — Ainda então não sabia o mundo que gentes estranhas fossem estas, mas daí a 400 anos, quando também o mundo se conheceu a si mesmo, então o soube. Vede se foi instituição Apostólica. De S. Paulo disse Cristo: "Para levar o meu nome diante das gentes" (At 9,15); dos portugueses disse o mesmo Cristo: "Para que meu nome seja publicado entre as nações estranhas". Aos apóstolos disse Cristo: "Levantai os vossos olhos e vede as terras, que já estão brancas para a ceifa" (Jo 4,35; Lc 24,35); e aos portugueses disse o mesmo Cristo: "Para que sejam meus segadores em terras longínquas". E notai que disse nomeadamente *messores:* segadores, porque se havia de servir também do seu braço e do seu ferro. Quando Cristo apareceu a el-rei D. Afonso, estava ele na sua tenda lendo a história de Gedeão, não só com um, mas com dois mistérios. Primeiro, para que o rei não desconfiasse da promessa, vendo que os seus portugueses eram poucos. Segundo, para que os mesmos portugueses entendessem que, como soldados de Gedeão, em uma mão haviam de levar a trombeta, e na outra mão a luz (Jz 7,20). A Pedro chamou-lhe Cristo: "Pedra" (Jo 1,42), em significação do que havia de ser; os portugueses primeiro se chamaram Tubales, de Tubal, que quer dizer mundanos, e depois chamaram-se lusitanos; lusitanos, para que trouxessem no nome a luz; mundanos para que trouxessem no nome o mundo, porque Deus os havia de escolher para luz do mundo: "Vós sois a luz do mundo".

§ III

Suposta esta verdade tão autêntica, para que vejamos distintamente quão bem se desempenhou Santo António da obrigação de verdadeiro português e do título de luz do mundo, considero eu na sua luz cinco movimentos muito particulares: 1. mudar de religião; 2. deixar a pátria; 3. embarcar-se e meter-se no mar; 4. dedicar-se a vida à conversão dos infiéis; 5. vir a Roma, onde estamos, e dar obediência ao Vigário de Cristo, como Portugal lha deu agora solenemente, e com tanta solenidade. Parecem muitos os movimentos, mas como são de luz, serão breves.

Não há coisa que mais pareça contrária à santidade que a mudança da vocação. Santo Antônio era religioso da sagrada Ordem de Santo Agostinho: ali se graduou de luz, e ali havia de ser. Pois por que muda de hábito e de profissão? Se o fez pela clausura de cônego regrante, para sair, como luz, ao mundo, passara-se aos eremitas, debaixo da mesma regra de Santo Agostinho. Por que deixa logo o seu patriarca, e entre todos os patriarcas escolhe a S. Francisco? Porque era português, e resoluto a alumiar o mundo, havia de ser debaixo das quinas de Portugal, debaixo da bandeira das cinco chagas. O mesmo Santo Agostinho, seu padre, chamou as chagas de Cristo bandeiras de luz: "Bandeiras luminosas da redenção"[2]. E como entre todos os patriarcas, entre todos os generais da Igreja militante, só Francisco levava diante a bandeira das cinco chagas, só debaixo desta bandeira se devia alistar Antônio, como português e como luz do mundo: como português, para seguir as sagradas quinas; como luz do mundo, para alumiar com elas aos infiéis.

Infiel estava Tomé, e tão incredulamente infiel que dizia e protestava: "Se não vir as chagas dos cravos, e não meter a mão na chaga do lado, não hei de crer" (Jo 20,25). — Aqui reparo. Para crer e para fazer fé, bastam duas testemunhas; as chagas dos cravos eram quatro; pois por que se não contenta Tomé com as chagas dos cravos, por que pede também a do lado para crer? Porque as chagas dos lados, ainda que eram chagas, não eram quinas: eram quatro, não eram cinco.

E para converter infiéis, para os render e reduzir a crer, hão de concorrer todas as cinco chagas. Tertuliano: "Convencido por todas as provas da divindade de Cristo, disse: meu Senhor e meu Deus". Reduziu-se a infidelidade de Tomé, e rendeu-se à virtude e eficácia das chagas de Cristo? Sim. Mas notai — diz Tertuliano — que não se rendeu a parte delas, senão a todas: "Por todas". Crerás, Tomé, se vires as chagas das mãos de Cristo? "Não hei de crer". Crerás, Tomé, se vires as chagas das mãos e as dos pés? "Não hei de crer". E se vires as duas dos pés e as duas das mãos, e também a quinta do lado, crerás? Então sim: "Meu Senhor e meu Deus". Assim se rendeu a infidelidade de Tomé, e assim se rendeu e se havia de render a do mundo.

Por isso disse judiciosamente S. Pedro Crisólogo que a instância de Tomé em pedir as cinco chagas não só foi incredulidade, senão profecia: "Foi mais uma profecia do que uma hesitação". Muitas coisas profetizou S. Tomé na Índia, dos portugueses, mas esta profecia foi o cumprimento de todas: Que havia de ser conquistada a infidelidade das gentes em virtude das cinco chagas de Cristo; que havia de ser conquistada a infidelidade das gentes, não pelas armas dos portugueses, senão pelas Armas de Portugal. Deu-nos Cristo por armas e por brasão as sagradas quinas, e essas quinas foram as nossas armas. Quando os filhos de Israel saíram do Egito para a conquista da terra de promissão, saíram sem armas, porque lhas vedavam e proibiam os egípcios, e contudo diz o texto que saíram armados: "Os filhos de Israel saíram armados da terra do Egito". Pois se saíram sem armas, como diz a Escritura que saíram armados? Milagrosamente o original hebreu: "Os filhos de Israel saíram armados, os filhos de Israel saíram cinco e cinco" (Ex 13,18). Diz que saíram armados, porque saíram, misteriosamente, cinco e cinco. E como saíram "cinco e cinco", estas quinas lhes servirão de armas: "Saíram cinco e cinco; saíram armados". Estas foram as armas com que os hebreus conquistaram a Terra de Promissão, estas foram as armas com que os portugueses conquistaram o mundo novo, e estas foram as armas com que S. Antônio conquistou, alumiou e renovou o velho. Oh! soberano Davi, menor, vestido de saial, e vencedor do gigante, em virtude das sagradas quinas!

Quando Davi, entre os irmãos o menor, houve de sair contra o gigante, que fez? Despe as armas de Saul, veste-se do seu saial, vai-se ao rio, escolhe cinco pedras, e sai: "Escolheu para si cinco pedras limpidíssimas da torrente" (1Sm 17,40). Para o tiro bastava uma só pedra, como bastou. Pois, se bastava uma só, por que leva cinco Davi? Porque, ainda que uma só bastava para o golpe, eram necessárias todas cinco para o mistério. Aquelas cinco pedras eram as cinco chagas de Cristo; a torrente, de que as tirou lavadas, era a torrente do seu sangue. E para um homem ou um moço tão pequeno, derrubar um gigante tão grande, só na virtude das cinco chagas podia ser. Dispa logo Antônio as armas de Agostinho, vista-se do saial de Francisco, e, com as sagradas quinas diante, saia seguro e confiado o menor, que ele vencerá o gigante. Estava uma vez pregando S. Antônio; eis que aparece junto a ele S. Francisco com os braços em cruz, mostrando as chagas. Francisco era o Moisés, Antônio era o Josué; Francisco sustentava a bandeira, Antônio meneava as armas; Francisco arvorava as quinas, Antônio alcançava as vitórias. No corpo de Francisco estava cintilando a constelação das cinco estrelas fixas, e pela boca de Antônio saíam os raios e as influências da luz, que confundia e alumiava o mundo: "Vós sois a luz do mundo".

§ IV

E se Antônio era luz do mundo, como não havia de sair da pátria? Este foi o segundo movimento. Saiu como luz do mundo, e saiu como português. Sem sair, ninguém pode ser grande: "Sai da tua terra, eu te farei uma grande nação" (Gn 12,1s), disse Deus, ao pai da fé. Saiu para ser grande, e, porque era grande, saiu. Ao quinto dia do mundo, criou Deus no elemento da água as aves e os peixes. E que fizeram uns e outros? Os peixes, como frios e sem asas, deixaram-se ficar onde nasceram; as aves, como alentadas e generosas, mudaram elemento. Assim o fez o grande espírito de Antônio, e assim era obrigado a o fazer, porque nasceu português. Uma coisa em que há muito tempo tenho reparado são os dois empregos que Cristo fez dos trinta dinheiros por que foi vendido. O primeiro emprego foi comprar um campo para enterro de peregrinos: "Compraram com ele o campo de um oleiro para sepultura dos forasteiros" (Mt 27,7). O segundo emprego foi esmaltar com os mesmos trinta dinheiros o escudo das armas de Portugal: "Compõe o teu brasão com o preço pelo qual comprei o gênero humano e pelo qual me compraram os judeus". Notáveis empregos! E que proporção tem o escudo de Portugal com o enterro dos peregrinos, para que o preço de um seja esmalte do outro? Grande proporção. Quis Cristo que o preço da sepultura dos peregrinos fosse o esmalte das armas dos portugueses, para que entendêssemos que o brasão de nascer português era obrigação de morrer peregrino. Com as armas nos obrigou Cristo a peregrinar, e com a sepultura nos empenhou a morrer. Mas, se nos deu o brasão, que nos havia de levar da pátria, também nos deu a terra, que nos havia de cobrir fora dela.

Nascer pequeno e morrer grande é chegar a ser homem. Por isso nos deu Deus tão pouca terra para o nascimento, e tantas terras para a sepultura. Para nascer, pouca terra, para morrer, toda a terra; para nascer, Portugal, para morrer, o mundo. Perguntai a vossos avós quantos saíram e quão poucos tornaram? Mas estes são os ossos de que mais se deve prezar vosso sangue.

Funda-se esta pensão de sair da pátria na obrigação de ser luz do mundo. Como pudera S. Antônio ser luz de França e de Itália, se não saíra de Portugal? Para Abraão levar a fé à Palestina, houve de sair de Caldeia; para Cristo derrubar os ídolos do Egito, houve de sair de Nazaré: ambos desterrados da pátria, mas ambos, como luz, desterrando trevas. Não se pode plantar a fé sem se transplantarem os que a semeiam. Não debalde disse Cristo: "O meu pai é o lavrador" (Jo 15,1). Houve-se Deus, com os portugueses, como agricultor de luzes. Semeia o agricultor em pouca terra o que depois há de dispor em muita. Pouca terra era Portugal, mas ali fez Deus um seminário de luz para a transplantar pelo mundo. Criou Deus a luz no primeiro dia; passou o segundo, passou o terceiro, e ao quarto dia, dividindo aquela mesma luz que tinha criado, formou dela o sol, a lua, e as estrelas, e repartiu-as por todo o firmamento. Pergunto: e esses planetas, esses astros, esses signos e essas constelações, por que as não formou Deus logo no primeiro dia, senão depois? O mistério foi, diz S. Basílio, porque quis o supremo artífice do universo debuxar no rascunho da natureza a traça que havia de seguir nas obras da graça. É o que vimos na conversão do mundo novo. Assim como a luz material primeiro a criou Deus junta em um lugar, e depois a repartiu dali por todas as regiões do céu e sobre todas as da terra, umas estrelas ao polo Ártico, outras ao Antártico, umas ao Norte, outras ao Sul, umas ao Setentrião, outras ao Meio-Dia, assim, para alumiar o Novo Mundo, que tantos séculos havia de estar às escuras, sem ser conhecido dos homens nem ter conhecimento do verdadeiro Deus, que fez o autor da graça? Criou primeiro e conservou separado em Portugal aquele Seminário escolhido de fé e de luz, para que dali, dividida e repartida a seu tempo, umas luzes fossem alumiar a África, outras a Ásia, outras a América, umas ao Brasil, outras a Etiópia, outras a Índia, outras ao Mogor, outras ao Japão, outras à China, e desta maneira, transplantada de Portugal, a Fé se plantasse nas três partes do mundo.

É verdade que Portugal era um cantinho, ou um canteirinho da Europa, mas neste cantinho de terra pura e mimosa de Deus: "Puro de fé e amado pela piedade", nesse cantinho quis o céu depositar a fé que dali se havia de derivar a todas estas vastíssimas terras, introduzida com tanto valor, cultivada com tanto trabalho, regada com tanto sangue, recolhida com tantos suores, e metida finalmente nos seleiros da Igreja, debaixo das chaves de Pedro, com tanta glória. Medindo-se Portugal consigo mesmo, e, reconhecendo-se tão pequeno à vista de uma empresa tão imensa, poderá dizer o que disse Jeremias, quando Deus o escolheu para profeta das gentes: "E te estabeleci profeta entre as nações" (Jr 1,5). E que disse Jeremias? "E disse: Ah! Ah! Ah! Deus meu, onde me mandais, que sou muito pequeno para tamanha empresa" (Jr 1,6). — O mesmo pudera dizer Portugal. Mas tirando-lhe Deus da boca estes três AAA, ao primeiro A, escreveu África, ao segundo A escreveu Ásia, ao terceiro A escreveu América, sujeitando todas três a seu império, como Senhor, e à sua doutrina, como luz: "Vós sois a luz do mundo".

§ V

Mas como S. Antônio — já vimos no terceiro movimento — como S. Antônio era a primeira luz destas luzes, ela foi também a que lhes abriu e mostrou o caminho, saindo do poente para o levante. Não é este o curso do sol; porém assim havia de ser, porque era Antônio sol que levava a saúde nas asas: "E a salvação em suas penas" (Ml 4,2). Pediu el-rei Ezequias a Deus que lhe segurasse a saúde em um sinal do sol. E qual foi o sinal? Que o sol trocasse a carreira, e não caminhasse do oriente para o ocaso, senão do ocaso para o oriente. Assim Antônio, e assim os portugueses. Ele do poente para levante, eles do ocaso para o oriente, porque levavam na luz a saúde do mundo. E porque o sol, quando desce a alumiar os antípodas, mete o carro no mar e banha os cavalos nas ondas, para que assim o fizessem também os portugueses, deixa Antônio a terra, engolfa-se no oceano, e começa a navegar, levando o pensamento e a proa na África, que também foi a primeira derrota e a primeira ousadia dos nossos argonautas.

Mas por que a frase dos cavalos e carro do sol metidos no mar não pareça poética e fabulosa, ouçamo-la ao profeta Habacuc, que, com novo e levantado estilo, o cantou assim no cap. 3: "Vós Senhor, diz o profeta, fizestes o caminho pelo mar aos vossos cavalos e às vossas carroças da salvação"[3]. Carroças da salvação e cavalos que caminham pelo mar? Que carroças e que cavalos são estes? "Os portugueses em suas navegações e conversões", disse Genebrardo. Mas ouçamos antes o mesmo texto. Primeiramente diz o profeta que Deus é o que lhes fez este caminho pelo mar: "Fizestes o caminho pelo mar aos vossos cavalos", porque o caminho que fizeram os portugueses era caminho que ainda não estava feito. Por mares nunca dantes navegados, Deus abriu o caminho aos portugueses, e os portugueses o abriram às outras nações. Mareavam sem carta, porque eles haviam de fazer a carta de marear. As suas vitórias arrumaram as terras; os seus perigos descobriram os baixos; a sua experiência compassou as alturas; a sua resistência examinou as correntes. Navegavam sem carta nem roteiro, por novos mares, por novos climas, com ventos novos, com céus novos e com estrelas novas, mas nunca perderam o tino nem a derrota, porque Deus era o que mandava a via: "Fizestes o caminho pelo mar aos vossos cavalos". Estes eram os cavalos intrépidos e generosos. E as carroças da salvação, quais eram? Eram aquelas cidades nadantes, aqueles poderosíssimos vasos da primeira navegação do oriente, a que os estrangeiros, com pouca diferença de carroças, chamaram carracas. E chama-lhes o profeta carroças de salvação: "E às vossas carroças da salvação", porque, da quilha ao tope, isto é o que levavam. Levavam por lastro os padrões da Igreja, e talvez as mesmas igrejas em peças, para lá se fabricarem. Levavam nas bandeiras as chagas de Cristo, nas antenas a cruz, na agulha a fé, nas âncoras a esperança, no leme a caridade, no farol a luz do Evangelho, e em tudo a salvação: "E às vossas carroças da salvação". Desta maneira entraram pelo mar dentro aqueles novos carros do sol, para levar a luz aos antípodas. Assim o disse, falando à letra dos portugueses, o profeta Isaías. Não é a exposição minha, nem de nenhum português: é de Vatablo, de Cornélio, de Maluenda, de Tomás Bósio e outros: "Ide, anjos velozes, a uma gente que está esperando e é pisada"[4]: Ide depressa, portugueses, ide depressa, embaixadores do céu, levai a luz do Evangelho a essa gente, que há mil e quinhentos anos que está esperando: "A uma gente que está esperando". Ide, levai a luz do Evangelho a essa gente pisada: "A uma gente pisada". "Gente pisada?" E qual é a gente pisada? Não a busqueis, que está muito longe. São os antípodas, que vivem lá debaixo dos nossos pés; eles vivem lá embaixo, e os nossos pés andam cá pisando por cima. Tão elegantemente o disse Isaías, como profeta de corte.

Santo Agostinho teve para si que não havia antípodas. E diz assim no livro XVI de *A Cidade de Deus*: "É absurdo que se diga que alguns homens puderam navegar e chegar, tendo atravessado a imensidade do oceano, desta àquela parte, de modo que daquele primeiro homem, também para elas tivesse começado o gênero humano"[5]. Se há tais homens, argumentava Agostinho, são filhos de Adão; se são filhos de Adão, passaram destas partes àquelas navegando e atravessando a imensidade do oceano; tal passagem e tal navegação é impossível: logo, não há tais homens. — Grande glória, Antônio, da vossa nação, que chegassem os portugueses a dar fundo com as âncoras onde Santo Agostinho não achou fundo com o entendimento; que chegassem os portugueses a fazer possível com o valor o que no maior entendimento era impossível. Por isso Isaías lhes mandou mais que homens: "Ide, anjos velozes". Um só homem passou o Cabo de Boa Esperança antes dos portugueses. E qual foi, e como? Jonas no ventre da Baleia. Desembocou a baleia o Mediterrâneo, porque não tinha outro caminho, tomou a costa da África à mão esquerda, dobrou o Cabo de Boa Esperança, escorreu a Etiópia, passou a Arábia, entrou o sino Pérsico, aportou às praias de Nínive, no Eufrates, e, fazendo da língua prancha, pôs o profeta em terra: "Jogado ao mar, e devorado pela baleia, depois de três dias foi lançado nas praias ninivitas, pondo-se a pregar o que lhe fora mandado": diz Sulpício Severo[6], no livro I da História Sagrada.

Mas por que fez o profeta esta viagem por debaixo do mar, dentro em uma baleia; por que a não fez por cima da água, no mesmo navio em que navegava? Porque este milagre do valor, e esta vitória da natureza, não era para os mareantes de Tiro: tinha-o Deus guardado para os argonautas do Tejo. O Tejo era o que havia de dominar o mar; o Tejo era o que havia de triunfar das ondas e dos ventos; o Tejo era o que havia de tirar o tridente das mãos ao Oceano, para o pôr, reverente, aos pés do Tibre. Faltavam-lhe ao anel de pescador quase as três partes do círculo, e essas lhe perfez o Tejo com o ouro das suas areias. Muito me engano eu, se o não cantou Davi: "Dominará de mar a mar, e desde o rio até os últimos fins da terra" (Sl 71,8). Dominara a Igreja de mar a mar, e do rio: "desde o rio", até os últimos fins da terra. — E qual é o rio que de fim a fim está contraposto aos fins da terra? É o rio de Lisboa, o Tejo. Do rio de Lisboa saiu Antônio, e, derrotado da tempestade, foi aportar à Itália para ser luz da Europa. Do rio de Lisboa saíram os portugueses, e, medindo a África, descobrindo a América, chegaram com a luz do Evangelho até os fins da Ásia, para que, alumiando Antônio a melhor parte do mundo, e alumiando os outros portugueses as três maiores partes, na união de todas quatro se devesse inteiramente ao nome português o título de luz do mundo: "Vós sois a luz do mundo".

§ VI

Não se dedicou Antônio — este era o quarto movimento, mas por abreviar o ajuntarei com o último —, não se dedicou

Antônio à cristandade, porque são homens com luz; aos infiéis o levava o seu espírito, porque era espírito português. Glória singular é de Portugal, que nem no reino, nem em toda a monarquia domine um só palmo de terra que não fosse conquistada a infiéis. Tudo quanto dominou a luz neste mundo foi conquistado às trevas, porque elas o possuíam primeiro: "As trevas cobriam a face do abismo, e disse Deus: faça-se a luz. E foi feita a luz" (Gn 1,2.3). E, assim como o ofício do sol é ir sempre seguindo e perseguindo as trevas e lançando-as fora do mundo, assim também os portugueses aos infiéis. Estava Portugal pela desgraça universal de Espanha ocupada de maometanos; e que fizeram os portugueses? Do Minho os lançaram além do Douro, do Douro à Estremadura, da Estremadura a Além do Tejo, de Além do Tejo ao Algarve, do Algarve às Costas de África, e ali os foram sempre seguindo e conquistando, até que o peso das armas se passou às conquistas da gentilidade, onde fizeram o mesmo. Sempre como soldados de Cristo, pela fé e contra infiéis.

É verdade que algumas vezes tiveram guerra os portugueses contra católicos, mas guerra defensiva somente, nunca ofensiva. Tem Portugal para os católicos o escudo, para os infiéis a espada. A S. Pedro, que era cabeça dos fiéis, disse-lhe Cristo, que metesse a espada na bainha; a S. Paulo, que era conquistador da gentilidade, meteu-lhe na mão a espada. Para os infiéis a espada sempre nua; para os fiéis, na bainha. Com os católicos paz, com os infiéis perpétua guerra. Santo Antônio meneou as armas da sua milícia na Itália e na França, mas estes raios da sua luz foram reflexos. Os direitos iam à África, os reflexos foram à Europa. Mas ainda aí, notai, não se chamou Antônio martelo dos vícios, senão martelo das heresias:

"Martelo perpétuo dos hereges", porque os vícios acham-se também nos católicos; as heresias, só nos infiéis. Por isso Deus, para formar este martelo, foi buscar o ferro às minas de Portugal, porque a dureza natural do ferro português é para quebrantar e converter infiéis.

É o ferro português como o ferro da lança que abriu o lado de Cristo: tirou primeiro sangue, e depois água: "Saiu sangue e água" (Jo 19,34). O sangue para vencer, a água para batizar os vencidos. Mas qual foi a razão ou o mistério por que o soldado não deu lançada no corpo de Cristo vivo, senão no corpo morto? Pela mesma que vou dizendo. O corpo místico de Cristo, materialmente considerado, é todo o gênero humano: os fiéis são o corpo vivo, porque é corpo informado com a fé; os infiéis são o corpo morto, porque é corpo informe. Quando recebem a fé, então recebem também a forma, e se fazem membros vivos do corpo místico de Cristo, que é a Igreja. Para isto se serviu Cristo daquele soldado e da sua lança: "Para edificar a Igreja para si", diz S. Cipriano. Foram sempre os soldados portugueses como os fabricadores do segundo templo de Jerusalém, que com uma mão pelejavam, com a outra iam edificando. Nenhum golpe deu a sua espada que não acrescentasse mais uma pedra à Igreja. Se pelejavam, se venciam, se triunfavam, era para tirar renos à idolatria, e sujeitá-los a Cristo, para converter as mesquitas e pagodes em templos, os ídolos em imagens sagradas, os gentios em cristãos, os bárbaros em homens, as feras em ovelhas, e para trazer essas ovelhas de terras tão remotas e em número infinito ao rebanho de Cristo e à obediência do Sumo Pastor.

Assim o fez S. Antônio em Roma, lançando-se a si e a tantos heresiarcas rendidos aos pés da Santidade de Gregório IX⁷. Assim o fez el-rei D. Manoel, pondo todo o oriente aos pés da Santidade de Leão X. E assim o fez ultimamente o Príncipe reinante de Portugal, o muito alto e muito poderoso Senhor nosso, D. Pedro, que Deus guarde, oferecendo solenemente aos beatíssimos pés da Santidade de Clemente X, nosso Senhor, o seu reino, a sua Monarquia toda, e na pessoa excelentíssima de seu embaixador, a sua real pessoa, como herdeiro e verdadeiro imitador de seus gloriosos progenitores. A el-rei D. Sebastião, pouco antes de dar a vida pela dilatação da fé, ofereceu a Santidade de Pio V que escolhesse título; e que responderia o religiosíssimo rei? Respondeu que não queria outro título, senão o de filho obedientíssimo da Sede Apostólica. Em cumprimento deste título, três sucessores continuados do mesmo rei, em espaço de vinte e oito anos, estiveram sempre oferecendo à Santa Sede a mesma obediência de filhos. E se a pública aceitação deste ato se dilatou, foi com atenção e providência paternal do Vigário de Cristo, para que, no entretanto, pudesse lograr a Igreja os repetidos exemplos de tão constante sujeição e obediência, perseverando e instando sempre o primeiro rei, o segundo e o terceiro, não só como filhos obedientes, mas como obedientíssimos filhos.

No filho pródigo, notou agudamente São Pedro Crisólogo que chamou pai ao pai, reconhecendo que se não devia chamar filho: "Pai, não sou digno de ser chamado teu filho" (Lc 15,19). Parece implicação. A denominação de filho funda-se na relação de filho, a denominação de pai funda-se na relação de pai, e, conforme a verdadeira Filosofia, nas relações mútuas e recíprocas, quando falta uma, falta também a outra. Se falta a relação de filho, cessa a de pai; se falta a relação de pai, cessa a de filho. Pois, se da parte do pródigo faltava a relação e denominação de filho: "Pai, não sou digno de ser chamado teu filho", como da parte do pai não faltou a relação e denominação de pai: "Pai?" Porque essa foi a maravilha mais que natural — diz Crisólogo — que, faltando no filho a relação de filho, não faltasse no pai a relação de pai: "Perdi o que é do filho: e tu não perdeste o que é do pai". Voltemos à semelhança. Da parte do Pai universal, nunca faltaram os fundamentos próximos da relação, que eram a vontade, o afeto e paternal amor, como sempre reconheceu e experimentou Portugal. Mas que, enquanto não resultava a relação do pai, existisse sempre inteira a relação do filho? Essa foi a maravilhosa prova da verdadeira filiação. Tinha tanto de divina, que não só foi relação, mas subsistência. Assim havia de ser para qualificar Portugal, que não só era filho, mas filho obedientíssimo.

Bem sabe toda Europa com quantos discursos, e ainda direitos mal interpretados, procurou a política menos cristã tentar a obediência Portuguesa em tantos anos. Mas a sua obediência obedientíssima tão longe esteve de dar ouvidos a semelhantes tentações, que nunca chegou nem ainda a ser tentada, quanto mais vencida. Quando Deus mandou a Abraão que lhe sacrificasse seu filho, diz a Escritura que tentou Deus a Abraão: "Tentou Deus a Abraão" (Gn 22,1). Eu cuidava que neste caso o tentado havia de ser Isac. Sacrificar o pai ao filho amado, tentação era, mas que o filho se houvesse de deixar atar, e lançar-se sobre a lenha, e aguardar o golpe, e perder a vida, essa era a terrível tentação. Pois por que diz a Escritura que tentou Deus a Abraão, e não a Isac? Porque Isac era filho obedientíssimo. O amor, no pai, podia ser tentado, mas não vencido; a obediência, no filho, nem vencida nem tentada.

Tal foi a de Portugal. Tão longe de ser vencida, nem ainda tentada no meio de todas essas tentações que, como filho obedientíssimo, sempre esteve multiplicando obediências sobre obediências, e mandando embaixadas sobre embaixadas, tantas e por tantos modos. Nas duas primeiras, mostrou-se obediente; na terceira e na quarta, mais que obediente; na quinta e na última, obedientíssimo. Uma só vez vieram os reis do oriente a Belém protestar a sua obediência e oferecer as coroas aos pés de Cristo. Mas como vieram? Chamados primeiro por uma estrela: "Vimos a sua estrela e viemos" (Mt 2,2). A obediência de Portugal não esperou por estrela para vir: antes, vindo cinco vezes sem estrela, veio também a sexta. Mas, porque veio sem estrela seis vezes, por isso o recebeu o céu com seis estrelas[8]. Assim recuperou S. Antônio à sua pátria, em um dia, o que tinha perdido e pedido em tantos anos.

§ VII

Vivam as clementíssimas estrelas eternamente: "Como as estrelas por toda a eternidade" (Dn 12,3). Vivam as clementíssimas estrelas, e permaneçam, se é concedido, sobre os anos de Pedro: "Permanecendo as estrelas em sua ordem e em seu curso" (Jz 5,20), para que, debaixo destas estrelas, como a valente Débora, triunfe a Igreja do bárbaro Sisara, que tanto se vem chegando, mas para sua ruína. E se os reis do Oriente, quando lhes apareceu a estrela escondida: "Ficaram possuídos de grande alegria" (Mt 2,10), faça extremos de prazer Portugal, adorando os clementíssimos aspectos e a divina majestade destas estrelas, que se na outra estrela é opinião que estava um anjo, nestas estrelas é fé que está Deus. Alegre-se Lisboa, e alegre-se Portugal, e agora se tenha por verdadeiramente restituído, pois se vê restituído e canonizado. S. Antônio entrou triunfante no céu no dia de sua morte, mas os sinos de Lisboa não se repicaram milagrosamente senão no dia de sua canonização, porque não tem Portugal as suas glórias por glórias, senão quando as vê confirmadas e estabelecidas por Roma. Muitas graças a Roma, muitas graças às beatíssimas estrelas que a dominam. E pois eu lhes não posso oferecer outro tributo, quero fixar ao pé delas o meu tema: "Vós sois a luz do mundo".

SERMÃO DE
S. Roque*

*Pregado
Na Capela Real, ano de [1644-1646], havendo peste no Reino de Algarve¹.*

∽

"Bem-aventurados aqueles servos a quem o Senhor achar vigiando, quando vier,
e se vier na segunda vigília, e se vier na terceira vigília,
e assim os achar, bem-aventurados são os tais servos."
(Lc 12,37s)

São Roque é o padroeiro dos inválidos. Vieira descreve os passos de sua vida com pormenores e os classifica como desgraças: os parentes o desconheceram; os italianos e os franceses o trataram como inimigo e traidor; a peste o consumiu e os remédios lhe faltaram. Mas nessas quatro desgraças, São Roque veio a ser verdadeiramente quatro vezes bem-aventurado: bem-aventurado na desgraça com os parentes, porque ficou semelhante a Cristo nascido; bem-aventurado na desgraça com os italianos e franceses, porque ficou semelhante a Cristo preso; bem-aventurado na desgraça com as enfermidades, porque ficou semelhante a Cristo crucificado; bem-aventurado enfim na desgraça com os remédios porque ficou semelhante a Cristo morto. Essas quatro bem-aventuranças realçadas sobre as quatro desgraças de São Roque, Vieira as desenvolve com suas reflexões ilustradas com as referências bíblicas e dos sábios antigos. A oração final é de fé e confiança: não peçamos a São Roque que nos valha, senão que continue a nos valer, porque ele é o que nos tem valido.

§ I

Se há bem-aventurança nesta vida, os servos de Deus a gozam, e se há duas bem-aventuranças, também as gozam os servos de Deus, porque as gozam os que são mais seus servos. Duas diferenças de servos vigilantes introduz Cristo na parábola deste Evangelho. Há uns servos que vigiam nas horas menos dificultosas e arriscadas, ou sejam da noite ou do dia, e a estes chama o Senhor servos bem-aventurados: "Bem-aventurados aqueles servos a quem o Senhor achar vigiando, quando vier" (Lc 12,37s). Há outros servos que vigiam na segunda e terceira vigia da noite, que são as horas ou os quartos de maior escuro e de maior sono, de maior trabalho e de maior dificuldade, de maior perigo e de maior confiança, e a estes servos, sobre a primeira bem-aventurança, os chama o Senhor outra vez bem-aventurados: "Se vier na segunda vigília, e se vier na terceira vigília, bem-aventurados são os tais servos". Aquele grande servo de Cristo, cujas gloriosas vigilâncias hoje celebramos, S. Roque, não há dúvida de que foi servo da segunda e terceira vigia. Nenhum vigiou, nenhum aturou, nenhum resistiu, nenhum perseverou, nenhum esteve nunca mais alerta e com os olhos mais abertos, nem no mais alto e profundo da noite, nem em noites mais escuras e mais cerradas. Mas quando eu, segundo a regra e promessa do Evangelho, esperava ver a S. Roque duas vezes bem-aventurado por estas vigilâncias, em lugar de o ver duas vezes bem-aventurado, acho-o não só duas vezes, senão quatro vezes desgraçado. Desgraçado com os parentes, e desgraçado com os naturais; desgraçado com as enfermidades, e desgraçado com os remédios. Se as bem-aventuranças e felicidades prometidas no Evangelho foram só felicidades e bem-aventuranças da outra vida, fácil estava a soltura desta admiração; mas Cristo não promete só àqueles servos que serão bem-aventurados e felizes na outra vida, senão que o serão, antes, que o são nesta. Assim o dizem e repetem conformemente ambos os textos: "Bem-aventurados aqueles servos a quem o Senhor achar vigiando, quando vier, e se vier na segunda vigília, e se vier na terceira vigília, e assim os achar, bem-aventurados são os tais servos" (Lc 12,37s). De maneira que não diz: Bem-aventurados serão, senão bem-aventurados são: "Bem-aventurados são", a primeira vez, e "bem-aventurados são" a segunda. Pois se os servos vigilantes, e vigilantes da segunda e terceira vigia, são duas vezes felizes, e duas vezes bem-aventurados ainda nesta vida, como se trocou tanto esta regra ou esta fortuna em S. Roque, que, por cada felicidade que lhe promete o Evangelho, achamos nele duas infelicidades, e, por cada bem-aventurança, duas desventuras? Duas vezes bem-aventurado nas vozes do Evangelho, e quatro vezes desgraçado nos sucessos, nos encontros e nas tragédias da vida? Sim. Mas para entender e concordar aquelas promessas com estas experiências, e aquelas bem-aventuranças com estas desgraças, não basta só a luz da terra, é necessária a do céu. Peçamo-la ao Espírito Santo, por intercessão da Senhora. *Ave Maria.*

§ II

"Bem-aventurados são, bem-aventurados são os tais servos".

Às vezes está a ventura em se dobrarem as desgraças. Quando buscava o remédio a uma dúvida, fui topar com outra maior. Nas primeiras cláusulas do Evangelho manda

Cristo aos que o quiserem servir sejam semelhantes aos servos que esperam por seu Senhor: "E vós semelhantes aos homens que esperam o seu Senhor" (Lc 12,36). E S. Roque, que tanto serviu e tanto quis servir a Cristo, que é o que fez? Em vez de se fazer semelhante aos servos, que esperam pelo Senhor, fez-se semelhante ao Senhor, por quem esperam os servos. Estes servos são os santos, este Senhor é Cristo, e, se bem repararmos na vida de S. Roque, achá-lo-emos semelhante, não aos outros santos, senão ao mesmo Cristo, e não só uma vez semelhante a Cristo, senão quatro vezes semelhante. Semelhante a Cristo nascido, semelhante a Cristo preso, semelhante a Cristo crucificado, semelhante a Cristo morto. Pois, santo singular, santo portentoso, santo que em tudo, parece, quereis ir por fora do Evangelho: se vos mandam ser semelhante aos servos, quem vos fez, ou como vos fizestes semelhante ao Senhor? Esta é, como dizia, a segunda dúvida, mas nela temos respondida e desatada a primeira. Pode haver maior bem-aventurança, que chegar o servo a ser semelhante a seu Senhor? Não pode. Pois eis aqui quão gloriosamente se despintaram as desgraças de S. Roque e se transfiguraram todas em bem-aventuranças. As desgraças de S. Roque, dizíamos que eram quatro: desgraciado com os parentes, desgraciado com os naturais, desgraciado com as enfermidades, desgraciado com os remédios. Mas como em todas estas que a natureza chama desgraças, se fez S. Roque semelhante a Cristo, pelo mesmo que o chamávamos quatro vezes desgraciado, veio ele verdadeiramente a ser quatro vezes bem-aventurado: bem-aventurado na desgraça com os parentes, porque ficou semelhante a Cristo nascido; bem-aventurado na desgraça com os naturais, porque ficou semelhante a Cristo preso; bem-aventurado na desgraça com as enfermidades, porque ficou semelhante a Cristo crucificado; bem-aventurado na desgraça com os remédios, porque ficou semelhante a Cristo morto. De sorte que, pelos mesmos extremos por onde cuidávamos que se nos saía S. Roque do Evangelho, o temos mais alta e mais gloriosamente dentro nele, e não só duas vezes bem-aventurado, senão duplicadamente duas: "Bem-aventurados são os tais servos, bem-aventurados são". Vamos vendo estas quatro bem-aventuranças realçadas sobre as quatro desgraças de S. Roque. E não será, ao que creio, vista desaprazível ver beatificar desgraças.

§ III

A primeira desgraça de S. Roque foi com os parentes. Foi desgraciado S. Roque com os parentes, porque o desconheceram como estranho aqueles que eram seu sangue, e a quem tinha dado o seu. Herdou S. Roque de seus pais o estado de Mompilher, de que eram senhores, junto com muitas riquezas: mas o santo, com maior resolução do que prometiam seus anos, porque era muito moço, entregou o estado e os vassalos a um seu tio para que o governasse, repartiu as joias e toda a mais fazenda aos pobres, e, pobre como um deles, se partiu peregrino à Itália, para visitar os santos lugares de Roma. Passados alguns anos, que não foram muitos, tornou S. Roque para Mompilher, no mesmo trajo em que se partira, mas nem seu tio, nem algum de seus parentes o conheceram; e assim, pobre e vivendo de esmolas, passou o resto da vida peregrino dentro em sua própria pátria, necessitado no meio de suas riquezas, e desconhecido dos mesmos que eram seu sangue.

Ora eu não posso deixar de espantar-me muito que os parentes e vassalos de S. Roque desconhecessem em tão pouco tempo a um mancebo ali nascido, ali criado, ali servido, ali Senhor! Esta mudança e este desconhecimento, ou estava no rosto de S. Roque ou nos olhos dos que o viam. Se nos olhos, tão depressa se esquecem? Se no rosto, tão facilmente se muda? Eu digo que a mudança não estava nos olhos de quem via, senão na fortuna de quem vinha. Vinha S. Roque a Mompilher em muito diferente fortuna do que ali o viram antigamente, e não há coisa que tanto mude as feições como a fortuna. Vieram os filhos de Jacó nos sete anos de fome buscar trigo ao Egito, e, aparecendo diante de seu irmão José, que era o vice-rei daqueles reinos, diz o texto sagrado: "Que José os conheceu a eles, e que eles não conheceram a José" (Gn 42,8). — Notável caso! Parece que não havia de ser assim, porque os irmãos, como eram mais velhos, conheciam de mais tempo a José, porque o conheciam desde menino, idade em que ele os não podia conhecer. Os irmãos, de uma vez, foram dez, e doutra onze, e mais fácil é conhecerem muitos a um que um a muitos; o tempo da ausência era igual, porque tanto havia que os irmãos não viam a José como José a eles. Pois, se todas as razões de conhecimento, ou eram iguais ou maiores da parte dos irmãos, como os conheceu José a eles, e eles não conheceram a José? A razão natural é porque José tinha mudado a fortuna; seus irmãos não a tinham mudado. Os irmãos antigamente tinham sido pastores, e agora também eram pastores; José antigamente tinha sido pastor, agora era vice-rei, e, como os irmãos não tinham mudado de fortuna, não tinham mudado de parecer; porém José tinha mudado de parecer, porque tinha mudado de fortuna. Ele conhecia os irmãos, porque os irmãos eram os mesmos; os irmãos não o conheciam a ele, porque José já era outro.

Dificultosa coisa parece que a fortuna faça mudar as feições, mas ainda mal, porque tão provada está esta verdade na experiência de cada dia! Melhorou de fortuna o vosso maior amigo, e ao outro dia já vos olha com outros olhos, já vos ouve com outros ouvidos, já vos fala com outra linguagem: o que ontem era amor, hoje é autoridade; o que ontem era rosto, hoje é semblante. Pois, meu amigo, que mudança é esta? Quem vos trocou as feições? Que é daqueles olhos benévolos com que me víeis? Que é daqueles ouvidos atentos com que me escutáveis? Que é daquele bom rosto com que nos víamos sempre? O que mudou de fortuna, claro está que havia de mudar de feições.

E se estas mudanças faz a fortuna próspera, não são menores os poderes da adversa. Restituído Jó à sua antiga fortuna depois de tantos trabalhos e calamidades, diz o texto sagrado: "Que vieram visitar a Jó todos os seus amigos e parentes que o conheceram no primeiro estado" (Jó 42,11). Jó teve três estados nesta vida: o primeiro, de felicidade, o segundo, de trabalhos, o terceiro outra vez de felicidade. Pois se os amigos e parentes o conheceram no primeiro estado, por que não o conheceram, nem o buscaram no segundo? E se o não conheceram, nem buscaram no segundo, por que o conhecem e o buscam no terceiro? A razão disto não a há; a sem-razão, sim, e é esta: Porque os homens costumam conhecer nos outros não a pessoa, senão a fortuna; e como os chamados amigos e parentes de Jó conheciam nele a fortuna, e não a pessoa, por isso não buscaram a pessoa enquanto a viram necessitada, e buscaram a fortuna, tanto que a viram restituída. De sorte que os amigos de Jó, bem considerados seus procedimentos, não foram ingratos, porque a sua amizade era com a fortuna, e não com a pessoa. E como eles não faltaram à fortuna, ainda que faltaram à pessoa, não foi ingratidão. Se faltaram à pessoa, faltaram a quem não conheciam, mas à fortuna, a quem conheciam, não lhe faltaram: tanto que ela voltou, tornaram eles. E como os homens se costumam conhecer pelas fortunas, e não pelas pessoas, que muito que seus próprios parentes, e em sua própria pátria desconhecessem a S. Roque, pois ele, ainda que trazia a mesma pessoa, vinha em tão diferente fortuna.

Oh! miserável condição das coisas humanas! Miserável na fortuna adversa e miserável na próspera. Não há fortuna que não traga consigo o desconhecimento. Se é próspera, desconheceis-vos; se é adversa, desconhecem-vos. E se a fortuna é tão enganosa que os homens se desconheçam a si, que muito que seja tão injusta, que os outros os desconheçam a eles? Só S. Roque não merecia esta ingratidão, porque, sendo que se não desconheceu a si na fortuna próspera, o desconheceram os seus na adversa. E que S. Roque entre os seus, e entre aqueles a quem dera o seu, se visse desconhecido, grande desgraça! Se os seus o conheceram e o maltrataram, ingratidão era, mas sofrível; porém, sobre maltratado, ver-se ainda desconhecido, não pode haver maior desgraça.

Quando o Esposo divino fechou as portas do céu às virgens que tardaram, o que respondeu às vozes e instâncias com que batiam e chamavam foi: "Não vos conheço". Breve palavra, mas digna de grande reparo. Se lhes dissera que as não admitia, que as não queria em seu serviço, que não entrariam mais em sua casa, e muito menos em sua graça, pois lhe tinham faltado em ocasião de tanto gosto e empenho, merecedor castigo era de tamanho descuido; mas Deus, que tudo conhece, nem pode deixar de conhecer, que lhes diga: "Não vos conheço"? Levado desta admiração S. João Crisóstomo, e não lhe ocorrendo com que dar saída a tão profundo encarecimento, exclamou dizendo: "Ó palavra ['não vos conheço'] mais dura que o mesmo inferno!"[2]. Fechar Deus as portas do céu a estas desgraciadas criaturas foi condená-las ao inferno, mas com ser o inferno o mais duro e mais terrível castigo que Deus dá, nem pode dar, pois é privação de sua vista, a palavra "Não vos conheço" ainda foi mais dura e mais terrível. Por quê? Porque os condenados do inferno, posto que Deus os tem lançado de si para sempre, conhece-os; porém o estado em que uma miserável criatura, sobre condenada sem remédio, se veja ainda e se considere não conhecida, se há extremo de miséria, de dor e de desesperação que se possa imaginar maior que o do mesmo inferno, este é sem dúvida, e não outro: "Ó palavra, não vos conheço, mais dura que o mesmo inferno!".

Tal era o estado — quanto pode ser nesta vida — a que S. Roque chegou por amor de Cristo. Não só de condenado a cárcere perpétuo, e sem remédio — como logo veremos — mas, sobre condenado, não conhecido: "Não vos conheço". E sendo este estado pior que o do inferno, que diga o evangelista que S. Roque era contudo bem-aventurado? "Bem-aventurados os tais servos?". Sim, porque nesta mesma desgraça foi S. Roque semelhante a Cristo nascido. E que maior bem-aventurança que parecer-se o servo com seu Senhor, em qualquer estado que seja?

Nasceu Cristo neste mundo com o desamparo que sabemos, e, querendo-o encarecer São João Evangelista, ponderou-o com estas palavras: "Estava no mundo, e o mundo foi feito por ele, e o mundo não o conheceu: veio ao que era seu e os seus não o receberam" (Jo 1,10s). Estava no mundo, e, sendo que o mundo foi feito por ele, não o conheceu o mundo; veio à sua própria casa, e não o receberam os seus. Pois valha-me Deus, evangelista entendido, evangelista amante, se quereis ponderar as razões de dor que houve no nascimento de Cristo, não estavam aí as circunstâncias do tempo, e as do lugar? O rigor do inverno, o desabrigo do portal, a aspereza das palhas, o pobre, o humilde, o desprezado da manjedoura? E se não quereis mais que acusar o desumano dos homens, por que não ponderais a ingratidão com que não amaram a Cristo, senão a cegueira com que o não conheceram: "E o mundo não o conheceu"? É porque Cristo, como quem tão bem sabia pesar as razões de dor, sentiu mais o ver-se desconhecido naquela hora, que o ver-se desamado. A ingratidão que desama, grande ingratidão é, mas a ingratidão que chega a desconhecer, é a maior e a mais ingrata de todas: "Estava no mundo, e o mundo foi feito por ele, e o mundo não o conheceu". Parece que não acaba o evangelista de lhe chamar mundo: estava no mundo, e, sendo que fora feito por ele o mundo, não o conheceu o mundo. Isto é ser mundo: "Veio ao seu, e não o receberam os seus". — Por dois títulos eram seus estes que não receberam a Cristo: eram seus pelo título da criação, e seus pelo título da Encarnação; pelo título da criação, porque eram feitura sua; pelo título da Encarnação, porque eram sangue seu. E que, sendo seus por tantos títulos, e vivendo do seu e no seu, o não conhecessem! Grande ponderação do que Cristo quis sofrer aos homens, e grande também do que S. Roque soube imitar a Cristo. A semelhança é tão semelhante, que não há mister aplicação: "Veio S. Roque ao seu, e não o receberam os seus"; veio ao seu, porque veio ao seu patrimônio, ao seu estado, à sua casa, à sua corte; e não o receberam os seus, porque os seus vassalos, os seus criados, os seus amigos, os seus parentes o trataram como estranho: "O mundo foi feito por ele, e o mundo não o conheceu". Até aqueles a quem ele tinha feito, a quem tinha levantado, a quem tinha dado o ser — porque lhes tinha dado o que eram, quando renunciou neles o que tinha sido — até esses o desconheceram.

E para que neste desconhecimento lhe não faltasse a S. Roque nenhuma semelhança de Cristo nascido, teve também a companhia e piedade de um animal, que, sustentando-o no mesmo tempo, e regalando-lhe as feridas, agravava mais a chaga da ingratidão e fazia mais desumana a correspondência dos homens. O que mais peso fazia ao sentimento de Cristo no presépio era a consideração de que o desconheciam os homens quando o conheciam os animais. Assim o significou o mesmo Senhor por boca de outrem, como quem ainda não podia falar: "Conheceram o boi e o jumento o presépio de seu Senhor, e Israel não me conheceu a mim" (Is 1,3). Que se visse Cristo desamparado dos homens e bafejado dos animais que se visse S. Roque desconhecido do seu sangue e sustentado da piedade de um bruto, grande circunstância de dor! Porque não há coisa que mais lastime o coração humano, que as ruins correspondências dos homens à vista de melhores procedimentos nos animais. Grande sem-razão foi que os ministros de Babilônia lançassem no lago dos leões a Daniel; mas, à vista do respeito que lhe guardaram os mesmos leões, ainda tem mais quilates a sem-razão. Que reconheçam as feras esfaimadas a inocência de servo de Deus, e que homens, com nome e obrigação de sábios, a persigam e a condenem? Rara desigualdade! Grande foi a crueldade da rainha Jezabel em perseguir e querer matar ao profeta Elias, mas, à vista da piedade com que o sustentavam os corvos, ainda tem mais horrores aquela crueldade. Que sustente a vida a Elias a voracidade dos corvos, e que queira tirar a vida a Elias a desumanidade de uma mulher? Rara dissonância! Grande foi o atrevimento com que o profeta Balaão se arrojou a querer amaldiçoar o povo de Deus, mas, à vista do animal em que caminhava, tem ainda mais deformidades o atrevimento. Que solte a língua um animal, para pedir razão a um profeta, e que use um profeta de tão pouca razão que ouse soltar a língua contra o mesmo Deus? Rara desproporção! Eis aqui o que agravava o sentimento a S. Roque, como a Cristo nascido. Verem-se desconhecidos dos homens, quando se viam conhecidos dos brutos! Em Cristo, pudera-se chamar desgraça, porque se parecia conosco; em S. Roque, era verdadeiramente bem-aventurança, porque se parecia com Cristo. "Bem-aventurados são os tais servos".

§ IV

A segunda desgraça de S. Roque foi ser desgraciado com os naturais. Quando S. Roque fez a sua peregrinação de França para Itália, havia guerra entre Itália e França, e desta guerra lhe sucederam ao santo duas coisas notáveis: a primeira que, chegando à Itália, os italianos o trataram como inimigo e o feriram; a segunda que, tornando para França, os franceses o trataram como a traidor, e o prenderam por espia. Há maior desgraça que esta? Que em Itália me tratem como inimigo, porque sou de França; e que em França me tratem como traidor, porque venho de Itália? S. Roque peregrinou de França para Itália por amor de Deus, e tornou de Itália para França por amor da pátria; e que, quando vou em serviço de Deus, me tenham por inimigo, e, quando venho em serviço da pátria, me tenham por traidor? Desgraça grande!

A maior circunstância de desgraça, que eu aqui considero, é que, não sendo merecida da parte de quem a padecia, parecia justificada da parte de quem a causava, porque em tempo que França e Itália andam em guerras, ter entrada em Itália e ter entrada em França, não são bons indícios. No quarto dia da criação do mundo, criou Deus o sol, a lua e as estrelas, e diz o texto sagrado que um dos ofícios que Deus deu a estas tochas do céu foi "que dividissem a noite e o dia". Que o sol e as estrelas dividam o dia e a noite, parece-me muito bem aplicado ofício, porque, em havendo sol, não há noite, em havendo estrelas, não há dia. Porém a lua! Como pode ser que a lua a fizesse Deus para dividir a noite do dia? A lua, se bem advertirdes, uns dias anda de dia, outros dias anda de noite. Pois se a lua tem entrada com a noite e tem entrada com o dia, como a fez Deus para dividir o dia e a noite? É porque ninguém divide melhor que quem tem entrada com ambos. O sol e as estrelas dividem muito bem, porque o sol divide o dia da noite, e as estrelas dividem a noite do dia; mas a lua divide muito melhor, porque tem entrada com ambos, e divide duas vezes: como tem entrada de dia com o sol, divide o dia da noite, e como tem entrada de noite com as estrelas, divide a noite do dia. De modo que a lua faz guerra a ambos, porque tem entrada com ambos. Oh! livre Deus o mundo destas Luas! Ou bem da parte do dia, ou bem da parte da noite; ou bem com o sol, ou bem com as estrelas. Homem de dois hemisférios é duas vezes inimigo. O mesmo presumiram de S. Roque os italianos e os franceses: os franceses, como o viam ter entrada em Itália, cuidavam que era inimigo de França, e os italianos, como o viam ter entrada em França, cuidavam que era inimigo de Itália. O santo nada disto era, mas parecia tudo. Era o cidadão mais fiel, era o filho mais amigo, era o zelador mais verdadeiro, que nunca teve a sua pátria, e contudo a prisão, ainda que não merecida, era justificada. Não havia prova para o crime, mas havia indícios para a dúvida. E em matéria de fé e amor da pátria, um peito tão nobre e tão generoso como o de S. Roque, padecer a afronta ou o desar desta dúvida era a maior e mais penosa desgraça que lhe podia suceder.

Perguntou Cristo três vezes a S. Pedro se o amava: "Tu me amas? Tu me amas? Tu me amas?" (Jo 21,16). E é certo que estas três perguntas e estas três repetições não foram sem grande mistério. S. Agostinho e S. Tomás dizem conformemente que foram três as perguntas, para que, respondendo Pedro três vezes a elas, satisfizesse as três vezes que havia negado: "Às três negações respondem as três confissões". Divinamente advertido; mas deem-me licença agora estes grandes lumes da Igreja para que, aos raios da sua mesma luz, veja eu mais alguma coisa nesta satisfação das negações de S. Pedro. Nas três negações de Pedro houve três culpas e houve três injúrias. Houve três culpas, porque três vezes faltou Pedro à sua obrigação; e houve três injúrias, porque três vezes fez injúria a seu Mestre e seu Senhor, negando-o. As injúrias pediam satisfação, as culpas pediam castigo, e tudo se fez neste caso. As três injúrias satisfê-las Pedro com as três respostas; as três culpas castigou-as Cristo com as três perguntas. As três injúrias satisfê-las Pedro com as três respostas — e isto é o que diz S. Agostinho e Santo Tomás — porque confessou Pedro três vezes, como três vezes tinha negado: "Às três negações respondem as três confissões"[3]. As três culpas castigou-as Cristo com as três perguntas, e isso é que eu acrescento e provo, porque perguntar Cristo três vezes a São Pedro se o amava era mostrar que duvidava de sua fé e de seu amor. E duvidar o príncipe do coração do vassalo é a maior pena e o maior castigo que lhe pode dar, e mais em tal pessoa como S. Pedro, que já nesta matéria tinha telhado de vidro. E se não, vede se lhe doeram as perguntas: "Entristeceu-se Pedro porque lhe perguntara pela terceira vez: tu me amas?" (Jo 21,17). Entristeceu-se e afligiu-se Pedro de lhe fazer Cristo tantas perguntas sobre o seu amor. — As perguntas que o entristeciam, sinal é que lhe tocavam no vivo e lhe chegavam ao coração. E por que não faça reparo dizer eu que foram castigo as perguntas, o mesmo Agostinho, falando desta tristeza que nasceu delas a S. Pedro, diz que foi em pena do seu antigo pecado, porque, ainda que estava perdoado quanto à culpa, não estava perdoado de todo quanto à pena. De maneira que é tal pena e tal castigo uma dúvida em matéria de fé e de lealdade, que, quando Cristo quis que pagasse inteiramente S. Pedro a culpa de o haver negado, não lhe buscou outra pena nem outro castigo. Castigou as três negações com três dúvidas, e porque lhe tinha negado três vezes a fé, duvidou-lhe três vezes o amor: "Entristeceu-se Pedro porque lhe perguntara pela terceira vez: tu me amas?".

Mas poderá dizer alguém que castigar negações com dúvidas não foi proporcionado castigo, porque a dúvida pesa muito menos que a negação. Ora, estimo que se ponha em balança este ponto, ainda que nos detenhamos mais um pouco nele, pois é matéria tão própria do tempo presente, e que tanto importa às honras dos que padecem as dúvidas como às consciências dos que as fazem padecer. Respondo pois e digo que foi a pena muito proporcionada à culpa, em castigar Cristo três negações com três dúvidas, porque, em pontos de fé e de lealdade, tanto peso tem uma dúvida como uma negação.

No capítulo I *De Haereticis*[4] se define que "o duvidoso na fé é herege". Esta definição é fundada na doutrina comum dos Padres, confirmada por muitos pontífices, e geralmente recebida de todos os canonistas e teólogos. Contudo, não deixa de ser dificultosa a razão dela. Heresia é erro contra a fé; para haver erro é necessário juízo; quem duvida não julga, porque não nega nem afirma: logo não pode ser herege. E se é herege o que duvida, em que consiste a sua heresia? Eu o direi. Quem nega a uma proposição de fé, diz que é falsa; quem a duvida, ainda que não diga que é falsa, supõe que o pode ser, e tanto ofende a fé quem supõe que pode ser falsa, como quem diz que o é. Antes, digo que maior injúria faz à fé quem a duvida que quem a nega, porque quem a nega pode-a ofender em um só artigo, e quem a duvida ofende-a em todos. O mesmo passa na fé humana, a qual em ânimos generosos, nem deve ser menos delicada, nem é menos sensitiva. Quem nega a minha lealdade, diz que sou desleal; quem ma duvida, ainda que não diga que sou desleal, supõe que o posso ser, e tanto me ofende, não só na honra e primor da fidelidade, senão na inteireza, na constância e no ser dela quem supõe que posso ser desleal, como quem diz que o sou.

Vejamos discorrer neste ponto um dos homens mais leais que teve o mundo. Tentou a egípcia descobertamente a José, e respondeu ele que não podia ser desleal a seu Senhor, a quem tanta confiança e tantas obrigações devia: "Eis que meu senhor, depois de me ter dado tudo, ignora o que tem a sua casa; como pois posso eu cometer esta maldade?" (Gn 39,8). Neste "como posso" reparo muito. Por que não disse José: não quero, senão: não posso? Por que não disse: não quero, por não ser infiel e desleal a meu senhor? Por que não disse: não quero, porque se pode vir a saber? Por que não disse: não quero por temor da infâmia, não quero por temor da vida? Enfim, por que não disse por qualquer outro motivo: não quero, senão não posso? Porque se deu José por mais afrontado na suposição da egípcia que na mesma tentação. Esta mulher com a sua tentação, diz José, provoca-me a ser desleal; quem me provoca a ser desleal, já no seu pensamento supõe que o posso ser. E quem supõe no seu pensamento que posso ser desleal, nesta suposição e neste pensamento já me tem gravemente ofendido. Antes, mais me ofende e mais me tem ofendido nesta suposição e conceito infame que tem de mim, que na mesma tentação, porque a tentação argui deslealdade no que ela deve ser e não é, e a suposição admite infidelidade no que eu devo ser, e sou. Pois, para que saiba e se desengane a Egípcia, que supõe um impossível, e que não posso eu ser desleal, como ela cuida, por isso responde José à suposição do pensamento, e não ao requerimento da tentação; por isso não disse: não quero, senão; não posso: "Como eu posso?",

Oh! servo verdadeiramente leal! Oh! ânimo verdadeiramente honrado e generoso! Quantos parecem muito leais e fiéis, porque não há quem lhes puxe pela capa! Por isso a largou José, como afrontada e não sua. Mas não deixemos sem ponderação o que mais disse. As palavras: "Como eu posso cometer esta maldade", acrescentou José: "E pecar contra meu Deus?". Como posso eu cometer esta deslealdade a que me provocas, e pecar contra meu Deus? Segue-se logo, José — vede o que dizeis — segue-se logo que, em matéria de deslealdade, não podeis pecar. Assim se segue, e assim é, e assim o creio de mim, diz José. Nas outras matérias, basta não ser pecador; na matéria de lealdade é necessário ser impecável. Em pontos de lealdade, quem não é impecável é desleal. Vede se a uma honra tão delicada, e tão escrupulosa, e tão honrada como esta, a ofenderia mui sensivelmente só a imaginação de um possível. A lealdade, que não é tão sutil como isto, é mui grosseira lealdade. Há-se de ofender a verdadeira lealdade da suposição de um possível em pensamento, e tão herege há de ser da minha fé quem ma duvide, como quem ma negue.

Estas dúvidas, estas suspeitas, estas suposições, estas afrontas padecia S. Roque na sua prisão, e todas as ponderações do nosso discurso eram fuzis de que ele formava outra cadeia muito mais dura e mais pesada à nobreza de seu ânimo, do que eram as de ferro, que lhe prendiam e atavam o corpo. Quando os irmãos do mesmo José se viram prender no Egito por espias, de que estavam tão inocentes, grande foi a sua aflição, mas lá acharam a culpa deste castigo e o motivo desta desgraça, na deslealdade tão cruel que tinham usado com seu irmão: "Justamente padecemos estas coisas, porque pecamos contra nosso irmão" (Gn 42,21). Porém a inocência sempre leal, e a lealdade sempre inocente de São Roque, que por uma ocasião tão pia, como ir da sua pátria peregrino a Roma, se veja dentro na mesma pátria com a honra em opiniões, com a vida em riscos, e com as mãos e pés em cadeias? Brava desgraça! Contudo o Evangelho ainda insiste em que foi bem-aventurado: "Bem-aventurados são os tais servos". E por quê? Porque nestas mesmas prisões foi S. Roque semelhante a Cristo preso.

Quando S. Roque estava na sua prisão, concorriam ao cárcere os enfermos de todo o gênero, os cegos, os mancos, os aleijados, e era coisa maravilhosa de ver, que, estando o santo às escuras, dava olhos; tendo as mãos atadas, dava mãos; e, não tendo uso dos pés, dava pés, e todos levavam saúde. Pois, homens cruéis, homens ímpios, homens bárbaros, vedes estes prodígios, vedes estes testemunhos do céu, vedes estes sinais manifestos da onipotência, e não rompeis esse cárcere, não quebrais essas cadeias? É possível que, à vista de tantas maravilhas, haveis de deixar estar preso ao autor delas? Sim, porque assim era necessário que fosse para ser semelhante S. Roque a Cristo preso. Vieram os inimigos de Cristo a prendê-lo por zelo da pátria — que também se pareceu a prisão de S. Roque à de Cristo na causa como na inocência — disse o Senhor: "Eu sou" (Jo 18,5), e caíram subitamente a seus pés todos os que o iam prender. Quis-se aproveitar da ocasião S. Pedro, e seguir a vitória tira pela espada, faz golpe à cabeça do primeiro, leva-lhe a orelha, mas o Senhor, mandando meter a espada no lugar da espada pôs também a orelha no lugar da orelha, e ficou em presença e nos olhos de todos como se não fora cortada. Que vos parece agora que fariam aqueles homens à vista de dois milagres tão grandes, tão patentes, tão súbitos? Parecia-me a mim que se haviam de levantar todos, e irem-se lançar aos pés de Cristo; mas o que fizeram foi o contrário "Puseram-lhe as mãos e o prenderam" (Mt 26,50). Em vez de se lhe lançarem aos pés puseram-lhe as mãos e prenderam-no. Vede se se parece a prisão de S. Roque com a de Cristo, a ambos não valeram os milagres contra as prisões. Cristo milagroso e S. Roque milagroso, mas Cristo preso e S. Roque preso.

    Ainda não está descoberto o mais fino da semelhança. Se Cristo com uma palavra: "eu sou", faz cair de repente a seus pés todos os que o queriam prender, por que se deixa ir preso? E se queria — como é certo que queria — que o prendessem, por que faz que caiam primeiro a seus pés com dizer: Eu sou? A razão foi porque nos quis Cristo mostrar quanto tinha de fineza o deixar-se prender por nós. Deixar-se prender um homem, ainda que seja inocente, não é coisa nova; mas um homem, que com dizer: Eu sou, pode fazer cair a seus pés os mesmos que o prendem, que se deixe prender contudo por amor de outrem, grande fineza! Tal foi a de Cristo, tal foi a de S. Roque. Prenderam a S. Roque seus próprios vassalos, na sua própria cidade, porque, como deixamos dito, vinha tão mudado de trajos, e ainda de pessoa, que o não conheceram. Se S. Roque se descobrira, se S. Roque dissera: "Eu sou", os mesmos que o prenderam, haviam de cair a seus pés e beijar-lhe a mão, como a seu verdadeiro Senhor. E que podendo S. Roque fazer cair a seus pés os mesmos que o prendiam com dizer: Eu sou, se deixasse prender contudo, por amor de Cristo? Fineza foi só como de Cristo e como sua. Muitos santos houve que estiveram presos muitos anos por amor de Cristo, mas a prisão e a liberdade estava na mão dos tiranos; porém S. Roque esteve preso quase todos os anos da vida, tendo a prisão e a liberdade na sua mão.

    Na vida dos Padres se conta que um santo penitente se prendeu em um deserto a uma cadeia, e, para se não poder soltar em toda a vida, lançou a chave ao mar; ao outro dia saiu à praia um peixe com a chave na boca, e foi revelado ao santo que mais se agradaria Deus de que se deixasse estar preso tendo a chave na mão. Esse é o verdadeiro sacrifício da liberdade. Prender-se e lançar a chave ao mar é prender-se uma vez; prender-se e deixar as chaves consigo é estar-se prendendo sempre. Eis aqui a diferença que fazem as cadeias de São Roque às cadeias de S. Pedro e dos outros santos. S. Pedro esteve preso alguns dias, mas a chave estava na mão de Herodes. José esteve preso dois anos, mas a chave estava na mão de Faraó. Porém S. Roque esteve preso toda a vida, e tinha a chave na sua mão. Bastara dizer S. Roque: eu sou, para trocar o cárcere com o palácio, os ferros com as joias, a infâmia com a honra, as injúrias com os aplausos, as afrontas com as aclamações, e contudo não quis dizer: Eu sou. Com outro eu sou, no Egito: "Eu sou José, vosso irmão" (Gn 45,4), se trocaram aos irmãos de José as tristezas em festas, as fomes em banquetes, os temores em parabéns, e as prisões em abraços. Mas S. Roque, no escuro teatro da sua prisão, quis antes representar a tragédia de Cristo que a comédia de José, e não disse: E sou, porque não queria ser ele, queria ser Cristo por viva imitação, e assim o foi. E quem foi tão venturoso, que, sendo servo, se pareceu com seu Senhor, não se diga que é desgraçado, senão bem-aventurado: "Bem-aventurados são os tais servos".

§ V

A terceira desgraça de S. Roque foi ser desgraçado com as enfermidades; mas haveis-me de dar licença para que troque o lugar a esta desgraça e a deixe para o fim, porque quero acabar com ela, como tão própria do tempo presente, e por isso abreviarei este ponto. Primeiro trataremos da desgraça dos remédios; depois falaremos na desgraça das enfermidades. E prouvera a Deus que fizera o vosso cuidado o que agora faz o meu discurso, porque primeiro se padecem as enfermidades, e depois se trata dos remédios: por isso são os remédios desgraçados.

Foi S. Roque desgraçado com os remédios, porque, curando milagrosamente a todos os apestados, ele morreu de peste. Pode haver maior desgraça que esta? Que, dando um homem remédio aos outros, lhe falte o mesmo remédio para si? Não pode haver maior desgraça! A maior e mais geral desgraça que se padeceu no mundo foi o dilúvio universal; mas se nesta desgraça comum houve homens mais mofinos e mais desgraçados que os outros, quem pode duvidar que foram os fabricadores da Arca de Noé? Tantos anos estiveram estes homens fabricando aquela nova máquina nunca vista no mundo, em que se haviam de salvar as relíquias dele, já cortando, já serrando, já lavrando, já medindo, já ajustando, já pregando, já calafetando, já breando, e que no cabo entrassem na arca, Noé e seus filhos, e os animais de todas as espécies, e se salvassem nela do dilúvio, e que os mesmos que a tinham fabricado, ficassem de fora e perecessem afogados? Brava desgraça! Que fabricássemos nós o instrumento da salvação para os outros, e que eles se salvem, e nós pereçamos? Que a arca fosse trabalho nosso, e não seja salvação nossa, senão sua? Que à custa de nosso suor e de nossos braços se salvem eles, e que à vista da sua salvação nos percamos nós? Oh! desgraça! Oh! mofina! Oh! desventura sem igual! Agora se entenderá a energia de umas palavras de S. Paulo, muito repetidas, mas não sei se bem pesadas: "Subjugo o meu corpo e o reduzo à servidão, para que pregando aos outros, não me condene a mim" (1Cor 9,27). — Reparai muito naquele: para que pregando aos outros.

A razão de não se querer condenar um homem é tão cabal que não há mister ajudada de outra. Pois se S. Paulo dá por razão da sua penitência o não se querer condenar, por que acrescenta a circunstância de ser pregador: "Para que pregando aos outros"? Irem ao inferno os que não são pregadores, é pequena miséria? Grande miséria é, mas em gênero de desgraça é muito menor. A maior desgraça de todas é não se salvar um homem, mas não se salvar um homem que tem por exercício salvar aos outros ainda é maior desgraça que a maior de todas as desgraças. E tal seria a de Paulo se, sendo pregador e ministro da salvação dos outros, ele se não salvasse. Oh! quantos desgraçados há destes no mundo, em todos os estados! Quantos prelados há que curam as almas das ovelhas, e têm enfermas as suas! Quantos governadores que guiam e encaminham os povos, e eles se desgovernam e desencaminham! Quantos conselheiros que dão muito bons conselhos aos outros, e eles perdidos e desaconselhados! Caifás era Sumo Sacerdote: ensinou o remédio com que se havia de salvar o mundo, e ele ficou sem remédio. Moisés era governador do povo de Deus: introduziu as Tribos na Terra de Promissão, e ele ficou de fora. Aquitofel era o melhor conselheiro daquela idade, e, vivendo tantos príncipes do seu conselho, ele foi tão mal aconselhado, que se matou com o seu. Oh! que grande desgraça esta! Todos a dar remédios a tudo, e ninguém a tomar remédio. Não só nos homens, em que as desgraças são consequência dos vícios, mas até nas mesmas virtudes acho esta desgraça. Que maior virtude que a fé? Sem fé ninguém se pode salvar; mas em todos os que se salvam se perde a fé, porque se não pode conservar com a vista. Que não possa haver céu sem fé, e que não possa haver fé no céu? Virtude que mete aos outros no céu, e fica de fora? Virtude que salva aos outros, e se perde a si? — Se nas virtudes pode haver desgraça — desgraciada virtude! Tal era a virtude milagrosa de S. Roque: dava remédio aos outros, e ele morreu sem remédio. Mas, sendo esta desgraça tão grande, diz contudo o evangelista que foi bem-aventurado S. Roque: "Bem-aventurados são os tais servos", porque em remediar aos outros e morrer sem remédio se pareceu S. Roque com Cristo morto.

A morte de Cristo foi remédio nosso, mas não foi remédio seu. Remediou-nos Cristo a nós, porque nos deu a vida, mas não se remediou a si, porque morreu. Esta foi a maior fineza do Salvador do mundo, nem ponderada dos homens, porém muito mal entendida, e pior aplicada. Quando Cristo estava para expirar na cruz, blasfemavam os príncipes dos sacerdotes, e diziam: "Salvou aos outros, e a si não se pode salvar" (Mt 27,42). — Grande blasfêmia contra Cristo, mas grande louvor da paciência, da misericórdia e da caridade de Cristo. Em dizerem que não podia, blasfemavam: mas em dizerem que salvando aos outros — como salvou a tantos da morte — não se salvava a si, diziam o maior louvor e a maior glória do mesmo Salvador e do soberano modo com que salvava. A mais gloriosa fineza e a mais fidalga soberania de quem dá a saúde e vida a outros é não a tomar para si, antes dar-lha à custa da sua. Isto é o que fez Cristo, e esta foi a maior ação de um homem que juntamente era Deus. Oh! Divino Roque! Quão bem vos puderam blasfemar os judeus, e quão justamente vos devemos louvar nós. Curava S. Roque milagrosamente a todos os feridos da peste, e quando o mundo o viu ferido do mesmo mal, cuidavam todos que ele se salvaria também a si, discorrendo com o mau ladrão: "Salva-te a ti mesmo e a nós" (Lc 23,39): porém o santo, como verdadeiro imitador de Cristo na morte, "salvou aos outros, e a si não pode se salvar".

Tornemos àquele "não pode", que, bem examinado, ainda contém outro maior primor da semelhança de S. Roque com Cristo. Cristo absolutamente pudera dar a vida ao gênero humano sem morrer; mas condicionalmente não podia. E neste sentido era verdadeira a proposição dos príncipes dos sacerdotes, posto que eles a não entendiam. Porque, suposto o decreto divino, tantas vezes declarado pelos profetas, de que o Filho de Deus morresse para salvar aos homens, não podia deixar de morrer. Pois assim como, suposto o decreto de que Cristo havia de salvar o mundo por meio da morte de cruz, não podia deixar de morrer Cristo, assim, suposto o favor — que também foi decreto — de que S. Roque imitasse a Cristo na semelhança da sua morte, não podia deixar de morrer São Roque. Cristo, dando a vida aos demais por meio da cruz, mas morrendo ele, e S. Roque também, dando a vida aos outros, e também por meio da cruz, e morrendo ele também.

O modo com que S. Roque sarava aos apestados era fazendo sobre eles o sinal da cruz. E esta cruz, assim para com os outros como para consigo, foi em tudo a mais parecida com a cruz de Cristo. A cruz de Cristo, como instrumento da nossa vida e da sua morte, se bem advertirmos, tinha direito e avesso. Para fora dava vida, para dentro deixava morrer: para fora dava vida, porque a cruz foi a árvore da vida de todo o gênero humano: para dentro deixava morrer, porque em seus próprios braços expirou e morreu

Cristo. Tal a cruz, ou o sinal da cruz milagroso que formava sobre os apestados a mão de Roque. Nenhum sinal da cruz se viu nunca no céu ou na terra, nem mais semelhante nem mais sinal que este. Para fora dava vida, por que a todos sarava do mortalíssimo mal da peste, e para dentro deixava morrer, porque morreu S. Roque do mesmo mal. Cristo morto com o remédio, em que dava a vida a todos, pregado nos braços: Roque morto com o remédio, em que dava a vida a todos, formado nas mãos. E servo que, morrendo, se pareceu tão vivamente a seu Senhor, vede se merece o nome que lhe dá o Evangelho de bem-aventurado: "Bem-aventurados são os tais servos".

§ VI

Somos chegados à última desgraça de S. Roque, que reservei para este lugar para que nos fique mais na memória, porque nos nossos pecados, não só a devemos considerar de longe, como desgraça sua, senão de perto e de dentro, como desgraça também nossa. Ardendo está em peste o Reino do Algarve, e, se der um passo adiante o incêndio, que será de Portugal? Assim como foi S. Roque desgraçado com os remédios, foi também, e já tinha sido, desgraçado com as enfermidades. Padecer alguma enfermidade, parece que é consequência de ser mortal, e assim mais se deve chamar natureza que desgraça. Contudo, não deixa de ser desgraça, e notável desgraça, que, havendo um homem de padecer a miséria de enfermo, vá logo topar com a pior enfermidade, e a mais terrível de todas. Assim lhe aconteceu a S. Roque: enfermou, e enfermou de peste. E entre as misérias, que fazem tão terrível, tão temido e tão aborrecido o mal da peste,

duas são as que a mim me causam maior horror. A primeira, ser a peste um mal que do elemento da vida nos faz o instrumento da morte. O elemento da vida é o ar com que respiramos; a peste é esse mesmo ar corrupto e infeccionado. E que haja um homem de beber o veneno na respiração? Que a respiração, que é o elemento e o alimento da vida, se lhe haja de converter em instrumento da morte? Grande rigor! Expirar é morrer, respirar é viver: e que morra um homem expirando, isso é morte, mas morrer respirando? Que mate o que me havia de dar vida? Bravo tormento!

Lança uma maldição Davi contra Judas e seus sequazes, e diz assim, falando com Deus: "Torne-se a mesa deles um laço" (Sl 22,5): Já que esse infame discípulo é tão ingrato, tão desleal, tão traidor, permita vossa infinita justiça, Senhor, que a ele e aos que forem como ele, "da mesa se lhe faça o laço". Não reparo em o laço se poder fazer da mesa, porque tudo o que afoga é laço. Noutra maldição semelhante tinha dito o mesmo Davi: "Chova laços sobre os pecadores" (Sl 10,7). Que choveria Deus laços sobre os pecadores. — Quantas coisas há que parecem vindas do céu, e são laços? Uns tece o demônio, outros apertam os homens, outros chove Deus. Que foi o dilúvio universal senão laços chovidos? Com aquela água chovida do céu, se afogou o mundo. E se há laços que se bebem, por que não haverá laços que se comam? Estes são os de que fala Davi: "Torne-se a mesa deles um laço". Mas já que há tantos gêneros de laços, por que deseja o zeloso e justiceiro rei que o laço com que se afogue Judas seja laço feito da mesa? Porque a mesa é o instrumento natural da vida, e perder a vida pelos instrumentos da vida é o mais terrível gênero de morte que se pode imaginar. Formar um laço de cordas, apertar com ele a garganta, fechar a respiração e matar entre portas a vida, rigor é de morrer trabalhoso, violento, angustiado, terrível, mas alfim é padecer a morte pelos instrumentos da morte; mas assentar-se à mesa para alentar, para sustentar, para recrear a vida, e que o mesmo bocado que meto na boca se me converta em laço na garganta, muito maior rigor, muito maior violência, muito maior tormento, muito maior horror é este de morte, porque é perder a vida pelos instrumentos da vida. Perder a vida pelos instrumentos da vida e converter-se a mesa em laço, é morrer morte traidora. O bocado que me mata é traidor, porque, com pretexto de me sustentar a vida, ma tira. E um traidor como Judas, era bem que o matasse uma morte também traidora: "Com um beijo entregas o Filho do homem" (Lc 22,48). Entregaste com um beijo, morrerás com um bocado. Finalmente, como a maldade de Judas merecia ser castigada com a mais cruel de todas as mortes, por isso desejava e pedia Davi que o laço se lhe fizesse da mesa, e não das cordas, porque muito mais cruel gênero de morte é padecer a morte pelos instrumentos da vida que perder a vida pelos instrumentos da morte. Assim o desejava Davi, mas muito melhor o executou Judas. Davi desejava que a mesa se lhe convertesse em laço, e Judas executou em si uma morte com o laço, e outra morte com a mesa: uma morte com o laço, porque se enforcou; outra morte com a mesa, porque comungou em pecado. Matou Judas o seu corpo, e matou a sua alma, mas muito mais cruel verdugo foi com a sua alma que com o seu corpo, porque, ao corpo, deu-lhe a morte com o instrumento da morte: "Com um laço se enforcou" (Mt 27,5), e, à alma, deu-lhe a morte com o instrumento da vida: "Quem comer deste pão, viverá" (Jo 6,51). E morrer às mãos da vida, oh! que desgraça! Não aplico, por não gastar dois tempos em uma coisa.

Vamos à segunda. A segunda razão ou miséria por que tenho pelo mais desgraçado de todos os males a peste é porque nas outras enfermidades o maior benefício que vos pode fazer quem vos ama é estar convosco; na peste, a maior consolação que vos pode dar quem amais é fugir de vós. Mal em que o dizer: estai comigo é querer mal, e o dizer: fugi de mim é querer bem. Grande mal! Se a peste não fora enfermidade mortal, só por isso matara. Acaba o último capítulo dos Cantares, falando a esposa com o esposo, e diz assim: "Fugi, amado meu" (Ct 8,14). — Estas foram as últimas palavras que disse a esposa; com estas se lhe acabou a vida, e se acaba a história. O que reparo aqui é que não nos diga o texto de que morreu a esposa, sendo que, em todo o discurso de sua vida, teve bastantes causas que lha pudessem tirar. Primeiramente a esposa esteve enferma duas vezes, e de enfermidade perigosa: "Porque estou enferma de amor" (Ct 5,8). Andou nos perigos da guerra com seu esposo: "À minha cavalaria nos carros de Faraó, eu te assemelhei, amiga minha". Roubaram-na e feriram-na os soldados dos muros: "Os guardas do muro me feriram, e tiraram o meu manto" (Ct 5,7). Viu-se por vezes maltratada de seu esposo, e por ventura desprezada: "Eu me levantei para abrir ao meu amado, mas ele se tinha retirado e se tinha ido" (Ct 5,5s). Pois se a esposa era tão forte contra os trabalhos do corpo e contra as moléstias da alma, se esteve duas vezes enferma e viveu, se a feriram e sarou, se foi à guerra e tornou com vida, se se viu desquerida e desprezada e teve constância, que mal foi este agora tão grande a que não pôde resistir e a matou com as palavras na boca? As mesmas palavras o dizem: "Fugi, amado meu".

— Viu-se a esposa em estado — qualquer que ele fosse — que foi forçoso dizer a seu amado que fugisse dela: "Fugi, amado meu"; e quem se vê em tão miserável estado que lhe é forçoso dizer a quem mais ama fugi de mim, não lhe perguntem de que morre: esse mal a matou. Grandes males são as enfermidades, as feridas, as guerras, os desgostos, os desprezos, os temores, e outros que a esposa padeceu e se padecem no mundo; mas mal em que é forçoso dizer aos que mais amais que fujam de vós, esse é o maior mal de todos os males, esse é o que acaba o valor na maior paciência, esse é o que tira a vida na maior constância. Tal é o mal da peste. Um mal em que haveis de dizer aos que mais amais e vos amam: fugi de mim.

Não sei maior encarecimento da peste, enquanto mal particular e enfermidade de um homem, como era em S. Roque; mas, enquanto mal comum e enfermidade das cidades, das províncias, dos reinos; quem poderá bastantemente considerar nem compreender as infelicidades, as misérias, as lástimas, os horrores que em si contém a desgraça geral de uma peste? Os portos e as barras fechadas, e os navegantes alongando-se ao mar, e não só fugindo da costa, mas ainda dos ventos dela; os caminhos por terra tomados com severíssimas guardas; o comércio e a comunicação humana totalmente impedida; as ruas desertas e cobertas de erva e mato, como nos contavam e viram nossos maiores nesta mesma cidade de Lisboa; as portas trancadas com travessas e almagradas; as sepulturas sempre abertas, não já nas Igrejas, nem nos adros, senão nos campos, e talvez caindo nessas sepulturas, mortos, os mesmos vivos que levam a enterrar os outros defuntos; a fazenda adquirida com tanto trabalho, guardada com tanta avareza, estimada com tanta cobiça, já desprezada, e já lançada ou alijada, como na extrema tempestade, não à água, senão ao fogo, e vendo-se arder sem dor; o amor natural do sangue — como todo o outro amor — ou atônito, ou esquecido; os irmãos fugindo dos irmãos, os pais fugindo dos filhos, os maridos fugindo das mulheres, e todos querendo fugir de si mesmos, mas não podendo, porque a saída é indispensavelmente vedada e impossível. A razão e a piedade têm ali cruelmente presos e sitiados os miseráveis, para que se matem antes a pé quedo entre si, e não saiam a matar os outros; mas, oh! que dor! oh! que angústia! oh! que aflição! oh! que ânsia! oh! que violência! oh! que desesperação tão mortal! E nem ainda para cuidarem os homens, ou pasmarem deste seu estado, lhes dá tempo nem lugar a morte. Em seis horas matou a peste de Davi setenta mil de um povo. Vede em tal horror, e tão súbito, se haveria homem que estivesse dentro em si, e se estariam tão mortos em pé os mesmos vivos como os que caíam mortos? Isto que digo, cristãos, ou isto que não sei dizer, praza a Deus que o ouçamos somente, e que o não vejamos nem experimentemos. Mas do Algarve a Portugal é menos que de Tânger ao Algarve, e não há tanto mar nem tantos ventos em meio.

As diligências, as vigias, as cautelas que se fazem contra este mal tão vizinho, são muito prudentes, muito devidas, muito necessárias, mas contra os golpes da espada do céu valem pouco os reparos da terra. No meio do destroço ou carneceria que ia fazendo a peste de Davi no mal contado povo de Israel, pôs os olhos no céu o lastimado e lastimoso rei, e viu um anjo com a espada desembainhada e escorrendo sangue, que já ameaçava o golpe sobre a corte de Jerusalém. Ah! se Deus nos abrisse agora os olhos, como é certo que havíamos de ver a mesma espada goteando já sangue nosso, e ameaçando mais sangue e maior golpe sobre Lisboa e sobre Portugal! O pecado por que Deus castigou com aquela horrenda peste a Davi, comparado com os nossos pecados, pode se chamar inocência; mas então não tinha Jerusalém, nem tinha Israel um S. Roque, como hoje tem Lisboa e Portugal, que tivesse mão a Deus no braço da espada. Os grandes males pedem grandes remédios, e um mal tamanho, como o da peste, só o podia remediar um tamanho santo, como São Roque. Canonizado está São Roque no mundo com o nome de Advogado da peste, mas a mim me parece muito vulgar esse nome, e muito desigual à grandeza de seus poderes e aos efeitos prodigiosos de sua virtude. Só um nome acho igual à virtude de São Roque, e é chamar-lhe peste da peste. Parece-vos injuriosa a novidade do apelido? Ora, para que conheçais a grande glória desta injúria, sabei com maior admiração que foi São Roque peste da peste para ser semelhante a Cristo crucificado. É a quarta semelhança que nos faltava, para beatificar a quarta e última desgraça de São Roque: "Bem-aventurados são os tais servos".

Muitos séculos antes de Cristo ser pregado na cruz, mandou publicar para aquele tempo ou uma sentença ou uma ameaça contra a peste, dizendo assim pelo profeta Oseias: "Eu serei tua peste, ó peste"[5] (Os 13,14). — Assim se lê no texto original hebreu, onde a Vulgata com termos mais universais trasladou: "Serei tua morte, ó morte" (Os 13,14). A propriedade das palavras não pode ser maior, mas a verdade e aplicação delas parece que padece igual dificuldade. A peste, como dizíamos, é o ar corrupto e contagioso; como se pode logo verificar em Cristo crucificado que fosse peste da peste? Responderei, se me satisfizerem primeiro a outra pergunta. Pergunto: Por que quis Cristo morrer no ar, e ao ar? No ar, sendo levantado em uma cruz; ao ar, sendo crucificado em um monte descoberto e patente? Bem pudera Cristo morrer dentro no templo, e com grande conveniência, pois era a vítima e o sacrifício de nossa redenção. Bem pudera morrer sobre a terra, e também com grande conveniência, pois a terra e os homens de terra eram os que vinha salvar. Que razão teve logo Cristo para não querer morrer senão no ar, e ao ar? A pergunta e a resposta tudo é de S. João Crisóstomo: "Por que num lugar aberto e não debaixo de um teto? Ele se ofereceu num lugar alto, para purificar a natureza do ar"[6]. Escolheu Cristo padecer no ar, e ao ar, em um monte e em uma cruz levantado e suspenso, porque assim como com a vida tinha santificado a terra, assim na morte queria purificar o ar; na vida, peregrinando de um lugar em outro lugar, santificou a terra com os pés; na morte, sendo levantado e estendido na cruz, purificou o ar com os braços. Mas que corrupção ou que impureza havia no ar, pela qual houvesse mister purificado? Santo Atanásio o explicou seguindo o mesmo pensamento, que também é de S. Cipriano: "Somente ele morreu ao ar, ele que terminou a vida na cruz, porque o Senhor a manteve não sem razão, e assim sublimado, purificou o ar de todo diabo e de todas as infestações dos demônios"[7]. Quando os demônios caíram do céu, não desceram todos ao inferno, mas muitos ficaram nesta região inferior do ar, para tentarem os homens e lhe fazerem guerra. Por isso S. Paulo chama aos demônios "potestades do ar" (Ef 2,2). E como o elemento do ar estava corrupto, infeccionado e apestado com o contágio de tão imundos espíritos, para Cristo alimpar e purificar aquele elemento, quis obrar nele o mistério da redenção, e escolheu entre todos os instrumentos da morte uma cruz, que o tivesse levantado e suspenso da terra, para sarar o ar no mesmo ar: "Num lugar alto para purificar a natureza do ar". E este foi o segredo da cruz, oculto a todos os séculos, com que ameaçava Cristo pelo profeta haver de ser peste da peste: "Eu serei tua peste, ó peste".

Bem está, mas ainda não se aquieta o pensamento, porque ser peste da peste é mais que sarar de peste. Para sarar de peste, basta sará-la de qualquer modo; mas para ser peste da peste, é necessário sarar a peste pelo mesmo modo com que a peste costuma infeccionar e matar. Assim é, e assim foi em Cristo com admirável propriedade: não só foi Cristo peste da peste, porque matou a peste, mas foi peste da peste, porque matou a peste assim como a peste mata. E como mata, ou costuma matar a peste? O modo de matar da peste é por contágio, crescendo e continuando-se a corrupção pela comunicação das partes. Corrompe o veneno da peste a primeira parte do ar, e, estando uma parte do ar corrupta, pega-se a corrupção à outra parte, e assim de parte em parte se vai corrompendo tudo. Dá na casa, e leva a rua; dá na rua, e leva a cidade; dá na cidade, e leva o reino. Tal foi na cruz a peste e contágio da vida, contra a peste e contágio da morte. As primeiras partes do ar, que se purificaram com a virtude do crucificado, foram as do Monte Calvário; do Calvário passou o contágio a Jerusalém; de Jerusalém a toda a Palestina e de Palestina a todas as partes do mundo. Por uma parte pegou no Egito, e levou a África; por outra parte pegou na Arábia, e levou a Ásia; por outra parte pegou na Grécia, e levou a Europa, e assim, de terra em terra, ou de ar em ar, lavrou a peste da saúde, e purificou o mundo, desempenhando-se com admirável secreto e prodigiosa propriedade a promessa ou a ameaça de Cristo, e sendo verdadeiramente na cruz peste da peste: "Eu serei tua peste, ó peste".

Assim como foi peste da peste Cristo crucificado, assim é peste da peste S. Roque. Não temos menos autor, nem menor prova desta verdade, que o testemunho universal de toda a Igreja Católica no Concílio Constanciense[8]. Deu o mal da peste na cidade de Constância, quando nela se celebrava o concílio. Ardia, abrasava-se e despovoava-se tudo; recorre aquela sagrada congregação aos remédios divinos, tira em procissão uma Imagem de São Roque: coisa maravilhosa ou coisa sem maravilha! Como se saíra uma peste contra outra peste, ou um contágio de vida contra outro contágio de morte, ao mesmo passo que ia andando a procissão, ia também andando ou se ia ateando a saúde. E assim como no furor da peste quando lavra se veem cair com horror aqui uns, acolá outros mortos, assim naquele triunfo da vida se viam com admiração e assombro de alegria, agora levantar estes, depois aqueles, e finalmente todos saltando das camas às janelas, às portas, às ruas, aclamando, com vozes que chegavam ao céu, ao poderoso triunfador da morte, ao milagroso restaurador da saúde, ao glorioso obrador de tão grande maravilha, enfim, a nova e vencedora peste da sua peste: "Eu serei tua peste, ó peste".

A maior maravilha em gênero de saúde milagrosa que assombrou este mundo foi a que dava São Pedro aos enfermos, só com a passagem da sua sombra. E o mais maravilhoso desta maravilha, em que consistia? Consistia em que, estando grande multidão de enfermos estendidos pelas ruas, esperando que passasse S. Pedro, bastava que a sombra do apóstolo tocasse a um, para que sarassem todos: "Para que ao menos a sombra dele cobrisse um dos enfermos para que sarassem" (At 5,15). Assim o diz o rigor das palavras. Mas como podia ser assim? O instrumento da onipotência e da saúde era a sombra de Pedro; pois, se a sombra de Pedro tocava só a algum dos enfermos: "Um deles", como podia ser que sarassem todos: "Para que sarassem?". Somos forçados a confessar que a saúde que dava S. Pedro era saúde com propriedades de peste. Assim como na peste natural basta que dê a enfermidade em um, para que dele vá lavrando, e se pegue aos demais, assim neste contágio Divino bastava que um recebesse a saúde, para que dele se fosse ateando e se comunicasse a todos. Esta foi a maior maravilha do maior dos apóstolos. Mas S. Roque que teve, ou por prêmio das suas desgraças, ou por primor de suas grandezas, não ter nelas outra semelhança senão a de Cristo, só a Cristo se pareceu na virtude deste divino contágio, excedendo nela a São Pedro, quando menos em duas grandes vantagens. O mesmo texto as aponta: "Muita gente das cidades vizinhas concorria a Jerusalém conduzindo os enfermos".

Estava São Pedro em Jerusalém, e de todas as cidades vizinhas traziam grande multidão de enfermos, para que o santo os curasse. E depois de estarem os enfermos em Jerusalém, que faziam? "De maneira que traziam os enfermos para as ruas e os punham em leitos e macas a fim de que, quando Pedro passasse, a sua sombra os tocasse e recebessem saúde" (At 5,15). Punham os enfermos pelas ruas nos seus leitos, para que, passando São Pedro, os tocasse a sua sombra e recebessem saúde. De maneira que para São Pedro dar saúde aos enfermos eram necessárias duas diligências: a primeira, que viessem das outras cidades a Jerusalém, onde estava S. Pedro; a segunda, que, depois de estarem naquela cidade, os pusessem na rua,
por onde São Pedro havia de passar. Comparai agora quanto maior foi a maravilha que viu a cidade de Constância em S. Roque do que a que viu a de Jerusalém em S. Pedro. Saiu a imagem, que é a sombra de S. Roque, pelas ruas de Constância, e, sem se tirarem os enfermos às ruas, saravam nas casas, saravam nas enfermarias, saravam nos hospitais, enfim em qualquer parte da cidade, por remota, por distante, por oculta que fosse, saravam todos. E parou aqui a saúde? Não parou aqui. Não só ardia em peste a cidade de Constância, mas todos os povos grandes, pequenos e maiores daquela província se estavam abrasando e perecendo ao mesmo incêndio; mas tanto que S. Roque saiu fora, e o ar reconheceu o império de sua presença e tocou, ou foi tocado, de sua virtude, no mesmo ponto, toda aquela multidão imensa de feridos e apestados, sem eles virem a S. Roque, nem S. Roque ir a eles, ficaram sãos e livres em toda a parte.

Isto sim que é purificar o ar por verdadeiro contágio; isto sim que é ser verdadeiramente peste da peste. Contágio era o da virtude de S. Pedro, mas contágio que não passava de cidade a cidade, nem de rua a rua, nem ainda da rua à casa, se não de um enfermo a outro: enfim, contágio que não merecia nome de peste. Mas o contágio da virtude de S. Roque verdadeiramente era peste da peste, porque saltava de um enfermo em outro enfermo, de uma casa em outra casa, de uma rua em outra rua, de uma cidade em outra cidade, lavrando e ateando-se a saúde em um momento em uma província inteira, e não passando adiante, porque não havia mais que sarar. Finalmente Cristo nos braços da cruz, S. Roque sobre os ombros de homens, um e outro levantado no ar: "Num lugar aberto", para quê? Um e outro para purificar o ar: "Para purificar a natureza do ar"; um e outro para ser peste da peste: "Serei tua peste, ó peste".

§ VII

Este é o mal que nos está ameaçando, cristãos, esta é a espada da divina justiça que já temos metida no peito, e só lhe falta penetrar mais, e chegar ao coração. O que importa é — se os mesmos pecados que provocam o castigo nos não cegam — que pois temos o remédio tão pronto, tão poderoso e tão propício, nos socorramos dele a tempo. Invoquemos a S. Roque com grande fé e com grande confiança; peçamos-lhe nos valha neste trabalho tão próprio dos seus poderes e da sua virtude. Ou para não sermos ingratos, não lhe peçamos que nos valha, senão que continue a nos valer, porque ele é o que nos tem valido, e ele é o que nos está valendo. Quem cuidais que está tendo mão na peste, nas raias do Algarve? Quem cuidais que a está rebatendo, para que não entre em Portugal, senão a virtude daquele glorioso triunfador dela, sempre tão propício a este reino? Mandou Deus fogo do céu que abrasasse o povo de Israel — também por muito menos pecados do que são os maiores nossos —; ia lavrando o incêndio desapoderadamente, e já tinha abrasado e feito em cinza a mais de catorze mil, quando acudiu a toda a pressa Arão com um turíbulo nas mãos, e diz o texto que, estando de pé entre os mortos e os vivos, e fazendo oração pelo povo, parou o incêndio: "Estando de pé entre os mortos e os vivos e fazendo oração pelo povo, parou [o incêndio] a praga" (Nm 16,48). Cristãos, portugueses, já a ira do céu saiu da mão de Deus, como disse Moisés neste caso, já o fogo está ateado, já nos está abrasando: "A ira já saiu do Senhor, e a praga cessou". E se o incêndio tão poderoso e tão apoderado contra sua natureza tem parado naquelas raias, e não passa adiante, é porque S. Roque, como outro Arão, se meteu "entre os mortos e os vivos", entre os mortos do Algarve, e os vivos de Portugal, e ali com o incenso de suas orações está conservando e preservando o ar puro e são desta parte, para que o não corrompa o infeccionado da outra.

Oh! quem me dera palavras, poderoso santo, para dignamente vos louvar neste caso, e explicar a grandeza desta maravilha! Que poder se viu nunca no mundo que fizesse uma risca no ar, e pusesse limites ao de uma parte, para que não passasse à outra? Isto é o que estais obrando e o que estamos vendo. A maior maravilha que Jó considerava no poder de Deus era pôr balizas ao mar, e dizer-lhe: "Eu o fechei nos seus limites e disse: Aqui chegarás e não passarás daqui" (Jó 38,10s). Mas quanto maior e mais prodigiosa maravilha é ter posto estas mesmas balizas ao elemento do ar, tanto mais livre, tanto mais mudável, tanto mais sutil, tanto mais indômito, tanto mais furioso, tanto mais inconstante? Assim o tem S. Roque hoje enfreado e obediente nas raias de Portugal, permitindo-lhe somente que chegue até ali: "Aqui chegarás", e mandando-lhe, com império onipotente, que pare e não dê um passo mais adiante: "E não passarás daqui".

Mas o que até agora tem sido tão poderosa resistência, glorioso santo, muito maior glória será de vosso poder, se for perfeita vitória. Assim o pede a inteira imitação de Cristo crucificado, e o milagroso e singular título que dele participastes de peste da peste. Bem vemos e conhecemos que à virtude deste soberano título devemos a suspensão maravilhosa daquele contágio, que não pode ser obra da natureza. Bem vemos e conhecemos que nas raias de Portugal se estão combatendo fortemente a morte e a saúde, e que se não tem entrado nem prevalecido contra nós a peste dos homens, é porque temos da nossa parte a peste da peste. Ide por diante pois, glorioso vencedor, ide por diante, e possam mais diante de Deus para com vossa piedade as misérias que padecem aqueles tão afligidos povos, que a continuação das culpas nossas, com que ainda ajudamos o castigo das suas. Supra o vosso poder a nossa fraqueza, supra o vosso merecimento a nossa indignidade, supra a vossa graça com Deus a nossa ingratidão tão repetida. Assim o cremos, assim o esperamos da virtude de vossa intercessão, e que, assim como as nossas culpas nos fizeram companheiros desta vossa desgraça, assim o vosso favor nos faça participantes do remédio dela, que é a última bem-aventurança vossa, com que aquelas venturosas quatro desgraças vos fizeram quatro vezes bem-aventurado: "Bem-aventurados são os tais servos".

SERMÃO DE
S. Pedro Nolasco*

*Pregado
No dia do mesmo santo, no qual se dedicou a Igreja de Nossa Senhora das Mercês
na cidade de São Luís do Maranhão [1657].
Com o Santíssimo Sacramento exposto.*

∾

"Eis que nós deixamos tudo e te seguimos;
qual será a nossa recompensa?"
(Mt 19,27)

A ocasião deste sermão, Vieira o diz: no dia do mesmo santo, no qual se dedicou a igreja de Nossa Senhora das Mercês na cidade de São Luís do Maranhão. E apresenta como tema as duas cláusulas do texto de São Mateus referindo-se a São Pedro: deixar e seguir. Deixar tudo e seguir a Cristo. Os homens do mundo obedecem aos preceitos, mas não seguem os conselhos de Cristo. Apenas os "religiosos" deixam e seguem. Entre estes há os miseráveis — que não deixam nem seguem: entram em religião para viverem descansados. Há também os fracos — deixam mas não seguem: entram sem vocação. Há ainda os desenganados — seguem, mas não deixam. Finalmente, há os perfeitos e santos — deixam e seguem. Entre estes, São Pedro e São Pedro Nolasco. Se São Pedro deixou, São Pedro Nolasco fez mais que deixar, pois professou pedir esmolas para remir os cativos. Se São Pedro seguiu, São Pedro Nolasco fez mais que seguir, pois professou libertar os corpos e pôr a salvo as almas. Acrescente-se o quarto voto de se entregar em penhor dos cativos que resgatar, e se verá então a perfeição e a superioridade de São Pedro Nolasco entre as ordens religiosas. Termina com parabéns à Senhora das Mercês, ao Estado e aos filhos mercedários que, não tendo casa para si, fizeram casa para sua mãe.

§ I

Estas duas cláusulas de São Pedro, deixar e seguir, são os dois polos da virtude, são o corpo e alma da santidade, são as duas partes de que se compõe toda a perfeição evangélica. A primeira, deixar tudo: "Eis que nós deixamos tudo"; a segunda, seguir a Cristo: "e te seguimos".

Se lançarmos com advertência os olhos por todo o mundo cristão, acharemos nele quatro diferenças de homens em que este deixar e seguir do Evangelho está variamente complicado. Há uns que nem deixam nem seguem; há outros que deixam mas não seguem; outros que seguem mas não deixam; outros que deixam e juntamente seguem. Não deixar nem seguir é miséria; deixar e não seguir é fraqueza; seguir e não deixar é desengano; deixar e seguir é perfeição. Em nenhum destes quatro predicamentos entram os homens do mundo, ainda que sejam cristãos, porque nenhum deles professa deixar e seguir. A sua profissão é obedecer aos preceitos, mas não seguir os conselhos de Cristo. Os que somente professam deixar e seguir, somos todos os que temos nomes de religiosos. E para que cada um conheça em que predicamento destes está e a qual pertence, se ao da miséria, se ao da fraqueza, se ao do desengano, se ao da perfeição, será bem que declaremos estes nomes, e que definamos estas diferenças, e que saibamos quem são estes miseráveis, quem são estes fracos, quem são estes desenganados, e quem são estes perfeitos e santos.

Os miseráveis, que não deixam nem seguem, são os que se metem a religiosos, como a qualquer outro ofício, para viver. Fica no mundo um moço sem pai, mal herdado da fortuna, e menos da natureza, sem valor para seguir as armas, sem engenho para cursar as letras, sem talento nem indústria para granjear a vida por outro exercício honesto, que faz? Entra-se em uma religião das menos austeras, veste, come, canta, conversa, não o penhoram pela décima, nem o prendem para a fronteira, não tem coisa que lhe dê cuidado, nem ele o toma; enfim, é um religioso de muito boa vida, não porque a faz, mas porque a leva. Este tal nem deixa, nem segue. Não deixa, porque não tinha que deixar; não segue, porque não veio seguir a Cristo: veio viver. Os fracos, que deixam e não seguem, são os que traz à religião o nojo, o desar, a desgraça, e não a vocação. Sucede-lhe um homem nobre e brioso sair mal de um desafio, fazerem-lhe uma afronta que não pode vingar, negar-lhe el-rei o despacho e o agrado, não levar a beca ou a cadeira, ou o posto militar a que se opôs, ou levar-lhe o competidor o casamento em que tinha empenhado o tempo, o crédito e amor; enfadado da vida, e indignado da fortuna, entrega a sua casa a um irmão segundo, mete-se em uma religião de repente, mas leva consigo o mundo à religião, porque olha para ele com dor, e não com arrependimento. Este deixa, mas não segue. Deixa porque deixou o patrimônio e a fazenda; não segue porque mais o trouxe e tem na religião a afronta que recebeu no mundo que o zelo ou desejo de seguir e servir a Cristo. Os desenganados, que seguem mas não deixam, são os mal pagos dos homens, que o verdadeiro desengano traz a Deus. Vistes o soldado veterano, que, feitas muitas proezas na guerra, se acha ao cabo da vida carregado de anos, de serviços e de feridas sem prêmios, e desenganado de quão ingrato e mau senhor é o mundo; querendo servir a quem melhor lhe pague, e meter algum tempo entre a vida e a morte, troca o colete pelo saial, o táli pelo cordão e a gola pelo capelo em uma religião penitente, e não tendo outro inimigo mais que a si mesmo, contra ele peleja, a ele vence e dele triunfa. Este é o que não deixa, mas segue. Não deixa, porque não tinha que deixar mais que os papéis que queimou, que sempre foram cinza, e segue, porque já não conhece outra caixa, nem outra bandeira, senão a voz de Cristo e sua cruz. Finalmente os perfeitos e santos, que deixam e juntamente seguem, são os que, chamados e subidos pela graça divina ao cume mais alto da perfeição evangélica, imitam gloriosamente a S. Pedro e aos outros apóstolos, os quais tudo o que tinham, e tudo o que podiam ter, deixaram e renunciaram por Cristo, e em tudo o que obraram e ensinaram, fizeram e padeceram, seguiram e imitaram a Cristo. Por isso S. Pedro, em nome de todos, e todos por boca de S. Pedro, dizem hoje com tanta confiança como verdade: "Eis que nós deixamos tudo e te seguimos".

Estes são os quatro gêneros de homens que há no mundo, ou fora do mundo, em que se vê variamente complicado o deixar e seguir do Evangelho. Mas eu entre eles, ainda que vejo a S. Pedro Apóstolo, não acho nem posso descobrir a S. Pedro Nolasco. Que o não ache entre os miseráveis, claro estava. Como havia de estar entre as infelicidades da miséria um santo tão dotado da natureza, tão favorecido da fortuna, e tão mimoso da graça? Que o não ache entre os fracos, também, e muito mais ainda. Como havia de estar entre os desmaios da fraqueza um santo tão soldado, tão valente, tão animoso, tão resoluto, tão forte, tão constante, tão invencível? Entre os desenganados cuidei que o poderia achar por seu entendimento, por seu juízo, por sua discrição, e pelo conhecimento e experiência grande que tinha do mundo. Mas aquele desengano que descrevemos era filho da necessidade, e não da virtude, e um achaque como este não cabia na nobreza de seu coração. Porém que entre os perfeitos e os santos não ache eu a um tão grande santo? Que não esteja ao menos junto a S. Pedro um Pedro tão parecido com ele? Isto é o que me admira e me admirou grandemente, enquanto não conheci a causa. Mas porque ela há de ser a matéria do sermão, quero-a resumir em poucas palavras. Ainda que em tudo o mais, como já aqui vimos, foi tão parecido S. Pedro Nolasco a S. Pedro Apóstolo, nos dois pontos de deixar e seguir, há grande diferença de Pedro a Pedro. Por quê? Porque S. Pedro Apóstolo deixou, S. Pedro Nolasco fez mais que deixar; S. Pedro Apóstolo seguiu, S. Pedro Nolasco fez mais que seguir. E como fez mais que deixar e mais que seguir? Fez mais que deixar, porque professou pedir, e pedir é mais que deixar; fez mais que seguir, porque professou emparelhar, e emparelhar é mais que seguir. Sobre estes dois pontos faremos dois discursos, que eu desejo que sejam breves. Dai-me atenção, e ajudai-me a pedir graça.

Ave Maria.

§ II

"Eis que nós deixamos tudo".
Primeiramente digo que S. Pedro Nolasco fez mais que deixar, porque professou pedir. E é assim. A profissão de S. Pedro Nolasco, e da sagrada religião das Mercês, é pedir esmolas pelos fiéis, para com elas remir os cativos que estão em terras de mouros. E este pedir — ainda que não fora para resgatar — é mais que deixar. O mesmo S. Pedro e os outros apóstolos quero que nos deem a prova. Chama Cristo a São Pedro e S. André, deixam barcos e redes, e seguem a Cristo. Chama Cristo a S. João e Santiago, deixam

barcos e redes e a seu próprio pai, e seguem a Cristo. Chama Cristo a S. Mateus publicano, deixa o telônio, o dinheiro, os contratos, e segue a Cristo. O mesmo fizeram os demais apóstolos, não havendo algum deles que dilatasse, nem por um só momento, o deixar tudo. Recebidos na escola e na familiaridade de Cristo, passou um ano, passaram dois, passaram três anos, e nenhum deles houve que em todo este tempo pedisse alguma coisa a Cristo, até que o mesmo Senhor lho estranhou: "Até agora nada pedistes" (Jo 16,24), exortando-os a que pedissem confiadamente, porque tudo lhes seria concedido. Três vezes leio no Evangelho que exortou Cristo os apóstolos a pedir; mas ainda depois destas tão repetidas exortações, não se lê no mesmo Evangelho que pedissem coisa alguma. Pois se Cristo estranha aos apóstolos o não pedirem, e os exorta tantas vezes a pedir, por que não pedem? E se para deixarem tudo quanto tinham, bastou só uma palavra de Cristo, ou não foi necessária uma palavra sua — porque Cristo não lhes disse que deixassem o que tinham, quando o deixaram — por que não bastam tantas exortações, por que não bastam tantos avisos, por que não basta tanta familiaridade para pedirem? Porque tanta diferença vai de deixar a pedir. Para deixar tudo, bastou o primeiro momento da vista de Cristo; para pedirem alguma coisa, não bastaram três anos de familiaridade de Cristo; para deixarem, não foi necessário que Cristo os mandasse deixar; para pedirem, não bastou que Cristo os mandasse pedir.

Viu-se isto ainda melhor, entre os doze, nos dois que se mostraram mais ambiciosos. Afetaram S. João e Santiago as duas cadeiras da mão direita e esquerda, mas não se atreveram eles a pedi-las: meteram por terceira a mãe para que fizesse este requerimento. Pergunto: por que não pediram por si mesmos estes dois discípulos, pois tinham tantas razões que os animassem a o fazer? A primeira seja, que eles tinham deixado por amor de Cristo mais que todos, porque os outros apóstolos deixaram as redes, que era o ofício, e S. João e Santiago deixaram as redes, que era o ofício, e deixaram o pai, que era o amor: "Deixadas as redes e os pais" (Mt 4,22), nota o evangelista. Demais disso eram parentes muito chegados de Cristo, e tinham as razões do sangue, e tal sangue. Sobretudo, dos três mais validos apóstolos, eram eles os dois, e S. João não só valido, senão conhecidamente o amado. Pois se tinham tantas razões de confiança estes dois discípulos, por que se retiram, por que se encolhem, por que se não atrevem a pedir a Cristo? Porque não há coisa que tanto repugnem os homens, como pedir. É tal esta repugnância, que nem o sangue a modera, nem o amor a facilita, nem ainda a mesma ambição, que é mais, a vence. Para não deixar o que deixaram, tinham estes dois irmãos as maiores repugnâncias da natureza, que era o deixar pais e fazenda; para pedir o que desejavam, tinham as maiores confianças da natureza e da graça, que era o sangue e o favor. E que fizeram? Tendo as maiores repugnâncias para não deixar, deixaram; tendo as maiores confianças para pedir, não pediram. Tanto maior dificuldade é a do pedir que a do deixar; tanto menor fineza é a do deixar que a do pedir. Deixar é grandeza, pedir é sujeição; deixar é desprezar, pedir é fazer-se desprezado; deixar é abrir as mãos próprias, pedir é beijar as alheias; deixar é comprar-se, porque quem deixa, livra-se: pedir é vender-se, porque quem pede, cativa-se; deixar, finalmente, é ação de quem tem: pedir é ação de quem não tem, e tanto vai de pedir a deixar quanto vai de não ter a ter. Mais fez logo neste caso, e mais fino e generoso andou com Cristo S. Pedro Nolasco, que S. Pedro Apóstolo, porque S. Pedro Apóstolo deixou e professou deixar; S. Pedro Nolasco deixou e professou pedir.

E se pedir, só por pedir, é maior ação que deixar, pedir para dar, e para dar em redenção de cativos — que são os fins deste glorioso pedir — quanto maior ação e perfeição será? A regra de perfeição que Cristo pôs aos que quisessem ser seus discípulos, foi que vendessem o que tinham, e o dessem aos pobres: "Se queres ser perfeito, vende o que tens e dá aos pobres" (Mt 19,21). Esta foi a primeira coisa que fez S. Pedro Nolasco. Vendeu todas as riquezas que possuía, como grande Senhor que era no mundo, e deu o preço para redenção de cativos. Mas, depois de se pôr neste grau de perfeição, ainda subiu a professar outro mais alto, que foi não só dar o que tinha, senão pedir o que não tinha, para também o dar. Que dê um homem tudo o que tem, não o manda Cristo, mas aconselha-o; porém, sobre dar o que tem que peça ainda o que não tem, para o dar, isso nem o mandou Cristo nunca, nem o aconselhou. Aconselhou que déssemos a quem nos pedisse: "Dá a quem te pede" (Mt 5,42), mas que pedíssemos para dar a outrem, parece que não fiou tanto do valor humano. E isto é o que fez e o que professou S. Pedro Nolasco, excedendo-se a si mesmo e a todos os que deram a Deus e por Deus quanto tinham. Quem dá o que tem, dá a fazenda: quem pede para dar, dá o sangue, e o sangue mais honrado e mais sensitivo, que é o que sai às faces. Quem dá o que tem, pode dar o que vale pouco; mas quem dá ao que pede, não pode dar senão o que custa muito, porque nenhuma coisa custa tanto como pedir. A palavra mais dura de pronunciar, e que, para sair da boca uma vez, se engole e afoga muitas é: *Peço*. "Palavra molesta e penosa e que se deve dizer com o rosto em terra"[1] — diz Sêneca — e acrescenta que até aos deuses não pediriam os homens se o não fizessem em secreto. O certo é que houve homem a quem Deus convidou e ofereceu que pedisse, e respondeu: "Não pedirei" (Is 7,12). Considerai a que chegam muitas vezes os homens, por não chegar a pedir, e vereis, os que o não experimentastes, quanto deve custar. Finalmente é sentença antiquíssima de todos os sábios, que "Nenhuma coisa é mais cara do que aquela que foi comprada com pedidos". Quem para dar espera que lhe peçam, vende, e quem pede para que lhe deem, compra, e pelo preço mais caro e mais custoso. Donde se infere claramente, que, aos religiosos da redenção dos cativos, mais lhes custam os resgates que os resgatados, porque os resgatados compram-os dando: os resgates compram-os pedindo. Para comprar os resgatados, dão uma vez: para comprar os resgates, pedem muitas vezes. E se os turcos cortam muito caros os resgates dos cativos, São Pedro Nolasco ainda os cortou mais caros, porque os cortou a resgates pedidos e mendigados.

Sendo despojados de todos seus bens os fiéis da primitiva Igreja, na perseguição que se levantou contra eles em Jerusalém, depois da morte de santo Estêvão, mandou S. Paulo a Corinto seu discípulo Tito, para que dos cristãos daquela opulenta cidade recolhesse algumas esmolas — que depois se chamaram *coletas* — com as quais fossem socorridos os de Jerusalém. Exortando pois o Apóstolo aos coríntios, para que ajudassem nesta obra de tanta piedade a Tito, propõe-lhes o exemplo de Cristo, admirável ao seu intento e muito mais admirável ao nosso, e diz assim: "Conheceis a liberalidade de Nosso Senhor Jesus Cristo, que sendo rico se fez pobre por vós a fim de que fôsseis ricos pela sua pobreza" (2Cor 8,9). O original grego em que foi escrita aquela epístola, com maior expressão e energia, em lugar de "se fez pobre", tem "mendigou"[2]. E quer dizer o Apóstolo: Para que entendais, ó coríntios, quão gratas serão a Deus as esmolas que vai pedir Tito, lembrai-vos da graça que nos fez o mesmo Senhor, quando por amor de nós mendigou, para que nós fôssemos ricos.

Isto posto, é questão entre os teólogos, se Cristo foi tão pobre, que chegasse a mendigar[3]. E parece que não, porque o Senhor, até a idade de trinta anos, vivia do ofício de S. José, e do trabalho de suas próprias mãos. Depois que saiu em público a pregar, era assistido, sem o pedir, das esmolas de pessoas devotas, das quais se sustentava todo o Colégio Apostólico, e não eram tão escassas estas esmolas, que não abrangessem também a outros pobres, e ainda à cobiça de Judas, como tudo consta do Evangelho. Esta é a opinião de muitos e graves autores. Outros porém têm por mais provável que Cristo verdadeiramente mendigasse, não sempre, mas algumas vezes, e o provam com o lugar do Salmo: "Sou mendigo e pobre" (Sl 39,18), e com este de S. Paulo. Mas, ou o Senhor mendigasse por este modo ou não, como o Apóstolo diga que mendigou, para com a sua mendiguez e pobreza enriquecer aos coríntios e a todos os homens: "Mendigou para que fôsseis ricos de sua pobreza", bem se vê que não é este o sentido daquelas grandes palavras, senão outro muito mais universal e mais sublime. Qual foi logo a mendiguez e o cabedal mendigado com que o Filho de Deus, fazendo-se pobre, nos fez ricos? S. Gregório Nazianzeno e S. João Crisóstomo, os dois maiores lumes da teologia e eloquência grega, e que por isso podiam melhor penetrar a força e inteligência do texto escrito na sua própria língua, dizem que falou S. Paulo do mistério altíssimo da Redenção, e que o cabedal mendigado, com que o Filho de Deus nos enriqueceu, foi a carne e sangue que mendigou da natureza humana, e deu e pagou na cruz, pelo resgate do gênero humano: "A causa de nossa salvação tornou-se causa de pobreza a fim de que também o corpo recebesse", diz Nazianzeno. E Crisóstomo, ainda com maior expressão: "Para que nos enriquecêssemos de sua pobreza. De que pobreza? Assumiu a carne e se fez homem, e sofreu aquelas coisas que sofreu". Ora vede.

Pelo pecado de Adão estava o gênero humano cativo e pobre; como cativo, gemia e padecia o cativeiro como pobre, não tinha cabedal para o resgate, e como a justiça divina tinha cortado o mesmo resgate não em menor preço que o sangue de seu Unigênito Filho, que fez a imensa caridade deste Senhor? Aqui entra o "mendigou". Não tendo, nem podendo ter, enquanto Deus, o preço decretado para a redenção, mendigou da natureza humana a carne e sangue, que uniu à sua pessoa divina, e por este modo, como altamente diz o apóstolo, nós, que éramos cativos e pobres, com a pobreza e mendiguez de Cristo, ficamos ricos: "Para que fôsseis ricos de sua pobreza", porque ele, mendigando como pobre, teve com que ser redentor, e nós, com este cabedal mendigado, tivemos com que ser remidos. De maneira que na obra da redenção, que foi a maior da caridade divina, não se contentou Deus com dar o que tinha, senão com mendigar o que não tinha, para também o dar. Deu a divindade, deu os atributos, deu a pessoa, que é o que tinha, e mendigou a carne e sangue, que não tinha, para o dar em preço da redenção. E isto é o que diz São Paulo: "Mendigou por causa de vós, para que fôsseis ricos de sua pobreza". Mas o que sobretudo se deve notar é que, a esta circunstância de mendigar o preço do nosso resgate, chamou o apóstolo a graça e a excelência do benefício da redenção: "Conheceis a liberalidade de Nosso Senhor Jesus Cristo, porque mendigou". Como se fizesse mais o Filho de Deus na circunstância, que na obra, e mais no mendigar, que no remir. Para nos remir tinha a divina Sabedoria e Onipotência muitos modos, mas quis que fosse pelo preço de seu sangue, e sendo este preço por si mesmo de valor infinito, para que fosse dobradamente precioso, quis, que sobre ser infinito, fosse mendigado: "Mendigou". Tão gloriosa ação é, e tão heroica, mendigar para remir. E tal foi a empresa e instituto de S. Pedro Nolasco: ordenou que seus filhos professassem pobreza, e juntamente redenção de cativos. Para quê? Para que, pelo voto de pobreza, deixassem tudo o que tinham, que é o que fez S. Pedro, e pelo voto da redenção, mendigassem para ela o que não tinham, que é o que fez o Filho de Deus.

E por que nos não falte com o exemplo, como nos assiste com a presença o mesmo Redentor Sacramentado, seja o divino Sacramento a última confirmação e cláusula desta gloriosa fineza. Fala deste divino Sacramento e também dos outros Tertuliano, e diz assim profundamente: "Nos seus sacramentos fazendo-se mendigo do Criador não desaprovou a água com a qual lava os seus, nem o óleo com o qual unge os seus, nem o pão com o qual apresenta o seu próprio corpo"[4]. Em nenhuma parte é Cristo mais liberal que nos seus sacramentos, e muito mais no maior de todos: ali está continuamente despendendo os tesouros de sua graça, e aplicando-nos os efeitos da redenção. Mas por que modo faz estas liberalidades Cristo? Agora entra a profundidade de Tertuliano. Traz Cristo estas liberalidades como redentor, pedindo primeiro esmola para elas, e mendigando-as de si mesmo, como criador: "Nos seus sacramentos fazendo-se mendigo do Criador". Deus redentor nos sacramentos faz-se mendigo de Deus criador, e, para nos aplicar a redenção no batismo, pede primeiro esmola de água: "A água com a qual unge os seus"; para nos aplicar a redenção da unção, pede primeiro esmola de óleo: "O óleo com o qual unge os seus"; para nos aplicar a redenção na Eucaristia, pede primeiro esmola de pão: "O pão com o qual apresenta o seu próprio corpo". De sorte que é tão alta, tão soberana, tão grata e tão preciosa obra diante de Deus o mendigar para remir, que, não tendo Deus a quem pedir, nem de quem receber, fez distinção de si a si mesmo: de si enquanto redentor, a si mesmo enquanto criador, e mendigando primeiro esmolas da natureza, como pobre, reparte delas liberalidades e liberdades de graça, como redentor: "Nos seus sacramentos fazendo-se mendigo do Criador". E se pedir só por pedir vale tanto, e pedir para remir vale tanto mais, sem fazer agravo a um Pedro nem lisonja ao outro, podemos repetir e assentar o que dissemos: que fez mais S. Pedro Nolasco em pedir que S. Pedro Apóstolo em deixar: "Eis que nós deixamos tudo".

§ III

Desta primeira vantagem de S. Pedro Nolasco comparada com S. Pedro Apóstolo, se segue outra grande vantagem à Sagrada Religião das Mercês, não comparada com as outras religiões — como depois faremos — senão comparada consigo mesma. E que vantagem é esta? Que por este liberalíssimo modo de pedir, e por este nobilíssimo modo de mendigar, ficaram os religiosos das Mercês maiores redentores do que pretenderam ser, e maiores do que se cuida que são, porque não só são redentores dos cativos que estão nas terras dos infiéis, mas são também redentores dos livres, que estão nas terras dos cristãos: não só redentores na África, mas também redentores na Europa, na Ásia e na América. E isto como? Eu o direi. Os religiosos deste sagrado instituto não pedem esmolas em todas as terras de cristãos, para irem resgatar cativos nas terras de infiéis? Sim. Pois nas terras dos infiéis são redentores pelos resgates que dão, e nas terras dos cristãos são redentores pelas esmolas que pedem. A esmola tem tanta valia diante de Deus, que é uma como segunda redenção do cativeiro do pecado. Assim o pregou o profeta Daniel a el-rei Nabucodonosor, aconselhando-o que, pois tinha a Deus tão ofendido, "remisse seus pecados com esmolas" (Dn 4,27). No cativeiro do pecado estão os cativos atados a duas cadeias, uma da culpa, outra da pena, e é tal o valor da esmola, que não só os rime e livra da cadeia da pena, como obra penal e satisfatória que é, senão também da cadeia da culpa, ou formalmente, se vai informada como deve ir, com ato de verdadeira caridade, ou quando menos dispositivamente, porque entre todas as obras humanas é a que mais dispõe a misericórdia divina para a remissão do pecado. Assim o ensina a teologia, e o pregaram depois de Daniel todos os Padres. E como a esmola resgata do cativeiro do pecado a quem a dá por amor de Deus, e destas esmolas, dadas e pedidas por amor de Deus, fazem os Religiosos das Mercês os seus resgates, por meio das mesmas esmolas vêm a ser duas vezes redentores: redentores daqueles por quem as dão, e redentores daqueles a quem as pedem. Redentores daqueles por quem as dão, que são os cristãos de Berbéria, a quem livram do cativeiro dos infiéis, e redentores daqueles a quem as pedem, que são os fiéis de todas as partes do mundo, a quem, por meio das suas esmolas, livram do cativeiro do pecado: "Redime os teus pecados com esmolas".

E é muito para advertir e ponderar que estas segundas redenções, das esmolas que se pedem, são muitas mais em número que as primeiras, dos resgates que se dão. Porque como a esmola respeita a misericórdia de Deus, e o resgate a avareza do bárbaro, bastando para uma redenção uma só esmola, é necessário que se ajuntem muitas esmolas para um só resgate. E assim, ainda que sejam poucos os resgatados, são muitos mil os remidos, porque são resgatados só aqueles por quem se dá o resgate, e são remidos todos aqueles a quem se pede, e dão a esmola. Nem obsta que o preço e merecimento da esmola seja daqueles que a dão para que os que a procuram e solicitam não sejam também, como digo, seus redentores. Um redentor, que primeiro foi cativo, me dará a prova. Quando José livrou da fome ao Egito e aos que do Egito se socorriam, o nome que alcançou por esta famosa ação foi de redentor do Egito e do mundo: "Chamou-o, na língua egípcia, Salvador do mundo" (Gn 41,45). Mas se considerarmos o modo desta redenção, acharemos no texto sagrado, que assim os estrangeiros, que concorriam de fora, como os mesmos egípcios, compravam o trigo com o seu dinheiro. Pois se uns e outros remiam as vidas do poder da fome, não de graça, senão pelo seu dinheiro, como se chama José o redentor, e não eles? Porque, ainda que eles concorriam com o preço, José foi o inventor daquela indústria, e o que a solicitava e promovia. Eles remiam-se a si, cada um com o que dava, e José remiu-os a todos com o que recebia, não para si, senão também para o dar. Por isso dobra damente redentor, não só do Egito, senão do mundo: "Redentor do mundo". Ó família sagrada, sempre e de tantos modos redentora! Ó redentores sempre grandes e sempre gloriosos! Grandes e gloriosos redentores, quando dais o que pedistes, e maiores e mais gloriosos redentores, quando pedis o que haveis de dar. Para que em vós também, como em vosso fundador, se veja que fazeis mais, segundos apóstolos, em pedir todos, do que fizeram os primeiros, em deixar tudo: "Eis que nós deixamos tudo".

§ IV

"E te seguimos". São Pedro Apóstolo seguiu a Cristo, e digo que S. Pedro Nolasco fez mais que seguir, porque professou emparelhar. E assim foi. A profissão que fez S. Pedro Nolasco, e a que fazem todos os religiosos do seu instituto, é resgatar os cristãos cativos em terra de mouros, não só para os pôr em liberdade, mas para os livrar do perigo em que estão de perder a fé. De maneira que uma coisa é a que fazem, outra a que principalmente pretendem: o que fazem é libertar os corpos; o que principalmente pretendem é pôr em salvo as almas. Isto é o que professou S. Pedro Nolasco, e nisto, como dizia, não só seguiu os passos de Cristo: "E te seguimos", mas do modo que pode ser, os emparelhou. E digo do modo que pode ser, porque estas parelhas sempre se hão de entender com aquela diferença soberana e infinita que há de Filho de Deus a servo de Deus. Mas vamos a elas.

Falando Cristo dos prodigiosos sinais que hão de preceder ao dia do Juízo, diz que quando virmos estes prodígios, que nos alentemos e animemos, porque então é chegada nossa redenção: "Olhai e levantai as vossas cabeças, porque está perto a vossa redenção" (Lc 21,28). Bem aviados estamos! Eu cuidava, e ainda cuido, e não só cuido, mas creio de fé, que a Redenção há mil e seiscentos e cinquenta anos que veio ao mundo, e que na sua primeira vinda nos remiu Cristo a todos, dando o seu sangue por nós. Pois se o mundo já está remido, e a Redenção é já passada há tantos centos de anos, como diz Cristo que, quando virmos os sinais do dia do Juízo, então entendamos que é chegada a nossa Redenção? A dúvida é boa, mas a resposta será tão boa com ela, porque é a literal e verdadeira. Ora vede. O gênero humano, pela desobediência de Adão, ficou sujeito a dois cativeiros: o cativeiro do pecado e o cativeiro da morte; o cativeiro do pecado pertence à alma, e o cativeiro da morte pertence ao corpo. Daqui se segue que, assim como os nossos cativeiros são dois, também devem ser duas as nossas redenções: uma redenção que nos livre as almas do cativeiro do pecado, e outra redenção que nos livre os corpos do cativeiro da morte. A primeira redenção já está feita, e esta é a redenção passada, que obrou Cristo, quando com o seu sangue remiu nossas almas; a segunda redenção ainda está por fazer, e esta é a redenção futura, que há de obrar o mesmo Cristo quando com sua onipotência ressuscitar nossos corpos: "Também nós gememos dentro de nós mesmos esperando a adoção de filhos de Deus, a redenção do nosso corpo" (Rm 8,23), diz o apóstolo S. Paulo. E como esta segunda parte da nossa redenção está ainda por obrar, e não estão ainda remidos do seu cativeiro os corpos, posto que já o estejam as almas, por isso diz absolutamente Cristo que, no dia do Juízo, há de vir a redenção, porque a redenção inteira e perfeita, e a redenção que dá a Cristo o nome de perfeito e consumado redentor, não é só redenção de almas, nem é só redenção de corpos, senão redenção de corpos e de almas juntamente.

E se não, vede-o no primeiro efeito, ou no primeiro ato de Cristo Redentor. O ponto em que Cristo ficou redentor do mundo foi o momento em que expirou na cruz; e que sucedeu então? Desceu o Senhor no mesmo momento aos cárceres do Limbo, a libertar as almas que nele estavam detidas, e no tempo que lá embaixo se abriram os cárceres das almas, cá em cima se abriram também os cárceres dos corpos: Diz S. Mateus: "Abriram-se as sepulturas, e saíram delas muitos corpos de santos ressuscitados" (Mt 27,52). — Notai que não diz muitos homens, nem muitos santos, senão muitos corpos em correspondência das almas do Limbo. Dos cárceres do Limbo saíram as almas, e dos cárceres das sepulturas saíram os corpos, porque quis Cristo, naquele ponto em que estava libertando as almas do cativeiro do pecado, libertar também os corpos do cativeiro da morte, para tomar inteira posse, e não de meias, do inteiro e perfeito nome de redentor: não só redentor de almas, nem só redentor de corpos, mas juntamente de corpos e mais de almas.

Tal foi e tal há de ser a consumada redenção de Cristo, e tal é e tal foi sempre a redenção que professou seu grande imitador, S. Pedro Nolasco, e todos os que vestem o mesmo hábito. Perfeitos e consumados redentores, porque são redentores de corpos e redentores de almas. Cuida o vulgo erradamente que o instituto desta sagrada religião é somente aquela obra de misericórdia corporal, que consiste em remir cativos, e não é só obra de misericórdia corporal, senão corporal e espiritual juntamente: corporal, porque livra os corpos do cativeiro dos infiéis; espiritual, porque livra as almas do cativeiro da infidelidade. Compreende esta obra suprema de misericórdia os dois maiores males e os dois maiores bens desta vida e da outra. O maior mal desta vida é o cativeiro, e o maior mal da outra é a condenação, e destes dois males livram os redentores aos cativos, tirando-os da terra de infiéis. O maior bem desta vida é a liberdade, e o maior bem da outra é a salvação. E estes dois bens conseguem os mesmos redentores aos cativos, passando-os a terras de cristãos. Pelo bem e mal desta vida, são redentores do corpo; pelo bem e mal da outra vida, são redentores da alma; e por uma e outra redenção, são redentores do homem todo, que se compõe de alma e corpo, como o foi Cristo.

É verdade que o que se vende e se paga em Berbéria, o que se desenterra das masmorras, o que se alivia dos ferros, o que se liberta das cadeias, são os corpos; mas o que principalmente se compra, o que principalmente se resgata, o que principalmente se pretende descativar, são as almas. Almas e corpos se rimem, almas e corpos se resgatam, mas as almas resgatam-se por amor de si mesmas, e os corpos por amor das almas. São os contratos destes mercadores do céu como o daquele mercador venturoso e prudente do Evangelho. Achou este homem um tesouro escondido em um campo alheio, e que fez? "Vai e vende tudo o que tem, e compra aquele campo" (Mt 13,44). — Não reparo no tudo do preço, porque já fica dito que dão estes liberais compradores mais que tudo. Este comprador do Evangelho "deu o que tinha", mas não pediu. Os nossos dão o que têm, e mais o que pedem. O em que reparo é no que se vendeu e se comprou, porque foi com diferentes pensamentos. O que vendeu, vendeu o campo; o que comprou, comprou também o campo, mas não comprou o campo por amor do campo, senão o campo por amor do tesouro. Assim passa cá. O bárbaro vende o corpo que ali tem preso e cativo, e o redentor também compra o corpo, mas não compra principalmente o corpo por amor do corpo, senão o corpo por amor da alma. Sabe que a alma é tesouro, e o corpo terra: compra a terra por amor do tesouro, compra a terra por que o infiel não semeie nela cizânia, com que venha a arder o tesouro e mais a terra. Assim o fez este homem do Evangelho. Mas quem era, ou quem significava este homem: "[O campo] que aquele homem achou" (Mt 13,44). Era e significava aquele, que sendo Deus, se fez homem para resgatar e ser redentor dos homens. A este soberano redentor imitam os nossos redentores, e o acompanham tão par a par — posto que reverencialmente — que bem se vê que os leva seu generoso intento mais a emparelhar que a seguir: "E te seguimos".

E para que este glorioso emparelhar se veja não só nos objetos da intenção, senão também no modo e modos de remir, é muito de considerar a diferença que estes redentores fazem no resgate dos corpos e no das almas. Os corpos, resgatam-os depois de cativos, e as almas, antes que o estejam; os corpos, depois de perderem a liberdade, as almas, antes que percam a fé e para que a não percam. De sorte que a redenção dos corpos é redenção que remedeia; a redenção das almas é redenção que preserva, que é outro modo de remir mais perfeito e mais subido, de que também — posto que uma só vez — usou Cristo. Fazem questão os teólogos se foi Cristo redentor de sua Mãe. E a razão de duvidar é porque remir é resgatar de cativeiro; a Virgem, como foi concebida sem pecado; original, nunca foi cativa do pecado: logo, se não foi cativa, não podia ser resgatada nem remida, e por consequência, nem Cristo podia ser seu redentor. Contudo é de fé que Cristo foi redentor de sua Mãe.

E não só foi redentor seu de qualquer modo, senão mais perfeito redentor que de todas as outras criaturas. Porque aos outros remiu-os depois, à sua Mãe remiu-a antes; aos outros remiu-os depois de estarem cativos do pecado; à sua Mãe remiu-a antes, preservando-a para que nunca o estivesse. E este segundo modo de redenção é o mais subido e mais perfeito. Assim foi Cristo redentor de sua Mãe, e assim são estes filhos da mesma Mãe, redentores das almas, que livram com os corpos. Redentores são dos corpos, e mais das almas, mas com grande diferença: aos corpos resgatam, às almas preservam; aos corpos livram do cativeiro, às almas livram do perigo; aos corpos livram de uma grande desgraça, às almas livram da ocasião de outra maior; aos corpos livram do poder dos infiéis, depois que estão já em seu poder, às almas livram do poder da infidelidade, não porque estejam em poder dela, mas por que não venham a estar. E é esta uma vantagem não pequena que faz esta ilustríssima religião às outras que se ocupam em salvar almas. As outras fazem que os infiéis sejam cristãos, e ela faz que os cristãos não sejam infiéis; as outras tiram as almas do pecado, esta tira as almas da tentação; as outras conseguem que Cristo seja crido, esta consegue que Cristo não seja negado; as outras guiam a Zaqueu, para que seja discípulo, esta tem mão em Judas, para que não seja apóstata; enfim, as outras tratam as almas, como Cristo remiu universalmente a todas, esta trata universalmente a todas, como Cristo remiu singularmente a de sua Mãe. Vede se seguem, ou se emparelham?

Mas falta por dizer neste caso a maior fineza. Além dos três votos essenciais e comuns a todas as religiões, fez S. Pedro Nolasco, e fazem todos seus filhos, um quarto voto, de se deixar ficar como cativos em poder dos Turcos, todas as vezes que lá estiver alguma alma em perigo de perder a fé, e não houver outro meio de a resgatar, entregando-se a si mesmos em penhor e fiança dos resgates. Que eloquência haverá humana que possa bastantemente explicar a alteza deste voto verdadeiramente divino, nem que exemplo se pode achar entre os homens de fineza e caridade que o iguale? Davi, aquele homem feito pelos moldes do coração de Deus, é nesta matéria o maior exemplo que eu acho nas Escrituras Sagradas, mas ainda ficou atrás muitos passos. Estava Davi, com muitos que o acompanhavam, nas terras de Moab, aonde se recolhera, fugido de Saul, que com grandes ânsias o buscava para lhe tirar a vida. Eis que um dia, subitamente, sai-se com todos os seus daquelas terras, e vem-se meter nas de Judeia, que eram as mesmas de el-rei Saul. Se Davi se não aconselhara neste caso, como se aconselhou, com o profeta Gad, ninguém julgara esta ação senão pela mais arrojada e mais cega de quantas podia fazer um homem de juízo, e sem juízo. Está Davi retirado e seguro em terras livres, e vem se meter dentro em casa de seu próprio inimigo, e de um inimigo tão cruel e inexorável como Saul, que por sua própria mão o quis pregar duas vezes com a lança a uma parede? Sim, diz Nicolau de Lira. E dá a razão? "Para que os homens que estavam com Davi não se voltassem para a idolatria, se permanecessem muito tempo na terra dominada pela idolatria"[5]. A terra dos moabitas era terra dos idólatras: os que acompanhavam a Davi era gente pouco segura, que dava indícios e desconfianças de poder inclinar à idolatria. Pois alto, diz Davi, não há de ser assim: saiam-se eles da terra onde corre perigo a sua fé, e esteja eu embora na terra do meu maior inimigo a todo risco.

Assim o fez aquele grande espírito de Davi, mas, ainda que se arriscou, não se entregou. Os religiosos deste instituto não só se arriscam, mas entregam-se. Quando não têm prata nem ouro com que resgatar os cativos, resgatam-os com os seus próprios ferros, passando as algemas às suas mãos e os grilhões aos seus pés, e fazendo-se escravos dos turcos, por que uma alma o não seja do demônio. Só de S. Paulino, bispo de Nola, celebra a Igreja uma ação semelhante a esta, porque, não tendo com que resgatar o filho de uma viúva, se vendeu e cativou por ele a si mesmo. Esta façanha fez S. Paulino, mas vede onde a fez. Em Nola. Já isto eram raízes da caridade de Nolasco: em S. Paulino de Nola se semeou, em S. Pedro Nolasco nasceu, em seus gloriosos filhos cresce e floresce. Muitos a executam em Berbéria hoje, e todos em qualquer parte do mundo estão aparelhados para a executar, porque todos o têm por voto.

Sim. Mas onde temos em Cristo a parelha desta fineza, que é a obrigação deste discurso? Cristo, como perfeito redentor, remiu-nos, mas nunca se prendeu, nunca se cativou, nunca se encarcerou por nossa redenção. Que seria, Senhor, se não estivéreis presente nesta custódia? Digo que sim, se prendeu, sim, se cativou, sim, se encarcerou Cristo por nós. Aquela custódia é o cárcere, aqueles acidentes são as cadeias, aquele Sacramento é o estreitíssimo cativeiro em que o piedosíssimo redentor se deixou preso, encarcerado e cativo por libertar nossas almas. No dia do Juízo chamará Cristo aos seus para o reino do céu, e um dos particulares serviços que há de relatar por merecimento de tão grande prêmio, será este: "Estava encarcerado, e visitastes-me na minha prisão" (Mt 25,36). Não é necessário que nós ponhamos a dúvida que trazem consigo as palavras, porque os mesmos premiados a hão de por naquele dia. "Senhor, quando estivestes vós no cárcere, e quando vos visitamos nós nele?" (Mt 25,39) — Leiam-se todos os quatro evangelistas, e não se achará que Cristo jamais fosse encarcerado. E se é certo que esteve o Senhor em algum cárcere — pois ele o diz —, diga-me alguém: onde? S. Boaventura o disse e afirma, que no Santíssimo Sacramento: "Eis aquele que não cabe no mundo todo e está feito nosso prisioneiro". Eis ali aquele imenso Senhor, que não cabe no mundo todo, está feito nosso prisioneiro e nosso cativo. — Vós não vedes como o fecham, como o encerram, como o levam de uma para outra parte, preso sempre ao elo dos acidentes? E se não, dizei-me: aquela pirâmide sagrada, em que está o divino Sacramento, por que lhe chamou a Igreja custódia? Porque custódia quer dizer cárcere: assim lhe chamam não só os autores da língua latina e grega, senão os mesmos evangelistas. São Lucas, referindo como prenderam aos apóstolos e os meteram no cárcere público, chama ao cárcere custódia: "E lançaram mão dos apóstolos e os puseram na prisão pública" (At 5,18). Assim está aquele Senhor: se exposto, em cárcere público, se encerrado, em cárcere secreto, mas sempre encarcerado, sempre prisioneiro, sempre cativo nosso: "Está feito nosso prisioneiro". E como Cristo chegou a se prender e cativar pelo remédio de nossas almas, obrigação era destes gloriosos emuladores dos passos de seu amor, que também se prendessem e se cativassem por elas. Cristo cativo por vontade, eles cativos por vontade; Cristo por remédio das almas, eles por remédio das almas; Cristo como redentor, eles como redentores; eles acompanhando a Nolasco, e Nolasco emparelhando com Cristo, que chegou a o emparelhar este grande Pedro, quando o outro, mais que grande, fez muito em o seguir: "E te seguimos".

§ V

Desta segunda vantagem de S. Pedro Nolasco com S. Pedro Apóstolo, se segue também outra grande vantagem à Sagrada Religião das Mercês, não já comparada consigo mesma, senão com as outras Religiões. E que vantagem é esta? Que pela perfeição e excelência deste quarto voto — e mais não é atrevimento — excede esta religiosíssima religião a todas as outras religiões da Igreja. Bem mostra a confiança da proposição, que não é minha nem de nenhum autor particular, senão daquele oráculo supremo, que só tem jurisdição na terra, para qualificar a verdade de todas. Assim o disse o Papa Calisto III, por palavras que não podem ser mais claras nem mais expressas: "Com respeito ao quarto voto emitido em favor da remissão dos cativos, com que os Irmãos deste Instituto prometem ser penhor dos cativos que resgatarem, pode-se com muita razão esta Ordem se julgar mais sublime e mais perfeita do que as outras Ordens"[6]. Tenham paciência as outras religiões, que assim o disse o Sumo Pontífice. Quando isto escreveu Calisto III, que foi no ano de 1456, ainda a Companhia de Jesus e outras religiões de menos antiguidade ficavam de fora; mas no ano de 1628 Urbano VIII por suas bulas confirmou e repetiu este mesmo elogio da Sagrada Religião das Mercês, com que todas as religiões, sem excetuar nenhuma, ficam entrando nesta conta. E o papa Martinho V, pela altíssima perfeição do mesmo voto, declara que os religiosos das outras religiões se podiam passar para a das Mercês, como mais estreita, e que os religiosos dela se não podiam passar para as outras, como religiões menos apertadas. Tanto peso fez sempre no juízo dos Supremos Pontífices esta notável obrigação, e tanto é atar-se um homem para desatar a outros, e cativar-se para os libertar. Mas nesta vantagem, que reconheceram e aprovaram, nenhum agravo fizeram os pontífices às outras religiões, porque, que muito que esta religião neste voto nos exceda a nós, se nele se emparelhou com Cristo? Assim o diz a mesma constituição sua, posto que com palavras de gloriosa humildade "Ao exemplo de Nosso Senhor e redentor Jesus Cristo que, para nos remir do poder do demônio, se entregou a si mesmo por nós."

E como as palavras dos Sumos Pontífices são vozes da boca de S. Pedro, as mesmas soberanias que todos concedem e confessam deste sagrado instituto, S. Pedro as concede e as confessa. Concede e confessa S. Pedro que este soberano instituto tem eminência sobre todos os institutos; concede e confessa S. Pedro que seu ilustríssimo fundador foi o primeiro e o maior exemplar dele; concede e confessa S. Pedro que vê as glórias do seu nome, não só multiplicadas, mas crescidas; concede e confessa enfim, que em matéria de seguir como de deixar, se vê vencido de outro Pedro: de outro Pedro, que tendo Pedro deixado tudo, fez ele mais que deixar, de outro Pedro, que tendo Pedro seguido a Cristo, fez ele mais que seguir: "Eis que nós deixamos tudo e te seguimos".

§ VI

Tenho acabado o sermão, breve para o que pudera dizer, posto que mais largo para o tempo do que eu determinava. E se a vossa devoção e paciência ainda não está cansada, e me pergunta pela consequência ou consequências de todo ele, concluindo com a de S. Pedro: "Qual será a nossa recompensa" — seja a consequência de tudo darmos todos o parabém à Senhora das Mercês, e darmo-lo a nós mesmos pela glória que à Senhora, e pelo proveito que a todos nós nos cabe na dedicação desta obra e deste dia.

Sendo este sagrado Instituto tão excelente entre todos, e de tanta glória de Deus e bem universal do mundo, e uma como segunda redenção dele, não me espanto que a mesma Rainha dos Anjos — com privilégio singular desta religião — se quisesse fazer fundadora dela, e que descesse do céu a revelar seu instituto, e a solicitar em pessoa os ânimos dos que queria fazer primeiros instrumentos de tão grande obra. Foi coisa notável que na mesma noite apareceu a Senhora, primeiro a S. Pedro Nolasco, logo a el-rei D. Jaime de Aragão, logo a S. Raimundo de Penhaforte, declarando a cada um em particular a nova ordem que queria fundar no mundo, debaixo de seu nome e patrocínio, porque, comunicando todos três a aparição, não duvidassem da verdade dela, e pusessem logo em execução, como puseram, o que a Senhora lhes mandava, sendo o primeiro que tomou o hábito, e professou nele, o nosso S. Pedro Nolasco. Cristo Senhor nosso, no dia da ressurreição apareceu, se bem notarmos, a três gêneros de pessoas diferentes. Apareceu às Marias, apareceu aos apóstolos, apareceu aos discípulos que iam para Emaús. Pois tanta pressa, tantas diligências, tantas aparições, e todas no mesmo dia, e em tal dia? Sim, que o pedia assim a importância do negócio. O fundamento de toda a nossa fé e de toda a nossa esperança é o mistério da Ressurreição: "Se Cristo não ressuscitou, é vã a vossa fé" (1Cor 15,17). — diz S. Paulo. E como a Cristo e ao mundo lhe não importava menos a fé deste mistério, que o fundamento total e estabelecimento de sua Igreja, por isso anda tão solícito, por isso faz tantas diligências, por isso aparece uma, duas e três vezes, no mesmo dia, em diversos lugares e a diferentes pessoas. Assim o Filho, assim a Mãe. O que Cristo fez para fundar a sua Igreja, fez a Senhora para fundar a sua religião. Na mesma noite vai ao paço, e fala com el-rei Dom Jaime; na mesma noite vai ao convento de S. Domingos, e fala com S. Raimundo; na mesma noite vai a uma casa particular, e fala com São Pedro Nolasco. Pois a Rainha dos Anjos, a Mãe de Deus, a Senhora do mundo, pelos paços dos reis, pelos conventos dos religiosos, pelas casas dos particulares, e no mesmo dia, e na mesma noite, que é mais? Sim, que tão grande é o negócio que a traz à terra: quer fundar a sua religião das Mercês, e anda feita requerente, não das mercês que espera, senão das mercês que deseja fazer. E como esta soberana rainha se empenhou tanto em fundar esta sua religião no mundo, oh! que grande glória terá hoje no céu, em que se vê com nova casa neste estado, e com o seu instituto introduzido em Portugal depois de quatrocentos anos! Note o Maranhão de caminho, e preze muito e preze-se muito desta prerrogativa que tem entre todas as conquistas do nosso reino. Todos os estados de nossas conquistas, na África, na Ásia e na América, receberam de Portugal as religiões com que se honram e se sustentam. Só o Estado do Maranhão pode dar nova religião a Portugal, porque lhe deu a das Mercês. Cá começou, e de cá foi, e já lá começa a ter casa, e quererá a mesma Senhora que cedo tenha casa e província.

Mas tornando a esta, que hoje consagramos à Virgem das Mercês, não quero dar o parabém aos filhos desta Senhora, de ter tal Mãe — pois é privilégio este mui antigo —; à mesma Senhora quero dar o parabém de ter tais filhos: filhos, que com tão poucas mãos trabalharam tanto; filhos, que com tão pouco cabedal despenderam tanto; filhos, que com tão pouco tempo acabaram tanto; filhos enfim, que, não tendo casa para si, fizeram casa à sua Mãe. Não sei se notais o maior primor de arquitetura desta Igreja. O maior primor desta Igreja é ter por correspondência aquelas choupanas de palha, em que vivem os religiosos. Estarem eles vivendo em umas choupanas palhiças, e fabricarem para Deus e para sua Mãe um templo tão formoso e suntuoso como este, este é o maior primor, e a mais airosa correspondência de toda esta obra; ação, enfim, de filhos de tal Mãe, e que parece-lhe vem à Senhora por linha de seus maiores. Salomão, vigésimo quarto avô da Mãe de Deus, edificou o templo de Jerusalém, e nota a Escritura Sagrada, no modo, duas coisas muito dignas de advertir: a primeira, que enquanto o templo se edificou, não tratou Salomão de edificar casa para si, nem pôs mão na obra; a segunda, que sendo a obra dos paços de Salomão, que depois edificou, de muito menos fábrica que o templo, o templo acabou-se em sete anos, e os paços fizeram-se em treze. Grande caso é que se achasse o juízo de Salomão nos edificadores deste templo, sendo, entre os filhos desta Senhora, não os de maiores anos. Bem assim como Salomão, fizeram primeiro a casa de Deus, sem porem mão na sua, e bem assim como Salomão, acabaram esta obra com tanta pressa, deixando a do convento para se ir fazendo com mais vagar. Digno verdadeiramente por esta razão, e por todas, de que todos os fiéis queiram ter parte em tão religiosa obra, e tão agradável a Deus e à sua Mãe.

Mas que parabéns darei eu ao nosso Estado e a esta cidade cabeça dele, vendo-se de novo defendida com esta nova torre do céu, e honrada com esta nova Casa da Senhora das Mercês? A Senhora, que tantas raízes deita nesta terra, grande prognóstico é de que a tem escolhida por sua: "Lança raízes entre os meus escolhidos". Nossa Senhora da Vitória, Nossa Senhora do Carmo, Nossa Senhora do Desterro, Nossa Senhora da Luz, Nossa Senhora das Mercês, vede que formosa coroa sobre a cabeça de nosso Estado. Que influências tão benignas choverão sobre todos nós estas cinco formosas estrelas. Todas são mui resplandecentes, mas, com licença das quatro, a de Nossa Senhora das Mercês promete influências maiores, porque são mais universais. Nossa Senhora da Vitória é dos conquistadores; Nossa Senhora do Desterro é dos peregrinos; Nossa Senhora do Carmo é dos contemplativos; Nossa Senhora da Luz é dos desencaminhados; mas Nossa Senhora das Mercês é de todos, porque a todos indiferentemente está prometendo e oferecendo todas as mercês que lhe pedirem. Nos tesouros das mercês desta Senhora, não só há para o soldado vitória, para o desterrado pátria, para o desencaminhado luz, para o contemplativo favores do céu, que são os títulos com que veneramos a Senhora nesta cidade, mas nenhum título há no mundo com que a Virgem Maria seja invocada que debaixo do amplíssimo nome de Nossa Senhora das Mercês não esteja encerrado, e que a esta Senhora se não deva pedir com igual confiança. Estais triste e desconsolado? Não é necessário chamar pela Senhora da Consolação: valei-vos da Senhora das Mercês, e ela vos fará mercê de vos consolar. Estais aflito e angustiado? Não é necessário chamar pela Senhora das Angústias: valei-vos da Senhora das Mercês, que ela vos fará mercê de vos acudir nas vossas. Estais pobre e desamparado? Não é necessário chamar pela Senhora do Amparo: valei-vos da Senhora das Mercês, e ela vos fará mercê de vos amparar. Estais embaraçado e temeroso em vossas pretensões? Não é necessário chamar pela Senhora do Bom-Sucesso: valei-vos da Virgem das Mercês, e ela vos fará a mercê de vos dar o sucesso que mais vos convém. Estais enfermo e desconfiado dos remédios? Não é necessário chamar pela Senhora da Saúde: acudi à Senhora das Mercês, e ela vos fará mercê de vo-la dar, se for para seu serviço. Estais finalmente para vos embarcar ou para embarcar o que tendes? Não é necessário chamar pela Senhora da Boa Viagem: acudi à Senhora das Mercês, e ela vos fará mercê de vos levar em paz e a salvamento. De sorte que todos os despachos que a Senhora costuma dar em tão diferentes tribunais, como os que tem pelo mundo e no nosso reino, todos estão advocados a esta Casa das Mercês, porque nela se fazem todas.

E por que não vos admireis desta prerrogativa da Senhora da Casa, sabei que a Casa da Senhora tem a mesma prerrogativa. Que casa e que igreja cuidais que é esta em que estamos? Padre, é a Igreja nova de Nossa Senhora das Mercês do Maranhão. E é mais alguma coisa? Vós dizeis que não, e eu digo que sim. Digo que esta igreja é todas as igrejas e todos os santuários grandes que há e se veneram na cristandade, e ainda fora da cristandade também. Esta igreja é a igreja de Santiago de Galiza, e a igreja de Guadalupe em Castela, e a igreja de Monserrate em Catalunha, e a igreja do Loreto em Itália, e a igreja de S. Pedro, e de S. Paulo, e de S. João de Laterano, e de Santa Maria Maior, em Roma. E para que passemos além da cristandade, este é o templo de Jerusalém, não arruinado, este é o Monte Olivete, este o Tabor, este o Calvário, esta a Cova de Belém, este o Cenáculo, este o Horto, este o Sepulcro de Cristo. Assim o torno a afirmar, e assim é. Sabeis por que modo? Porque todas as graças e indulgências que estão concedidas, a estes templos, a todos estes santuários, a todos esses lugares sagrados de Jerusalém e do mundo todo, todas estão concedidas por diversos Sumos Pontífices, a sua religião. De modo que, passeando de vossa casa a fazer oração nesta igreja, é como se fôsseis a Compostela, a Loreto, a Roma, a Jerusalém. Pode haver maior tesouro, pode haver maior felicidade e facilidade que esta? O que importa é que nos saibamos aproveitar, e nos aproveitemos destas riquezas do céu. Não nos descobriu Deus as minas da terra, que este ano com tanta ânsia se buscaram, e descobre-nos as minas do céu, sem as buscarmos, para que façamos só caso delas. Façamo-lo assim, cristãos: frequentemos de hoje em diante esta igreja, e de tantas casas de ruim conversação que há em terra tão pequena, esta, que é de conversar com Deus e com sua Mãe, não esteja deserta; seja esta de hoje em diante a melhor saída da nossa cidade, saída que vos fará sair, onde não vos convém entrar, nem estar. Aqui venhamos, aqui continuemos, aqui acudamos, nos trabalhos, para o remédio; nas tristezas, para o alívio; nos gostos, para a perseverança; e em todos nossos desejos e pretensões, aqui tragamos nossos memoriais, aqui peçamos, aqui instemos, e daqui esperemos todas as mercês do céu, e ainda as da terra, que, sendo mercês da Senhora das Mercês, sempre serão acompanhadas de graça, e encaminhadas à glória. "O que julgaria eu que mais se deveria desejar?"[7] etc.

SERMÃO DA
Sexta Sexta-Feira da Quaresma

Pregado na Capela Real, ano 1662.

❦

"Reuniram-se os pontífices e os fariseus em conselho."
(Jo 11,47)

Expulso do Maranhão com os outros jesuítas, sempre pela causa da escravatura dos índios, Vieira toca neste sermão um tema delicado e central numa corte: os conselhos. A melhor e a pior coisa que há no mundo, diz ele, é um conselho. Dos acertos e erros do conselho que julgou Cristo, forma um espelho para a corte que o ouve. Desenvolve então as quatro notas próprias de um conselho acertado: 1. A eleição dos conselheiros — contém os princípios do conselho; 2. A formalidade da proposta — contém o modo; 3. A conveniência dos pareceres — contém os meios; 4. E a eficácia da execução — contém o fim. Sem a primeira, o conselho será imprudente; sem a segunda, confuso; sem a terceira, danoso; sem a última, ocioso e inútil. O corpo do sermão desenvolve essas notas partindo sempre de uma reflexão pessoal confirmada por referências de autores bíblicos ou de filósofos e historiadores antigos.

E conclui afirmando que o conselho supremo é a lei de Deus.

§ I

A melhor e a pior coisa que há no mundo, qual será? A melhor e a pior coisa que há no mundo, é o conselho. Se é bom, é o maior bem; se é mau, é o pior mal. A maior maldade que cometeu neste mundo a cegueira e obstinação dos homens foi a morte de Cristo; a maior misericórdia que obrou neste mundo a bondade e piedade de Deus foi a redenção dos homens. E ambas estas coisas tão grandes e tão opostas saíram hoje resolutas de um conselho: "Convém que morra um homem, para que não pereça toda a nação" (Jo 11,50). Suposta esta primeira verdade de ser o conselho o maior bem e o maior mal do mundo, ou quando menos a fonte dos maiores bens e dos maiores males, quisera eu hoje que fosse matéria de nosso discurso a consideração dos bens e males que concorreram neste conselho. Este conselho, ou se pode considerar pela parte que teve de político, ou pela parte que devia ter de cristão. Pela parte que teve de político, mostrou alguns ditames acertados; pela parte que devia ter de cristão, cometeu o mais enorme de todos os erros. E porque dos erros e dos acertos, como do aço e do cristal, se compõem e formam os espelhos, dos acertos e dos erros deste conselho determino formar hoje um espelho à nossa corte. Será este espelho de tal maneira político para os cristãos, e de tal modo cristão para os políticos, que se possa ver e compor a ele um conselho, e um conselheiro, e também um aconselhado. Se for muito liso e muito claro, isso é ser espelho. "Reuniram-se os pontífices e os fariseus em conselho".

§ II

Quatro partes considero neste conselho do Evangelho, sem as quais nenhum conselho pode ser acertado, nem ainda ser conselho. A eleição dos conselheiros, a formalidade da proposta, a conveniência dos pareceres e a eficácia da execução. A primeira contém os princípios do conselho, a segunda o modo, a terceira os meios, a quarta o fim. Sem a primeira, será o conselho imprudente; sem a segunda, confuso; sem a terceira, danoso; sem a última, ocioso e inútil. Comecemos pela primeira.

§ III

A primeira boa propriedade que teve este conselho do Evangelho foi que a matéria sobre que se havia de votar era da profissão dos conselheiros. A matéria era de religião, e eles eram sacerdotes; a matéria era de fé, e eles eram teólogos; a matéria era do Messias prometido pelos profetas, e eles eram doutos nas Escrituras; enfim, a matéria era de letras, e eles eram letrados. A causa de se governar tão mal o mundo, e de andar tão mal aconselhado havendo tantos conselhos, é porque de ordinário os príncipes baralham os metais, e trazem desencontrados os conselhos e os Conselheiros. Se o soldado votar nas letras, e o letrado na navegação, e o piloto nas armas, que conselho há de haver, nem que sucesso? Haverá letrados, e não se verá justiça; haverá pilotos, e não se fará viagem; haverá soldados e exércitos, e levarão a vitória os inimigos. Vote cada um no que professa, e logo nos conselhos haverá conselho. Nos casos da religião vote Samuel e Heli; nos negócios da guerra vote Joab e Abner; nas importâncias do Estado vote Cusai e Aquitofel, e nas ocorrências da navegação e do mar — ainda que não tenham nomes tão pomposos — vote Pedro e André. Indigna coisa parece, e ainda escandalosa, que os fariseus entrem no mesmo conselho com os pontífices: "Reuniram-se os pontífices e os fariseus em conselho". Também o fariseu há de ter lugar no conselho? Também o fariseu há de dizer seu parecer? Também o fariseu há de dar seu voto? Também: se a matéria for da sua profissão. Ainda que o nome de fariseu naquele tempo fora tão vil e tão malsoante como é hoje, nem por isso se havia de excluir do conselho nas matérias da sua profissão, porque o bom conselho e o bom conselheiro, não o faz o nome nem a qualidade da pessoa, senão a do voto. E por que vos não pareça esta doutrina de tão má escola, como a do nosso Evangelho, vede tudo o que tenho dito no conselho de um príncipe melhor que os melhores pontífices, e no voto de um conselheiro pior que os piores fariseus.

Viu o profeta Miqueias a Deus em conselho, assentado em um trono de grande majestade. — Conta o caso o mesmo profeta no Terceiro Livro dos Reis, cap. 22. — Assistiam a Deus, de uma e outra parte do conselho, todas as grandes personagens das três jerarquias: os Tronos, as Potestades, as Dominações, Querubins, Serafins, etc. E diz o profeta, que também veio o diabo a achar-se no conselho. Se num conselho do céu, onde o presidente é Deus e os conselheiros anjos, entra um diabo, nos conselhos da terra, onde os que presidem e os que aconselham são homens, e talvez homens de muita carne e sangue, quantos diabos entrarão? Fez Deus a proposta ao conselho em voz, e disse assim: Pelas injustiças de Acab, rei de Israel, e pelas da rainha Jezabel, sua mulher, assim as que eles cometem, como as que consentem no reino, tenho resoluto de lhes tirar a vida e a coroa. E porque o estilo de minha justiça e providência é castigar os reis, permitindo que sejam enganados para que sigam os caminhos de sua ruína cuidando que são os meios de sua conservação, quisera ouvir do meu conselho que modo haverá para que seja enganado el-rei Acab, e para que empreenda a guerra de Ramot e acabe nela? E também me diga o conselho a que pessoa, ou pessoas, será bem encarregar esta empresa? "Quem enganará a Acab, rei de Israel, para que ele suba e caia em Ramot?" (3Rs 22,20).

Ouvida a proposta de Deus, foram respondendo os anjos como lhes cabia, e diz o texto que "uns diziam de um modo e outros de outro" (3Rs 22,20), porque até entre os anjos pode haver variedade de opiniões, sem menoscabo de sua sabedoria nem de sua santidade, e para que acabe de entender o mundo, que, ainda que algumas opiniões sejam angélicas, nem por isso são menos angélicas as contrárias.

No último lugar falou o demônio, e falou breve, resumido, substancial e resoluto: "Eu o enganarei; sairei e serei um espírito mentiroso na boca de todos os profetas". Suposto, Senhor, que V. Majestade divina tem resoluto, ou permitido que seja enganado Acab para ser destruído, o meio mais a propósito para se enganar é que lhe mintam todos seus conselheiros, que são os profetas a quem ele consulta, e a pessoa que sem dúvida os fará mentir a todos — diz o demônio — serei eu, porque me transformarei em espírito de mentira e me meterei nas suas línguas. Até aqui o diabo. Ouvi agora, e pasmai. Não tinha bem acabado de dizer o demônio, quando Deus se conformou inteiramente com o seu voto, e não só lhe cometeu a empresa, mas segurou a todos o sucesso dela: "Enganarás e prevalecerás: sai, e faze-o assim" (3Rs 22,22). Ainda me estou benzendo, depois que isto li. Quem tal coisa crera, se a não afirmara Miqueias, como testemunha de vista? É possível que no seu conselho sacratíssimo e secretíssimo, há Deus de admitir o demônio? E é possível que não só o há de admitir e ouvir, senão que há de aprovar o seu voto, e se há de confirmar só com ele, deixando o parecer de tantos anjos e de tantos príncipes do céu? Sim. Porque a prudência e obrigação do Senhor supremo não é tomar o conselho dos melhores, senão o conselho melhor; não é seguir as razões dos grandes, senão as grandes razões; não é formar os votos, senão pesá-los. E porque o demônio, neste caso, votou melhor que os anjos, por isso se não conforma Deus com o parecer dos anjos, senão com o voto do demônio.

Os anjos, com serem anjos, votaram uns assim, outros assim, como diz o texto; mas o demônio, vede que gentilmente votou. A gentileza de um voto consiste em duas proporções: em proporcionar o meio com o fim, e em proporcionar o instrumento com o meio, e tudo fez o demônio escolhidamente. Proporcionou o meio com o fim, porque o fim do conselho era que Acab fosse enganado; e para ser enganado Acab, não havia meio mais a propósito que mentirem-lhe todos os seus conselheiros. Proporcionou também o instrumento com o meio, porque, para os conselheiros todos mentirem, não havia instrumento mais sutil e acomodado que o mesmo espírito da mentira metido nas línguas de todos. E sendo o voto do demônio tão medido com a proposta, sendo tão ajustado com o fim, sendo tão proporcionado nos meios, por que o não havia de aprovar Deus, e por que o não havia de antepor ao de todas as jerarquias? Olhar para a jerarquia de quem votou é querer venerar os votos, mas não acertá-los. Na eleição do voto, nem se há de respeitar a dignidade da pessoa — que por isso Deus se não conformou com os Tronos — nem se há de respeitar a nobreza — que por isso se não conformou com os Principados — nem se hão de respeitar os títulos — que por isso se não conformou com as Dominações — nem se há de respeitar o poder — que por isso se não conformou com as Potestades — nem se há de respeitar o amor — que por isso se não conformou com os Serafins — nem se há de respeitar a ciência — que por isso se não conformou com os Querubins — nem se há de respeitar a santidade -— que por isso se não conformou com as Virtudes —. Finalmente, não se há de respeitar qualidade alguma, por angélica, e mais angélica que seja — que por isso se não conformou com anjos, nem com arcanjos. Pois, que se há de respeitar no voto, e por onde se há de avaliar? Há-se de avaliar o voto pelos merecimentos do mesmo voto, e nada mais. Ainda que a pessoa que votou seja o sujeito mais vil do mundo, qual era o demônio, e ainda que seja a que está mais fora da graça do príncipe, como o demônio estava, se o seu voto for o melhor, há de preferir o seu voto.

O principal nos falta por advertir. Conformou-se Deus com o voto do demônio, e não com os dos anjos, porque o demônio votou melhor. Bem está. Mas por que votou melhor o demônio que os anjos? Por que tem mais sabedoria que eles? Não. Por que tem mais delgado entendimento? Não. Por que ama mais a Deus, e zela mais seu serviço? Não. Por que deseja mais dar-lhe gosto, e fazer, e adivinhar-lhe a vontade? Não. Pois por que vota melhor um demônio neste conselho, que todos os anjos juntos? Porque a proposta e a matéria do conselho era da profissão do demônio, e não era da profissão dos anjos. A proposta e a matéria do conselho era enganar a Acab e fazê-lo cair: "Quem enganará a Acab, para que caia?". E como a profissão própria do demônio é enganar e fazer cair aos homens, por isso votou melhor e mais acertadamente que todos. Se a proposta fora como se havia de guardar Acab, e como se havia de guiar e encaminhar para que se defendesse e se livrasse dos perigos daquela guerra, então venceria infalivelmente o voto dos anjos, porque essa é sua profissão: guardar, guiar, encaminhar, livrar e defender aos homens. Mas como o negócio era tão alheio da profissão e ofício dos anjos, e tão próprio da profissão e exercício do demônio, por isso o demônio votou melhor que todos os anjos. Tanto importa que vote cada um no que exercita, e que aconselhe no que professa. E seria grande desgraça, que se não observasse esta máxima em conselhos cristãos e católicos, quando vemos que se fez hoje assim em um conselho de inimigos de Cristo: "Reuniram-se os pontífices e os fariseus em conselho contra Jesus" (Jo 11,47).

§ IV

A segunda boa propriedade, e excelentemente boa, que teve este conselho, foi o modo da proposta: "Que fazemos, que este homem faz muitos milagres". Não sei se reparais no que dizem e no que não dizem. Não dizem: que havemos de fazer, senão: que fazemos? Ah! que grande conselho, e que grandes conselheiros! Conselheiros de que havemos de fazer não são conselheiros. Os conselheiros hão de ser homens de "que fazemos?" E vede que discretamente inferiram e contrapesaram a proposta. Eles eram inimigos de Cristo, e tinham a Cristo por inimigo, e diziam: "Que fazemos, que este homem faz muitos milagres?". Notai o "faz", e o "que fazemos". Basta que nosso inimigo faz, e nós não fizemos? Nosso inimigo faz, e nós havemos de fazer? Nosso inimigo faz milagres, e nós não fazemos o que se pode fazer sem milagre? Já que ele faz, façamos nós: "Que fazemos?". A razão por que se perdeu tanta parte daquela tão honrada monarquia da Ásia, ganhada com tão ilustre sangue, qual foi? Porque o inimigo fazia, e nós havíamos de fazer. Não vamos tão longe. Enquanto Portugal teve homens de havemos de fazer — que sempre os teve —, não tivemos liberdade, não tivemos reino, não tivemos coroa. Mas tanto que tivemos homens de "fazemos", logo tivemos tudo.

Quando Cristo fez aquele famoso milagre dos cinco pães no deserto, quiseram-no aclamar por rei, mas não o consentiu o Senhor. Quando entrou por Jerusalém, aclamaram-no por rei — "Bendito o que vem em nome do senhor Rei de Israel" (Jo 12,13). — e não só o consentiu e aprovou, mas louvou e defendeu os que o aclamaram. Pois se Cristo admitiu o título de rei na corte, onde era mais arriscado, por que o não admitiu no deserto, onde não havia risco? Sabeis por quê? Porque quis aceitar o título de rei da mão de homens que o fizeram, e não da mão de homens que o haviam de fazer. Notai o que diz o texto: "Vendo o Senhor que aqueles homens haviam de vir, e o haviam de arrebatar, e o haviam de fazer rei, fugiu" (Jo 6,15). — E vós sois-me homens de que haviam, e mais que haviam, e outra vez que haviam? Eis aqui por que Cristo não quis ser aclamado rei por tais homens. Aceitou o título dos homens que o fizeram, e não dos homens que o haviam de fazer, porque homens de havemos de fazer não são homens, quanto mais homens que houvessem de fazer um rei, e sustentá-lo. O texto diz que fugiu para o monte, mas não diz de que fugiu. E isso é o que eu pergunto: de que fugiu Cristo nesta ocasião? Dizem comumente que fugiu da Coroa, mas eu digo que, se fugiu da coroa, fugiu muito mais dos homens, porque não há coisa de que um rei mais haja de fugir, que de homens de havemos de fazer. Se eles foram de "fazemos", bem me rio eu, que lhes fugira Cristo. E se lhes fugisse, haviam-no de prender, porque se depois o prenderam para lhe pôr uma coroa de espinhos, por que o não prenderiam para lhe porem uma coroa de ouro? Mas como eram homens de que havemos de fazer, nenhuma coisa fizeram: parou o seu conselho em nada.

O primeiro conselho que houve no mundo foi o da Torre de Babel. Resolveram os homens em uma junta de todos quantos então havia, que, para eterna memória de seu nome, fabricassem uma torre cujas ameias subissem até entestar com as estrelas: "Cujo cume chegue até o céu" (Gn 11,4). Não se pode crer o grande abalo que fez no céu este conselho. Mandou Deus tocar a rebate, e assistido logo de todos os exércitos dos anjos, a fala que lhes fez foi esta: "Começaram a construí-lo e não desistem de seus pensamentos até que completem a obra" (Gn 11,6): Estes homens resolveram em conselho de fazer uma torre que chegue até o céu, e não hão de desistir do seu pensamento, até o levarem ao cabo: "Por isso desçamos e confundamos as suas línguas": O que importa é que desçamos logo à terra, e que lhes confundamos as línguas, para que não vão por diante com seu intento. — Com o seu intento, Senhor? E que importam, ou que podem importar os intentos dos homens contra o céu? Pois se o céu e os anjos, e muito mais Deus, estão tão seguros de todo o poder dos homens, se todas as máquinas de seus pensamentos e de suas mãos contra o céu, mais são desvanecimentos que conselhos, de que se altera o empíreo, de que se receiam os anjos, de que se acautela Deus com tanto cuidado, com tanta prevenção, com tanto estrondo? Mais: se a fábrica imensa daquela intentada torre, quando menos pela distância infinita que vai da terra ao céu, não só era temerária, senão impossível, como afirma constantemente o mesmo Deus que não hão de desistir os homens da obra, até a levarem ao cabo? Eu o direi, e o mesmo texto o diz.

Aqueles homens, para tudo o que intentaram e resolveram, não fizeram mais que dois conselhos: um dos meios, outro do fim. No primeiro conselho disseram: "Eia, façamos tijolos"; no segundo conselho disseram: "Eia, façamos a torre". E homens que em todos os seus conselhos não dizem faremos nem havemos de fazer, senão façamos: "Façamos tijolos, façamos a torre", estes homens, ainda que intentem o maior impossível, hão de levá-lo ao cabo. Homens que fazem os conselhos fazendo, homens que as suas resoluções são de pedra e cal, e que quando haviam de parecer conselhos, aparecem muralhas, guarde-se o mundo, guarde-se o céu, guardem-se os anjos, e — se é lícito dizê-lo assim — guarde-se o mesmo Deus de tais homens. Não é o encarecimento meu, senão do mesmo Deus, o qual por isso se não dilatou um momento em acudir ao caso, nem se contentou com mandar, senão que desceu em pessoa, e não só, senão acompanhado de todos os seus exércitos: "desçamos". Tal foi o conselho que hoje fizeram estes conselheiros, e tais foram também os efeitos dele. Tanto que Cristo viu o que se tinha proposto e resoluto neste conselho, que fez? Diz o evangelista que o Senhor se retirou logo de Jerusalém, e se passou escondidamente para a cidade de Efrém, e se meteu num deserto: "Por isso Jesus já não andava em público, mas retirou-se para uma região junto do deserto, para uma cidade chamada Efraim" (Jo 11,54). E retira-se Cristo? Esconde-se Cristo? Desaparece Cristo? Sim. Porque homens que nas suas propostas e nos seus conselhos não dizem que havemos de fazer, senão "que fazemos", até a Deus metem cuidado, até a Deus põem receios, até Deus não está seguro de tais homens e de tais conselhos: "Não andava em público, retirou-se para uma região junto do deserto".

§ V

Pedia agora a ordem do conselho que depois da proposta se seguissem os pareceres e a resolução. Mas, para maior clareza do discurso, fique esta terceira parte para o fim, e passemos à última. A última propriedade boa, e melhor que todas deste conselho, foi a eficácia e presteza da execução: "Desde aquele dia, pensaram em matá-lo". O texto grego diz: "Desde aquela hora". No mesmo dia, e na mesma hora do conselho se começou a pôr o conselho em execução com todo o cuidado. A proposta do conselho foi: "Que fazemos?" E o fim do conselho na mesma hora foi fazer o que se resolveu que se fizesse. Cuidam os ministros que, feitos os conselhos, feitas as consultas, feitos os decretos, está feito tudo, e ainda se não começou a fazer nada. O princípio dos negócios é a execução: enquanto se não dão à execução, não se lhe tem dado princípio. "No princípio, criou Deus o céu e a terra", são as primeiras palavras da Escritura: Pergunto: antes de Deus criar o céu e a terra, a criação do mesmo céu e da mesma terra não estava decretada "desde toda a eternidade" no conselho de sua sabedoria? Sim, estava. Pois então é que se deu princípio à criação do céu e da terra? De nenhum modo, diz o texto: "No princípio Deus criou o céu e a terra". Quando Deus criou o céu e a terra, então é que lhes deu princípio, porque, enquanto os conselhos se não dão à execução, por mais conselhos e por mais decretos que haja, ainda se não tem dado princípio a nada. Que importa que haja conselhos e mais conselhos, que importa que haja decretos e mais decretos, se entre os decretos e a execução se passa uma eternidade? Os decretos serão divinos e diviníssimos, como eram os de Deus, mas todas essas divindades decretadas sem execução, que vêm a ser? O que era o céu e a terra antes da criação do mundo? Nada. Antes da criação do mundo estava decretado o céu, estava decretada a terra, estavam decretados os elementos, e tudo quanto Deus criou; tudo estava decretado e assentado em conselho. Mas todas estas coisas decretadas, que eram? O céu era nada, a terra outro nada, os quatro elementos quatro nadas, e toda essa infinidade de coisas uma infinidade de nadas. Que importa a sentença no conselho da justiça, se se não executa a sentença? Que importa o arbítrio no conselho da Fazenda, se se não executa o arbítrio? Que importa a prevenção no conselho da Guerra, se se não executa a prevenção? Que importam os mistérios no conselho do Estado, se se não executam os mistérios? O mistério altíssimo e diviníssimo da Encarnação estava decretado havia uma eternidade, e estava revelado havia quatro mil anos: e que era este mistério antes da execução? Nada.

Pois que remédio para que estes nadas sejam alguma coisa e sejam tudo? O remédio é criar um conselho de novo. Ainda mais conselhos? Bem aviados estamos. E que conselho há de ser este? E como se há de chamar? Salomão, cujo é o arbítrio, lhe deu também o nome: "um conselho de mãos" (Pr 31,13). Este é o conselho dos conselhos. Todos os outros conselhos, sem este, são conselho sem conselho. Os conselhos do entendimento discorrem, altercam, disputam, consultam, resolvem, decretam, e até aqui nada. O conselho das mãos é o que faz as coisas. O mesmo texto o diz: "Trabalhou com o conselho de suas mãos" (Pr 31,13). Os outros conselhos especulam; este conselho obra. Mas, com licença de Salomão, se este chamado conselho é de mãos, parece que se não havia de chamar conselho, porque o conselho é ato de entendimento, e as mãos não têm entendimento. Antes só as mãos têm o entendimento que é necessário. A cabeça tem entendimento especulativo, as mãos têm entendimento prático, e este é só o entendimento que faz as coisas. Assim o disse um rei, que tinha muito bom entendimento e muito boas mãos, Davi: "Com os entendimentos de suas mãos o conduziu" (Sl 77,72). Fala Davi das felicidades daquela mesma república em cujo conselho estamos, e conclui que em todas as ocasiões em que tiveram felizes sucessos, os governou Deus, e eles se governaram "com os entendimentos de suas mãos". E notai que não diz com o entendimento de suas mãos, senão com os entendimentos: "Com os entendimentos de suas mãos". A cabeça, que é uma, tem entendimento; as mãos, que são duas, têm entendimentos: "Com os entendimentos". Aqui está um entendimento, e aqui outro: um na mão direita, outro na esquerda, e se estes dois entendimentos se dão as mãos, tudo se consegue. Os mais felizes reinos não são aqueles que têm as mais bem entendidas cabeças, senão aqueles que têm as mais bem entendidas mãos. Dos entendimentos das mãos é que se fazem os prudentes conselhos, ou quando menos nos entendimentos das mãos é que se qualificam de prudentes, porque os conselhos prudentes, que não passam do entendimento às mãos, fazem-se de prudentes néscios.

Rebelou-se Absalão contra el-rei Davi. Seguiu a voz de Absalão todo o reino cujas vontades ele tinha ganhado: "Todo o Israel segue Absalão com todo o coração". Chegou a nova ao rei nestes mesmos termos, e como nos grandes casos se veem os grandes corações, acomodou-se Davi à fortuna do tempo e retirou-se com os capitães de sua guarda, que só o acompanhavam. Tinha já caminhado um bom espaço do Monte Olivete, quando recebeu segundo aviso, que também Aquitofel, seu grande conselheiro, seguia as partes de Absalão, e aqui foi que o coração do rei sentiu os primeiros abalos. Pôs-se de joelhos, levantou as mãos ao céu, e disse a Deus: "Peço-vos, Senhor, que enfatueis o conselho de Aquitofel" (2Rs 15,31). — Nunca nossa língua me pareceu pobre de palavras, senão neste texto. Enfatuar significa fazer imprudente, fazer ignorante, fazer néscio, e ainda significa mais; e tudo isto pedia Davi que fizesse Deus ao conselho de Aquitofel. Vede o que pesava no juízo daquele grão rei, e o que deve pesar no de todos um grande conselheiro? Quando disseram a Davi que todo o reino unido seguia a Absalão, não fez oração a Deus para que o livrasse de suas armas; quando lhe disseram que também Aquitofel o seguia, fez oração apertada, para que o livrasse de seus conselhos. Mais temeu Davi a testa de um só homem que os braços de infinitos homens. Bem tinha já experimentado o mesmo Davi, na pedrada do gigante, que importa pouco que o corpo e os braços estejam armados, se a testa está fraca. Houve-se Davi neste caso contra Absalão como já se houvera contra Golias. O tiro da sua oração não o apontou contra o reino, que era o corpo armado, senão contra Aquitofel, que era a testa. Um grande conselheiro no conselho do rei há de ser a sua maior estimação, e no conselho do inimigo há de ser o seu maior temor.

Vamos agora ao sucesso em que a Escritura diz duas coisas notáveis, e que parecem totalmente encontradas. A primeira, que Deus ouviu a oração de Davi contra o conselho de Aquitofel; a segunda, que Aquitofel aconselhou a Absalão prudentemente o que lhe convinha: "Por disposição do Senhor dissipou-se o útil conselho de Aquitofel" (2Rs 17,14). Pois se Aquitofel aconselhou útil e prudentemente a Absalão, como ouviu Deus a oração de Davi? A oração de Davi pediu a Deus que enfatuasse o conselho de Aquitofel; mas se o conselho de Aquitofel foi prudente e útil, como enfatuou Deus o seu conselho? Quereis saber como o enfatuou, lede por diante o texto. Ainda que a Escritura diz que o conselho de Aquitofel foi prudente, diz também que Absalão o não executou, e este foi o modo com que Deus enfatuou aquele conselho, porque conselhos prudentes, sem execução, não são prudentes, são fátuos. De dois modos podia Deus enfatuar o conselho de Aquitofel: ou no entendimento do mesmo Aquitofel, fazendo que Aquitofel votasse mal, ou nas mãos de Absalão, fazendo que, ainda que o conselho fosse bom, Absalão o não executasse. E Deus, para totalmente enfatuar o conselho de Aquitofel, como Davi lhe tinha pedido, escolheu este segundo modo, porque o conselho que se não acerta com o entendimento é conselho errado; mas o conselho que depois de acertado não se executa, não só é errado, é fátuo. Errar um conselho é coisa que cabe em homens prudentes; mas acertá-lo e perdê-lo por falta de execução, só em homens fátuos se pode achar. Oh! quantos reinos se perdem por conselhos prudentes enfatuados! Vejam lá os príncipes se são enfatuados nos entendimentos dos Aquitoféis ou nas mãos dos Absalões. Por isso eu desejara um conselho de mãos, e por isso, sendo tão mau, teve esta parte de bom o conselho do nosso Evangelho. Começou estranhando o que se não fazia: "Que fazemos". E acabou começando o que se havia de fazer: "Desde aquele dia, desde aquela hora pensaram em matá-lo".

Mas eu não acabo de entender como isto podia ser logo no mesmo dia e na mesma hora em que se fez o conselho. Quando se lançaram os votos? Quando se escreveu a consulta? Quando se assinou? Quando subiu? Quando se resolveu? Quando baixou? Quando se fizeram os despachos? Quando se registraram? Quando tornaram a subir? Quando se firmaram? Quando tornaram a baixar? Quando se passaram as ordens? Quando se distribuíram? Tudo isto não se podia fazer em uma hora, nem em um dia, nem ainda em muitos. Se fora no nosso tempo e na nossa terra, assim havia de ser, mas tudo se fez, e tudo se pode fazer. Por quê? Porque não houve tinta nem papel neste conselho.

§ VI

Esta é a quarta e última propriedade boa que nele considero: ser um conselho em que não apareceu papel nem tinta. Dias há que tenho para mim que a tinta e o papel são duas peças, ou escusadas, ou quase escusadas em um conselho. E porque isto parece querer condenar o mundo, não hei de argumentar ao mundo senão consigo mesmo. Qual é mais antigo no mundo: o conselho ou o papel? Pois assim como naquele tempo faziam os conselhos sem papel, por que se não puderam fazer agora? Dir-me-eis que estava ainda o mundo pouco polido, e pouco político. Mais político que agora. A primeira nação ou a primeira língua que soube ler e escrever foi a dos Hebreus. Primeiro se governaram por famílias, depois em república, depois em monarquia, ultimamente em reinos, e em todos estes estados não achareis tinta nem papel em seus conselhos. Chamava o príncipe diante de si os de seu conselho, propunha a matéria, ouvia os pareceres, resolvia o que se havia de fazer, nomeava a pessoa que o havia de executar, e acabava-se o conselho. Não era bom estilo este, Senhor mundo? Agora estareis mais empapelado, mas nem por isso mais bem aconselhado. É verdade que junto às pessoas reais havia naquele tempo dois oficiais de pena. E quais eram? Um historiador e um secretário. Tira-se do II Livro dos Reis, cap. 8,17), onde se referem os oficiais de que se compunha a casa real e se nomeia entre eles Josafá, "Historiador", e Saraias, "Escriba". E por que eram o historiador e o secretário os dois ofícios de pena? Discretíssimamente o ordenaram assim, porque o escrever foi inventado para remédio da ausência e da memória. O secretário escrevia as cartas para os ausentes, e o historiador escrevia as memórias para os futuros. Por isso geralmente nas Histórias Sagradas só achamos livros e epístolas: os livros para os vindouros, as epístolas para os ausentes. Também o escrever se fez para remédio dos mudos, como aconteceu a Zacarias, pai do Batista, que, sendo consultado sobre o nome do filho, e não tendo língua para o declarar, pediu a pena. Se os conselheiros foram mudos, e os reis surdos, então era necessário o papel; mas se os conselheiros falam, e os reis ouvem, para que são tantos papéis? Não é melhor ouvir um conselheiro que fala e responde, que ler um papel mudo, que não sabe responder? E quantos conselheiros houveram de dizer, de palavra, o que se não atrevem a dizer e firmar por escrito? Entre a boca do consultado e o ouvido do rei passa a verdade com segurança, e nem todos têm liberdade e constância para fiar o seu voto das riscas e dos riscos de um papel.

Não falo em que a tinta, com ser preta, pode tingir o papel de muitas cores, e a pena, de qualquer ave que seja, toda nasceu de carne e sangue.

Introduzir papel e tinta — ao menos tanto papel e tanta tinta — nos conselhos e nos tribunais foi traça de fazer o tempo curto, e os requerimentos largos, e de se acabar primeiro a paciência e a vida, que os negócios. O maior exemplo que há desta experiência em todas as histórias é a da execução deste mesmo conselho em que estamos: "Desde aquele dia, pensaram em matá-lo". A execução deste conselho foi a morte de Cristo, e é coisa, que parece excede toda a fé — se o não disseram os evangelistas — considerar o muito que se fez, e o pouco tempo que se gastou nesta execução. Foi Cristo preso às doze da noite, e crucificado às doze do dia. E que se fez, ou que se não fez nestas doze horas? Foi levado o Senhor a quatro tribunais mui distantes, e a um deles duas vezes; ajuntaram-se e fizeram-se dois conselhos; presentaram-se em duas partes as acusações; tiraram-se três inquirições de testemunhas; expediu-se a causa incidente e perdão de Barrabás; deram-se dois libelos contra Cristo; fizeram-se arrazoados por parte do réu e por parte dos autores; alegaram-se leis; deram-se vistas; houve réplicas e tréplicas; representaram-se duas comédias: uma de Cristo profeta, com os olhos tapados, outra de rei, com cetro e coroa; foi três vezes despido, e três vestido; cinco vezes perguntado e examinado; duas vezes sentenciado; duas mostrado ao povo; ferido e afrontado tantas vezes com as mãos, tantas com a cana, cinco mil e tantas com os açoites; preveniram-se lanças, espadas, fachos, lanternas, cordas, colunas, azorragues, varas, cadeias; uma roupa branca, outra de púrpura; canas, espinhos, cruz, cravos, fel, vinagre, mirra, esponja; título com letras hebraicas, gregas e latinas, não escritas, senão entalhadas, como se mostram hoje em Roma; ladrões, que acompanhassem ao Senhor; cruzes para os mesmos ladrões; Cerineu que o ajudasse a levar a sua; pregou Cristo três vezes, uma a Caifás, outra a Pilatos, outra às filhas de Jerusalém.

Finalmente caindo e levantando foi levado ao Calvário, e crucificado nele. E que tudo isto se obrasse em doze horas? E que ainda dessas doze horas sobejassem três para descanso dos ministros, que foram as últimas da madrugada? Grave caso! E como foi possível que todas estas coisas, tantas, tão diversas, e de tantas dependências, se obrassem e se pudessem obrar na brevidade de tão poucas horas, e mais sendo a metade delas de noite? Tudo foi possível e tudo se fez, porque em todos estes conselhos, em todos estes tribunais, em todas estas resoluções e execuções não entrou papel nem tinta. Se tudo isto se houvera de fazer com as tardanças, com as dilações, com os vagares, com as cerimônias que envolve qualquer papel, ainda hoje o gênero humano não estava remido. Só quatro palavras se escreveram na morte de Cristo, que foram as do título da cruz, e logo houve sobre elas embargos, e requerimentos, e altercações, e teimas, e descontentamentos. E se Pilatos não dissera resolutamente que se não havia de escrever mais: "O que escrevi, escrevi" (Jo 19,22), o caso era de apelação para César, que estava em Roma, dali a quinhentas léguas, e demanda havia na meia regra para muitos anos.

Até Cristo teve a sua conveniência em não haver papel e tinta na sua execução, porque ao menos não pagou custas. É possível que não há de haver justiça, nem inocência, nem prêmio, que escape do castigo do papel? Chamei-lhe castigo, por lhe não chamar roubo. Mas que papel há que não seja ladrão marcado? Tirou-me o escrúpulo de o cuidar assim uma só história de papel, ou de papéis, que se acha no Evangelho. Conta S. Lucas que certo Senhor rico, tendo entregue a sua fazenda a um mordomo, por alguns rumores que lhe chegaram, de que não era limpo de mãos, lhe tirou de repente o ofício. Ouvindo o criado que lhe tiravam o ofício, toma muito depressa os papéis, vai-se ter com os que deviam ao amo, e que fez com eles? Ao que devia cem cântaros de azeite, fazia-lhe escrever oitenta: "Escreve oitenta"; ao que devia cem fânegas de pão, dizia-lhe que escrevesse cinquenta: "Escreve cinquenta" (Lc 16,6s). Pois esta é a fé dos papéis tão acreditada? Para isto servem os papéis? Para isto servem: para de cem cântaros fazer oitenta cântaros; para de cem fânegas fazer cinquenta fânegas. Vede se merecia o criado as marcas do papel? Mas se não houvera papéis, não tiveram tais ocasiões os criados.

Terrível flagelo do mundo foi sempre o papel, mas hoje mais cruel que nunca. A origem e o nome do papel foi tomado das cascas das árvores, que em latim se chamam *papyrus*, porque aquelas cascas foram o primeiro papel em que os homens escreviam ao princípio; depois deram em curtir as peles, e se facilitou mais a escritura com o uso dos pergaminhos. Ultimamente se inventou a praga do papel, de que hoje usamos. De maneira que, se bem advertimos, foi o papel, desde seus princípios, matéria de escrever e invenção de esfolar. Com o primeiro papel esfolavam-se as árvores, com o segundo esfolavam-se os animais, com o de hoje esfolam-se os homens. Oh! quanto papel se pudera encadernar com as peles que o mesmo papel tem despido! Mas em nenhuma parte tanto como em Portugal, porque em nenhuma se gasta tanto papel ou se gasta tanto em papéis. Estes socorros que damos a Veneza, não seria melhor dá-los antes em dinheiro contra o turco em Cândia, que dá-los por papel contra nós? O mais bem achado tributo que inventou a necessidade ou a cobiça, é para mim o do papel selado. Mas faltou-lhe uma condição: o selo; não o haviam de pagar as partes, senão os ministros. Se os ministros pagaram o selo, eu vos prometo que havia de correr menos o papel e que haviam de voar mais os negócios. Mas ainda voariam mais, se não houvesse penas nem papel. E por isso voaram tanto as resoluções deste conselho: "a partir daquela hora".

§ VII

Sendo este conselho tão político, e sendo tão políticos os seus Conselheiros, que se seguiu de todas estas políticas? O que se seguiu foi a destruição de Jerusalém, a destruição de toda a República dos Hebreus, a destruição dos mesmos pontífices e fariseus que fizeram o conselho. E por quê? Porque, tendo o conselho tanto de político, não teve o que devia ter de cristão: antes todo ele foi contra Cristo: "Reuniram-se os pontífices e os fariseus em conselho contra Jesus". Estas palavras: "Contra Jesus", não são do texto, senão da glossa da Igreja. Notai, diz a Igreja, que este conselho foi contra Cristo. E de um conselho contra Cristo que se podia esperar, senão a destruição do mesmo conselho, dos mesmos conselheiros, e de toda a república, que por tais meios pretenderam defender e sustentar? E assim foi. O fundamento político de toda a resolução que tomaram de matar a Cristo foi este: "Se o deixarmos assim, virão os romanos tirar-nos-ão o nosso lugar e a nação" (Jo 11,48): Se deixamos este homem assim, todos o hão de aclamar por rei, e se se souber em Roma que nós temos rei contra a soberania e majestade do Império Romano, hão de vir contra nós os romanos, e hão de tirar-nos dos nossos lugares, e hão de destruir a nossa gente e a nossa república: pois morra este homem, para que nos não percamos todos. Mas vede como lhes saiu errada esta sua política. Matemos este homem por que nos não percamos todos — e perderam-se todos, porque mataram aquele homem; matemos este homem por que não venham os romanos e tomem Jerusalém; e porque mataram aquele homem, vieram os romanos e tomaram Jerusalém, e não deixaram nela pedra sobre pedra. Que é de Jerusalém? Que é da República Hebreia? Quem a destruiu? Quem a dissipou? Quem a acabou? Os romanos. Eis aqui em que vêm a parar os conselhos e as políticas, quando as suas razões de estado são contra Cristo. Santo Agostinho: "O mau conselho se converteu contra eles"[1]: Vede, diz Agostinho, o mau conselho como se converteu contra os mesmos que o tinham tomado: "Para conservarem mataram, e porque mataram perderam": para conservarem a república, mataram a Cristo, e porque mataram a Cristo, perderam a república. — Oh! quantas vezes se perdem as repúblicas, porque se tomam por meios de sua conservação ofensas de Cristo! Quem aconselha contra Deus, aconselha contra si. E os meios que os homens tomam para se conservar, se são contra Deus, esses mesmos toma Deus contra eles, para os destruir.

Muitas vezes castigou Deus a República Hebreia, em todos os estados e em todas as idades, por diferentes nações. Deixo os cativeiros particulares no tempo dos Juízes pelos madianitas, e no tempo dos reis pelos filisteus. Vamos aos cativeiros gerais. O primeiro cativeiro geral, em tempo de Moisés, foi pelos Egípcios; o segundo cativeiro geral, em tempo de Oseias, foi pelos assírios; o terceiro cativeiro geral, em tempo de Jeconias, foi pelos babilônios; o último cativeiro geral, depois de Cristo, que é o presente, foi pelos romanos. E por que ordenou Deus que os executores deste último cativeiro fossem os romanos, e não por outra nação? Não estavam ainda aí os mesmos egípcios, os etíopes, os árabes, os persas, os gregos e os macedônios, que eram as nações confinantes? Pois por que não ordenou Deus que os executores deste cativeiro fossem estas, ou outra nação, senão os romanos? Para que visse o mundo todo que a causa deste castigo foram as políticas deste conselho. Ora vede.

Três resoluções tomaram estes conselheiros para conservação da sua república, todas três fundadas no temor, no respeito, na dependência e na amizade dos romanos. A primeira notou S. Gregório, a segunda S. Basílio, a terceira santo Ambrósio. Deixo as palavras por não fazer o discurso mais largo. A primeira resolução foi que, se Cristo continuasse com aquele séquito e aplauso e com as aclamações de rei que lhe dava o povo, viriam os romanos sobre Jerusalém: "Se o deixarmos assim, virão os romanos". A segunda resolução foi entregarem a Cristo aos soldados romanos, porque eles foram os que o prenderam no Horto e o crucificaram: "Tendo, pois, Judas recebido a coorte", que era uma das coortes romanas. A terceira resolução foi persuadirem a Pilatos, governador de Judeia posto pelos romanos, que, se livrava a Cristo, perdia a amizade do César: "Se deixas a este, não és amigo de César". Ah! sim! E vós temeis mais a potência dos romanos que a justiça de Deus? Pois castigar-vos-á a justiça de Deus com a mesma potência dos romanos. E vós entregais a Cristo aos soldados romanos para que o prendam e crucifiquem; pois Cristo vos entregará aos soldados romanos, para que vos cativem, vos matem e vos assolem. E vós anteponhes a amizade do imperador dos romanos à graça de Deus; pois Deus fará que os imperadores romanos sejam os vossos mais cruéis inimigos, e que venha Tito e Vespasiano a conquistar-vos e destruir-vos. De maneira que todas as políticas dos pontífices e fariseus se converteram contra eles, e das resoluções do seu mesmo conselho se formaram os instrumentos da sua ruína. Disto lhes serviu o temor, o respeito, a dependência e a amizade dos romanos. E este foi o desastrado fim daquele conselho, merecedor de tal fim, pois tinha elegido tais meios.

Senhor. A verdadeira política é o temor de Deus, o respeito de Deus, a dependência de Deus e a amizade de Deus, e a verdadeira arte de reinar é guardar sua lei. Os políticos antigos estudavam pelos preceitos de Aristóteles e Xenofonte; os políticos modernos estudam pelas malícias de Tácito[2], e de outros indignos de se pronunciarem seus nomes neste lugar. A verdadeira política, e única, é a lei de Deus. Ouvi umas palavras de Deus no capítulo 17 do Deuteronômio, que todos os príncipes deviam trazer gravadas no coração: "Quando o rei se assentar sobre o trono do seu reino, escreverá para si uma cópia desta lei, e a lerá todos os dias da sua vida, para que aprenda a temer a Deus, e não se incline à direita ou à esquerda, para que ele, e os seus filhos, reinem por longo tempo" (Dt 17,18ss). Tanto que o rei, diz Deus, se assentar no trono do seu reino, a primeira coisa que fará será escrever por sua própria mão esta minha lei, e a lerá todos os dias de sua vida, para que aprenda a temer a Deus, e não se apartará dela um ponto, nem para a mão direita, nem para a esquerda, e deste modo conservará o seu reino para si e para seus descendentes. — Pois, Senhor, esta é a arte de reinar, este são os documentos políticos, e estas são as razões de estado que dais ao rei do vosso povo para sua conservação e para perpetuidade e estabelecimento de seu império? Sim. Estas são, e nenhumas outras. Saber a lei de Deus, temer a Deus, guardar a lei de Deus, e não se apartar um ponto dela. Se Aristóteles sabe mais que Deus, sigam-se as políticas de Aristóteles. Se Xenofonte sabe mais que Deus, imitem-se as ideias de Xenofonte. Se Tácito fala mais certo que Deus, estudem-se as agudezas e sentenças de Tácito. Mas se Deus sabe mais que eles, e é a verdadeira e única sabedoria, estudem-se, aprendam-se, e sigam-se as razões de estado de Deus.

Não digo que se não leiam os livros, mas toda a política sem a lei de Deus é ignorância, é engano, é desacerto, é erro, é desgoverno, é ruína. Pelo contrário, a lei de Deus só, sem nenhuma outra política, é política, é ciência, é acerto, é governo, é conservação, é segurança. Toda a política de um rei cristão se reduz a quatro partes e a quatro respeitos: do rei para com Deus, do rei para consigo, do rei para com os vassalos, do rei para com os estranhos. Tudo isto achará o rei na lei de Deus. De si para com Deus, a religião; de si para consigo, a temperança; de si para com os vassalos, a justiça; de si para com os estranhos, a prudência. Para todos estes quatro rumos navegará segura a monarquia, se os seus conselhos levarem sempre por norte a Deus, e por leme a sua lei: "A lei divina é o leme dos conselhos"[3], disse S. Cipriano. Os conselhos são o governo da república, e a lei de Deus há de ser o governo dos conselhos. Conselho e república que se não governa pela lei de Deus é nau sem leme. Por isso o reino de Jeroboão, de Bassa, de Jeú, e de tantos outros, fizeram tão miseráveis naufrágios.

O mais político e o mais prudente rei que lemos nas Histórias Sagradas foi Davi. E qual era o seu conselho? Ele o disse: "O meu conselho, Senhor, são os vossos mandamentos." (Sl 118,24) — Oh! que autorizado conselho! Oh! que prudentes conselheiros! O conselho: a lei de Deus, os conselheiros: os dez mandamentos. De Aquitofel, aquele famosíssimo conselheiro, diz o texto que eram os seus conselhos como oráculos e respostas de Deus: "Como se alguém consultasse o Senhor" (2Rs 16,23). Os Mandamentos de Deus, que eram os conselheiros de Davi, não são como oráculos, senão verdadeiramente oráculos de Deus. E quem se governar pelos oráculos de Deus, como pode errar? Quando Cristo apareceu a el-rei D. Afonso Henriques[4], e lhe certificou que queria fundar e estabelecer nele e na sua descendência um novo império, assim como disse a Moisés: "Eu sou o que sou" — assim o disse àquele primeiro rei: "Eu sou o que edifico os reinos e os dissipo". Nestas duas máximas resumiu Cristo todas as razões de estado por onde queria se governasse um rei de Portugal. Deus é o que dá os reinos, e Deus é o que os tira. O fim de toda a política é a conservação e aumento dos reinos. Como se hão de conservar os reinos, se tiverem contra si a Deus, que os tira, e como se hão de aumentar os reinos, se não tiverem por si a Deus, que os dá? Se não tivermos contra nós a Deus, segura está a conservação; se tivermos por nós a Deus, seguro está o aumento: dizia Jó, que também era rei: "Ponha-me Deus junto a si, e venha todo o mundo contra mim" (Jó 17,3), — Se tivermos de nossa parte a Deus, ainda que tenhamos contra nós todo o mundo, todo o mundo não nos poderá ofender; mas se tivermos a Deus contra nós, ainda que tenhamos todo o mundo da nossa parte, não nos poderá defender todo o mundo. Fazer liga com Deus ostensiva e defensiva, e estamos seguros. Eis aqui o erro fatal deste mal aconselhado conselho dos pontífices e fariseus: por se ligarem com os romanos, apartaram-se de Deus, e porque não repararam em perder a Deus, por conservar a república, perderam a república e mais a Deus. "Pois que proveito terá o homem em ganhar o mundo inteiro, se perder a sua alma?" (Mt 16,26). Este Homem, diziam, faz muitos sinais. Chamavam sinais aos milagres de Cristo, e, ainda que acertaram o número aos milagres, erraram a conta aos sinais. Os milagres eram muitos, mas os sinais não eram mais que dois. Se seguissem a Cristo, sinal de sua conservação; se o não seguissem, sinal de sua ruína. Cada milagre daqueles era um cometa que ameaçava mortalmente a República Hebreia, se não cresse, e ofendesse a Cristo. E assim foi.

Príncipes, reis, monarcas do mundo, se vos quereis conservar, e a vossos estados, se não quereis perder vossos reinos e monarquias, seja o vosso conselho supremo a lei de Deus. Todos os outros conselhos se reduzam a este conselho, e estejam sujeitos e subordinados a ele. Tudo o que vos consultarem vossos conselhos e vossos conselheiros, ou como necessário à conservação, ou como útil ao aumento, ou como honroso ao decoro, à grandeza e à majestade de vossas coroas, seja debaixo desta condição infalível: se for conforme à lei de Deus, aprove-se, confirme-se, decrete-se e execute-se logo; mas se contiver coisa alguma contra Deus e sua lei, reprove-se, deteste-se, abomine-se, e de nenhum modo se admita nem consinta, ainda que dele dependesse a vida, a coroa, a monarquia. O rei em cuja consciência e em cuja estimação não pesa mais um pecado venial que todo o mundo, não é rei cristão. "Que aproveita ao homem ganhar todo mundo, se vier a perder a sua alma! (Mt 16,26). Que lhe aproveitará a qualquer homem, e que lhe aproveitou a Alexandre ser senhor do mundo, se perdeu a sua alma? Perca-se o mundo, e não se arrisque a alma; perca-se a coroa e o cetro, e não se manche a consciência; perca-se o reino da terra, e não se ponha em contingência o reino do céu. Mas o rei, que por não pôr em contingência o reino do céu, não reparar nas contingências do reino da terra, é certo e infalível que por esta resolução, por este valor, por esta verdade, por este zelo, por esta razão e por esta cristandade, segurará o reino da terra e mais o do céu, porque Deus, que é o supremo Senhor do céu e da terra, nesta vida o estabelecerá no reino da terra, pela firmeza da graça, e na outra vida o perpetuará no reino do céu, pela eternidade da glória.

SERMÃO DA
Quinta Dominga da Quaresma

Pregado na Catedral de Lisboa, ano 1651.

∽

"Se eu vos digo a verdade, por que não me credes?"
(Jo 8,46)

Em 1650, Vieira vai à Itália com duas missões diplomáticas que lhe foram confiadas pela corte: tratar do casamento de dom Teodósio e da revolta napolitana contra Castela. As duas missões fracassaram e Vieira volta imediatamente a Portugal.

O tema do dia é a queixa de Cristo de não crerem a ele. Uma coisa é crer em Cristo, crer o que ele é, e outra coisa é crer a Cristo, crer o que ele diz. Cremos em Cristo mas não cremos a Cristo. Temos uma parte da fé, falta-nos a outra. Somos cristãos do Credo e hereges dos Mandamentos. Basta abrir as Escrituras e os Evangelhos e ir ouvindo as palavras de Deus e de Cristo: cremos nele, mas não a ele, às suas palavras.

Desde a tentação de Eva, passando pelos livros do Antigo Testamento, do Novo Testamento, pelos Santos Padres, Vieira comprova a queixa de Cristo. Se não cremos a Cristo, a quem cremos? Aos inimigos da alma: ao mundo que nos violenta e cativa, ao demônio que nos engana e à carne que nos precipita e perde. Assim, nem todos os que creem em Cristo, creem a Cristo. E quem não crê a Cristo facilmente passa a não crer em Cristo. Creiamos a Cristo e teremos segura a fé com que cremos em Cristo.

§ I

Estas palavras que hoje nos propõe a Igreja, e nos manda pregar ao povo cristão, são as mesmas que Cristo antigamente pregou contra os escribas e fariseus. E porque são as mesmas, parece que não é razão se nos preguem a nós. Cristo nestas palavras queixava-se dos judeus, porque o não criam: "Por que não me credes?" (Jo 8,46). E não seria grande impropriedade, e ainda afronta da nossa fé, se em um auditório tão católico fizesse eu a mesma queixa, e afirmasse, ou supusesse de nós, que, sendo cristãos, não cremos a Cristo? Este foi o meu primeiro reparo, e me pareceu conforme a ele que as palavras do Evangelho, que propus, só as mandava referir a Igreja como história do tempo passado, e não como doutrina necessária aos tempos e costumes presentes.

Dei um passo mais avante com a consideração, e comecei a duvidar disto mesmo. Olhei para a fé que se usa, olhei para a vida e obras que correspondem à mesma fé, olhei para os pequenos, e muito mais para os grandes, olhei para os leigos, e também para os eclesiásticos, e achei, e me persuadi, com grande confusão minha, que tão necessária é hoje esta pregação, como foi no tempo de Cristo. E por quê? O dia é de verdades: hei de dizer o porquê muito claramente. Porque se os escribas e fariseus não criam a Cristo, também os cristãos e católicos não cremos a Cristo. Iramo-nos muito, e dizemos grandes injúrias contra os judeus daquele tempo, e nós somos como eles. Contra eles pregou Cristo, contra nós prega o Evangelho. E se Cristo falara daquele sacrário, assim como então disse aos judeus: "Por que não me credes?", assim havíamos de ouvir, que nos dizia a nós: cristãos, por que me não credes? Se sois, e vos chamais cristãos, por que não credes a Cristo?

Parece-me, Senhores, que vos vejo inquietos, e ainda indignados contra mim, por esta proposta, e que cada um dentro de si, não só me está arguindo e condenando, mas cuida que me tem convencido. — Nós, dizeis todos, por graça de Deus somos cristãos, e o Cristo em que cremos, e por cuja fé daremos a vida, é o mesmo Cristo que os judeus hoje negaram. Eles crucificaram-no, nós adoramo-lo; eles não creram que era o verdadeiro Messias, nós cremos que é verdadeiro Deus e verdadeiro homem, que encarnou, que nasceu, que morreu, que ressuscitou, que salvou e remiu o mundo. Logo, grande injúria é a que faz à nossa fé e à nossa cristandade quem diz que somos como os judeus em não crer a Cristo. E que seria se eu dissesse que nesta parte ainda somos piores?

Entendei bem o que diz o texto de Cristo, e logo vereis como a vossa instância nem desfaz a minha proposta, nem é argumento contra ela. Dizeis que sois cristãos? Assim é. Dizeis que credes muito verdadeiramente em Cristo? Também o concedo. Mas Cristo não se queixa de não crerem nele; queixa-se de o não crerem a ele. Notai as palavras. Não diz: "Por que não credes em mim?" O que diz é: "Por que não credes a mim?" Uma coisa é crer em Cristo, que é o que vós provais, e eu vos concedo; outra coisa é crer a Cristo, que é o que não podeis provar, e em que eu vos hei de convencer. De ambos estes termos usou o mesmo Senhor muitas vezes. Aos discípulos: "Crede em Deus, crede também em mim" (Jo 14,1). A Marta: "O que crê em mim, ainda que esteja morto, viverá" (Jo 11,25). Por outra parte, à Samaritana: "Mulher, crede-me" (Jo 4,21), e aos mesmos judeus: "Se não me quereis crer, crede nas obras" (Jo 10,38). De maneira que há crer em Cristo, e crer a Cristo, e uma crença é muito diferente da outra. Crer em Cristo é crer o que ele é; crer a Cristo é crer o que ele diz; crer em

Cristo é crer nele, crer a Cristo é crê-lo a ele. Os judeus nem criam em Cristo, nem criam a Cristo. Não criam em Cristo, porque não criam a sua divindade, e não criam a Cristo, porque não criam a sua verdade. E nesta segunda parte é que a nossa fé, ou a nossa incredulidade, se parece com a sua, e ainda a excede mais feiamente. O judeu não crê em Cristo, nem crê a Cristo, e que não creia a Cristo quem não crê em Cristo é proceder coerentemente. Pelo contrário, nós cremos em Cristo, e não cremos a Cristo, e não crer a Cristo quem crê em Cristo, não crer a sua verdade quem crê na sua divindade, é uma contradição tão alheia de todo o entendimento, que só se pode presumir de quem tenha perdido o uso da razão; e por isso o mesmo Senhor nos pergunta por ela: "Por que razão não me credes?".

Isto que já tenho dito é o que resta declarar e provar. Mostrarei que a queixa de Cristo Senhor nosso, feita contra os escribas e fariseus, também pertence a este auditório, e que, se condena a parte secular dele, também fere a eclesiástica. As palavras dizem: "Não me credes?". E nós veremos debaixo de toda a sua propriedade, e com grande confusão nossa, que, por mais que nos prezemos tanto de cristãos, cremos em Cristo, mas não cremos a Cristo. Esta é a verdade que trago para pregar hoje. Se vos parecer nova, será por ignorada, ou mal advertida; se amargosa e de pouco gosto, esse é o sabor da verdade; se finalmente dificultosa de crer, isso fica por conta do que haveis de ouvir. A matéria não pode ser nem mais Cristã, nem mais importante, nem mais útil. Assista-nos Deus com sua graça. *Ave Maria.*

§ II

De maneira, senhores católicos, que somos cristãos de meias: temos uma parte da fé, e falta-nos outra; cremos em Cristo, mas não cremos a Cristo: "Não me credes?".

Quando Cristo saiu ao mundo com a primeira prova da sua onipotência e divindade, convertendo uma criatura em outra nas bodas de Caná de Galileia, conclui o evangelista S. João a narração do milagre com esta notável advertência: "Este foi o primeiro milagre que fez o Senhor Jesus, em Caná, da Galileia, e creram nele seus discípulos" (Jo 2,11). — Já vejo que reparais em uma e outra consequência. Se depois do milagre creram nele seus discípulos, segue-se que antes do milagre não criam nele; e se ainda não criam nele, como eram já seus discípulos? Eram já seus discípulos, porque criam a sua doutrina, mas ainda não criam nele, porque não conheciam a sua divindade. Criam-no a ele, mas não criam nele: criam-no a ele como mestre, mas não criam nele como Deus. De sorte que crer em Cristo e crer a Cristo não são crenças que andem sempre juntas. Os discípulos naquele tempo, e naquele estado, criam a Cristo, mas não criam em Cristo; e nós agora, às avessas deles, cremos em Cristo, mas não cremos a Cristo: cremos em Cristo, porque cremos o que é; não cremos a Cristo, porque não cremos o que diz.

Isto mesmo que a nós, sucedeu aos mesmos discípulos, quando já tinham não menos que três anos da escola divina, e no dia em que acabavam o curso dela. Neste dia — que foi a véspera da Paixão de Cristo — disse o Senhor a todos os discípulos que todos naquela noite haviam de padecer escândalo, faltando à fé e amor que lhe deviam: "Todos vós esta noite vos escandalizareis em mim" (Mt 26,31). Respondeu Pedro que, ainda que todos faltassem, ele não havia de faltar, e replicando o Senhor que, antes que o galo cantasse, o negaria três vezes, tornou Pedro a dizer que, se fosse necessário dar a vida, primeiro a daria e se deixaria matar, do que negar a seu Mestre, e "o mesmo disseram todos os discípulos" (Mt 26,35). Se antes de Cristo ter dito o que acabava de afirmar com tanta asseveração, Pedro presumisse tanto de si, e o mesmo presumissem e dissessem os outros discípulos, não me admirara, porque falavam pela boca do coração, o qual de longe, e antes das ocasiões, sempre nos engana. Mas depois de o Senhor ter dito a Pedro e aos demais que ele nomeadamente o havia de negar, e que todos os outros o haviam de desamparar e fugir: "Ferirei o pastor, e as ovelhas se dispersarão" (Mt 26,31), como não deram crédito a um oráculo tão expresso de Cristo? Pedro e os demais não criam que Cristo era Deus? Sim, criam, que assim o tinha confessado o mesmo Pedro, e todos com ele: "E vós, quem dizeis que eu sou? — Tu és o Cristo, o Filho de Deus vivo" (Mt 16,15s). Pois se criam a divindade de Cristo, se criam que Cristo era Deus, como não creram o que lhes dizia? Porque a sua fé naquele tempo era como a nossa, e todos criam então, como nós cremos hoje. Criam em Cristo, mas não criam a Cristo. Os apóstolos e discípulos, antes de descer sobre eles o Espírito Santo, eram sujeitos, como homens, a defeitos, e talvez padeciam os mesmos em que nós incorremos. No princípio e no fim criam de meias, e em um e outro caso só chegou a sua fé a ser meia fé, diversamente repartida. No princípio, por rudeza e imperfeição, criam a Cristo e não criam em Cristo; no fim, por fraqueza e tentação, criam em Cristo, mas não creram a Cristo. E porque este modo de crer era muito mais arriscado e perigoso, por isso acrescentou o Senhor que o demônio naquela ocasião os havia de crivar: "Eis que Satanás vos pediu para vos joeirar como trigo" (Lc 22,31).

Tenta e engana o demônio aos filhos de Eva com a mesma traça e com a mesma astúcia com que a enganou a ela. Como a fé é o fundamento da graça, contra a fé vomitou a serpente o primeiro veneno, e na fé armou o laço à primeira mulher. Mas como? Porventura intentou persuadir-lhe que não cresse em Deus, ou duvidasse da sua divindade? Tão fora esteve disto o demônio, que antes ele ratificou a Eva essa mesma crença de Deus, uma e outra vez, supondo sempre que o que lhe pusera o preceito era Deus: "Por que vos mandou Deus?" (Gn 3,1). E o que lhe ameaçara a morte também era Deus: "Porque Deus sabe que em qualquer dia que vós comais dela" (Gn 3,5). Pois em que esteve logo a tentação contra a fé? Não esteve em que Eva não cresse o que Deus era; esteve em que não cresse o que Deus dizia. Deus disse a Eva e a Adão que, no ponto em que comessem da árvore vedada, haviam de morrer. E isto que Deus lhes tinha dito é o que o demônio procurou que não cressem: "De nenhum modo morrereis" (Gn 3,4). Deus disse-vos que haveis de morrer se comerdes da árvore. Não creais tal coisa. Ele é o Deus que vos criou, ele é o Deus que vos deu o paraíso, ele é o Deus que vos pôs o preceito, isso crede vós: mas crer que, depois de vos criar, e criar tanta diversidade de frutos para que sustenteis a vida, vos haja de tirar a mesma vida: "De nenhum modo", não creais tal, ainda que ele vo-lo tenha dito. Crede nele sim, mas não o creais a ele. Isto é o que pretendeu o demônio, isto é o que conseguiu. E como enganou a nossos pais, assim nos engana a nós. Dá-nos de barato a metade da fé, para nos ganhar a outra metade. Crer em Deus, quanto nós quisermos; mas crer a Deus, isso não quer o demônio. Por isso cremos em Cristo e não cremos a Cristo: "Não me credes?".

E para que vejais quão importante é o conhecimento deste engano, e quão digna de se nos pregar esta doutrina, ouvi uma ação de Cristo que, pode ser, nunca ouvistes. Diz o apóstolo S. Pedro, no terceiro capítulo da sua primeira Epístola[1], que quando Cristo desceu ao inferno pregou às almas dos que se tinham afogado no dilúvio, e os repreendeu da sua incredulidade, porque não creram a Noé, quando fabricava a arca, esperando vãmente na paciência de Deus: "Também foi pregar aos espíritos que estavam no cárcere, que outrora tinham sido incrédulos, quando nos dias de Noé esperavam a paciência de Deus, enquanto se fabricava a arca" (1Pd 3,19s). Este passo, que é um dos mais dificultosos da Escritura, encerra três grandes dúvidas[2]. Primeira: como pregou Cristo aos condenados do inferno, se no inferno ninguém se pode converter nem emendar? Segunda: por que, havendo no inferno tantos outros pecadores impenitentes e obstinados, entre todos escolheu Cristo para pregar e repreender os que se afogaram no dilúvio? Terceira: por que, tendo estes mesmos homens tantos outros pecados gravíssimos, pelos quais mereceram aquele tão extraordinário castigo, só os argui e repreende Cristo da sua incredulidade: "Repreende aqueles que tinham sido incrédulos"[3].

Não se pudera melhor nem mais temerosamente declarar o que imos dizendo. Primeiramente pregou Cristo no inferno, não para converter os condenados, senão para mais os confundir, porque uma das maiores confusões do inferno é o conhecimento triste com que aqueles miseráveis estão vendo as causas por que se perderam, e quão facilmente se puderam salvar, se quiseram; e quis Cristo confundir particularmente aos condenados do dilúvio, porque todos eram homens que criam em Deus. A idolatria e os deuses falsos, todos começaram depois do dilúvio, sendo Menrod o inventor desta cegueira, como consta da cronologia sagrada, e se colhe do Livro da Sabedoria, no capítulo 14 (Sb 14,13). E como até aquele tempo todos conservavam a fé recebida de Adão, e criam no verdadeiro Deus, por isso Cristo, deixando todos os outros homens e todos os outros pecados, argui somente aos que pereceram no dilúvio, e os confunde com a sua incredulidade, por que a maior sem-razão que se comete na terra, e a maior confusão que se há de padecer no inferno, é não crerem a Deus homens que creem em Deus[4]. Avisou Deus por Noé aqueles homens que os havia de afogar a todos eles, e aos montes, e ao mundo, se se não emendavam; continuaram estes avisos dez anos, vinte anos e cem anos inteiros; cada martelada que se dava na arca era um pregão desta justiça que Deus determinava fazer; e eles, crendo em Deus para esperarem na sua paciência, não criam a Deus para temerem a sua ira. Pois homens que creem em Deus não creem a Deus, desça o mesmo Deus ao inferno a confundi-los. Para confundir os da Torre de Babel, desceu à terra; para confundir os do dilúvio, desceu ao inferno. Isto é o que Cristo lá pregou então, e isto é o que aqui prega hoje: "Por que não me credes"?

Mas vejo que ainda há quem repugne ou, quando menos, duvide e pergunte como pode ser e se pode dizer, com verdade, que nós, os cristãos e católicos, não cremos a Deus? Para nós não há outra fé, nem outra autoridade, nem outro oráculo infalível, senão o da palavra divina. Logo, como não cremos a Deus? O mesmo Deus respondeu já a esta dúvida, e nos deu uma regra certa, por onde conheçamos sem engano, se o cremos a ele, ou não. Cuidamos que cremos a Deus, e enganamo-nos. Mas qual é a regra? "Quem crê a Deus, cumpre os mandamentos" (Eclo 32,28). Sabeis quem crê a Deus? — diz o Espírito Santo: Quem faz o que Deus lhe manda. — Se fazeis o que Deus manda, credes a Deus; se não fazeis o que ele manda, não o credes a ele: credes-vos a vós, credes ao vosso apetite, credes ao diabo, como creu Eva. Por isso dizia Davi: "Eu, Senhor, cri aos vossos mandamentos" (Sl 118,66). Isto é só o que é crer a Deus. A nossa fé para no Credo, não passa aos Mandamentos. Se Deus nos diz que é um, creio; se nos diz que são três pessoas, creio; se nos diz que é criador do céu e da terra, creio; se nos diz que se fez homem, que nos remiu, e que há de vir a julgar vivos e mortos, creio. Mas se diz que não jureis, que não mateis, que não adultereis, que não furteis, não cremos. Esta é a nossa fé, esta a vossa cristandade. Somos católicos do Credo e hereges dos Mandamentos. Vede se se deve contentar Cristo com tal invenção de crer, e se tenho eu razão de pregar que cremos em Cristo, mas não cremos a Cristo: "Não me credes".

§ III

E para que esta verdade, que só está provada em comum, se veja com os olhos e se apalpe com as mãos, desçamos a exemplos particulares, e ponhamo-los, para maior clareza nas matérias mais familiares e usuais, ainda da conveniência do interesse, do gosto.

Que homem há, senhores, que não busque o descanso? Este é o fim que se busca e se pretende por todos os trabalhos da vida. O soldado, pelos perigos da guerra, busca o descanso da paz. O mareante, por meio das ondas e das tempestades, busca o descanso do porto. O lavrador, pelo suor do arado, o estudante, queimando as pestanas, o mercador, arriscando a fazenda, todos, como diversos rios ao mar, correm a buscar o descanso, que é o centro do desejo e do cuidado. E houve algum homem tão mimoso da fortuna neste mundo, que em alguma, ou em todas as coisas dele, achasse o descanso que buscava? Nenhum. Saiu a pomba da arca, e diz o texto sagrado que já ia, já tornava, já tomava para uma parte, já para outra, e que não achava onde descansar: "Como não achasse onde pousar o seu pé" (Gn 8,9). Primeiro lhe cansaram as asas, do que achasse onde descansar os pés. E por que não achava a pomba onde descansar? Porque buscava o descanso onde o não havia. As cidades, os campos, os vales, os montes, tudo era mar. Este é o mundo em que vivemos. Antes e depois de Noé, sempre foi dilúvio. Uns para uma parte, outros para outra: todos cansando-se em buscar o descanso, e todos cansados de o não achar. A razão deu S. Agostinho no Livro Quarto dos seus desenganos, a que ele chamou Confissões: "Não há descanso onde o buscais: buscai o que buscais, mas não está aí onde o buscais"[5]. A razão por que não achamos o descanso é porque o buscamos onde não está. Não vos digo, diz Agostinho, que o não busqueis: buscai-o; só vos digo que não está aí onde o buscais. — Pois se é bem que busquemos o descanso, e ele não está onde o buscamos, onde o havemos de buscar? Onde Cristo disse que o buscássemos, porque só aí está, e só aí o acharemos: "Vinde a mim todos os que trabalhais e estais cansados, e eu vos aliviarei. Tomai o meu jugo sobre vós e encontrareis o descanso para vossas almas" (Mt 11,28s). Todos os que andais cansados — que sois todos — vinde a mim, diz Cristo, e eu vos aliviarei tomai sobre vós o jugo de minha lei, e achareis o descanso. — Credes que são estas palavras de Cristo? Sim. Agora, respondei-me é certo que todos desejais o descanso; é certo que todos o buscais com grande trabalho, por diversos caminhos, e que o não achais. Pois por que o não buscais na observância da lei de Cristo? Cristo diz que na sua lei está o alívio de todo o trabalho: "Vinde a mim todos os que trabalhais e eu vos aliviarei". Cristo diz que na sua lei, e só na sua lei, se acha o descanso: "E encontrareis o descanso para vossas almas". Logo, se não buscais o descanso na lei de Cristo, é certo que não credes a Cristo, porque se vós buscais o descanso onde o não há, com trabalho, claro está que antes o haveis de buscar onde o há sem trabalho. Mas a verdade é — e vós o sabeis muito bem — que a razão por que não buscais o descanso na lei de Cristo é porque não tendes por descansada, senão por muito trabalhosa. Vós tende-la por trabalhosa, dizendo Cristo que só ela vos pode aliviar do trabalho? Vós tende-la por cansada, dizendo Cristo que só nela está o descanso? Logo, credes o que vós imaginais, e não o que Cristo diz; credes em Cristo, mas não credes a Cristo: "Não me credes".

Do descanso desta vida passemos ao da outra. Todos dizemos que queremos ir ao céu, e não há dúvida que todos queremos. Mas noto eu que parece queremos chegar a com a cabeça. Os castelos que formamos nas nossas são como o zimbório da Torre de Babel: "Cujo cume chegue até o céu" (Gn 11,4). Subir, e mais subir; crescer, e mais crescer. Os pequenos querem ser grandes, os grandes querem ser maiores, os maiores não sei, nem eles sabem o que querem ser: "A soberba deles sobe continuamente" (Sl 73,23). Ninguém se contenta com a estatura que Deus lhe deu, e não há homem tão pigmeu, ou tão formiga, que não aspire a ser gigante, para conquistar o céu; assim o dizem as fábulas, mas não são estes os textos do Evangelho. Olhai o que diz Cristo: "Se vos não fizerdes pequeninos, não entrareis no reino do céu." (Mt 18,3) — Notai muito as palavras: "Não entrareis", que é muito para notar e para tremer. Se a dúvida estivera em ser pequeno ou grande no céu, bem creio eu da nossa devoção que não fizéramos muito escrúpulo de ser pequenos no céu, contanto que fôramos grandes na terra. Grandes, digo, porque falo pela vossa linguagem. Um gentio[6], que sabia melhor que nós medir as grandezas, dizia que indignamente se dera a Alexandre Magno o nome de Grande, posto que tivesse dominado a terra, porque ninguém pode ser grande em um elemento tão pequeno. Grandes, só no céu os pode haver. Mas a dúvida, como dizia, não está em ser grande ou pequeno no céu; está em entrar lá ou não entrar: "Não entrareis".

A ocasião que deram a esta doutrina os discípulos foi a ambição com que todos, e cada um, esquecidos de haverem sido pescadores, pretendiam ser o maior: "Qual deles pareceria ser o maior?" (Lc 22,24). Então lhes descobriu o Mestre celestial este segredo, e lhes ensinou que a arquitetura do céu não é como a da terra. Uma cidade tão grande como o céu, parece que havia de ter umas portas muito altas e muito largas, e não é assim. S. João, no seu Apocalipse, viu esta mesma cidade, e viu também que um anjo com uma vara de ouro a "veio medir toda, e os seus muros e as suas portas" (Ap 21,15). Declarando porém o evangelista o comprimento e largura da cidade, e a altura dos muros e das portas, não diz que altura nem que largura tinham. Pois se o anjo veio também medir as portas, e as mediu, por que não declara São João de que medida eram? Porque é tão pequena a capacidade das portas do céu, que não há espaço ou nome nas medidas, com que se possa declarar. O que só diz o evangelista, quando se seguia dizer a medida das ditas portas, é que cada uma delas — coisa digna de grande admiração — estava aberta em uma pérola: "Cada uma das portas era uma pérola" (Ap 21,21). Vede vós em uma pérola que porta se pode abrir. Por isso, Cristo noutro lugar lhe chamou: "furo", e não porta (Mc 10,25). Eu bem vejo que as pérolas do céu podem ser muito maiores que as do mar Eritreu; mas as portas que nelas abriu o sumo artífice, como são fabricadas à proporção dos que hão de entrar por elas, traçou que fossem não só pequenas, mas pequeninas, porque também tinha decretado que não entrassem no céu senão os pequeninos: "Se não vos fizerdes como os pequeninos, não entrareis no reino dos céus". Isto é o que diz Cristo, isto é o que repete uma e muitas vezes. Vejam agora os que todo o seu cuidado e toda a sua indústria e todas as suas artes empregam em subir, em crescer, em se fazer grandes — ainda que seja desfazendo grandes e pequenos —, vejam que fé, ou que esperança podem ter de entrar no céu? Ou creem estas palavras de Cristo, ou não as creem. Se as creem, não querem ir ao céu; e se querem ir ao céu, como cuidam que podem entrar lá por onde Cristo diz que não podem entrar? O certo é que todos estes grandes cristãos, ou todos estes cristãos que querem ser grandes, creem em Cristo, mas não creem a Cristo: "Não me credes".

§ IV

*M*as porque esta altiveza de ser grandes é ambição de que a natureza ou a fortuna tem excluído a muitos, ponhamos o caso em matéria universal, e que toque a todos. Diz Cristo universalmente, sem excluir a ninguém, que "ninguém pode servir a dois senhores" (Mt 6,24). Isto se entende juntamente e no mesmo tempo, porque em diversos tempos bem pode ser. E querendo o mesmo Cristo pôr um exemplo muito claro de dois senhores a quem se não pode servir juntamente, que dois senhores vos parece que serão estes? Deus e o Mundo? Deus e o diabo? Deus e a carne? Não: Deus e o dinheiro: "Não podeis servir a Deus e ao dinheiro". Se há coisa no mundo que pudera competir no senhorio com Deus, é o ídolo universal do ouro e prata. Muitas nações há no mundo que não conhecem a Deus; nenhuma que não adore e obedeça a este ídolo. E ainda, dos que professam servir a Deus, quem há que o não sirva? Pois assim como ninguém pode servir a dois senhores, assim diz Cristo que não pode servir a Deus e mais ao dinheiro. Servir a Deus com o dinheiro, bem pode ser, e é bem que seja, mas servir a Deus e ao dinheiro juntamente, é impossível. Quando Zaqueu se resolveu a servir a Cristo, logo renunciou o dinheiro, e quando Judas se resolveu a servir ao dinheiro, logo renunciou a Cristo. Arrependido o mesmo Judas de ter vendido a seu Mestre, "lançou os trinta dinheiros no templo". E os ministros do templo resolveram que não se podiam meter na bolsa: "Não é lícito metê-las no cofre das ofertas" (Mt 27,6). Mofino dinheiro, que nem roubado, nem restituído, nem no templo nem na bolsa teve lugar com Deus; e assim é todo. Se o roubais, perdeis a Deus; se o restituís, perdeis o dinheiro; se quereis servir a Deus, Deus e o dinheiro não cabem no mesmo templo; se quereis servir ao dinheiro, o dinheiro e Deus não cabem na mesma bolsa: "Ou há de odiar um e amar o outro, ou se desdicará a um e desprezará o outro" (Mt 6,24). Ou haveis de renunciar o dinheiro, se amais e prezais a Cristo, como fez Zaqueu, ou havei de renunciar a Cristo, se amais e prezais o dinheiro, como fez Judas. Oh! quantos Judas, e quão poucos Zaqueus há no mundo! Se Deus tivera tantos servos, e tão diligentes, como tem o dinheiro, que bem servido fora! Mas quantos desserviços se fazem a Deus em serviço deste mau ídolo? O maior sacrilégio de todos é que, em vez de os homens se servirem do dinheiro para servir a Deus, chegam a se servir de Deus para servir ao dinheiro: "Fizeste-me servir nos teus pecados" (Is 43,24). Quantas vezes os bens eclesiásticos, que são de Deus, os vemos aplicados e consumidos em usos profanos, e os vasos do templo de Jerusalém, ou levados aos tesouros de Nabuco, ou servindo nas mesas de Baltasar. Quando jamais se encontrou Deus com o interesse, que o desprezado não fosse Deus? Ou quem seguiu os ídolos de ouro de Jeroboão, que não virasse as costas à arca do Testamento? O ouro que os hebreus roubaram no Egito, adoraram-no no deserto. E quantos há que fazem o mesmo só com a figura mudada? Que importa que não adoreis a forma, se adorais a matéria? Que importa que não adoreis o bezerro de ouro, se adorais o ouro do bezerro? E no mesmo tempo — como os de Azoto — pondes a Deus e o ídolo sobre o mesmo altar, e credes com afetada hipocrisia que podeis servir juntamente a um e a outro? Se Cristo diz, sem exceção, que isto é impossível, como cuidais vós que pode ser? Mas é que credes em Cristo, e não credes a Cristo: "Não me credes".

E já que falamos em matéria de interesse, que é o pecado original deste século, com o mesmo interesse vos quero convencer e fazer-vos confessar sem réplica, que nem como desinteressados que devereis ser, nem como interesseiros que sois, credes a Cristo. A fineza e ventura do interesse consiste em granjear muito com pouco, e quanto o muito que adquiris é mais, e o pouco que despendeis menos, tanto é maior a ganância e a ventura. Agora vamos ao ponto. Todos sabeis que diz e promete Cristo no Evangelho que quem deixar ou der por ele alguma coisa, "receberá cento por um e a vida eterna" (Mt 19,29). A circunstância de dar a ganância e mais a vida, ainda que não fora eterna, é condição que nenhum assegurador, senão Deus, pode meter nos seus contratos. E para que ninguém se defenda com as esperas ou tardanças do outro mundo, posto que tão breves, declara o mesmo Cristo por São Lucas e São Marcos, que "a vida eterna há de ser no outro mundo, mas a ganância e o cento por um neste" (Mc 10,30; Lc 18,30). Estas são as palavras, esta a promessa, este o seguro real de Cristo, e mais que real, porque é divino. Se o credes ou não, digam-no agora os vossos contratos e os vossos interesses.

Aqueles dois criados do rei, a quem ele entregou os talentos para que negociassem: "Negociai até que eu venha" (Lc 19,13), fizeram-no com tanta limpeza, com tanta diligência, e com tanta ventura, que ambos — diz o texto — dobraram o cabedal. O que negociou com dois talentos granjeou outros dois, e o que negociou com cinco granjeou outros cinco. Ditoso rei! Honrados criados! Se a semelhantes criados entregaram os reis a sua fazenda, ela se vira mais acrescentada. Mas não falo agora com os criados nem com os reis, falo com todos. Granjear com dois talentos outros dois, e com cinco talentos outros cinco, é ganhar cento por cento. E que negociante haverá tão avaro, tão interesseiro e tão cobiçoso, que se não contente, e dê muitas graças a Deus, por tão avantajada ganância, e mais sem risco? Pois se Cristo nos promete, não cento por cento, senão cento por um, que são dez mil por cento, em que se perdem os algarismos, por que não negociamos com ele, nem aceitamos este contrato? E se não aceitamos um tal contrato com Deus, por que fazemos outros com os homens de tanto menores conveniências e tão diferentes em tudo?

Dais o vosso dinheiro — falemos claro, e familiarmente —, dais o vosso dinheiro a juro, e por quanto? A cinco por cento, e por menos, e se achais a seis e quatro, é dispensação da lei, e por grande favor. Pois se a um mercante, que pode quebrar, dais o vosso dinheiro a cinco por cento, a Deus, que tem por fiador a sua palavra, e por seguro a sua onipotência, por que o não dais a cento por um? Se fiais de um homem o vosso dinheiro, por uma escritura feita no paço dos Tabeliães, por que o não fiais de Deus por três Escrituras, debaixo do sinal raso de S. Mateus, de S. Marcos, de São Lucas? Que bem aperta este argumento S. Pedro Crisólogo: "O homem se obriga a outro homem por uma folha de papel, e Deus que se obriga em tantos livros sagrados não se considera devedor?"[7]. Estais seguro que um homem vos não há de faltar com o lucro prometido, porque se obrigou por uma folha de papel, e temeis que vos falte Deus, tendo-se obrigado em tantos livros sagrados, e com tantas Escrituras? — O certo é que, se quereis o cento por um que promete Cristo, havíeis de dar o vosso dinheiro a Deus de muito boa vontade, por a metade menos; mas por que quereis e aceitais antes os cinco por cento que vos promete um homem? Porque não dais crédito às palavras de Deus, porque não vos fiais das promessas dos seus Evangelhos, enfim, porque cremos em Cristo, mas não cremos a Cristo: "Não me credes".

Infinita matéria era esta, se a houvéramos de prosseguir com ponderações tão largas. Mas não é bem que, sendo tão importante, não convençamos ainda mais a nossa pouca fé. Seja em termos brevíssimos. Que mais diz Cristo? Diz Cristo — e esta foi a primeira coisa que disse — que são bem-aventurados os pobres, e que deles é o reino do céu. Todos queremos ser bem-aventurados, todos queremos ir ao céu, e, sendo tão fácil o ser pobre, e tão dificultoso o ser rico, ninguém quer ser pobre: por quê? Porque não cremos a Cristo. Diz Cristo que, se nos derem uma bofetada na face direita, ofereçamos a esquerda, e, sendo mais nobre a paciência que a vingança, nós temos a vingança por honra, e a paciência por afronta: por quê? Porque não cremos a Cristo. Diz Cristo que quem se humilha será exaltado, e quem se exalta será humilhado; e nós cuidamos que, sendo humildes, nos abatemos e, sendo altivos e soberbos, nos levantamos: por quê? Porque não cremos a Cristo.

Diz Cristo que deixemos aos mortos sepultar os seus mortos; e nós desenterramos os mortos, para sepultar os vivos. Diz Cristo que amemos e façamos bem a nossos inimigos; e quem há que ame verdadeiramente e guarde inteira fé aos amigos? Diz Cristo que, se amarmos os inimigos, seremos filhos de Deus; e nós dizemos: não serei eu filho de meu pai, se mo não pagar o meu inimigo. Diz Cristo que, se por demanda nos quiserem tirar a capa, larguemos também a roupeta; e nós não fazemos já as demandas para defender o vestido próprio, senão para despir o alheio. Diz Cristo que vigiemos e estejamos sempre aparelhados, porque não sabemos o dia nem a hora em que virá a morte; e cada um vive e dorme tão sem cuidado, como se fôramos imortais. Diz Cristo que quem ouve os prelados, o ouve a ele, e quem os despreza, o despreza; e nós, ainda que o prelado seja o supremo, desprezamo-nos de o ouvir, e ouvimos e ajudamos os que o desprezam. Diz Cristo que é mais fácil entrar um calabre pelo fundo de uma agulha, que entrar um avarento no reino do céu; e nós, em vez de desfiar o calabre, todo o nosso cuidado é como o faremos mais grosso. Diz Cristo que, se dermos esmola, não saiba a mão esquerda o que faz a direita; e nós queremos se apregoe com trombetas que damos com ambas as mãos o que recebemos com ambas. Diz Cristo que, se o olho direito nos escandaliza, o arranquemos, e que se a mão, ou o pé direito nos for também de escândalo, o cortemos e lancemos fora; e quem há que queira cortar ou apartar de si nem a coisa que ama como os olhos, nem aquela de que se serve, como dos pés e mãos? Finalmente diz Cristo que ele é o caminho, a verdade e a vida; e nós vivemos tais vidas e andamos por tais caminhos, como se tudo isto fora mentira: por quê? Porque não cremos a Cristo. Fique pois por conclusão certa e infalível, ainda que seja com grande confusão nossa e afronta do nome cristão, que todos, ou quase todos, cremos em Cristo, mas não cremos a Cristo: "Não me credes".

§ V

Admirado Cristo de que, sendo a suma verdade, o não creiamos, pede-nos a razão desta incredulidade, e diz que lhe digamos o porquê dela: "Por que não me credes?" Não há coisa mais dificultosa que dar a razão de uma sem-razão. E isto é o que só resta ao nosso discurso, não para responder a Cristo, a quem não podemos satisfazer, mas para doutrina e emenda nossa, e para que entendamos e conheçamos a raiz de tamanho mal. Qual é, pois, ou qual pode ser a razão por que, crendo todos nós em Cristo, haja tão poucos que creiam a Cristo? A fé com que se crê em Cristo, a fé com que se crê que é Deus um homem crucificado, tem todas aquelas dificuldades que, nos dois povos de que então se compunha o mundo, experimentou S. Paulo quando disse: "Pregamos a Cristo crucificado, que é escândalo para os judeus e loucura para os gregos" (1Cor 1,23). Pois, se crer como se deve em Cristo é um ponto no qual acha tanta dificuldade e ainda horror o entendimento humano, enquanto Deus sobrenaturalmente o não alumia, nós que tão facilmente e sem repugnância cremos todos em Cristo, por que não cremos também todos a Cristo? "Por que não me credes?".

A razão desta sem-razão é porque as dificuldades de crer em Cristo estão da parte do objeto, as repugnâncias de crer a Cristo estão da parte do sujeito: aquelas estão longe de nós, estas estão dentro em nós. A fé, que não dói, é muito fácil de crer; a fé, que se não pode praticar sem dor, é muito dificultosa de admitir. A fé com que creio em Cristo manda-me que creia a sua paixão; a fé com que creio a Cristo manda-me que mortifique as minhas, e aqui está a dificuldade. Para crer em Cristo basta fazer um ato sobrenatural; para crer a Cristo é necessário fazer muitos atos contra a natureza, e é mais fácil excedê-la uma vez que batalhar continuamente contra ela, e vencê-la muitas. O mesmo S. Paulo, definindo a fé, diz que é: "Argumento das coisas que não aparecem" (Hb 11,1). E entre as coisas que não aparecem e as coisas que não se apetecem há grande diferença. Para crer as coisas que não aparecem, pode não ter dificuldade o entendimento; para querer as coisas que não se apetecem, sempre tem repugnância a vontade. Com a vontade falou Cristo, quando admiravelmente declarou, ou supôs esta mesma diferença: "Se alguém me quer seguir, negue-se a si mesmo, e tome a sua cruz às costas" (Mt 16,24). —

Notai. Não diz Cristo: quem me quiser seguir confesse-me a mim, senão negue-se a si. Nem diz adore a minha cruz, senão leve a sua. Confessar a Cristo e adorar a sua cruz é crer nele: negar-me a mim, e levar a minha cruz, é crê-lo a ele; e porque isto é o dificultoso à humanidade fraca e corrupta, esta mesma apreensão de dor, este receio de mortificação, esta contrariedade da natureza, que traz consigo a doutrina de Cristo nas coisas que nos manda ou aconselha, esta é a razão ou sem-razão que entibia e acovarda a segunda parte da nossa fé, e nos aparta de crer a Cristo.

O homem de todos os séculos mais afamado e celebrado em crer, e por isso chamado nas Escrituras Pai dos crentes, foi Abraão. Celebram esta sua fé, no Testamento Velho, Moisés, no Novo, S. Paulo e São Tiago, e todos pelas mesmas palavras dizem que "Abraão creu a Deus" (Gn 15,6; Tg 2,33; Rm 4,3). Abraão, antes de crer a Deus, creu em Deus, e não creu em Deus como nós, que recebemos a fé de nossos pais, senão com maior merecimento, e por própria eleição, sendo filho de pais idólatras, e ele também idólatra. Pois se Abraão creu no verdadeiro Deus, abjurando os ídolos, por que se não louva e encarece nele a fé com que creu em Deus, senão a fé com que creu a Deus: "Creu Abraão a Deus?". Porque crer em um Deus, e não crer em muitos, crer no Deus verdadeiro, e não crer nos deuses falsos, crer no criador do céu e da terra, e não crer em paus e pedras, é crença que não tem dificuldade. O lume natural o mostra, a razão o dita, o entendimento o alcança. Porém crer a Deus — que não é crer especulativamente o que ele é, senão praticamente o que ele manda ou aconselha — mandando muitas coisas repugnantes à natureza e contrárias à vontade, e aconselhando outras ainda mais contrárias e repugnantes, isto é o que se louva, porque isto é o que dói; isto é o que se encarece, porque isto é o que custa; isto é o grande e heroico, porque isto é o árduo e dificultoso. E se não, vede-o no mesmo Abraão, e no que Deus lhe mandou obrar.

Depois que Abraão creu em Deus, disse-lhe Deus já crido que "saísse da sua pátria e da casa de seu pai, e de entre seus parentes e amigos, e se fosse peregrino a outra terra, a qual ele lhe mostraria" (Gn 12,1). E crer a Deus, quando me manda trocar a pátria pelo desterro, o descanso pela peregrinação, a casa própria e grande por uma choupana, a companhia dos que são meu sangue pela de gente estranha, de costumes e língua desconhecida, e sobretudo sem saber para onde vou ou me levam, vede se foi grande prova esta de fé, e se tinha neste ato muito que reclamar a natureza? Mas não parou aqui. Promete Deus a Abraão um filho, e dá-lhe Isaac; promete-lhe neste filho grande descendência e grandes felicidades; eis que no meio destas esperanças, como se Deus virara a folha e se esquecera ou arrependera do que tinha prometido, manda a Abraão que prepare espada, fogo e lenha, e que vá tirar a vida ao mesmo Isaac, e lho sacrifique em um monte, que ele também lhe mostraria: "Toma o teu filho, o teu único filho, Isaac a quem amas, e o oferece em holocausto sobre um monte que lhe mostrarei" (Gn 22,2). E crer um pai a Deus, quando lhe manda sacrificar o filho único e unicamente amado, com todos os motivos de horror e lástima que o mesmo Deus não calou, e que seja o mesmo Abraão, com suas próprias mãos, o executor do sacrifício, e que o sacrifício não seja outro, senão holocausto de que lhe não ficasse parte ou prenda, mais que a dor, a saudade e as cinzas? Aqui pasmou a natureza, aqui triunfou o valor, aqui batalhou a fé contra a fé, e se venceu a si mesma. Por isso não se celebra em Abraão o crer em Deus, senão o crer a Deus: "Abraão creu a Deus".

Mas antes que feche o discurso, quero satisfazer a uma grande objeção, com que podem replicar ao que tenho dito os versados na Escritura. Quando a escritura disse de Abraão: "Abraão creu a Deus", ainda Isaac não era nascido, quanto mais sacrificado, porque o caso do sacrifício sucedeu daí a vinte e seis anos, tendo Isaac vinte e cinco de idade. Como logo podia cair e referir-se a esta ação o testemunho e elogio da sua fé? Que o mesmo testemunho se refira ao desterro da pátria, posto que passado, como dizem os comentadores, seja; porém ao sacrifício futuro e tão distante, que nem era, nem fora, nem havia de ser, senão daí a tantos anos, como pode ser? Agradecei a solução desta nova e fortíssima instância a um notável texto do apóstolo Santiago, no capítulo 2 da sua Católica: "Abraão, nosso pai não foi ele justificado pelas obras, oferecendo seu filho Isaac sobre o altar?". Notai muito esta última cláusula, que é milagrosa. Diz pois Santiago que naquela ocasião famosa em que Abraão sacrificou a seu filho, então supriu a Escritura o ilustre testemunho que tinha dado de sua fé, quando disse: Abraão creu a Deus. "E realizou-se a Escritura, dizendo: Abraão creu a Deus". De maneira que o testemunho da Escritura tinha sido antes, o sacrifício de Isaac foi tantos anos depois, e contudo o testemunho passado refere-se ao sacrifício futuro, porque, enquanto não chegava o ato do sacrifício, esteve a Escritura como suspensa e embargada, esperando aquela maior prova da fé de Abraão, para suplemento do que tinha dito. Enquanto Abraão não sacrificou, nem o seu valor estava bastantemente qualificado, nem o testemunho da Escritura cabalmente completo; mas, quando ele se arrojou ao sacrifício, então acabaram ambos de suprir e desempenhar, Abraão a sua fé, a Escritura a sua verdade: "E realizou-se a Escritura, dizendo: Abraão creu a Deus" — Para que se veja quão certa é a razão que assinamos de diferença entre o crer em Deus e o crer a Deus, entre o crer em Cristo e o crer a Cristo, e que só crê a Deus e a Cristo, como deve, quem contra as repugnâncias da natureza, e sobre todas as leis do próprio amor, pronta e constantemente o obedece. Mas porque a nós nos falta esta resolução e valor, e nas coisas que Cristo nos manda ou aconselha, nos deixamos enfraquecer do receio e vencer da dificuldade, por isso, crendo em Cristo, não cremos a Cristo. Esta é a verdadeira resposta daquela pergunta; este o verdadeiro "porque" daquele: "Por que não me credes?".

§ VI

Agora que tenho satisfeito ao tema, acabado o discurso, e, se me não engano, provado o que prometi, quisera perguntar por fim a todo o cristão, ou que cada um se perguntasse a si mesmo: suposto que não cremos a Cristo, a quem cremos? Se não cremos a Cristo, no que nos manda como verdadeiro Senhor, no que nos ensina como verdadeiro Mestre, e no que nos aconselha como verdadeiro amigo, a quem cremos, ou a quem podemos crer, senão a um tirano que nos violente, a um traidor que nos engane, a um lisonjeiro que nos perca?, Diz o Espírito Santo: "A teu inimigo, não o creias jamais" (Eclo 12,10). — E quem são estes a quem cremos, senão os três inimigos de nossa alma? O tirano que nos violenta e cativa é o mundo; o traidor que nos mente e engana é o demônio; o lisonjeiro que, falando sempre ao sabor dos sentidos, nos precipita e perde é a carne. Ó carne, ó natureza corrupta, ó apetite depravado, ó fraqueza e miséria humana, que facilmente te rendes ao aparente bem deleitável, e que cega e poderosamente resistes ao honesto e útil. Não crês a quem te promete e abre o céu, e crês a quem to fecha? Não crês a quem com amor te ameaça o inferno, e crês a quem com falsa doçura te arrebata e leva a ele? Tal é a nossa cegueira, tal a nossa loucura, tal a nossa pusilanimidade e covardia.

Creu Abraão a Deus antes de ser homem, creu a Deus antes de encarnar e morrer por ele; e nós, rebeldes aos exemplos de sua vida, e ingratos às finezas de sua morte, não cremos a Cristo? Não nos manda Cristo, depois de deixar o céu que deixemos a pátria, como a Abraão; não nos manda Cristo que depois de se pôr em uma cruz por nós lhe sacrifiquemos os filhos, e não nos envergonhamos que um homem, que não tinha mais lei que a da natureza, contra as maiores repugnâncias da mesma natureza, tivesse fé e valor para crer a Deus, quando lhe punha tão duras leis? Então vivemos mui confiados que nos havemos de salvar não crendo a Cristo, só porque cremos em Cristo. Olhai o que acrescenta o texto à fé de Abraão: "Creu Abraão a Deus, e então foi reputado e canonizado por justo". Porque creu a Deus, diz, e não porque creu em Deus. A fé com que se crê em Deus e em Cristo é fé de justos e pecadores; a fé com que se crê a Deus e a Cristo, essa só é a fé dos justos, porque só essa sobre a outra é a que justifica e salva. Muitos que creram em Deus e em Cristo estão no inferno; e dos que chegam a uso de razão, só os que creem a Deus e a Cristo se salvam.

E por que nos não lisonjeemos com a fé de cristãos e católicos, que nos distingue dos gentios e dos hereges, quero acabar estas verdades com uma verdade em que não cuidamos os portugueses, e nos devera dar a todos grande cuidado. Fiamo-nos muito em que cremos firmemente em Cristo, como fiéis católicos? Pois eu vos digo, da parte do mesmo Cristo, e vos desengano, que, se faltarmos à segunda parte da fé, também nos faltará a primeira, e que, se não cremos a Cristo, estamos muito arriscados a não crer em Cristo. Inglaterra, Holanda, Dinamarca, Suécia, e tantas outras províncias e nações da Europa, ou totalmente perdidas, ou infeccionadas da heresia, também foram católicas como nós, também floresceram na fé, também deram muitos e grandes santos à Igreja. E por que cuidais que apostataram da mesma Igreja e da verdadeira fé, que só ela ensina? Diga-o a sua doutrina e os seus mestres. Lutero e Calvino, e os outros que eles levaram após seus erros, também criam em Cristo, mas porque não creram a Cristo, já não creem nele. Impugnam e negam o Evangelho, porque não creram ao Evangelho. Deram-se soltamente aos vícios e pecados, e, porque os não quiseram confessar, negaram o sacramento da confissão; largaram a rédea à torpeza e sensualidade, e, porque não quiseram guardar continência, negaram a castidade; entregaram-se às demasias e intemperanças da gula, e, porque não quiseram ser sóbrios, negaram o jejum e a penitência; seguiram em tudo a largueza e liberdade da vida, e, porque não quiseram obrar bem, negaram o valor e necessidade das boas obras. Enfim, deixada a lei de Deus como fiéis, e da razão como homens, fizeram outra, que eles chamam religião, na qual só se crê o interesse e se obedece o apetite. Vede que fé se podia conservar entre costumes de brutos? Conservam o batismo e nome de cristãos, mas verdadeiramente são ateus; e porque não creram a Cristo, passaram a não crer em Cristo. Estas são as disposições por onde se introduziu e se ateou em tantos reinos a peste da heresia. E praza a Deus que do Setentrião não passe também ao Ocidente! Ainda cá não chegou, mas já está em caminho. E segundo os vícios lhe tem aberto as estradas, não será dificultosa a passagem.

§ VII

Não lhe será, torno a dizer, dificultosa a passagem, porque assim como os que creem a Deus passam facilmente a crer em Deus, assim, de não crer a Cristo é fácil passar a não crer em Cristo. Nínive era a maior cidade que houve no mundo, a gente infinita, os moradores todos gentios, sem fé nem conhecimento de Deus, os costumes corruptíssimos e abomináveis, e em tudo semelhantes aos do rei, que então era o infame Sardanapalo. E contudo diz a Escritura que todos os ninivitas em um dia creram em Deus: "E Jonas começou a pregar durante o caminho de um dia e os homens de Nínive creram em Deus" (Jn 3,4)[8]. Pois se estes homens eram gentios, e tantos milhares, e tão habituados nos vícios, que são os que mais escurecem os entendimentos, e mais endurecem as vontades, como creram em Deus tão facilmente? Creram em Deus porque creram a Deus. Mandou-lhes Deus anunciar pelo profeta Jonas que dentro em quarenta dias se havia de abrir a terra e soverter a cidade, e assombrados do pregão, e atemorizados do castigo, creu o rei, e creu o povo o que Deus pelo profeta lhes dizia.

E como creram a Deus, logo também creram em Deus: "Os homens de Nínive creram em Deus". Desenganemo-nos pois, que se de crer a Deus se passa tão facilmente a crer em Deus, também de não crer a Cristo se passará com facilidade a não crer em Cristo. Não sou eu o que o digo, é S. Paulo. E falava S. Paulo com Timóteo, melhor cristão que nós, e de cuja fé se podia temer menos semelhante ruína. Era Timóteo discípulo do Apóstolo, era tão provecto na fé de Cristo, que no sobrescrito desta mesma epístola lhe chama dileto filho na fé; era tão santo e favorecido do céu, que tinha mui altas ilustrações e revelações divinas; e contudo o grande mestre das gentes, logo no primeiro capítulo, o admoesta e compunge assim: "Este mandamento te dou, meu filho Timóteo, que, segundo as profecias que foram feitas a teu respeito, amparado nelas, sustenta o bom combate, com fidelidade e boa consciência, porque alguns a rejeitaram, e naufragaram na fé" (1Tm 1,18ss). Encomendo-te, filho meu Timóteo, que te não fies nas tuas revelações, para te descuidar da vida. Traze sempre unidas, no coração e nas obras, a boa consciência com a fé, e a fé com a boa consciência, porque muitos, já neste princípio da Igreja, porque não fizeram caso da consciência, fizeram naufrágio na fé. — Oh! quanto se pode temer à vista destes naufrágios, que também o faça esta nau em que imos embarcados! Ela leva nas bandeiras a cruz e chagas de Cristo, mas quando as costuras da consciência se veem tão rotas e tão abertas, quando cremos tão pouco a Cristo e sua doutrina, que se pode esperar, senão o que aconteceu a tantos? Os nossos pecados não são mais privilegiados que os seus, nem menos pesados, e se os seus os levaram ao fundo, e chegaram a naufragar na fé, porque não temeremos nós semelhante desgraça, e que também se diga algum dia dos portugueses — o que a divina misericórdia não permita: "Naufragaram na fé".

S. Paulo põe por exemplo a Timóteo dois cristãos mui nomeados da primitiva Igreja,

Himineu e Alexandre, que, por não se acomodarem às leis e conselhos do Evangelho, depois de receber a fé, apostataram dela. Eu, em lugar de peroração, quero deixar-vos na memória outro exemplo, também vizinho àqueles tempos, mas muito mais temeroso, e verdadeiramente horrendo. No ano de Cristo duzentos e sessenta, na cidade de Antioquia — onde primeiro esteve a Cadeira da fé e de São Pedro que em Roma — foi preso pela confissão de Cristo um presbítero chamado Saprício. Padeceu constantemente o cárcere e outros tormentos; foi levado finalmente com a mesma constância ao lugar do martírio, e quando estava já como Isaac sobre a lenha, e o tirano com o golpe armado para lhe cortar a cabeça, chega Nicéforo, que tinha sido seu inimigo, e, lançado a seus pés, lhe pede que ao menos naquela hora o receba em sua graça e lhe deite a sua bênção. Que vos parece, senhores, que responderia Saprício, e que faria em tal ato? Claro está que, se lhe não pudesse lançar os braços, por ter as mãos atadas, com todo o afeto do coração e com a maior doçura de palavras o meteria dentro na alma que tão gloriosamente partia para o céu e dava por Cristo. Caso porém inaudito e sobre toda a imaginação estupendo! Respondeu Saprício irado que se tirasse de sua presença, que se não havia de reconciliar com tal homem, que ainda era tão inimigo seu como sempre fora, e que, na ocasião em que estava, mostraria ao mundo que o havia de ser até a morte. Parece que excede toda a fé humana uma tal resposta, de tal pessoa, e em tal hora. Mas quis a Providência divina que as atas e testemunhos autênticos de todo o sucesso existissem ainda hoje, como refere Barônio, para que não vacilasse o crédito de tamanho caso, que ainda é maior.

Mas antes que vá por diante, ouça-me Saprício, já que não quer ouvir a Nicéforo. Homem, sacerdote, monstro, vês onde estás? Lembras-te do que és? Conheces o que queres ser? Estás debaixo do alfange do tirano, queres ser mártir de Cristo, e não te lembras que és cristão? Não te lembras que diz Cristo — e com advertência de que ele o diz — "Mas eu vos digo: Amai os vossos inimigos" (Mt 5,44). Pois como não amas este que, se foi teu inimigo, já o não é, e mais quando ele, rendido a teus pés, te pede perdão? Não te lembras que diz o mesmo Cristo, que "se fores oferecer sacrifício sobre o altar, deixa aí o sacrifício, e vai primeiro te reconciliar com teu próximo, se tiver de ti alguma ofensa" (Mt 5,23)? Pois se Nicéforo se vem reconciliar contigo, estando nu, oferecendo o sacrifício de tua vida e sangue por Cristo, como não accitas sua amizade, e queres morrer como viveste, em ódio? Aqui vereis, cristãos, como é certo o que vos preguei, que nem todos os que creem em Cristo creem a Cristo. Saprício cria tão firmemente em Cristo que, por confessar a sua fé, estava dando a vida; e no mesmo tempo cria tão pouco a Cristo, que, contra dois preceitos expressos de sua doutrina, nem amava a seu inimigo, nem se quis reconciliar com ele.

E para que vejais também no mesmo caso quão certo é o que eu acabava de vos dizer, que quem não crê a Cristo facilmente passa a não crer em Cristo, ouvi com maior assombro o que se seguiu àquela resposta. Tanto que Saprício respondeu a Nicéforo que ainda era seu inimigo, e não se queria reconciliar com ele, volta-se ao tirano, que ia para descarregar o golpe, manda-lhe que suspenda a espada. E para que, ou por quê? Porque eu, diz Saprício, já não sou cristão, renego de Cristo, e quero oferecer incenso aos ídolos. Assim o disse, e assim o fez o verdadeiro e falso católico, passando, em um momento, de sacerdote a sacrílego, de mártir a renegado, e de cristão a idólatra, conclui o mesmo Barônio — "Saprício, tendo a vida já penhorada pelo martírio, porque estava dominado pelo ódio contra Nicéforo, quando o algoz estava para vibrar o golpe, sacrificou aos ídolos negando a Cristo"[9]. Pode haver mais temeroso exemplo, e mais para fazer temer a todo o cristão? Mas assim vêm a não crer em Cristo os que não creem a doutrina de Cristo. E ainda mal, porque não é só Saprício, o cristão e o sacerdote, em que se representam os atos de semelhante tragédia: "Confessam que conhecem a Deus, mas o negam com as obras" (Tt 1,16). Não renegam de Cristo com a boca, mas renegam-no com as obras; não oferecem incenso aos ídolos, mas têm ídolos a quem sacrificam os corações; não professam publicamente o gentilismo, mas pública ou secretamente vivem como ateus. Creiamos, creiamos a Cristo, e teremos segura a fé com que cremos em Cristo. E se for necessário dar por ele a vida, também a daremos constantemente, e sem mudança. Tal foi — ainda continuo a história —, tal foi a maravilhosa catástrofe com que a fortuna não merecida de Saprício, no mesmo teatro, no mesmo momento, e na continuação do mesmo ato, se passou a Nicéforo. Já o tirano ia embainhando sem sangue a mal temida espada, contentando-se com a fraqueza e retratação do apóstata, quando Nicéforo, levantando-se de seus pés, onde lhe pedira e não alcançara o perdão, e substituindo-se animosamente no seu lugar: Aqui estou — disse em alta voz — sou cristão; este posto é meu. Nem à fé de Cristo lhe podem faltar defensores, nem a seus altares vítima. Aqui está o peito aberto e a garganta nua. O sacrifício que começaste noutro, acaba-o como quiseres em mim. Não sofreu a raiva do tirano mais palavras, nem teve paciência para mais dilatados tormentos: começou pelo último. Esperou o novo e melhor mártir com a mesma constância e alegria a ferida mortal, levaram-lhe a cabeça, e recebeu a coroa. Tal foi o fim de Nicéforo, tal o de Saprício, digno um e outro da fé de ambos. Saprício creu em Cristo, mas não creu a Cristo, e perdeu a Cristo para sempre; Nicéforo creu em Cristo, e creu a Cristo, e goza, e gozará de Cristo nas eternidades.

SERMÃO DE

Nossa Senhora da Graça

Pregado em Lisboa, na Igreja de N. Senhora dos Mártires,
ano 1651

∽

"Estava em pé junto à cruz de Jesus, sua mãe."
(Jo 19,25)

Na Igreja de Nossa Senhora dos Mártires, Vieira quer medir e pesar a graça de Maria. A balança para pesar e a vara para medir será a cruz de Cristo. Por que não se mede pela maternidade a graça de Maria? Porque ao pé da cruz mereceu e cresceu incomparavelmente na graça e porque foi predestinada para mais que mãe de Deus. É só pela cruz e não pela maternidade que se pode compreender o imenso de sua graça. E quanto pesa a graça de Maria? Vieira explica-o com as pessoas presentes no calvário: com a Virgem Maria, com Maria Cleofas, com Maria Madalena, e com João, o discípulo amado. João é a figura dos validos dos príncipes. A graça de Deus é de maior peso e não é pesada; a graça dos príncipes e dos reis pesa muito pouco e é pesadíssima. Maria Cleofas, prima de sua mãe, representa a nobreza do sangue. Mas o sangue real pesa menos e tanto menos que quase não tem peso. A Virgem Maria tem a dignidade de mãe de Deus. Embora infinitamente grande seja a dignidade de mãe de Deus, um só grau da graça de Deus pesa mais, muito mais.

§ I

Este é o Evangelho que hoje nos propõe a Igreja; mas se eu houvera de fazer a eleição, não havia de ser este o Evangelho. Se a festa é da graça, por que não seria o Evangelho também da graça? Que no dia da Conceição, no do Nascimento, no da Assunção da Senhora nos não dê a Igreja Evangelho próprio, e que tenhamos os pregadores o trabalho de acomodar o texto à festa, ou de desacomodar a festa por amor do texto, terrível pensão é, mas forçosa, porque passaram os evangelistas em silêncio aqueles mistérios. Mas na festa da graça, que tão expressa e tão encarecida está no Evangelho? Verdadeiramente que se a acomodação não fora tão antiga, pudéramos cuidar que também aos Evangelhos abrangia a fortuna dos tempos: os que mais serviam, deixados; os que menos servem, acomodados. Não estava aí graça, e mais graça no capítulo segundo de S. Lucas? Não ouviríamos da boca de Gabriel em termos claros: "Ave, cheia de graça" (Lc 1,28)? Não ouviríamos da mesma boca Angélica: "Encontraste graça diante de Deus" (Lc 1,30). Que melhores duas bases, e mais capazes para levantar sobre elas o "Grau mais elevado" da graça de Maria, que estes dois grandes testemunhos do anjo, um de cheia, outro de inventora da graça? E contudo que nos negue, ou nos dissimule a Igreja neste dia tão claras e tão duplicadas luzes da graça da Senhora, e quando vimos a ouvir e admirar as excelências dela, nos meta entre as sombras e eclipses do Calvário, e nos ponha diante dos olhos a cruz arvorada: "Estava junto da cruz"? (Jo 19,25).

Ora, eu buscando a causa desta misteriosa impropriedade — que não pode ser sem mistério — e reparando com atenção na cruz levantada, e na Senhora em pé junto a ela, representou-se-me a cruz naquelas duas figuras em que tantas vezes a vemos significada no Testamento Velho: em figura de vara, e em figura de balança. Figura da cruz foi a vara de José, adorada de Jacó, porque já então o sagrado e consagrado madeiro começava a ser venerado com adoração de latria[1]. Figura da cruz foi a vara de Arão florescente, porque havia de ter a cruz; por remate, o título de Nazareno, que quer dizer florido (Nm 17,8). Figura da cruz foi a vara que tocou e acendeu o sacrifício de Gedeão, porque com seu contato santificou o redentor a cruz, e nela consumou o maior sacrifício (Jz 6,21). Figura da cruz foi a vara de Assuero que, estendida sobre Ester, a livrou a ela e a todo seu povo da tirania de Amã, como a cruz a nós todos da sentença geral da morte (Est 5,2). Figura da cruz foi a vara que saiu de Sion para dominar todas as gentes, e as pôr — como as tem posto a cruz — sujeitas e rendidas aos pés de Cristo (Sl 109,8). Figura foi enfim da cruz a vara de Moisés prodigiosa, a vara de Jônatas, que vertia mel, e sobre todas, a vara de Jessé, de cujas raízes nasceu o fruto coroado e bendito do ventre sacratíssimo de Maria (Ex 4,2; 1Rs 14,27; Is 11,1).

E se a cruz erguida no Calvário foi figurada na vara, estendida e com os braços abertos, não com menor propriedade é figurada também na balança. Figura foi da cruz a balança de Jó, em que ele, simbolizando o redentor, de uma parte quis se pusessem os nossos pecados, e da outra os seus tormentos (Jó 6,2). Figura foi da cruz a balança de Jeremias, na qual o profeta pesou autenticamente o preço da terra, em fé de que Deus a havia de restaurar do cativeiro dos assírios (Jr 32,11). Figura foi da cruz a balança de Babilônia, em que Baltazar perdeu em uma hora a monarquia, e se passou toda a Ciro, chamado por antonomásia o Cristo do Senhor

(Dn 5,27). Figura foi da cruz a balança de Isaías — como libra do firmamento — na qual, suspendida por três dedos de Deus, toda a redondeza da terra pesa um só átomo (Is 40,13). Figura foi enfim da cruz a balança de Ezequiel, em que ele pesou os seus cabelos, não juntos, mas divididos, porque a cruz há de ser no dia do juízo aquela fiel balança, em que se hão de pesar os merecimentos, bons ou maus, de todos os homens, sem que fique, sem ser pesado nem um só cabelo (Ez 5,1). E para que tudo nos estabeleça e confirme a mesma autoridade que nos deu o texto, a da Igreja, que é a mais qualificada de todas, assim o canta: "Na vara de Moisés estão prefigurados os prodígios divinos!" Eis aí a cruz figurada na vara: "O corpo, transformado em balança, rouba ao Tártaro a presa". Eis aí a mesma cruz figurada na balança.

Sendo pois a cruz vara, e sendo balança, já se descobre o grande mistério que ao princípio nos parecia impropriedade, e já se vê com quanta elegância e energia se nos mostra a Virgem Santíssima junto à cruz, quando buscamos motivos sobre que celebrar sua graça. Como se a mesma Igreja, que aplicou o Evangelho, o explicara e nos dissera: quereis conhecer a grandeza, quereis compreender a imensidade da graça de Maria, eis aí a vara por onde a haveis de medir, eis aí a balança com que a haveis de pesar: "Estava junto da cruz". Medir e pesar a graça de Maria será hoje o meu assunto. Mas quem poderá medir o imenso, quem poderá pesar o incompreensível? Só na hástea da cruz, onde Deus esteve estendido, se pode medir; só nos braços da cruz, onde Deus esteve pendente, se pode pesar. Ao medir, sei de certo que haveis de ficar admirados; ao pesar, desejara eu muito que ficáramos confundidos. Para tudo nos é necessária a mesma graça. *Ave Maria.*

§ II

"*Estava junto da cruz de Jesus a sua Mãe*". Estava junto da cruz de Jesus, sua Mãe. Não temos dito nada. Eis aqui por onde se havia de medir a graça da Senhora. Havia-se de medir pela Maternidade, e não pela cruz; pelo "Sua Mãe", e não pelo "junto da cruz", porque o ser Mãe de Deus é a medida mais cabal da graça de Maria. S. João Damasceno, S. Epifânio, S. Agostinho, S. Bernardo, S. Boaventura, mas para que é nomeá-los? Todos os Padres, todos os doutores, quanto mais ponderam, quanto mais encarecem, e quanto mais querem dar a conhecer a graça da Senhora, medem-na pela Maternidade de Deus. Teve tanta graça Maria, quanta era bem que tivesse a que era digna Mãe de Deus. Isto dizem todos os Doutores, e aqui para todos os encarecimentos. Mas com licença de todos, ajudado com o favor da mesma Senhora, para maior glória de sua graça, determino dizer dela hoje o que até agora se não disse. Digo que o ser Maria Mãe de Deus não é bastante medida para nos dar a conhecer a grandeza da sua graça, porque a graça de Maria foi maior graça que graça de Mãe de Deus. Torno a dizer, e explico-me mais: pudera a Senhora ser Mãe de Deus com toda a graça necessária e proporcionada àquela dignidade, e não ter tanta graça quanta teve: logo, a graça de Maria é maior graça que graça de Mãe de Deus; logo a Maternidade de Deus, absolutamente considerada, não é bastante medida da graça de Maria. Como este modo de dizer é tão novo, e hoje a primeira vez que sai a público, para que vá assentado sobre os fundamentos mais sólidos, haveis-me de dar licença que discorra um pouco ao escolástico. Uma vez na vida bem se sofre.

Argumento assim: quando a Virgem Maria concebeu em suas entranhas o Verbo

Eterno, encheu Deus a Senhora de tanta abundância de graça quanta era bem que tivesse a que desde aquele ponto era digna e verdadeira Mãe sua. Isso quis significar o anjo quando disse: "Ave, cheia de graça", e assim o declara santo Tomás[2]: "Diz-se cheia de graça porque teve graça suficiente para aquele estado ao qual foi eleita por Deus, isto é, para ser a Mãe de seu Unigênito", que a Senhora depois do mistério da Encarnação, e principalmente ao pé da cruz, mereceu e cresceu incomparavelmente na graça: logo a graça da Senhora foi maior graça que graça de Mãe de Deus absolutamente considerada. É tão evidente a força deste argumento, que, movidos sem dúvida dele, o sutilíssimo Escoto, S. João Damasceno, Guerrico Abade, e alguns outros Padres e Teólogos vieram a ter opinião que a Senhora, desde o ponto em que concebeu o Verbo Divino, não crescera mais em graça. A sua consequência era boa, se a suposição fora verdadeira. Supunham que a Senhora não tivera mais graça que a graça proporcionada à de Mãe de Deus; logo, se a Senhora, no instante da Encarnação, teve toda a graça que era proporcionada àquela dignidade, bem se seguia que não podia crescer mais na graça. Sendo porém certo — como é sentença comum dos teólogos, e o prova larga e doutamente o Padre Suárez — que a Senhora cresceu sempre na graça, segue-se logo que teve maior graça que graça de Mãe de Deus.

Mais. Em caso que Adão não pecara, como podia não pecar, perguntam os teólogos se havia Deus de fazer-se homem. E resolvem mais comumente que sim. Neste caso a Virgem Senhora nossa havia de ter graça proporcionada à dignidade de Mãe de Deus, e contudo não havia de ter muita parte da graça que hoje tem. Provo. Porque naquele estado não havia de haver os desamparos do presépio, nem as perseguições de Herodes, nem os desterros do Egito, nem a espada de Simeão, nem as peregrinações de Judeia, não havia de haver pretório de Pilatos, nem Calvário, nem cruz, nem espinhos, nem lança, nem soledades, nem outras tantas ocasiões de padecer e merecer, que foram consequências do pecado de Adão. É verdade que, em lugar destes atos, sempre a Virgem havia de fazer outros muito dignos de graça, mas não haviam de ser tão meritórios como estes, como também o não foram outros que a mesma Senhora fez em sua vida. Bem se infere logo que a Senhora teve maior graça do que houvera de ter, se Adão não pecara. E contudo, se Adão não pecara, havia a senhora de ser verdadeira Mãe de Deus, com a graça proporcionada àquela dignidade. Teve logo maior graça que graça de Mãe de Deus. Toda esta doutrina é mais conforme à de São Paulo, o qual diz que o pecado de Adão foi ocasião de maior graça: "Onde abundou o pecado, superabundou a graça" (Rm 5,20). Se Adão não pecara, fora a Senhora Mãe de Deus com graça abundante; e porque pecou, foi Mãe de Deus com graça superabundante: "Superabundou a graça".

Mais. Assim como encarnou a segunda pessoa da Santíssima Trindade, assim pudera também encarnar a terceira. Suponhamos pois que o Espírito Santo se fez homem. Neste caso havia de haver duas Mães de Deus: uma a Virgem Maria, e outra a Mãe do Espírito Santo; e contudo a Mãe do Espírito Santo não havia de ter tanta graça, como teve a Virgem Maria: logo a Virgem Maria tem mais graça que a de Mãe de Deus absolutamente. E que a mãe do Espírito Santo não houvesse de ter tanta graça, prova-se porque, como ensina a Teologia, os Santos Padres e a razão da Providência divina, Deus dá a graça conforme os ofícios para que elege; e a Mãe do Espírito Santo, ainda que havia de ser Rainha dos homens e dos anjos, soberana Senhora de todo o criado, não havia porém de ter outros ofícios de grande dignidade e merecimento que teve a Virgem Maria, porque, como o mundo estava já remido, não havia de ser reparadora dos erros de Eva, não havia de ser corredentora, ou, quando menos, coadjutora da redenção, não havia de ser sucessora de Cristo na propagação da fé, Mestra dos Apóstolos, e primeira e suprema luz da Igreja, e outros títulos semelhantes, de cujos exercícios resultavam grandes aumentos de graça. Nem é inconveniente considerar que haveria uma Mãe de Deus que tivesse menos graça que outra, porque também a humanidade do verbo tem hoje alguma prerrogativa de glória, que não havia de ter no tal caso a humanidade do Espírito Santo, porque, quando menos, havia Cristo de ser singular naquela glória incomparável de redentor de que fala S. Paulo: "Feito obediente até a morte, e morte de cruz. Por isso Deus também o exaltou e lhe deu um nome que está sobre todo o nome" (Fl 2,8). Pois se havendo dois Homens-Deus, um deles havia de ter maiores prerrogativas de glória, que muito é que havendo duas Mães de Deus, uma delas tivesse maiores prerrogativas de graça?

Mais. Dizem graves autores que quando Cristo ia subindo o Monte Calvário com a cruz às costas, viu-o a Senhora, e no mesmo ponto caiu desmaiada e amortecida, e dizem que ainda hoje se veem vestígios de um templo edificado naquele lugar com o nome do espasmo. Não me meto a averiguar verdades desta história. Mas, suponhamos que foi assim, e que a Senhora, ou neste passo, ou no de ver pregar, ou levantar, ou expirar na cruz ao Filho, que amava intimamente mais que a si mesma, não só ficou amortecida, senão totalmente morta de dor. Pergunto: morrendo a Senhora naquele estado, havia de ter graça e glória de Mãe de Deus? Claro está que sim; e contudo não tinha ainda a graça que havia de merecer ao pé da cruz, nem a que mereceu depois por todo o espaço de sua vida, enriquecida de admiráveis atos de intensíssimo amor de Deus e de todas as virtudes: logo na cruz, e nas consequências da cruz — que tudo foram consequências suas, como logo veremos — cresceu a Senhora a maior graça, que graça de Mãe de Deus.

Parece que temos provado com razões; mas que é dos autores? E que culpa lhe tenho eu, se eles não trataram este ponto? Mas já que não temos autores homens, teremos autores anjos: "Quem é esta — dizem os anjos nos Cânticos, falando com a Senhora" (Ct 6,9), — que se vem levantando como aurora, formosa como a lua e escolhida como o sol? A três luzes comparam aqui os anjos a Senhora: à luz da aurora, à luz da lua, à luz do sol. Destas três luzes, uma entendo, duas não entendo. Que se compare a Senhora à luz da aurora, grande propriedade tem, porque assim como da aurora nasce o sol, assim da Virgem Maria nasceu o sol de justiça, Cristo. Mas que, depois de comparada à aurora a Senhora, a comparem também à lua e ao sol? Isto não entendo. O sol tem maior luz que a aurora, a lua tem menor luz que a aurora: pois, se a Virgem está comparada à aurora, que é luz própria da Mãe do sol, por que a comparam também ao sol, que tem mais luz, e à lua, que tem menos luz? Por isso mesmo. Porque a Senhora, comparada em diferentes estados de sua vida, em um teve graça igual à graça de Mãe de Deus; em outro teve menor graça que graça de Mãe de Deus; em outro teve maior graça que graça de Mãe de Deus. Na Encarnação teve graça igual à de Mãe de Deus, por isso aurora; antes da Encarnação teve graça menor que graça de Mãe de Deus, por isso lua; depois da Encarnação teve graça maior que graça de Mãe de Deus, por isso sol. "Levantando como aurora, formosa como a lua e escolhida como o sol".

E porque totalmente entre as vozes Angélicas não falte alguma humana, porei aqui as palavras de um dos maiores mestres da escola de Santo Tomás — posto que também é angélica — o doutíssimo Soto: "Foi cheia de graça antes da concepção do filho na medida necessária para que se tornasse a Mãe de Cristo; entretanto, aquela graça não foi de tal modo suma que não pudesse em seguida aumentar por méritos"[3]. Tinha dito santo Tomás que a graça da Senhora, na Conceição e Encarnação do Verbo, fora consumada. E explica este grande teólogo o modo com que foi consumada, ou suma. Foi consumada e suma, porque recebeu na conceição do Verbo toda aquela enchente de graça que era necessária para ser digna Mãe de Deus; mas não foi de tal maneira suma e consumada, que daí por diante não pudesse crescer em maior merecimento e graça, como verdadeiramente cresceu. Pôs as premissas Sotto, e só lhe faltou tirar a consequência: Logo a graça de Maria foi maior que graça de Mãe de Deus, precisa e absolutamente considerada. Mas, respondendo a uma só objeção que tem esta teologia — e à primeira vista não fácil de desatar —, ficará mais conhecida a verdade gloriosa dela.

§ III

A Senhora não teve mais graça que a graça para que foi predestinada: foi predestinada para Mãe de Deus com a graça competente àquela soberana dignidade: logo não teve mais graça que graça de Mãe de Deus. Que a senhora não tenha mais graça que a graça para que foi predestinada, é certo; mas por isso mesmo teve mais graça que a de Mãe de Deus precisamente. Por quê? Porque foi predestinada para mais que Mãe, e para mais que de Deus. Ora vede. Foi predestinada para mais que Mãe, porque foi predestinada para Mãe atormentada, para Mãe afligida, para Mãe angustiada, para Mãe mortificada, e para Mãe crucificada, como o foi com seu Filho: "Junto à cruz". E tormentos, aflições, angústias, martírios, cruzes não entram no conceito preciso de Mãe: são de mais a mais. Foi logo a Virgem predestinada para mais que Mãe. E foi também predestinada para Mãe mais que de Deus, porque Deus, de que foi Mãe a Virgem Maria, foi Deus redentor, Deus passível, Deus crucificado, Deus morto, Deus sepultado. E redenção, possibilidade, cruz, morte, sepultura não entram no conceito preciso de Deus Homem; são outros excessos muito maiores: logo foi a Senhora predestinada para Mãe mais que de Deus. E como a Senhora foi predestinada para mais que Mãe, e para Mãe mais que de Deus, por isso a graça para que foi predestinada foi também maior graça que graça de Mãe de Deus.

Declaremos bem este ponto em todo o rigor da teologia. O mistério da Encarnação do Verbo foi determinado "Desde toda a eternidade" por dois decretos, um antes, outro depois da previsão do pecado de Adão. Antes da previsão do pecado, foi decretado que o Filho de Deus se fizesse homem sem outro fim por então, mais que o da glória divina, e para que fosse suprema cabeça do gênero humano, e causa final e exemplar de todos os predestinados, como diz São Paulo: "Os que ele conheceu na sua presciência, também os predestinou para serem conformes à imagem de seu Filho, para que ele seja o primogênito entre muitos irmãos" (Rm 8,29). "Ele tem a primazia em todas as coisas" (Cl 1,18). Depois da previsão do pecado estendeu-se o decreto divino a que o Filho de Deus se fizesse, não só homem absolutamente, senão homem em carne passível, para que pudesse padecer e morrer, e para que, por meio da morte de cruz e do preço de seu sangue, fosse glorioso redentor do mesmo gênero humano, de que já era Senhor, como diz também S. Paulo: "Convinha pois que ele, para quem são todas as coisas, e por quem todas existem, havendo de levar muitos filhos à glória, consumasse pela paixão o autor da salvação deles" (Hb 2,10).

Estes dois decretos, com propriedade até agora não advertida, declarou admiravelmente o profeta Miqueias. Tinha profetizado Miqueias que o Messias havia de nascer em Belém, e acrescenta logo que, assim como havia de sair em tempo ao mundo, assim tinha saído "Desde toda a eternidade" da mente divina: "As saídas '*egressus*' dele desde o início, desde os dias da eternidade"[4]. Mas o que até agora fazia a dificuldade era que a palavra *egressus* não é do singular, senão do plural, e não quer dizer "saída, senão saídas". Assim se lê no texto hebreu e no grego. Pois se o Verbo em tempo saiu uma só vez ao mundo, ao sair da eternidade, em que foi decretada e predestinada esta mesma saída, por que lhe não chama o profeta saída, senão saídas: "Saídas dele"? Porque propriamente assim foi, e assim o havia de dizer o profeta. Cristo saiu da mente de Deus "Desde toda a eternidade", não só uma, senão duas vezes predestinado: a primeira vez, antes do pecado de Adão, predestinado para homem; a segunda vez, depois do pecado, predestinado para homem mortal e passível. E como os decretos da predestinação foram dois, um posterior ao outro, por isso as saídas foram também duas, e por conseguinte saídas, e não saída: "Saídas dele desde o início".

As palavras que se seguem acrescentam e declaram maravilhosamente o mistério: "Desde o início, desde os dias da eternidade". Estas duas saídas, diz o profeta que foram lá no princípio, desde os dias da eternidade. Pois lá, nesse princípio sem princípio da eternidade, houve dias? Há-se de entender e supor que sim, pois o profeta o diz. E se houve dias, que dias foram estes? Foram as duas luzes da ciência ou presciência divina, que segundo a ordem dos decretos se distinguem em Deus, as quais necessariamente haviam de preceder aos mesmos decretos. Notai agora ainda os que não sois teólogos. Para haver dias, ao menos hão de ser dois, e para haver dois dias, regularmente há de haver uma noite entre eles. E tudo isto houve no caso em que estamos, porque entre o dia do primeiro decreto da Encarnação, e o dia do segundo decreto, houve a noite do pecado de Adão em meio. No primeiro dia, antes da previsão do pecado, em que só tinha amanhecido a luz da ciência condicionada, foi predestinado Cristo para homem; no segundo dia, depois da previsão do pecado, em que já havia a luz da ciência de visão, foi predestinado para homem passível. E estes foram os dois dias e as duas predestinações com que não uma, senão duas vezes saiu Cristo "Desde toda a eternidade" da mente de Deus: "Saídas dele desde o início, desde os dias da eternidade".

Ao nosso intento agora. No primeiro decreto, em que Cristo foi predestinado somente para homem, foi também predestinado para a graça e glória competente a um homem que juntamente era Filho Unigênito de Deus: "Glória como de Filho unigênito do Pai, cheio de graça" (Jo 1,14). No segundo decreto, em que foi predestinado para homem mortal e passível, não foi predestinado para maior graça nem para maior glória essencial, porque era compreensor, mas para maior glória e maior coroa acidental, merecida pela morte: "Vemos a Jesus, pela paixão da morte, coroado de glória e de honra" (Hb 2,9). E isto que passou desde toda a eternidade na predestinação do Filho, é o que havemos de filosofar, pelos mesmos passos, na predestinação da Mãe. No primeiro decreto, antes da previsão do pecado, foi a Virgem Maria predestinada absolutamente para Mãe de Deus-Homem, e para toda aquela eminência de graça e glória, não igual, mas proporcionada, que a tão alta e altíssima dignidade era devida, a qual na execução lhe havia de ser dada pelos merecimentos do seu mesmo Filho. No segundo decreto, depois da previsão do pecado, foi predestinada, não para Mãe de Deus-Homem — que essa dignidade já a tinha pelo primeiro decreto — senão para Mãe e companheira desse Deus-Homem mortal e passível; e aqui lhe foram acrescentados todos aqueles excessos de graça e glória que a Senhora mereceu por todos os atos de sua vida, que se seguiram à passibilidade e mortalidade de Cristo, e à redenção custosíssima do gênero humano, por meio da morte de cruz. Tornem os anjos, que são hoje os nossos doutores.

Viam os anjos admirados subir a sua Rainha e Mãe de Deus para o céu, e diziam assim: "Quem é esta, que vai subindo da terra, como sobe direito o fumo aromático, composto de incenso e mirra?" (Ct 3,6) — Angélica comparação! O incenso significa em Cristo o divino, e a mirra o mortal, e esse foi o mistério com que os Magos, quando entrou neste mundo, lhe ofereceram Incenso e mirra: o incenso como a Deus, mirra como a mortal e passível: "Porque acreditavam que era Deus e passível"[5], diz santo Anselmo. Sobe pois a alma da Virgem como composição abrasada de incenso e mirra, que, deixando as cinzas na terra, sobe em fumo direita ao céu, porque a graça com que a Senhora subiu a ser exaltada na glória, parte lhe foi concedida por Cristo, enquanto Deus humanado, como a Mãe, e parte enquanto mortal e passível, como a companheira de todos seus trabalhos. A primeira foi a graça da Maternidade, e essa merecida por obséquios ou sacrifícios de incenso; a segunda foi a graça da cruz, e essa merecida por tormentos ou sacrifícios de mirra. Mas em qual destas duas graças esteve a Senhora mais crescida em graça? Na da Maternidade ou na da cruz? Na do incenso ou na da mirra? No mesmo texto dos Cantares o temos: "Irei ao monte da mirra e ao outeiro do incenso" (Ct 4,6). — A graça da mirra e da cruz chama-se monte, a graça do incenso e da Maternidade chama-se outeiro, porque, ainda que a Senhora por Mãe de Deus precisamente alcançou toda a graça que era proporcionada àquela altíssima dignidade, contudo, pela assistência e companhia que fez a este mesmo Deus passível na cruz, e pelos imensos trabalhos que padeceu com ele e depois dele na obra da redenção, foi tanta a graça que lhe acresceu a Maria sobre essa graça, que a primeira por si só parecia um outeiro, e a segunda, sobre a primeira, um monte: "Irei ao monte da mirra e ao outeiro do incenso". Não quero dizer que, consideradas separadamente estas duas graças, fosse maior a da cruz que a da Maternidade; mas quero dizer que, posta a da cruz sobre a da Maternidade, ficou grandemente maior a graça da Senhora do que dantes era, e que esta há de ser a medida de sua graça, não medida pelo "sua Mãe" precisamente, senão, sobre o "sua Mãe", pelo "junto à cruz, estava junto à cruz de Jesus a sua mãe."

§ IV

Já vejo que me concedem todos que a graça da Senhora se não mede pelo "sua Mãe" bastantemente; mas, pelas mesmas razões, me podem dizer também que se não mede cabalmente pelo "junto à cruz", porque a graça da Senhora não só cresceu no dia da Paixão, em que a Virgem esteve ao pé da cruz, mas por todo o tempo de sua vida. Assim é verdade que cresceu a graça da Senhora em todo o tempo de sua vida, mas os aumentos da graça que a fizeram maior que de Mãe de Deus só foram os da cruz. A graça que a Senhora mereceu pelos outros atos de toda sua vida pertencem à graça da Maternidade, porque o conceito de Mãe de Deus precisamente inclui vida perfeitíssima e santíssima; mas a graça que a Senhora mereceu pelo mistério da cruz, e pelos atos pertencentes à Redenção, são excessos que acresceram sobre a graça da Maternidade, porque no conceito de Mãe de Deus precisamente não se inclui redenção nem cruz: logo, só pela cruz, e não pela Maternidade se há de tomar a medida à graça da Senhora, ou só pela cruz, e não pela Maternidade, se pode compreender o imenso de sua graça.

A graça da Senhora é comparada ao elemento da água, por sua imensidade. Este foi o mistério do nome que Deus deu ao elemento da água no princípio do mundo: diz S. Alberto Magno[6]: "à congregação das águas chamou-lhe Deus *mária*, e ao lugar onde se ajuntaram todas as graças, chamou-lhe Maria". Em seguimento desta mesma metáfora, é muito de reparar os dois termos com que no Testamento Velho se figuram a Maternidade da Senhora e a cruz de Cristo. A Maternidade da Senhora chama-se nau; a cruz de Cristo chama-se Arca de Noé. A Maternidade da Senhora chama-se nau, porque nela se embarcou, desde o outro mundo, o pão que nos trouxe a vida à terra: "Fez-se como a nave do negociante que traz de longe o seu pão" (Pr 31,14); a cruz chama-se Arca de Noé, porque nela, como em outra Arca de Noé, se salvou o gênero humano do naufrágio universal do mundo: "Somente tu foste digna de levar a vítima do mundo, e de preparar o porto para a arca do mundo naufragado". De maneira que a graça da Senhora é o elemento da água, a Maternidade é a nau, a cruz é a Arca de Noé. E que diferença tem sobre o elemento da água a nau e a Arca? A diferença é que a nau navega pelo mar, e a Arca navegou pelo dilúvio. Tal foi a graça da Senhora comparada com a Maternidade e com a cruz: debaixo da Maternidade foi mar; debaixo da cruz foi dilúvio. Debaixo da Maternidade foi mar, que tem por limite as praias; debaixo da cruz foi dilúvio, que tem por balizas os horizontes.

Assim foi, e assim havia de ser necessariamente, porque a graça que a Senhora mereceu ao pé da cruz foi igual à sua dor; a dor foi tão grande como o mar: "Grande é como o mar a tua tribulação" (Lm 2,13). E um mar sobre outro mar, já não é mar, é dilúvio. Ao mar só o pode fazer crescer outro mar; os rios estão continuamente correndo ao mar, e ele não cresce: "Todos os rios vão ao mar e o mar não transborda" (Ecl 1,7). Tal foi a graça da Maternidade da Senhora, diz São Boaventura: "Maria se diz mar pela fluidez e abundância das graças. Daí foi dito que todos os rios vão ao mar enquanto todos os dons dos santos vão a Maria". A graça da Senhora na Maternidade foi um mar a que correram e concorreram todas as graças que Deus repartiu por todos os santos; mas como todas estas graças não eram mais que rios, ainda o mar ficou mar, e não passou a graça da Senhora os limites da graça de Mãe de Deus;

porém, ao pé da cruz, como se abriram as fontes dos abismos, como se rasgaram as cataratas do céu, como choveu um mar sobre outro mar, cresceu tanto a graça da Senhora sobre si mesma, que saiu o mar da madre, e, sobrepujando a graça os limites da Maternidade, foi maior que graça de Mãe de Deus.

Verdadeiramente que todos estes excessos de graça os mereceu bem a Senhora ao pé da cruz, porque justo era que fosse ao pé da cruz mais que Mãe na graça a que foi ao pé da cruz mais que Mãe na fortaleza. O mais ordinário reparo deste Evangelho, e ainda o maior escrúpulo ou a maior lástima dele, são aquelas palavras de Cristo, mais secas do que parece as ditava a ocasião: "Mulher, eis aí teu filho" (Jo 19,26). — Duro caso que um tal Filho a tal Mãe, em tal ocasião, lhe negue o nome de Mãe! Noto eu que nas poucas palavras deste Evangelho chamou S. João quatro vezes à Senhora Mãe de Cristo: "Estava junto à cruz de Jesus a sua Mãe": uma vez; "E estava a irmã de sua Mãe": duas; "Quando viu a Mãe": três; "Disse à sua Mãe": quatro. Pois se o discípulo chama a Senhora quatro vezes Mãe de Cristo em quatro palavras, o mesmo Cristo, em uma só que lhe falou, por que lhe não chamou Mãe? Antes que respondamos a esta dúvida da Mãe, temos a mesma demanda no pai. Pouco havia que tinha acabado Cristo de dizer: "Mulher, eis o teu filho", levanta os olhos ao céu, e diz: "Deus meu, Deus meu, por que me desamparastes?" (Mt 27,46). No desamparastes reparo a todos; eu não reparo senão no: "Meu Deus". Não fora mais razão que dissera Cristo: Pai meu, Pai meu? Parece que sim, ao menos assim o fez o Senhor nos outros atos da Paixão, quando orou no Horto: "Pai, se é possível" (Mt 26,39); quando rogou pelos inimigos: "Pai, perdoa-lhes" (Lc 23,34); quando encomendou o Espírito: "Pai, nas tuas mãos" (Lc 23,46). Pois se em todas as outras ocasiões chama Cristo Pai a seu Pai, agora, por que lhe nega o nome de Pai? Seria por ventura por dar satisfações à Mãe? Não eram necessárias satisfações onde não havia queixas; mas foi porque no Pai e na Mãe havia as mesmas causas. Dai atenção a este paralelo.

Pregado Cristo na cruz, olhava para o céu, e via que o Pai o entregara à morte tão despegadamente como se não fora Pai; virava os olhos para a terra, via a Mãe que oferecia a Deus tão generosamente como se não fora Mãe; tanto assim, diz Ruperto, que se fora vontade de Deus, a mesma Senhora, por suas próprias mãos, crucificara a seu Filho. E como estas finezas de constância, assim de Pai como de Mãe, eram ocultas aos homens, para as manifestar o Filho, que só as via, que fez? Calou os nomes do afeto e publicou os nomes da natureza, e, para mostrar que o Pai se portava como se não fora Pai, chamou-lhe Deus, e, para mostrar que a Mãe se portava como se não fora Mãe, chamou-lhe mulher. O que disse ao Pai parecia queixa, e foi elogio; o que disse à Mãe parecia sequidão, e foi panegírico. Como se dissesse o Filho de Deus e da Virgem: saiba o mundo que é tanta a inteireza de meu Pai, que, sendo Pai e Deus, me deixou como se não fora Pai; saiba o mundo que é tanta a fortaleza de minha Mãe, que, sendo Mãe e mulher, me sacrifica como se não fosse Mãe. — Ambos foram louvores grandes, mas, com licença do Pai, o da Senhora foi maior. O Pai portou-se como se não fora Pai, mas era Deus: "Meu Deus"; a Mãe portou-se como se não fora Mãe, e era mulher: "Mulher". O Pai tinha contra si o afeto, mas tinha por si a natureza; a Mãe tinha contra si a natureza e mais o afeto, porque, sobre a ternura de mulher, tinha a piedade de Mãe. Oh! que armas tão desiguais! Mas que vitória! Estava a humanidade da Senhora ao pé da cruz, feita um espelho da divindade do Pai, retratando em si tudo o que lá passava: o Pai, como quem não tinha nada de humano, a Mãe como se fora toda divina; o Pai imóvel, a Mãe imóvel; o Pai firme, a Mãe constante; o Pai insensível, a Mãe como se não sentira; o Pai impassível, a Mãe como se o fora; e ele porque o era, ela porque o parecia. Oh! Deus! Oh! mulher! Que chegasse uma mulher pela paciência aonde chegou Deus pela impassibilidade! "Impassível pela paciência", diz S. Boaventura. Chame-se pois mulher, e não se chame Mãe, a que se portou como se não fosse Mãe; e já que é mais que Mãe na constância, seja mais que Mãe na graça.

A Abraão, porque sacrificou seu filho, como se não fosse pai, deu-se-lhe por prêmio que fosse pai de Deus: "Na tua descendência serão abençoadas todas as gentes" (Gn 28,14). A Senhora, que sacrificou seu Filho como se não fosse Mãe, que prêmio se lhe havia de dar? Se não fora Mãe de Deus, dera-se-lhe de prêmio que o fosse. Mas como já era Mãe de Deus, não lhe ficou a Deus outro prêmio que lhe dar, senão que tivesse mais graça que graça de Mãe de Deus. A Maternidade lhe deu graça de Mãe de Deus; a cruz lhe deu maior graça que de Mãe de Deus. Não se mede logo bem a sua graça pela Maternidade, senão pela cruz: não pelo "sua Mãe", senão pelo "junto à cruz".

§ V

Parece-me que temos medido; segue-se agora que pesemos. Há coisas que avultam muito e pesam pouco. Já temos visto quão grande é a graça da Senhora; importa agora ver quanto pesa. Somos entrados na mais grave e importante matéria que se pode tratar neste lugar: pesar a graça de Deus. Todas as vezes que considero a facilidade com que os homens perdem a graça de Deus, o esquecimento dela com que vivem, e ainda o descuido com que morrem, não acho outra causa a esta cegueira senão a falta do verdadeiro conhecimento, e não chegarem os homens a pesar que coisa é a graça de Deus. A graça de Deus é espiritual: nós somos carne; a graça é sobrenatural: nós em tudo seguimos a natureza; graça não se vê, não se ouve, não se apalpa: nós não sabemos perceber senão o que entra pelos sentidos. Daqui vem que não pesamos a graça, nem a conhecemos, nem a percebemos, nem ainda a podemos, nem sabemos pesar como convém. Isto quisera eu que fizéramos hoje. Mas que coisa há no mundo de tanto peso que se possa por em balança com a graça de Deus? Se discorrêramos por todos os estados do mundo, fora matéria muito proveitosa, mas infinita. Para a compreendermos toda em termos breves, reduzi-la-ei aos quatro estados que hoje se acham ao pé da cruz com Cristo: a Virgem Maria: "Estava junto à cruz de Jesus a sua Mãe"; Maria Cléofas: "e a irmã de sua Mãe"; Maria Madalena; e o discípulo amado: "E presente o discípulo a quem ele amava" (Jo 19,25). Nestas quatro notáveis pessoas se acham as quatro coisas que, na opinião dos homens, costumam ser de mais peso. Cada um irá pondo em balança o que lhe couber. Comecemos por S. João.

O título por que se nos dá a conhecer S. João neste Evangelho, é pelo seu valimento: "A quem Jesus amava". Valido do maior príncipe do mundo, valido do rei dos reis. Posto pois em balança o valimento do maior príncipe, posta em balança de uma parte a graça dos reis, e da outra a graça de Deus, qual pesa mais? Se houvermos de estar pelo juízo comum dos homens, mais pesa a graça dos reis. Digam-no aqueles que tantas vezes, por contentar aos príncipes, atropelam a graça de Deus. Moisés deixou a graça de el-rei Faraó, por servir a Deus; mas vede o que diz S. Paulo desta ação: "Escolhendo antes ser afligido com o povo de Deus, que, por um pouco de tempo, ter o gozo do pecado" (Hb 11,25) que Moisés, por amor de Deus, desprezou o contentamento do pecado temporal. Notável dizer! Chama o apóstolo a graça de el-rei Faraó pecado temporal. E é curiosidade digna de se averiguar a razão por que um espírito tão bem entendido, como o de S. Paulo, deu à graça dos reis este nome e este sobrenome. Pecado, e temporal, a graça dos reis? Sim. Chama-se temporal, porque a graça dos reis nunca dura muito tempo; e chama-se pecado, porque assim como o pecado lança fora da alma a graça de Deus, assim a graça dos reis e a de Deus dificultosamente podem andar juntas. Quais são as artes comumente dos que andam junto dos reis? A lisonja, a ambição, a calúnia, a inveja, o chegar um e desviar outro, o levantar estes e derrubar aqueles, o tratar da conservação própria, sem reparar na vida, na honra, no estado, na sucessão, na ruína alheia. E com isto pode-se conservar a graça de Deus? Claro está que não. Pois por isso a graça de Deus e a dos reis, ou não andam, ou dificultosamente podem andar juntas. Esta é, a meu juízo, a maior desgraça dos reis: que os que andam na sua graça, andam ordinariamente fora da graça de Deus. O que se trata por mãos de quem anda fora da graça de Deus, como o pode ajudar Deus? Dir-me-eis que sim, que a graça dos reis é pecado, e temporal, pois lho chama S. Paulo, mas que esse tempo, que dura, não se pode negar que é pecado doce, e da casta daqueles que trazem grande gosto consigo. O mesmo S. Paulo o disse: "Por um pouco de tempo, ter o gozo do pecado": não quis ter o gosto do pecado temporal. Ora, com todo esse gosto, olhemos bem para o fiel da balança, e veremos qual das duas graças pesa mais.

A graça dos príncipes não vos pregarei eu, que não é muito pesada e muito contrapesada, mas é de muito pouco peso. Seja esta a primeira diferença entre a graça de Deus e a graça dos reis. A graça de Deus é a coisa de maior peso, e não é pesada; a graça dos reis é uma coisa que pesa muito pouco, e é pesadíssima. A graça dos reis, para se conservar, quantos cuidados custa? A graça de Deus é um descuido de tudo o mais, e só a podem ofender outros cuidados. A graça dos reis é um alvo a que se tiram todas as setas; a graça de Deus é um escudo que nos repara de todas. A graça dos reis muitas vezes é conveniência, outras necessidades, algumas gosto, e sempre tem poucos quilates de vontade; a graça de Deus, como Deus, não depende, nem há mister, toda é amor. A graça dos reis, por muito que levante ao valido, sempre o deixa na esfera de vassalo; a graça de Deus sobe o homem à familiaridade de amigo, à dignidade de filho, e à semelhança de si mesmo. A graça dos reis não vos dá parte da coroa; a graça de Deus é participação de sua divindade. A graça dos reis, ainda que deis o sangue por eles, não basta para a alcançardes; a graça de Deus, deu Deus o sangue por vós, só para vo-la dar. A graça dos reis, se é grande, é de um só: se é de mais que de um, é pouca e de poucos; a graça de Deus é de todos os que a querem: põe-lhe a medida o amor, e não a diminui a companhia. A graça dos reis nem é para perto, nem para longe, porque de perto enfastiais, de longe esqueceis; a graça de Deus nunca tem longes, e quanto estais mais perto de Deus, tanto estais mais seguro na sua graça. A graça dos reis é data da fortuna; a graça de Deus é prêmio do merecimento, e esta só propriedade, quando não houvera outra, bastava para a fazer de suma estima. A graça dos reis, ainda que façais pela merecer, nem por isso a conseguis; antes muitas vezes a logram mais os que a merecem menos; a graça de Deus, se fizerdes pela merecer, não vo-la pode Deus negar. A graça dos reis, para ser mudável, basta fundar-se em vontade humana: mas funda-se em vontades coroadas, que, como são as mais livres, são também as mais indiferentes, por não dizer, as mais inconstantes; a graça de Deus funda-se em vontade divina, que, como não pode errar a eleição, não pode mudar o afeto. A graça dos reis poucas vezes dura tanto como a vida do valido, e quando dura quanto pode, acaba com a vida do rei; a graça de Deus cresce na vida e confirma-se na morte: da parte do homem, é imortal, porque se funda na alma; da parte de Deus, é eterna, porque é graça de Deus. A graça dos reis, dizem que é uma grande altura; a graça de Deus é certo que é posto muito mais alto, e ainda que ambas estão juntas aos precipícios, da graça de Deus podeis cair, da graça dos reis podem-vos derrubar.

A graça dos reis, pode-vo-la tirar a calúnia; a graça de Deus, só vo-la pode tirar a culpa. Da graça e da privança do rei pode-vos tirar o rei todas às vezes que quiser; a graça e a privança de Deus, nem o mesmo Deus vo-la pode tirar sem vós quererdes, e, se quiserdes, será muito a seu desprazer. A graça dos reis, depois de perdida, não se recupera com rogos; a graça de Deus, se a perdeis, o mesmo Deus vos roga que torneis a ela. Depois de perdida a graça dos reis, fica o pesar sem remédio; depois de perdida a graça de Deus, não é necessário outro remédio mais que o pesar: pesou-vos, estais outra vez na graça. A graça dos reis, dá-se aos ditosos, de que depois se hão de fazer os arrependidos; a graça de Deus dá-se aos arrependidos, que desde logo começam a ser ditosos; a ambas as graças anda junto o arrependimento, mas a dos reis tem-no depois, a de Deus antes. A graça dos reis é graça sem sacramentos; a graça de Deus tem sete: tem batismo para o inocente, e tem Penitência para o culpado; tem Confirmação para a vida, e tem Extrema-Unção para a morte; tem Ordem para o eclesiástico, e tem Matrimônio para o leigo; e finalmente tem Comunhão para todos. Sete portas nos deixou abertas Deus para entrarmos à sua graça, e nenhum dos que entram por elas as pode fechar ao outro. Só em uma coisa se parece a graça de Deus com a dos reis, e é que ambas mudam os homens: uns e outros não são os que dantes eram, mas com esta diferença: os que se veem na graça dos reis, esquecem-se do que foram, e também se esquecem do que podem vir a ser; e os que andam na graça de Deus, de nenhuma coisa se lembram, senão do que hão de vir a ser, e nenhuma coisa lhes dá pena, senão a lembrança do que foram. Finalmente a graça dos reis não pode dar paraíso: tirá-lo sim; a graça de Deus é a que só dá o paraíso, e só a falta dela o inferno.

Basta isto para provar que a graça de Deus pesa mais que a graça dos reis? Se ainda não basta, ajuntemos o fim com o princípio. Se nos não basta, como cristãos, saber que a graça dos reis é o maior risco da graça de Deus, baste-nos, como políticos, saber que a graça de Deus é a maior segurança da graça dos reis. Não há graça dos reis segura, senão fundada na graça de Deus. José foi valido de el-rei Faraó, Daniel foi valido de el-rei Dario, Amã foi valido de el-rei Assuero, e que lhes aconteceu a estes validos? José e Daniel conservaram-se na graça; Amã não se conservou. Por quê? Porque a graça de Amã fundava-se na vontade do rei; a graça de José e Daniel fundaram-se na graça de Deus. Quando a graça dos reis se funda na graça de Deus, nem ela pode cair, nem outrem a pode derrubar. Tanto pesa a graça de Deus, que até a dos reis leva após si.

§ VI

Tem pesado S. João: segue-se a Madalena; mas que há ela de pesar, que lhe não dá nada o Evangelho? S. João pesou o "a quem amava"; Maria Cléofas há de pesar o "irmã da Mãe"; a Senhora há de pesar o "sua Mãe", que é o que lhes dá o Evangelho. O Evangelho não dá nada à Madalena, que há de pesar? Isto mesmo há de pesar: os seus nadas. Aqueles nadas que tantas vezes pesaram mais para com ela que a graça de Deus, esses hão de vir à balança. Vós, os que tão seguidores sois da primeira vida da Madalena, e tão pouco imitadores da segunda, pesai, pesai aqui os vossos nadas, pesai bem os nadas de vossas vaidades, os nadas de vossos gostos, os nadas de vossos apetites, os nadas desse amor e engano cego, pelo qual tão facilmente desprezais a graça de Deus. Pôr-me eu agora a provar que a graça de Deus é coisa de maior peso que os gostos do apetite corrupto e depravado seria agravo de nossa fé e de vosso entendimento; só vos hei de provar o que vós não credes, e é que o gosto que causa a graça de Deus, ainda naturalmente é maior, sem comparação, que o gosto desses mesmos apetites, e não comparando graça com apetite, senão gosto com gosto.

O caso parece dificultoso. Tomemos juízes. Eu tomo por minha parte a Santo Agostinho, bem experimentado em uns e outros gostos. Pela vossa parte concedo-vos que tomeis a Epicuro, que é o mais apaixonado e o mais subornado juiz que podeis ter. E que é o que diz, ou que sentencia cada um destes dois Juízes? S. Agostinho, logo no princípio da sua conversão, quando começou a experimentar a diferença dos gostos da graça aos dos seus antigos divertimentos, dizia assim: "O que fora prazer admitir, agora era prazer abandonar"[7]. Sabeis como me vai de gostos, depois que me vejo nesta nova vida? Comparando os gostos da passada com os da presente, vai-me tão bem, que experimento hoje muito maior gosto em deixar e carecer dos mesmos gostos, do que experimentava antigamente em os gozar. — Grande dito! O carecer não é nada, e contudo Agostinho, só no carecer dos gostos, tinha maior gosto do que nunca experimentara quando mais os gozava, porque os nadas dos gostos da graça são maiores gostos que o tudo dos gostos do mundo.

Tem que dizer contra isto a seita de Epicuro? Ouvi a Lucrécio, seu discípulo: "A persuasão de que o inferno existe e que Deus é vingador não deixa nenhum prazer puro e sincero"[8]. Para que os gostos sejam puros, e sem mistura de pena e de desgosto, é necessário que os homens se persuadam primeiro que Deus não tem justiça, nem castigo, nem há inferno. — Estai no caso. Os filósofos epicuros punham a bem-aventurança nos gostos desta vida. Este era o primeiro princípio de sua seita. E o segundo, qual era? Que havia Deus, mas que não tinha providência, e como não tinha providência, que não tinha justiça; como não tinha justiça, que não havia de haver inferno. Oh! que discurso tão discreto! O fundamento era errado, sim, mas o discurso discretíssimo. Fizeram conselho, ou concílio, os filósofos epicuros sobre os fundamentos e princípios em que haviam de estabelecer a sua seita, e disseram assim:

Nós pomos a bem-aventurança nos gostos desta vida: gostos gozados com temor do inferno não podem ser gostos, nem podem dar gosto: logo, importa-nos que na nossa seita neguemos o inferno. — E assim o fizeram. Ah! sim! E gostos gozados com fé e temor do inferno não são gostos nem dão gosto: logo, só na graça de Deus há os verdadeiros gostos, porque só a graça de Deus nos pode segurar o temor do inferno.

Se não credes que há inferno, bem podeis chamar gostos aos vossos gostos: mas se tendes fé que há Deus, que tem justiça, e que há de haver inferno, e tendes contudo gosto nos vossos gostos, sois piores que Epicuro. Por honra de Deus, que mediteis um pouco nesta doutrina, e considereis se é bem que um Cristo seja pior nas obras do que foi Epicuro nos ditames. A Madalena também seguia esta seita: galas, vaidades, delícias, apetites, passatempos, gostos. E por que cuidais que deu tão grande volta à vida? Porque pesou e pôs em balança os gostos do mundo e a graça de Deus que dava por eles, e conheceu quão pouco pesavam os gostos, e de quanto peso é a graça. Não vos peço que não vendais a graça de Deus, como cada hora fazeis pelos nadas de vossos apetites: só vos peço que a não vendais senão a peso. Pesai primeiro o que dais e o que recebeis. Esaú vendeu o morgado por uma escudela de lentilhas, e vede o que condena em Esaú a Escritura: "Foi-se, tendo em pouco o ter vendido a primogenitura" (Gn 25,34). Vendeu um morgado tão grande por um apetite tão vil e tão breve, e foi-se sem pesar o que fizera. Não lhe condenou o vender, senão o não pesar, porque, se ele pesara, ele não vendera. Pesai, pesai, e se não quereis pesar vossos gostos com a graça de Deus, ao menos pesai os vossos gostos com os seus pesares. Assim o fez a Madalena, e por isso se achou hoje ao pé da cruz: "E Maria Madalena".

§ VII

Maria Cléofas, já sabeis que há de pesar: "Irmã de sua Mãe". Nenhuma coisa há no mundo que tanto pese com os homens, e de que eles tanto se prezem e desvaneçam, como da nobreza do sangue. Se a nobreza e a graça, se as manchas do sangue e as manchas da consciência andaram na mesma reputação, estivera reformado o mundo. Chama o Evangelho a Maria Cléofas irmã da Virgem Maria: "Irmã de sua Mãe", não porque fosse filha dos mesmos pais da Senhora, mas porque os hebreus chamavam irmãos aos primos. Este parentesco que Maria Cléofas tinha com Maria, Mãe de Deus, era a mais qualificada nobreza que nunca houve no mundo, não por ser sangue legítimo de Davi e reis de Israel, de quem a Senhora descendia por linha direta, mas por ser sangue de Deus. E é de notar que a nobreza deste parentesco com Deus era dobrada, porque, como Cristo não teve pai na terra, não tinha outra baronia senão a de sua Mãe. Por isso graves teólogos quiseram chamar à Virgem Maria, não simplesmente "Mãe", como às outras mães, mas, que quer dizer "Mãe-Pai", para significar, com a singularidade e novidade deste nome, a união soberana deste dobrado parentesco de pai e mãe, que naquele novo e inaudito mistério contraíra com seu Filho a Mãe de Deus-Homem. Tal era a nobreza de Cléofas. Mas posta em balança de uma parte toda esta nobreza, e da outra a graça de Deus, qual pesará mais? Foi ventura que houvesse no Evangelho outro príncipe de sangue, para que nos fizesse exemplo nesta dúvida, porque a faltar ele, ainda que na balança se pusessem todos os quatro metais da estátua de Nabuco, que era de sangue imperial de todos os quatro costados: dos imperadores assírios, dos imperadores persas, dos imperadores gregos, dos imperadores romanos, comparada toda esta nobreza de sangue com a de Cléofas, não pesaria um átomo.

O príncipe de sangue que digo era S. João, que tinha o mesmo parentesco com Cristo que Cléofas com a Senhora. Notai agora a diferença com que S. João falou de Cléofas e de si. A Cléofas chama-lhe prima da Senhora: "Irmã de sua Mãe"; a si chama-se discípulo amado de Cristo: "O discípulo a quem Jesus amava". Pois se S. João era primo do Filho, assim como Cléofas era prima da Mãe, por que lhe chama a ela prima, e a si não se chama primo, senão amado? Porque estimou e se prezou mais S. João do título de amado que do título de primo. O título de primo diz parentesco, o título de amado diz graça, e em um juízo tão claro e tão alumiado, como o de S. João, pesa muito mais o estar em graça de Deus, que o ser parente de Deus. Ainda, tomando a graça em razão de parentesco — ouçam isto os que por um ponto de vaidade, a que chamam nobreza, não duvidam arriscar tantas vezes e perder a graça de Deus — ainda tomando a graça em razão de parentesco, teve muita razão S. João para estimar mais o parentesco da graça que o parentesco do sangue. Por quê? Porque pelo parentesco do sangue era primo de Deus enquanto homem, e pelo parentesco da graça era filho de Deus enquanto Deus. Assim o disse o mesmo S. João em dois lugares: "Deu-lhes o poder de se tornarem filhos de Deus". É a graça essencialmente uma participação tão alta, tão sublime e tão íntima da mesma natureza divina, que não só se nos comunica por ela o nome, senão o verdadeiro ser de filhos de Deus: "Que sejamos chamados filhos de Deus e o sejamos de fato" (1Jo 3,1). E que nobreza de sangue há no mundo que se possa comparar com esta?

Profundamente o ponderou o mesmo discípulo amado, não só por alusão, senão por irrisão aos vossos sangues, de que tanto vos prezais: "Que não nasceram do sangue, mas de Deus" (Jo 1,13). Os regenerados pela graça que receberam de Cristo, de quem cuidais que descendem? "Não do sangue": não descendem lá dos vossos sangues, em que o que se desvanece de mais vermelho, se não sabe já de que cor é; não dos vossos sangues, em que, se um fio foi pintado de púrpura, os quatro são tingidos em almagra; não dos vossos sangues, que, quando sejam tão limpos como o de Abel, pelo mesmo lado têm mistura de lodo, e dois quartos de Caim. Pois de quem descendem os que estão em graça? "Não do sangue, mas de Deus". Descendem, por antiguidade, do Eterno, por grandeza, do Onipotente, por alteza, do incompreensível, e por toda a nobreza e ser, daquele que só tem o ser de si mesmo e dá o ser a todas as coisas: "Mas de Deus nascemos". Pesa bem esta balança? Oh! quanto nela se pode subir, e quanto se pode descer! Vós os que tanto vos prezais dos altos nascimentos, se não estais em graça de Deus, descei, descei, e abatei os fumos, que o vosso escravo, se está em graça, é mais honrado que vós. E vós a quem por ventura Deus, por vos fazer maior favor, quis que nascêsseis humilde, não vos desconsoleis: levantai o ânimo, que, se estais em graça de Deus, sois da mais ilustre nobreza, e da mais alta geração de quantas há no mundo e fora do mundo, porque só o Filho de Deus se pode gabar de ter tão bom pai como vós. Sangue real era Cléofas, porque era sangue de Davi e de Salomão; sangue era com esmaltes de Divino, porque era sangue do sangue da Mãe de Deus; mas todo esse sangue, e sua nobreza, posto em balança com a graça: "Achou-se que tinha menos peso" (Dn 5,27): pesa menos, e tanto menos, que quase não tem peso.

§ VIII

Há mais que pesar com a graça? Tudo o que há no céu e na terra: sua Mãe, a dignidade de Mãe de Deus. A graça de Mãe de Deus, já a medimos; agora havemos de pesar não a graça, senão a dignidade. Os que tantas vezes pisais a graça de Deus, os que tantas vezes fazeis degraus da graça de Deus para subir às dignidades do mundo, estai atentos e ouvi agora. A dignidade mais soberana, mais sobrenatural e mais divina que cabe em pura criatura, é a dignidade de Mãe de Deus. Os teólogos lhe chamam dignidade em seu gênero infinita, porque todo o outro nome é menor que sua grandeza. Posta pois em balança esta dignidade assim infinita, qual pesará mais: a dignidade de Mãe de Deus, ou a graça? A dignidade de Mãe de Deus sempre anda junta com a graça, e muita graça; mas, separada a graça da dignidade, e a dignidade da graça, digo que muito mais pesa a graça que a dignidade. Ainda disse pouco. Muito mais pesa um só grau de graça em qualquer homem, que toda a dignidade de Mãe de Deus. Não me atrevera a dizer tanto, se não tivera por fiador desta portentosa verdade o mesmo Filho de Deus, que fez a Virgem Mãe sua. Exclamou a mulher das turbas: "Bem-aventurada a Mãe que trouxe nas entranhas tal Filho". — Respondeu o Senhor: "Antes te digo que mais bem-aventurados são os que ouvem a palavra de Deus e a guardam". — Santo Agostinho comparou a Maternidade da Virgem com a graça da mesma Virgem, e diz que foi mais bem-aventurada pela graça que pela Maternidade: "Maria foi mais bem-aventurada concebendo pela mente do que pelo ventre; mais feliz gerastes vós pelo coração do que pela carne". Mas Cristo não faz a comparação entre a dignidade da Mãe e a graça da Mãe, senão entre a dignidade da Mãe, e a graça de qualquer homem que guarda seus Mandamentos: "Antes bem-aventurados os que ouvem a palavra de Deus e a guardam".

Pois, Filho de Deus e da Virgem Maria, a graça de qualquer homem é maior felicidade, é maior dita, é maior bem, que a felicidade e a dignidade infinita de ser Mãe vossa? Separada essa dignidade da graça — como a mulher das turbas a considerava — sim. E se não, vede-o nos efeitos da mesma dignidade e da mesma graça na mesma Senhora. A dignidade fê-la Mãe, mas a graça fê-la digna; a dignidade fê-la rainha, mas a graça fê-la santa; a dignidade levantou-a sobre todas as criaturas, mas a graça uniu-a ao mesmo Criador; a dignidade fez que ela comunicasse a Deus o que Deus tem de homem: a graça fez que Deus lhe comunicasse a ela o que Deus tem de Deus: "Comunicaste-me que sou homem; comunicar-te-ei que sou Deus", diz Guerrico Abade[9].

Quereis agora ver esta mesma soberania na graça de cada um de vós? Ouvi com assombro ao grande Agostinho, não já comparando a dignidade de Mãe de Deus com a sua graça, senão a graça de qualquer homem com a dignidade de Mãe de Deus: "O nome materno, ainda na Virgem, é terreno em comparação com a proximidade celestial, que adquirem aqueles que fazem a vontade de Deus"[10]. O nome e dignidade de Mãe de Deus, ainda posto na Virgem Maria, é um nome e título terreno, em comparação da alteza celestial e divina a que se levantam por meio da graça e união com Deus os que fazem sua vontade. — Notai muito esta universal: "Aqueles que fazem a vontade de Deus". De maneira que a graça de qualquer criatura humana que faz a vontade de Deus, por viléssima que seja em tudo o mais, é maior bem e maior felicidade, e de maior peso e preço que a mesma dignidade de Mãe de Deus, e não em outrem, senão na mesma Virgem Maria: "Ainda na Virgem". Pode haver coisa de maior admiração e de maior consolação para os que estão em graça de Deus, e de maior confusão para os que a perdem, e de maior desesperação para os que estão no inferno e já a não podem recobrar? Entendamos bem este ponto, cristãos. Estai comigo. A dignidade de Mãe de Deus é um poder tão soberano e supremo, que domina a todos os homens, a todos os reis e monarcas do mundo, que domina a todos os anjos e a todas as jerarquias, e que até ao mesmo Deus, enquanto Filho, tem obediente e sujeito: "E lhes era submisso" (Lc 2,51). A dignidade de Mãe de Deus é uma alteza tão sublime, tão remontada e tão incompreensível, que nem a podem conceber os entendimentos humanos, nem a podem alcançar os entendimentos angélicos e seráficos, nem o entendimento da mesma Virgem Maria a pode compreender, porque só Deus, que se compreende a si mesmo, pode compreender e conhecer cabalmente o que é ser Mãe de Deus. Finalmente, a dignidade de Mãe de Deus é de tal maneira a última raia da onipotência divina, que, não havendo coisa no mundo que não possa Deus fazer outras sempre maiores e melhores em infinito, maior e melhor Mãe não a pode Deus fazer. E sendo tão infinitamente grande, e tão impossivelmente maior e melhor que todas, esta dignidade de Mãe de Deus, posto em balança, da outra parte, um só grau de graça de Deus, pesa mais esta pequena graça, que toda aquela imensa dignidade.

Quem me dera agora uma voz que se ouvira em todas as cortes do mundo, com que confundira não já a ambição senão a pouca fé dos que tão louca e cegamente traz fora de si a pretensão daqueles nomes vazios, a que o mundo bruto e vil chama dignidades! Tantos trabalhos, tantos cuidados, tantos desvelos, tantas diligências, tantas negociações, tantos subornos, tantas lisonjas, tantas adorações, tantas indignidades, tanto atropelar a razão, a justiça, a verdade, a consciência, a honra e a vida. E por quê? Por alcançar a vaidade de um posto, de um lugar, de um título, de um nome, de uma aparência; e no mesmo tempo, entra a velhinha por aquela igreja, toma água benta com piedade cristã, e por aquele ato de religião tão leve, adquire um grau de graça que pesa mais que todos os lugares, que todas as honras, que todos os títulos, que todas as dignidades do mundo, ainda que seja a dignidade de Mãe de Deus: sua Mãe. Credes isto, cristãos, ou não o credes? O certo é que, ou não temos fé, ou muito fraca.

§ IX

Mas que hemos de fazer para acabar de pesar, como convém, a graça de Deus? S. João pesou o valimento, a Madalena as delícias, Maria Cléofas a nobreza, a Mãe de Deus as dignidades, e nada disto faz pender à balança: que hemos de fazer? Ainda temos no Evangelho uma quinta pessoa, que só lhe soube e lhe pode dar à graça o peso que ela tem: "Estava junto à cruz de Jesus": Jesus é o que soube, e pode pesar a graça de Deus. Sabeis quanto pesa a graça de Deus? Pesa a Deus posto em uma cruz. Deus posto em uma cruz é o preço e o peso justo da graça de Deus; e não há outro. O fim para que Deus se pôs em uma cruz, não há dúvida que foi para nos merecer a graça. Assim o ensina a fé e a teologia, a qual também ensina que podia Deus dar-nos a graça por outros modos. Pois, se Deus nos podia dar graça por outros modos, por que no-la quis dar pondo-se em uma cruz? Ouvi a razão a Eusébio Emisseno: "Na balança da cruz, o autor da salvação sofreu e se deixou pender, para que a grandeza do preço mostrasse a sua dignidade ao homem que degenerara de seu estado de graça"[11]. Sabeis, diz Emisseno, para que se quis pôr Deus na balança da cruz: "Na balança da cruz"? Para que, posta de uma parte a graça, que o homem perdera, e doutra todo Deus, que com o preço da sua vida e do seu sangue lha comprava, entendesse o homem de quanto peso é a sua graça. É de tanto peso, que só com Deus se pode contrapesar. Ponde naquela balança reinos, ponde coroas, ponde cetros, ponde impérios, ponde monarquias, ponde tudo o que pode dar a natureza, e tudo o que pode dar a fortuna, ponde o mundo, ponde mil mundos, ponde o mesmo céu com sua glória: nada disto faz pendor, em comparação da graça que tão facilmente perdemos. Posta em balança a graça, só Deus pode igualar as balanças. E se não, veja-se em tudo o mais pela diferença do que lhe custa.

Os bens deste mundo, ou são bens da natureza, ou bens da fortuna, ou bens da glória, ou bens da graça. Os bens da natureza custaram-lhe a Deus uma palavra de sua onipotência, com que os criou; os bens da fortuna custaram-lhe um aceno de sua providência, com que os reparte; os bens da glória custam-lhe uma vista de sua essência, com que se comunica; e os bens da graça, que lhe custaram? Diga-o a cruz: custaram a vida de Deus, custaram o sangue de Deus, custaram a alma de Deus, custaram a divindade de Deus, custaram a honra de Deus. Pesa muito a graça de Deus? Pois ainda há outra coisa no mundo que pesa mais que ela. E qual é? Qualquer dos vossos apetites. Nas balanças da cruz, pesa tanto a graça como Deus: nas balanças do juízo humano, qualquer apetite pesa mais que Deus e que a sua graça. Dizei-o vós, quantas vezes dais a Deus e a graça por um apetite? "Oh! homens, diz o profeta, como sois falsos nas vossas balanças!" (Sl 61,10). — As balanças não são as falsas, porque a fé e o entendimento bem sabe conhecer quanto pesa mais que tudo a graça de Deus; mas os homens são os falsos às balanças, mentindo-se e enganando-se a si mesmos com a verdade à vista: "Os filhos dos homens são mentirosos nas balanças". É possível que Deus se há de dar a si mesmo pela graça, para nos levar ao céu, e que nós havemos de dar a Deus e a graça pelo pecado, que nos leva ao inferno? Já que não amamos a graça pela graça, já que não tememos o pecado pelo pecado, não amaremos a graça pela glória, não temeremos o pecado pelo inferno?

Bem sei que estais dizendo dentro em vós mesmos que, ainda que agora estais em pecado, nem por isso ireis ao inferno, porque depois vos haveis de pôr em graça. Ah! cegueira! Ah! miséria! Ah! tentação infernal! Todos os cristãos que estão no inferno fizeram essa mesma consideração, todos tiveram essa mesma esperança, e com ela se condenaram. E quem vos disse a vós que vos não sucederá o mesmo? Muitos estão no inferno, que fizeram menos pecados que vós, e contudo não se restituíram à graça. Pois se os vossos pecados são maiores, como esperais que haveis de alcançar tão facilmente o que eles não alcançaram? Cristãos da minha alma, almas remidas com o sangue de Cristo, não persistamos nesta cegueira um momento, que vejo que nos imos ao inferno sem remédio. Se a Senhora da graça, como Mãe de graça e de misericórdia, vos dá nesta hora uma boa inspiração, lançai mão dela, não a dilateis. Se estais escravo do demônio pelo pecado, fazei-vos filho da Mãe de Deus pela graça, e seja nesta mesma hora, como fez o evangelista: "E daquela hora, recebeu-a o discípulo em sua casa" (Jo 19,27). Nesta mesma hora fazei uma resolução muito animosa, nesta mesma hora detestai vossos pecados, nesta mesma hora deliberai de deixar, e deixai com efeito todas as ocasiões deles. E torno a dizer que seja nesta hora, porque a graça de Deus tem horas, e a morte também tem hora, e não sabemos quando será. Mova-nos a formosura da mesma graça, mova-nos a bem-aventurança da glória que se nos promete por ela, mova-nos a eternidade do inferno, onde havemos de ir arder se a desprezamos, e mova-nos enfim o preço que Cristo Jesus deu por ela, o sangue de Jesus, a vida de Jesus, a alma de Jesus, a morte e a cruz de Jesus: "Estava junto à cruz de Jesus".

SERMÃO DE
S. Antônio
(aos peixes)

Pregado na Cidade de S. Luís do Maranhão,
ano de 1654.

"Vós sois o sal da terra."
(Mt 5,13)

O Maranhão, embora com tantos pregadores, é uma terra corrupta. Por que tanta corrupção? A exemplo de Santo Antônio, Vieira resolve pregar aos peixes e não aos homens. Inicia o sermão louvando as virtudes dos peixes e as aplica aos pregadores. As "rêmoras" tão pequeninas amarram mais que as mesmas âncoras: são freios da nau e lemes do leme. Se pregassem, domariam a fúria das paixões humanas. Os "torpedos" fazem tremer os braços. Se pregassem, os ouvintes mudariam de vida e se emendariam. Os "quatro-olhos" têm um par de olhos para cima e outro para baixo e assim se defendem das aves do céu e dos predadores dos mares. Se pregassem, diriam que olhássemos para o céu e não nos esquecêssemos do inferno. As "sardinhas", alimento dos penitentes e dos pobres, se pregassem, clamariam pelos pobres. Termina o sermão com repreensões e as aplica aos ouvintes. A mais universal é que se comem uns aos outros: os grandes aos pequenos. Assim também os homens. Os "pegadores", jamais se desaferram. Assim também os homens. Os "voadores", presunçosos e caprichosos. Assim também os homens. Enfim, os "polvos", traidores do mar, aparentam mas não são. Assim também os homens. Apesar de tudo o que foi dito, só resta louvar a Deus porque os peixes são o que são!

I §

Vós — diz Cristo Senhor nosso, falando com os pregadores — sois o sal da terra; e chama-lhes sal da terra, porque quer que façam na terra o que faz o sal. O efeito do sal é impedir a corrupção, mas quando a terra se vê tão corrupta como está a nossa, havendo tantos nela que têm ofício de sal, qual será, ou qual pode ser a causa desta corrupção? Ou é porque o sal não salga, ou porque a terra se não deixa salgar. Ou é porque o sal não salga, e os pregadores não pregam a verdadeira doutrina, ou porque a terra se não deixa salgar, e os ouvintes, sendo verdadeira a doutrina que lhes dão, a não querem receber, ou é porque o sal não salga, e os pregadores dizem uma coisa e fazem outra, ou porque a terra se não deixa salgar, e os ouvintes querem antes imitar o que eles fazem que fazer o que dizem; ou é porque o sal não salga, e os pregadores se pregam a si, e não a Cristo, ou porque a terra se não deixa salgar, e os ouvintes, em vez de servir a Cristo, servem a seus apetites. Não é tudo isto verdade? Ainda mal.

Suposto pois que, ou o sal não salgue, ou a terra se não deixe salgar, que se há de fazer a este sal, e que se há de fazer a esta terra? O que se há de fazer ao sal que não salga, Cristo o disse logo: "Se o sal for insípido, com que se há de salgar? Para nada mais presta senão para se lançar fora e ser pisado pelos homens" (Mt 5,13). Se o sal perder a substância e a virtude, e o pregador faltar à doutrina e ao exemplo, o que se lhe há de fazer é lançá-lo fora como inútil, para que seja pisado de todos. Quem se atrevera a dizer tal coisa, se o mesmo Cristo a não pronunciara? Assim como não há quem seja mais digno de reverência e de ser posto sobre a cabeça que o pregador que ensina e faz o que deve, assim é merecedor de todo o desprezo e de ser metido debaixo dos pés o que com a palavra ou com a vida prega o contrário.

Isto é o que se deve fazer ao sal que não salga. E à terra que se não deixa salgar, que se lhe há de fazer? Este ponto não resolveu Cristo Senhor nosso no Evangelho, mas temos sobre ele a resolução do nosso grande português, santo Antônio, que hoje celebramos, e a mais galharda e gloriosa resolução que nenhum santo tomou. Pregava Santo Antônio em Itália, na cidade de Arimino, contra os hereges, que nela eram muitos, e como os erros de entendimento são dificultosos de arrancar, não só não fazia fruto o santo, mas chegou o povo a se levantar contra ele, e faltou pouco para que lhe não tirassem a vida. Que faria neste caso o ânimo generoso do grande Antônio? Sacudiria o pó dos sapatos, como Cristo aconselha em outro lugar? Mas Antônio, com os pés descalços, não podia fazer esta protestação, e uns pés, a que se não pegou nada da terra, não tinham que sacudir. Que faria logo? Retirar-se-ia? Calar-se-ia? Dissimularia? Daria tempo ao tempo? Isso ensinaria por ventura a prudência ou a covardia humana; mas o zelo da glória divina que ardia naquele peito não se rendeu a semelhantes partidos. Pois que fez? Mudou somente o púlpito e o auditório, mas não desistiu da doutrina. Deixa as praças, vai-se às praias, deixa a terra, vai-se ao mar, e começa a dizer a altas vozes: Já que me não querem ouvir os homens, ouçam-me os peixes. — Oh! maravilhas do Altíssimo! Oh! poderes do que criou o mar e a terra! Começam a ferver as ondas, começam a concorrer os peixes, os grandes, os maiores, os pequenos, e postos todos por sua ordem, com as cabeças de fora da água, Antônio pregava e eles ouviam.

Se a Igreja quer que preguemos de Santo Antônio sobre o Evangelho, dê-nos outro

"Vós sois o sal da terra" é muito bom texto para os outros santos Doutores, mas para Santo Antônio vem-lhe muito curto. Os outros santos Doutores da Igreja foram sal da terra; S. Antônio foi sal da terra, e foi sal do mar. Este é o assunto que eu tinha para tomar hoje. Mas há muitos dias que tenho metido no pensamento que nas festas dos santos é melhor pregar como eles, que pregar deles. Quanto mais que o som da minha doutrina, qualquer que ele seja, tem tido nesta terra uma fortuna tão parecida à de Santo Antônio em Arimino, que é força segui-la em tudo. Muitas vezes vos tenho pregado nesta Igreja e noutras, de manhã e de tarde, de dia e de noite, sempre com doutrina muito clara, muito sólida, muito verdadeira, e a que mais necessária e importante é a esta terra, para emenda e reforma dos vícios que a corrompem. O fruto que tenho colhido desta doutrina, e se a terra tem tomado o sal, ou se tem tomado dele, vós o sabeis, e eu por vós o sinto.

Isto suposto, quero hoje, à imitação de S. Antônio, voltar-me da terra ao mar, e, já que os homens se não aproveitam, pregar aos peixes. O mar está tão perto, que bem me ouvirão. Os demais podem deixar o sermão, pois não é para eles. Maria quer dizer "Senhora do mar", e, posto que o assunto seja tão desusado, espero que me não falte com a costumada graça. *Ave Maria.*

§ II

Enfim, que havemos de pregar hoje aos peixes? Nunca pior auditório. Ao menos têm os peixes duas boas qualidades de ouvintes: ouvem, e não falam. Uma só coisa pudera desconsolar ao pregador, que é serem gente os peixes que se não há de converter. Mas esta dor é tão ordinária, que já pelo costume quase se não sente. Por esta causa, não falarei hoje em céu, nem inferno, e assim será menos triste este sermão do que os meus parecem aos homens, pelos encaminhar sempre à lembrança destes dois fins.

"Vós sois o sal da terra". Haveis de saber, irmãos peixes, que o sal, filho do mar como vós, tem duas propriedades, as quais em vós mesmos se experimentam: conservar o são, e preservá-lo para que se não corrompa. Estas mesmas propriedades tinham as pregações do vosso pregador, S. Antônio, como também as devem ter as de todos os pregadores. Uma é louvar o bem, outra repreender o mal: louvar o bem para o conservar, e repreender o mal para preservar dele. Nem cuideis que isto pertence só aos homens, porque também nos peixes tem seu lugar. Assim o diz o grande doutor da Igreja, São Basílio: "Não podemos censurar nem mesmo repreender os peixes; mas existem neles coisas que devem ser seguidas como imitação"[1]. Não só há que notar, diz o santo, e que repreender nos peixes, senão também que imitar e louvar. — Quando Cristo comparou a sua Igreja à rede de pescar: "Redes lançadas ao mar" — diz que os pescadores recolheram os peixes bons, e lançaram fora os maus: "Recolheram os bons para os cestos, e os ruins lançaram fora" (Mt 13,48). E onde há bons e maus, há que louvar e que repreender. Suposto isto, para que procedamos com clareza, dividirei, peixes, o vosso sermão em dois pontos: no primeiro, louvar-vos-ei as vossas virtudes; no segundo, repreender-vos-ei os vossos vícios. E desta maneira satisfaremos às obrigações do sal, que melhor vos está ouvi-las vivos, que experimentá-las depois de mortos.

Começando, pois, pelos vossos louvores, irmãos peixes, bem vos pudera eu dizer que entre todas as criaturas viventes e sensitivas, vós fostes as primeiras que Deus criou. A vós criou primeiro que às aves do ar, a vós primeiro que aos animais da terra, e a vós primeiro que ao mesmo homem. Ao homem deu Deus a monarquia e domínio de todos os animais dos três elementos, e nas provisões em que o honrou com estes poderes, os primeiros nomeados foram os peixes: "Para que presida aos peixes do mar, às aves do céu e aos animais selvagens, e a toda a terra" (Gn 1,26). Entre todos os animais do mundo, os peixes são os mais, e os peixes os maiores. Que comparação têm em número as espécies das aves e as dos animais terrestres com as dos peixes? Que comparação na grandeza o elefante com a baleia? Por isso Moisés, cronista da criação, calando os nomes de todos os animais, só a ela nomeou pelo seu: "Criou Deus as grandes baleias" (Gn 1,21). E os três músicos da fornalha de Babilônia o cantaram também como singular entre todos: "Baleias e peixes, todos os que se movem nas águas bendizei ao senhor" (Dn 3,79). Estes e outros louvores, estas e outras excelências de vossa geração e grandeza vos pudera dizer, ó peixes, mas isto é lá para os homens, que se deixam levar destas vaidades, e é também para os lugares em que tem lugar a adulação, e não para o púlpito.

Vindo pois, irmãos, às vossas virtudes, que são as que só podem dar o verdadeiro louvor, a primeira que se me oferece aos olhos, hoje, é aquela obediência com que, chamados, acudistes todos pela honra de vosso Criador e Senhor, e aquela ordem, e quietação, e atenção, com que ouvistes a palavra de Deus da boca de seu servo Antônio. Oh! grande louvor verdadeiramente para os peixes, e grande afronta e confusão para os homens! Os homens, perseguindo a Antônio, querendo-o lançar da terra, e ainda do mundo, se pudessem, porque lhes repreendia seus vícios, porque lhes não queria falar à vontade e condescender com seus erros, e no mesmo tempo os peixes, em inumerável concurso, acudindo à sua voz, atentos e suspensos às suas palavras, escutando com silêncio e com sinais de admiração e assenso, como se tiveram entendimento, o que não entendiam. Quem olhasse neste passo para o mar e para a terra, e visse na terra os homens tão furiosos e obstinados, e no mar os peixes tão quietos e tão devotos, que havia de dizer? Poderia cuidar que os peixes irracionais se tinham convertido em homens, e os homens, não em peixes, mas em feras. Aos homens deu Deus uso de razão, e não aos peixes; mas neste caso os homens tinham a razão sem o uso, e os peixes o uso sem a razão. Muito louvor mereceis, peixes, por este respeito e devoção que tivestes aos pregadores da palavra de Deus, e tanto mais quanto não foi só esta a vez em que assim o fizestes. Ia Jonas, pregador do mesmo Deus, embarcado em um navio, quando se levantou aquela grande tempestade. E como o trataram os homens, como o trataram os peixes? Os homens lançaram-no ao mar a ser comido dos peixes; e o peixe que o comeu levou-o às praias de Nínive, para que lá pregasse e salvasse aqueles homens. É possível que os peixes ajudam à salvação dos homens, e os homens lançam ao mar os ministros da salvação? Vede, peixes, e não vos venha vanglória, quanto melhores sois que os homens. Os homens tiveram entranhas para deitar Jonas ao mar, e o peixe recolheu nas entranhas a Jonas, para o levar vivo à terra.

Mas porque nestas duas ações teve maior parte a onipotência que a natureza — como também em todas as milagrosas que obram os homens — passo às virtudes naturais e próprias vossas. Falando dos peixes, Aristóteles diz que só eles, entre todos os animais, se não domam nem domesticam. Dos animais terrestres, o cão é tão doméstico, o cavalo tão sujeito, o boi tão serviçal, o bugio tão amigo ou tão lisonjeiro, e até os leões e os tigres com arte e benefícios se amansam. Dos animais do ar, afora aquelas aves que se criam e vivem conosco, o papagaio nos fala, o rouxinol nos canta, o açor nos ajuda e nos recreia, e até as grandes aves de rapina, encolhendo as unhas, reconhecem a mão de quem recebem o sustento. Os peixes, pelo contrário, lá se vivem nos seus mares e rios, lá se mergulham nos seus pegos, lá se escondem nas suas grutas, e não há nenhum tão grande, que se fie do homem, nem tão pequeno, que não fuja dele. Os autores comumente condenam esta condição dos peixes, e a deitam à pouca docilidade ou demasiada bruteza; mas eu sou de mui diferente opinião. Não condeno, antes louvo muito aos peixes este seu retiro, e me parece que, se não fora natureza, era grande prudência. Peixes, quanto mais longe dos homens tanto melhor: trato e familiaridade com eles, Deus vos livre! Se os animais da terra e do ar querem ser seus familiares, façam-no muito embora, que com suas pensões o fazem. Cante-lhe aos homens o rouxinol, mas na sua gaiola; diga-lhe ditos o papagaio, mas na sua cadeia; vá com eles à caça o açor, mas nas suas pioses; faça-lhe bufonerias o bugio, mas no seu cepo; contente-se o cão de lhe roer um osso, mas levado onde não quer pela trela; preze-se o boi de lhe chamarem formoso ou fidalgo, mas com o jugo sobre a cerviz, puxando pelo arado e pelo carro; glorie-se o cavalo de mastigar freios dourados, mas debaixo da vara e da espora; e se os tigres e os leões lhe comem a ração da carne que não caçaram no bosque, sejam presos e encerrados com grades de ferro. E, entretanto, vós peixes, longe dos homens, e fora dessas cortesanias, vivereis só convosco sim, mas como peixes na água. De casa, e das portas a dentro, tendes o exemplo de toda esta verdade, o qual vos quero lembrar, porque há filósofos que dizem que não tendes memória.

No tempo de Noé sucedeu o dilúvio, que cobriu e alagou o mundo; e de todos os animais, quais livraram melhor? Dos leões escaparam dois, leão e leoa, e assim dos outros animais da terra: das águias escaparam duas, fêmea e macho, e assim das outras aves. E dos peixes? Todos escaparam: antes, não só escaparam todos, mas ficaram muito mais largos que dantes, porque a terra e o mar, tudo era mar. Pois se morreram naquele universal castigo todos os animais da terra e todas as aves, por que não morreram também os peixes? Sabeis por quê? — diz Santo Antônio — porque os outros animais, como mais domésticos ou mais vizinhos, tinham mais comunicação com os homens; os peixes viviam longe e retirados deles. Facilmente pudera Deus fazer que as águas fossem venenosas e matassem todos os peixes, assim como afogaram todos os outros animais. Bem o experimentais na força daquelas ervas, com que, infeccionados os poços e lagos, a mesma água vos mata; mas como o dilúvio era um castigo universal que Deus dava aos homens por seus pecados, e ao mundo pelos pecados dos homens, foi altíssima providência da divina justiça que nele houvesse esta diversidade ou distinção, para que o mesmo mundo visse que da companhia dos homens lhe viera todo o mal, e que por isso os animais que viviam mais perto deles foram também castigados, e os que andavam longe ficaram livres. Vede, peixes, quão grande bem é estar longe dos homens. Perguntado um grande filósofo qual era a melhor terra do mundo, respondeu que a mais deserta, porque tinha os homens mais longe.

Se isto vos pregou também S. Antônio, e foi este um dos benefícios de que vos exortou a dar graças ao Criador, bem vos pudera alegar consigo, que quanto mais buscava Deus, tanto mais fugia dos homens. Para fugir dos homens deixou a casa de seus pais, e se recolheu ou acolheu a uma religião onde professasse perpétua clausura. E porque nem aqui o deixavam os que ele tinha deixado, primeiro deixou Lisboa, depois Coimbra, e finalmente Portugal. Para fugir e se esconder dos homens, mudou o hábito, mudou o nome, e até a si mesmo se mudou, ocultando sua grande sabedoria debaixo da opinião de idiota, com que não fosse conhecido, nem buscado, antes, deixado de todos, como lhe sucedeu com seus próprios irmãos no Capítulo Geral de Assis. Dali se retirou a fazer vida solitária em um ermo, do qual nunca saíra, se Deus, como por força, o não manifestara, e por fim acabou a vida em outro deserto, tanto mais unido com Deus, quanto mais apartado dos homens.

§ III

Este é, peixes, em comum, o natural que em todos vós louvo, e a felicidade de que vos dou o parabém, não sem inveja. Descendo ao particular, infinita matéria fora se houvera de discorrer pelas virtudes de que o Autor da natureza a dotou e fez admirável em cada um de vós. De alguns somente farei menção. E o que tem o primeiro lugar entre todos, como tão celebrado na Escritura, é aquele Santo Peixe de Tobias, a quem o texto sagrado não dá outro nome que de grande, como verdadeiramente o foi nas virtudes interiores, em que só consiste a verdadeira grandeza. Ia Tobias caminhando com o anjo S. Rafael, que o acompanhava, e descendo a lavar os pés do pó do caminho nas margens de um rio, eis que o investe um grande peixe com a boca aberta, em ação de que o queria tragar. Gritou Tobias assombrado, mas o anjo lhe disse que pegasse no peixe pela barbatana, e o arrastasse para terra, que o abrisse e lhe tirasse as entranhas, e as guardasse, porque lhe haviam de servir muito. Fê-lo assim Tobias, e perguntando que virtude tinham as entranhas daquele peixe que lhe mandara guardar, respondeu o anjo que o fel era bom para sarar da cegueira, e o coração para lançar fora os demônios: "Se puseres um pedacinho do coração do peixe sobre as brasas acesas, a sua fumaça afugentará toda espécie de demônio, e o fel será bom para ungir os olhos que têm algumas névoas, e sararão" (Tb 6,8s). Assim o disse o anjo, e assim o mostrou logo a experiência, porque sendo o pai de Tobias cego, aplicando-lhe o filho aos olhos um pequeno do fel, cobrou inteiramente a vista, e tendo um demônio, chamado Asmodeu, morto sete maridos a Sara, casou com ela o mesmo Tobias, e queimando na casa parte do coração, fugiu dali o demônio, e nunca mais tornou. De sorte que o fel daquele peixe tirou a cegueira a Tobias, o velho, e lançou os demônios de casa a Tobias, o moço. Um peixe de tão bom coração e de tão proveitoso fel, quem o não louvara muito? Certo que se a este peixe o vestiram de burel e o ataram com uma corda, pareceria um retrato marítimo de Santo Antônio. Abria Santo Antônio a boca contra os hereges, e enviava-se a eles, levado do fervor e zelo da fé e glória divina. E eles, que faziam? Gritavam como Tobias, e assombravam-se com aquele homem, e cuidavam que os queria comer. Ah! homens, se houvesse um anjo que vos revelasse qual é o coração desse homem, e esse fel, que tanto vos amarga, quão proveitoso e quão necessário vos é!

Se vós lhe abrísseis esse peito, e lhe vísseis as entranhas, como é certo que havíeis de achar e conhecer claramente nelas que só duas coisas pretende de vós e convosco: uma é alumiar e curar vossas cegueiras, e outra lançar-vos os demônios fora de casa. Pois, a quem vos quer tirar as cegueiras, a quem vos quer livrar dos demônios, perseguis vós? Só uma diferença havia entre Santo Antônio e aquele peixe: que o peixe abriu a boca contra quem se lavava, e Santo Antônio abria a sua contra os que se não queriam lavar. Ah! moradores do Maranhão, quanto eu vos pudera agora dizer neste caso! Abri, abri essas entranhas; vede, vede esse coração. Mas ah! sim, que me não lembrava! Eu não vos prego a vós, prego aos peixes.

Passando dos da Escritura aos da História Natural, quem haverá que não louve e admire muito a virtude tão celebrada da rêmora? No dia de um santo menor, os peixes menores devem preferir aos outros. Quem haverá, digo, que não admire a virtude daquele peixezinho tão pequeno no corpo, e tão grande na força e no poder, que não sendo maior de um palmo, se se pega ao leme de uma nau da Índia, apesar das velas, e dos ventos e de seu próprio peso e grandeza, aprende e amarra mais que as mesmas âncoras, sem se poder mover nem ir por diante. Oh! se houvera uma rêmora na terra que tivesse tanta força como a do mar, que menos perigos haveria na vida, e que menos naufrágios no mundo! Se alguma rêmora houve na terra, foi a língua de Santo Antônio, na qual, como na rêmora, se verifica o verso de S. Gregório Nazianzeno: "A língua é pequena, mas vence todas as coisas com suas virtudes"[2]. O apóstolo São Tiago, naquela sua eloquentíssima Epístola, compara a língua ao leme da nau e ao freio do cavalo. Uma e outra comparação juntas declaram maravilhosamente a virtude da rêmora, a qual, pegada ao leme da nau, é freio da nau e leme do leme. E tal foi a virtude e força da língua de Santo Antônio. O leme da natureza humana é o alvedrio, o piloto é a razão: mas quão poucas vezes obedecem à razão os ímpetos precipitados do alvedrio? Neste leme, porém, tão desobediente e rebelde, mostrou a língua de Antônio quanta força tinha, como rêmora, para domar e parar a fúria das paixões humanas. Quantos, correndo fortuna na Nau-Soberba, com as velas inchadas do vento e da mesma soberba — que também é vento — se iam desfazer nos baixos, que já rebentavam por proa, se a língua de Antônio, como rêmora, não tivesse mão no leme até que as velas se amainassem, como mandava a razão, e cessasse a tempestade de fora e a de dentro? Quantos, embarcados na Nau-Vingança, com a artilharia abocada e os bota-fogos acesos, corriam enfunados a dar-lhe batalha, onde se queimariam ou deitariam a pique, se a rêmora da língua de Antônio lhes não detivesse a fúria, até que, composta a ira e ódio, com bandeiras de paz se salvassem amigavelmente? Quantos, navegando na Nau-Cobiça, sobrecarregada até as gáveas, aberta com o peso por todas as costuras, incapaz de fugir nem se defender, dariam nas mãos dos corsários, com perda do que levavam e do que iam buscar, se a língua de Antônio os não fizesse parar como rêmora, até que, aliviados da carga injusta, escapassem do perigo e tomassem porto? Quantos na Nau-Sensualidade, que sempre navega com cerração, sem sol de dia nem estrela de noite, enganados do canto das sereias, e deixando-se levar da corrente, se iriam perder cegamente ou em Sila, ou em Caribdes, onde não aparecesse navio nem navegante, se a rêmora da língua de Antônio os não contivesse até que esclarecesse a luz e se pusessem em via? Esta é a língua, peixes, do vosso grande pregador, que também foi rêmora vossa, enquanto o ouvistes, e porque agora está muda — posto que ainda se conserva inteira — se veem, e choram na terra tantos naufrágios.

Mas, para que da admiração de uma tão grande virtude vossa passemos ao louvor ou inveja de outra não menor, admirável é igualmente a qualidade daquele outro peixezinho, a que os latinos chamaram torpedo. Ambos estes peixes conhecemos cá mais de fama que de vista, mas isto têm as virtudes grandes, que quanto são maiores, mais se escondem. Está o pescador com a cana na mão, o anzol no fundo e a boia sobre a água, e em lhe picando na isca o torpedo, começa a lhe tremer o braço. Pode haver maior, mais breve e mais admirável efeito? De maneira que num momento passa a virtude do peixezinho da boca ao anzol, do anzol à linha, da linha à cana, e da cana ao braço do pescador. Com muita razão disse que este vosso louvor o havia de referir com inveja. Quem dera aos pescadores do nosso elemento, ou quem lhes pusera esta qualidade tremente em tudo o que pescam na terra! Muito pescam, mas não me espanto do muito; o que me espanta é que pesquem tanto e que tremam tão pouco. Tanto pescar e tão pouco tremer? Pudera-se fazer problema onde há mais pescadores e mais modos e traças de pescar, se no mar ou na terra? E é certo que na terra. Não quero discorrer por eles, ainda que fora grande consolação para os peixes; baste fazer a comparação com a cana, pois é o instrumento do nosso caso. No mar pescam as canas, na terra pescam as varas — e tanta sorte de varas —, pescam as ginetas, pescam as bengalas, pescam os bastões, e até os cetros pescam, e pescam mais que todos, porque pescam cidades e reinos inteiros.

Pois, é possível que, pescando os homens coisas de tanto peso, lhes não trema a mão e o braço? Se eu pregara aos homens e tivera a língua de Santo Antônio, eu os fizera tremer. Vinte e dois pescadores destes se acharam acaso a um sermão de S. Antônio, e as palavras do santo os fizeram tremer a todos, de sorte que todos, tremendo, se lançaram a seus pés, todos, tremendo, confessaram seus furtos, todos, tremendo, restituíram o que podiam — que isto é o que faz tremer mais neste pecado que nos outros —, todos, enfim, mudaram de vida e de ofício, e se emendaram.

Quero acabar este discurso dos louvores e virtudes dos peixes com um, que não sei se foi ouvinte de Santo Antônio, e aprendeu dele a pregar. A verdade é que me pregou a mim, e se eu fora outro, também me convertera. Navegando daqui para o Pará — que é bem não fiquem de fora os peixes da nossa costa —, vi correr pela tona da água, de quando em quando, a saltos, um cardume de peixinhos que não conhecia, e como me dissessem que os portugueses lhes chamavam quatro-olhos, quis averiguar ocularmente a razão deste nome, e achei que verdadeiramente têm quatro olhos, em tudo cabais e perfeitos. Dá graças a Deus, lhe disse, e louva a liberalidade de sua divina Providência para contigo, pois às águias, que são os linces do ar, deu somente dois olhos, e aos linces, que são as águias da terra, também dois, e a ti peixinho, quatro. Mais me admirei ainda considerando nesta maravilha a circunstância do lugar. Tantos instrumentos de vista a um bichinho do mar nas praias daquelas mesmas terras vastíssimas, onde permite Deus que estejam vivendo em cegueira tantos milhares de gentes há tantos séculos? Oh! quão altas e incompreensíveis são as razões de Deus, e quão profundo o abismo de seus juízos!

Filosofando, pois, sobre a causa natural desta providência, notei que aqueles quatro olhos estão lançados um pouco fora do lugar ordinário, e cada parte deles, unidos como os dois vidros de um relógio de areia, em tal forma, que os da parte superior olham diretamente para cima, e os da parte inferior diretamente para baixo. E a razão desta nova arquitetura é porque estes peixinhos, que sempre andam na superfície da água, não só são perseguidos dos outros peixes maiores do mar, senão também de grande quantidade de aves marítimas, que vivem naquelas praias; e como têm inimigos no mar e inimigos no ar, dobrou-lhes a natureza as sentinelas, e deu-lhes dois olhos, que diretamente olhassem para cima, para se vigiarem das aves, e outros dois, que diretamente olhassem para baixo, para se vigiarem dos peixes. Oh! que bem informara estes quatro-olhos uma alma racional, e que bem empregada fora neles, melhor que em muitos homens! Esta é a pregação que me fez aquele peixezinho, ensinando-me que, se tenho fé e uso de razão, só devo olhar diretamente para cima, e só diretamente para baixo: para cima, considerando que há céu, e para baixo, lembrando-me que há inferno. Não me alegou para isso passo da Escritura, mas então me ensinou o que quis dizer Davi em um, que eu não entendia: "Afasta os meus olhos para que não vejam a vaidade" (Sl 11,37): Voltai-me, Senhor, os olhos, para que não vejam a vaidade. — Pois, Davi não podia voltar os seus olhos para onde quisesse? Do modo que ele queria, não. Ele queria voltados os seus olhos de modo que não vissem a vaidade, e isto não o podia fazer neste mundo para qualquer parte que voltasse os olhos, porque neste mundo tudo é vaidade: "Vaidade das vaidades, tudo é vaidade" (Ecl 1,2). Logo, para não verem os olhos de Davi a vaidade, havia-lhos de voltar Deus de modo que só vissem e olhassem para o outro mundo, em ambos seus hemisférios: ou para o de cima, olhando direitamente só para o céu, ou para o de baixo, olhando direitamente só para o inferno. E esta é a mercê que pedia a Deus aquele grande profeta, e esta a doutrina que me pregou aquele peixinho tão pequeno.

Mas ainda que o céu e o inferno se não fez para vós, irmãos peixes, acabo e dou fim a vossos louvores, com vos dar as graças do muito que ajudais a ir ao céu, e não ao inferno, os que se sustentam de vós. Vós sois os que sustentais as Cartuxas e os Bussacos, e todas as santas famílias que professam mais rigorosa austeridade; vós os que a todos os verdadeiros cristãos ajudais a levar a penitência das quaresmas; vós aqueles com que o mesmo Cristo festejou a sua Páscoa, as duas vezes que comeu com seus discípulos depois de ressuscitado. Prezem-se as aves e os animais terrestres de fazer esplêndidos e custosos os banquetes dos ricos, e vós gloriai-vos de ser companheiros do jejum e da abstinência dos justos. Tendes todos quantos sois tanto parentesco e simpatia com a virtude, que, proibindo Deus no jejum a pior e mais grosseira carne, concede o melhor e mais delicado peixe. E, posto que na semana só dois se chamam vossos, nenhum dia vos é vedado. Um só lugar vos deram os astrólogos entre os signos celestes; mas os que só de vós se mantêm na terra, são os que têm mais seguros os lugares do céu. Enfim, sois criaturas daquele elemento cuja fecundidade entre todos é própria do Espírito Santo: "O Espírito de Deus fecundava as águas" (Gn 1,2)[3].

Deitou-vos Deus a bênção que crescêsseis e multiplicásseis; e para que o Senhor vos confirme essa bênção, lembrai-vos de não faltar aos pobres com o seu remédio.

Entendei que, no sustento dos pobres, tendes seguros os vossos aumentos. Tomai o exemplo nas irmãs sardinhas. Por que cuidais que as multiplica o Criador em número tão inumerável? Porque são sustento de pobres. Os solhos e os salmões são muito contados, porque servem à mesa dos reis e dos poderosos; mas o peixe que sustenta a fome dos pobres de Cristo, o mesmo Cristo o multiplica e aumenta. Aqueles dois peixes, companheiros dos cinco pães do deserto, multiplicaram tanto que deram de comer a cinco mil homens. Pois, se peixes mortos, que sustentam a pobres, multiplicam tanto, quanto mais e melhor o farão os vivos. Crescei peixes, crescei e multiplicai, e Deus vos confirme a sua bênção.

§ IV

Antes, porém, que vos vades, assim como ouvistes os vossos louvores, ouvi também agora as vossas repreensões. Servir-vos-ão de confusão, já que não seja de emenda. A primeira coisa que me desedifica, peixes, de vós, é que vos comeis uns aos outros. Grande escândalo é este, mas a circunstância o faz ainda maior. Não só vos comeis uns aos outros, senão que os grandes comem os pequenos. Se fora pelo contrário, era menos mal. Se os pequenos comeram os grandes, bastara um grande para muitos pequenos; mas, como os grandes comem os pequenos, não bastam cem pequenos, nem mil para um só grande. Olhai como estranha isto Santo Agostinho: "Os homens, com suas más e perversas cobiças, vêm a ser como os peixes, que se comem uns aos outros"[4]. Tão alheia coisa é, não só da razão, mas da mesma natureza, que, sendo todos criados do mesmo elemento, todos cidadãos da mesma pátria, e todos, finalmente, irmãos, vivais de vos comer. Santo Agostinho, que pregava aos homens, para encarecer a fealdade deste escândalo, mostrou-lho nos peixes, e eu que prego aos peixes, para que vejais quão feio e abominável é, quero que o vejais nos homens. Olhai, peixes, lá do mar para a terra. Não, não: não é isso o que vos digo. Vós virais os olhos para os matos e para o sertão? Para cá, para cá: para a cidade é que haveis de olhar. Cuidais que só os tapuias se comem uns aos outros? Muito maior açougue é o de cá, muito mais se comem os brancos. Vedes vós todo aquele bolir, vedes todo aquele andar, vedes aquele concorrer às praças e cruzar as ruas; vedes aquele subir e descer as calçadas, vedes aquele entrar e sair sem quietação, nem sossego? Pois tudo aquilo é andarem buscando os homens como hão de comer, e como se hão de comer.

Morreu algum deles: vereis logo tantos sobre o miserável a despedaçá-lo e comê-lo. Comem-no os herdeiros, comem-no os testamenteiros, comem-no os legatários, comem-no os acredores, comem-no os oficiais dos órfãos e os dos defuntos e ausentes; comeu o médico que o curou, ou ajudou a morrer; comeu o sangrador que lhe tirou o sangue; comeu a mesma mulher, que de má vontade lhe dá para mortalha o lençol mais velho da casa; comeu o que lhe abre a cova, o que lhe tange os sinos e os que, cantando, o levam a enterrar; enfim ainda ao pobre defunto o não comeu a terra, e já o tem comido toda a terra. Já se os homens se comeram somente depois de mortos, parece que era menos horror e menos matéria de sentimento. Mas, para que conheçais a que chega a vossa crueldade, considerai, peixes, que também os homens se comem vivos, assim como vós. Vivo estava Jó quando dizia: "Por que me perseguis e vos fartais da minha carne?"

(Jó 19,22). Por que me perseguis tão desumanamente, vós que me estais comendo vivo e fartando-vos da minha carne? — Quereis ver um Jó destes? Vede um homem, desses que andam perseguidos de pleitos ou acusados de crimes, e olhai quantos o estão comendo. Comeu o meirinho, comeu o carcereiro, comeu o escrivão, comeu o solicitador, comeu o advogado, comeu o inquiridor, comeu a testemunha, comeu o julgador, e ainda não está sentenciado, e já está comido. São piores os homens que os corvos. O triste que foi à forca, não o comem os corvos, senão depois de executado e morto; e o que anda em juízo, ainda não está executado nem sentenciado, e já está comido.

E para que vejais como estes comidos na terra são os pequenos, e pelos mesmos modos com que vós vos comeis no mar, ouvi a Deus queixando-se deste pecado: "Acaso não terão conhecimento todos os que obram a iniquidade, os que devoram o meu povo, como um pedaço de pão?" (Sl 13,4). Cuidais, diz Deus, que não há de vir tempo em que conheçam e paguem o seu merecido aqueles que cometem a maldade? — E que maldade é esta, à qual Deus singularmente chama a maldade, como se não houvera outra no mundo? E quem são aqueles que a cometem? A maldade é comerem-se os homens uns aos outros, e os que a cometem são os maiores, que comem os pequenos: "Os que devoram o meu povo, como um pedaço de pão". Nestas palavras, pelo que vos toca, importa, peixes, que advirtais muito outras tantas coisas quantas são as mesmas palavras. Diz Deus que comem os homens não só o seu povo, senão declaradamente a sua plebe: "A minha plebe", porque a plebe e os plebeus, que são os mais pequenos, os que menos podem e os que menos avultam na república, estes são os comidos. E não só diz que os comem de qualquer modo, senão que os engolem e os devoram: "Os que devoram", porque os grandes, que têm o mando das cidades e das províncias, não se contenta a sua fome de comer os pequenos um por um, ou poucos a poucos, senão que devoram e engolem os povos inteiros: "Os que devoram o meu povo". E de que modo os devoram e comem? "Como um pedaço de pão": não como os outros comeres, senão como pão. A diferença que há entre o pão e os outros comeres, é que para a carne há dias de carne, e para o peixe, dias de peixe, e para as frutas, diferentes meses no ano; porém o pão é comer de todos os dias, que sempre e continuadamente se come, e isto é o que padecem os pequenos. São o pão cotidiano dos grandes, e assim como o pão se come com tudo, assim com tudo e em tudo são comidos os miseráveis pequenos, não tendo nem fazendo ofício em que os não carreguem, em que os não multem, em que os não defraudem, em que os não comam, traguem e devorem: "Os que devoram o meu povo, como um pedaço de pão". Parece-vos bem isto, peixes? Representa-se-me que com o movimento das cabeças estais todos dizendo que não, e com olhardes uns para os outros, vos estais admirando e pasmando de que entre os homens haja tal injustiça e maldade! Pois isto mesmo é o que vós fazeis. Os maiores comeis os pequenos, e os muitos grandes, não só os comem um por um, senão os cardumes inteiros, e isto continuadamente, sem diferença de tempos, não só de dia, senão também de noite, às claras e às escuras, como também fazem os homens.

Se cuidais, porventura, que estas injustiças entre vós se toleram e passam sem castigos, enganais-vos. Assim como Deus as castiga nos homens, assim também, por seu modo, as castiga em vós. Os mais velhos que me ouvis e estais presentes, bem vistes neste estado, e quando menos ouviríeis murmurar aos passageiros nas canoas, e muitos mais lamentar aos miseráveis remeiros delas, que os maiores, que cá foram mandados, em vez de governar e aumentar o mesmo estado, o destruíram, porque toda a fome que de lá traziam, a fartavam em comer e devorar os pequenos. Assim foi. Mas se entre vós se acham acaso alguns dos que, seguindo a esteira dos navios, vão com eles a Portugal e tornam para os mares pátrios, bem ouviriam estes lá no Tejo, que esses mesmos maiores que cá comiam os pequenos, quando lá chegam, acham outros maiores que os comam também a eles. Este é o estilo da divina justiça, tão antigo e manifesto, que até os gentios o conheceram e celebraram:

> "Vós, a quem o senhor do mar e da terra concedeu o supremo direito de morte e de vida;
> abandonai esse rosto soberbo e orgulhoso;
> as ameaças que fazeis pesar sobre os súditos
> faz pesar sobre vós um senhor mais poderoso"⁵.

Notai, peixes, aquela definição de Deus: "Senhor do mar e da terra": governador do mar e da terra, para que não duvideis que o mesmo estilo que Deus guarda com os homens na terra, observa também convosco no mar. Necessário é, logo, que olheis por vós, e que não façais pouco caso da doutrina que vos deu o grande Doutor da Igreja, Santo Ambrósio, quando, falando convosco, disse: "Guarda-te, tu que persegues a um, que não encontres outro mais forte": Guarde-se o peixe que persegue o mais fraco, para o comer, não se ache na boca do mais forte, que o engula a ele. — Nós o vemos aqui cada dia.

Vai o xaréu correndo atrás do bagre, como o cão após a lebre, e não vê o cego que lhe vem nas costas o tubarão, com quatro ordens de dentes, que o há de engolir de um bocado. É o que com maior elegância vos disse também Santo Agostinho: "A presa do menor torna-se presa do maior"⁶. Mas não bastam, peixes, estes exemplos, para que acabe de se persuadir a vossa gula que a mesma crueldade, que usais com os pequenos, tem já aparelhado o castigo na veracidade dos grandes?

Já que assim o experimentais com tanto dano vosso, importa que, daqui por diante, sejais mais repúblicos e zelosos do bem comum, e que este prevaleça contra o apetite particular de cada um, para que não suceda que, assim como hoje vemos a muitos de vós tão diminuídos, vos venhais a consumir de todo. Não vos bastam tantos inimigos de fora, e tantos perseguidores tão astutos e pertinazes quantos são os pescadores, que nem de dia, nem de noite, deixam de vos pôr em cerco, e fazer guerra por tantos modos? Não vedes que contra vós se emalham e entralham as redes, contra vós se tecem as nassas, contra vós se torcem as linhas, contra vós se dobram e farpam os anzóis, contra vós as fisgas e os arpões? Não vedes que contra vós até as canas são lanças, e as cortiças armas ofensivas? Não vos basta, pois, que tenhais tantos e tão armados inimigos de fora, senão que também vós, de vossas portas a dentro, o haveis de ser mais cruéis, perseguindo-vos com uma guerra mais que civil, e comendo-vos uns aos outros? Cesse, cesse já, irmãos peixes, e tenha fim algum dia esta tão perniciosa discórdia; e pois vos chamei, e sois irmãos, lembrai-vos das obrigações deste nome. Não estáveis vós muito quietos, muito pacíficos, e muito amigos todos, grandes e pequenos, quando vos pregava S. Antônio? Pois continuai assim, e sereis felizes.

Dir-me-eis (como também dizem os homens) que não tendes outro modo de vos sustentar. E de que se sustentam entre vós muitos que não comem os outros? O mar é muito largo, muito fértil, muito abundante, e, só com o que bota às praias, pode sustentar grande parte dos que vivem dentro nele. Comerem-se uns animais aos outros é voracidade e sevícia, e não estatuto da natureza. Os da terra e do ar, que hoje se comem, no princípio do mundo não se comiam, sendo assim conveniente e necessário para que as espécies de todos se multiplicassem. O mesmo foi — ainda mais claramente — depois do dilúvio, porque, tendo escapado somente dois de cada espécie, mal se podiam conservar, se se comessem. E finalmente, no tempo do mesmo dilúvio, em que todos viveram juntos dentro na Arca, o lobo estava vendo o cordeiro, o gavião a perdiz, o leão o gamo, e cada um aqueles em que se costuma cevar, e, se acaso lá tiveram essa tentação, todos lhe resistiram e se acomodaram com a ração do paiol comum, que Noé lhes repartia. Pois se os animais dos outros elementos mais cálidos foram capazes desta temperança, por que o não serão os da água? Enfim se eles em tantas ocasiões, pelo desejo natural da própria conservação e aumento, fizeram da necessidade virtude, fazei-o vós também, ou fazei a virtude sem necessidade, e será maior virtude.

Outra coisa muito geral, que não tanto me desedifica quanto me lastima em muitos de vós, é aquela tão notável ignorância e cegueira que em todas as viagens experimentam os que navegam por estas partes. Toma um homem do mar um anzol, ata-lhe um pedaço de pano cortado, e, aberto em duas ou três pontas, lança-o por um cabo delgado até tocar na água, e, em o vendo o peixe, arremete cego a ele, e fica preso e boqueando, até que, assim suspenso no ar ou lançado no convés, acaba de morrer. Pode haver maior ignorância e mais rematada cegueira que esta? Enganados por um retalho de pano, perder a vida? Dir-me-eis que o mesmo fazem os homens. Não vo-lo nego. Dá um exército batalha contra outro exército, metem-se os homens pelas pontas dos piques, dos chuços e das espadas, e por quê? Porque houve quem os engodou e lhes fez isca com dois retalhos de pano. A vaidade, entre os vícios, é o pescador mais astuto, e que mais facilmente engana os homens. E que faz a vaidade? Põe por isca nas pontas desses piques, desses chuços e dessas espadas dois retalhos de pano, ou branco, que se chama Hábito de Malta, ou verde, que se chama de Aviz, ou vermelho, que se chama de Cristo e de São Tiago, e os homens, por chegarem a passar esse retalho de pano ao peito, não reparam em tragar e engolir o ferro. E depois disso, que sucede? O mesmo que a vós. O que engoliu o ferro, ou ali ou noutra ocasião, ficou morto, e os mesmos retalhos de pano tornaram outra vez ao anzol para pescar outros. Por este exemplo vos concedo, peixes, que os homens fazem o mesmo que vós, posto que me parece que não foi este o fundamento da vossa resposta ou escusa, porque cá no Maranhão, ainda que se derrame tanto sangue, não há exércitos, nem essa ambição de hábitos.

Mas nem por isso vos negarei que também cá se deixam pescar os homens pelo mesmo engano, menos honrada e mais ignorantemente. Quem pesca as vidas a todos os homens do Maranhão, e com quê? Um homem do mar com uns retalhos de pano. Vem um mestre de navio de Portugal com quatro varreduras das lojas, com quatro panos e quatro sedas, que já se lhes passou a era e não têm gasto, e que faz? Isca com aqueles trapos aos moradores da nossa terra, dá-lhes uma sacadela, e dá-lhes outra, com que cada vez lhes sobe mais o preço, e os bonitos, ou os que o querem parecer, todos esfaimados aos trapos, e ali ficam engasgados e presos, com dívidas de um ano para outro ano, e de uma safra para outra safra, e lá vai a vida. Isto não é encarecimento. Todos a trabalhar toda a vida, ou na roça ou na cana, ou no engenho ou no tabacal, e este trabalho de toda a vida, quem o leva? Não o levam os coches, nem as liteiras, nem os cavalos, nem os escudeiros, nem os pajens, nem os lacaios, nem as tapeçarias, nem as pinturas, nem as baixelas, nem as joias: pois, em que se vai e despende toda a vida? No triste farrapo com que saem à rua, e para isso se matam todo o ano.

Não é isto, meus peixes, grande loucura dos homens, com que vos escusais? Claro está que sim, nem vós o podeis negar. Pois, se é grande loucura esperdiçar a vida por dois retalhos de pano quem tem obrigação de se vestir, vós, a quem Deus vestiu do pé até a cabeça, ou de peles de tão vistosas e apropriadas cores, ou de escamas prateadas e douradas, vestidos que nunca se rompem nem gastam com o tempo, nem se variam ou podem variar com as modas, não é maior ignorância e maior cegueira deixar-vos enganar, ou deixar-vos tomar pelo beiço com duas tirinhas de pano? Vede o vosso Santo Antônio, que pouco o pode enganar o Mundo com essas vaidades. Sendo moço e nobre, deixou as galas de que aquela idade tanto se preza, trocou-as por uma loba de sarja e uma correia de cônego regrante, e, depois que se viu assim vestido, parecendo-lhe que ainda era muito custosa aquela mortalha, trocou a sarja pelo burel e a correia pela corda. Com aquela corda e com aquele pano, pescou ele muitos, e só estes se não enganaram e foram sisudos.

§ V

Descendo ao particular, direi agora, peixes, o que tenho contra alguns de vós. E começando aqui pela nossa costa, no mesmo dia em que cheguei a ela, ouvindo os roncadores, e vendo o seu tamanho, tanto me moveram a riso como a ira. É possível que, sendo vós uns peixinhos tão pequenos, haveis de ser as roncas do mar? Se com uma linha de coser e um alfinete torcido vos pode pescar um aleijado, por que haveis de roncar tanto? Mas por isso mesmo roncais. Dizei-me, o espadarte, por que não ronca? Porque ordinariamente quem tem muita espada, tem pouca língua. Isto não é regra geral, mas é regra geral que Deus não quer roncadores, e que tem particular cuidado de abater e humilhar aos que muito roncam. S. Pedro, a quem muito bem conheceram vossos antepassados, tinha tão boa espada que ele só avançou contra um exército inteiro de soldados romanos, e se Cristo lha não mandara meter na bainha, eu vos prometo que havia de cortar mais orelhas que a de Malco. Contudo, que lhe sucedeu naquela mesma noite? Tinha roncado e barbateado Pedro que, se todos fraqueassem, só ele havia de ser constante até morrer, se fosse necessário, e foi tanto pelo contrário, que só ele fraqueou mais que todos, e bastou a voz de uma mulherzinha para o fazer tremer e negar. Antes disso já tinha fraqueado na mesma hora em que prometeu tanto de si. Disse-lhe Cristo no Horto que vigiasse; e, vindo daí a pouco a ver se o fazia, achou-o dormindo com tal descuido, que não só o acordou do sono, senão também do que tinha brasonado: "Não puderte vigiar uma hora comigo?" (Mc 14,37). Vós, Pedro, sois o valente que havíeis de morrer por mim, e não pudestes uma hora vigiar comigo? — Pouco há, tanto roncar, agora tanto dormir? Mas assim sucedeu. O muito roncar antes da ocasião é sinal de dormir nela. Pois que vos parece, irmãos roncadores? Se isto sucedeu ao maior pescador, que pode acontecer ao menor peixe? Medi-vos, e logo vereis quão pouco fundamento tendes de brasonar, nem roncar.

Se as baleias roncaram, tinha mais desculpa a sua arrogância na sua grandeza. Mas ainda nas mesmas baleias não seria essa arrogância segura. O que é a baleia entre os peixes era o gigante Golias entre os homens. Se o Rio Jordão e o Mar de Tiberíades têm comunicação com o Oceano, como devem ter, pois dele manam todos, bem deveis de saber que este gigante era a ronca dos filisteus. Quarenta dias contínuos esteve armado no campo, desafiando a todos os arraiais de Israel, sem haver quem se lhe atrevesse. E no cabo, que fim teve aquela arrogância? Bastou um pastorzinho com um cajado e uma funda para dar com ele em terra. Os arrogantes e soberbos tomam-se com Deus, e quem se toma com Deus, sempre fica debaixo. Assim que, amigos roncadores, o verdadeiro conselho é calar e imitar a S. Antônio. Duas coisas há nos homens que os costumam fazer roncadores, porque ambas incham: o saber e o poder. Caifás roncava de saber: "Não sabeis nada" (Jo 11,49). Pilatos roncava de poder: "Não sabes que tenho poder?" (Jo 19,10). E ambos contra Cristo. Mas o fiel servo de Cristo, Antônio, tendo tanto saber, como já vos disse, e tanto poder, como vós mesmos experimentastes, ninguém houve jamais que o ouvisse falar em saber ou poder, quanto mais brasonar disso. E porque tanto calou, por isso deu tamanho brado.

Nesta viagem de que fiz menção, e em todas as que passei a linha equinocial, vi debaixo dela o que muitas vezes tinha visto e notado nos homens, e me admirou que se houvesse estendido esta ronha e pegado também aos peixes. Pegadores se chamam estes de que agora falo, e com grande propriedade, porque, sendo pequenos, não só se chegam a outros maiores, mas de tal sorte se lhes pegam aos costados, que jamais os desaferram. De alguns animais de menos força e indústria se conta que vão seguindo de longe aos leões na caça, para se sustentarem do que a eles sobeja. O mesmo fazem estes pegadores, tão seguros ao perto como aqueles ao longe, porque o peixe grande não pode dobrar a cabeça, nem voltar a boca sobre os que traz às costas, e assim lhes sustenta o peso e mais a fome. Este modo de vida, mais astuto que generoso, se acaso se passou e pegou de um elemento a outro, sem dúvida que o aprenderam os peixes do alto, depois que os nossos portugueses o navegaram, porque não parte vice-rei ou governador para as conquistas, que não vá rodeado de pegadores, os quais se arrimam a eles, para que cá lhes matem a fome de que lá não tinham remédio. Os menos ignorantes, desenganados da experiência, despegam-se e buscam a vida por outra via, mas os que se deixam estar pegados à mercê e fortuna dos maiores, vem-lhes a suceder no fim o que aos pegadores do mar.

Rodeia a nau o tubarão nas calmarias da linha com os seus pegadores às costas, tão cerzidos com a pele, que mais parecem remendos ou manchas naturais, que os hóspedes ou companheiros. Lançam-lhe um anzol de cadeia com a ração de quatro soldados, arremessa-se furiosamente à presa, engole tudo de um bocado e fica preso. Corre meia campanha a alá-lo acima, bate fortemente o convés com os últimos arrancos, enfim morre o tubarão, e morrem com ele os pegadores. Parece-me que estou ouvindo a S. Mateus, sem ser apóstolo pescador, descrevendo isto mesmo na terra. Morto Herodes, diz o evangelista, apareceu o anjo a José no

Egito, e disse-lhe que já se podia tornar para a pátria, porque eram mortos todos aqueles que queriam tirar a vida ao Menino: "Estão mortos os que procuravam a morte do menino" (Mt 2,20). Os que queriam tirar a vida a Cristo menino eram Herodes e todos os seus, toda a sua família, todos os seus aderentes, todos os que seguiam e pendiam da sua fortuna. Pois, é possível que todos estes morressem juntamente com Herodes? Sim, porque, em morrendo o tubarão, morrem também com ele os pegadores: "Morto Herodes, estão mortos aqueles que procuravam a morte do menino". Eis aqui, peixinhos ignorantes e miseráveis, quão errado e enganoso é este modo de vida que escolhestes. Tomai exemplo nos homens, pois eles o não tomam em vós, nem seguem, como deveram, o de Santo Antônio.

Deus também tem os seus pegadores. Um destes era Davi que dizia: "Para mim é bom unir-me a Deus" (Sl 72,28). Peguem-se outros aos grandes da terra, que eu só me quero pegar a Deus. Assim o fez também S. Antônio, e se não, olhai para o mesmo santo, e vede como está pegado com Cristo, e Cristo com ele. Verdadeiramente se pode duvidar qual dos dois é ali o pegador, e parece que é Cristo, porque o menor é sempre o que se pega ao maior, e o Senhor fez-se tão pequenino para se pegar a Antônio. Mas Antônio também se fez menor, para se pegar mais a Deus. Daqui se segue que todos os que se pegam a Deus, que é imortal, seguros estão de morrer como os outros pegadores, e tão seguros que, ainda no caso em que Deus se fez homem e morreu, só morreu para que não morressem todos os que se pegassem a ele. Bem se viu nos que estavam já pegados, quando disse: "Se me buscais a mim, deixai ir a estes" (Jo 18,8). — E posto que deste modo só se podem pegar os homens, e vós, meus peixezinhos, não, ao menos devereis imitar aos outros animais do ar e da terra, que, quando se chegam aos grandes e se amparam do seu poder, não se pegam de tal sorte que morram juntamente com eles. Lá diz a Escritura daquela famosa árvore, em que era significado o grande Nabucodonosor, que todas as aves do céu descansavam sobre seus ramos, e todos os animais da terra se recolhiam à sua sombra, e uns e outros se sustentavam de seus frutos; mas também diz que, tanto que foi cortada esta árvore, as aves voaram e os outros animais fugiram. Chegai-vos embora aos grandes, mas não de tal maneira pegados, que vos mateis por eles, nem morrais com eles.

Considerai, pegadores vivos, como morreram os outros que se pegaram àquele peixe grande, e por quê. O tubarão morreu porque comeu, e eles morreram pelo que não comeram. Pode haver maior ignorância que morrer pela fome e boca alheia? Que morra o tubarão porque comeu: matou-o a sua gula; mas que morra o pegador pelo que não comeu, é a maior desgraça que se pode imaginar! Não cuidei que também nos peixes havia pecado original! Nós, os homens, somos tão desgraçados, que outrem comeu, e nós o pagamos. Toda a nossa morte teve princípio na gulodice de Adão e Eva, e que hajamos de morrer pelo que outrem comeu, grande desgraça! Mas nós lavamo-nos desta desgraça com uma pouca de água, e vós não vos podeis lavar da vossa ignorância com quanta água tem o mar.

Com os voadores tenho também uma palavra, e não é pequena a queixa. Dizei-me, voadores, não vos fez Deus para peixes. Pois, por que vos meteis a ser aves? O mar fê-lo Deus para vós, e o ar para elas. Contentai-vos com o mar e com nadar, e não queirais voar, pois sois peixes. Se acaso vos não conheceis, olhai para as vossas espinhas, e para vossas escamas, e conhecereis que não sois ave, senão peixe, e ainda, entre os peixes, não dos melhores. Dir-me-eis, voador, que vos deu Deus maiores barbatanas que aos outros do vosso tamanho. Pois porque tivestes maiores barbatanas, por isso haveis de fazer das barbatanas asas? Mas ainda mal, porque tantas vezes vos desengana o vosso castigo. Quisestes ser melhor que os outros peixes, e por isso sois mais mofino que todos. Aos outros peixes do alto, mata-os o anzol ou a fisga; a vós, sem fisga nem anzol, mata-vos a vossa presunção e o vosso capricho. Vai o navio navegando e o marinheiro dormindo, e o voador toca na vela, ou na corda, e cai palpitando. Aos outros peixes mata-os a fome, e engana-os a isca; ao voador mata-o a vaidade de voar, e a sua isca é o vento. Quanto melhor lhe fora mergulhar por baixo da quilha, e viver, que voar por cima das antenas, e cair morto. Grande ambição é que, sendo o mar tão imenso, lhe não basta a um peixe tão pequeno todo o mar, e queira outro elemento mais largo. Mas vede, peixes, o castigo da ambição. O voador fê-lo Deus peixe, e ele quis ser ave, e permite o mesmo Deus que tenha os perigos de ave e mais os de peixe. Todas as velas para ele são redes, como peixe, e todas as cordas laços, como ave. Vê, voador, como correu pela posta o teu castigo. Pouco há, nadavas vivo no mar com as barbatanas, e agora jazes em um convés, amortalhado nas asas. Não contente com ser peixe, quiseste ser ave, e já não és ave nem peixe; nem voar poderás já, nem nadar. A natureza deu-te água: tu não quiseste senão o ar, e eu já te vejo posto ao fogo. Peixes, contente-se cada um com o seu elemento. Se o voador não quisera passar do segundo ao terceiro, não viera a parar no quarto. Bem seguro estava ele do fogo quando nadava na água; mas porque quis ser borboleta das ondas, vieram-lhe a queimar as asas.

À vista deste exemplo, peixes, tomai todos na memória esta sentença: Quem quer mais do que lhe convém perde o que quer e o que tem. Quem pode nadar, e quer voar, tempo virá em que não voe, nem nade. Ouvi o caso de um voador da terra. Simão Mago, a quem a arte mágica, na qual era famosíssimo, deu o sobrenome; fingindo-se que ele era o verdadeiro Filho de Deus, sinalou o dia em que nos olhos de toda Roma havia de subir ao céu, e com efeito começou a voar muito alto; porém a oração de S. Pedro, que se achava presente, voou mais depressa que ele, e, caindo lá de cima o mago, não quis Deus que morresse logo, senão que nos olhos também de todos quebrasse, como quebrou, os pés. Não quero que repareis no castigo, senão no gênero dele. Que caia Simão, está muito bem caído; que morra, também estaria muito bem morto, que o seu atrevimento e a sua arte diabólica o merecia. Mas que de uma queda tão alta não rebente, nem quebre a cabeça ou os braços, senão os pés? Sim, diz São Máximo, porque quem tem pés para andar e quer asas para voar, justo é que perca as asas, e mais os pés. Elegantemente o Santo Padre: "Aquele que um pouco antes tentara voar, subitamente não podia andar; e aquele que assumira penas perdia os pés"[7]. E Simão tem pés, e quer asas, pode andar, e quer voar? Pois quebrem-se-lhe as asas, para que não voe, e também os pés, para que não ande. Eis aqui, voadores do mar, o que sucede aos da terra, para que cada um se contente com o seu elemento. Se o mar tomara exemplo nos rios, depois que Ícaro se afogou no Danúbio, não haveria tantos Ícaros no Oceano.

Oh, alma de Antônio, que só vós tivestes asas e voastes sem perigo, porque soubestes voar para baixo e não para cima. Já S. João viu no Apocalipse aquela mulher, cujo ornato gastou todas as suas luzes ao firmamento, e diz que lhe foram dadas duas grandes asas de águia: "Foram dadas à mulher duas asas grandes de águia". E para quê? "Para voar ao deserto" (Ap 12,14). Notável coisa, que não debalde lhe chamou o mesmo profeta grande maravilha. Esta mulher estava no céu: "Apareceu um grande sinal no céu, uma mulher vestida de sol" (Ap 12,1). Pois se a mulher estava no céu, e o deserto na terra, como lhe dão asas para voar ao deserto? Porque há asas para subir e asas para descer. As asas para subir são muito perigosas; as asas para descer muito seguras, e tais foram as de S. Antônio. Deram-se à alma de Santo Antônio duas asas de águia, que foi aquela duplicada sabedoria natural e sobrenatural tão sublime, como sabemos. E ele, que fez? Não estendeu as asas para subir: encolheu-as para descer, e tão encolhidas, que, sendo arca do Testamento, era reputado, como já vos disse, por leigo e sem ciência. Voadores do mar — não falo com os da terra —, imitai o vosso santo pregador. Se vos parece que as vossas barbatanas vos podem servir de asas, não as estendais para subir, por que vos não suceda encontrar com alguma vela, ou algum costado: encolhei-as para descer, ide-vos meter no fundo em alguma cova, e se aí estiverdes mais escondidos, estareis mais seguros.

Mas já que estamos nas covas do mar, antes que saiamos delas, temos lá o irmão polvo, contra o qual tem suas queixas, e grandes, não menos que S. Basílio e S. Ambrósio. O polvo, com aquele seu capelo na cabeça, parece um monge; com aqueles seus raios estendidos, parece uma estrela; com aquele não ter osso, nem espinha, parece a mesma brandura, a mesma mansidão. E debaixo desta aparência tão modesta, ou desta hipocrisia tão santa, testemunham contestemente os dois grandes doutores da Igreja Latina e Grega que o dito polvo é o maior traidor do mar. Consiste esta traição do polvo primeiramente em se vestir ou pintar das mesmas cores de todas aquelas cores a que está pegado. As cores, que no camaleão são gala, no polvo são malícia; as figuras, que em Proteu são fábula, no polvo são verdade e artifício. Se está nos limos, faz-se verde, se está na areia, faz-se branco, se está no lodo, faz-se pardo, e se está em alguma pedra, como mais ordinariamente costuma estar, faz-se da cor da mesma pedra. E daqui, que sucede? Sucede que o outro peixe, inocente da traição, vai passando desacautelado, e o salteador, que está de emboscada dentro do seu próprio engano, lança-lhe os braços de repente, e fá-lo prisioneiro. Fizera mais Judas? Não fizera mais, porque nem fez tanto. Judas abraçou a Cristo, mas outros o prenderam; o polvo é o que abraça, e mais o que prende. Judas com os braços fez o sinal, e o polvo dos próprios braços faz as cordas. Judas é verdade que foi traidor, mas com lanternas diante; traçou a traição às escuras, mas executou-a muito às claras. O polvo, escurecendo-se a si, tira a vista aos outros, e a primeira traição e roubo que faz é à luz, para que não distinga as cores. Vê, peixe aleivoso e vil, qual é a tua maldade, pois Judas em tua comparação já é menos traidor.

Oh! que excesso tão afrontoso e tão indigno de um elemento tão puro, tão claro, e tão cristalino como o da água, espelho natural não só da terra, senão do mesmo céu! Lá disse o profeta por encarecimento que, nas nuvens do ar, até a água é escura: "Uma água escura nas nuvens do ar" (Sl 17,12). E disse nomeadamente nas nuvens do ar, para atribuir a escuridade ao outro elemento, e não à água, a qual em seu próprio elemento sempre é clara, diáfana e transparente, em que nada se pode ocultar, encobrir, nem dissimular. E que neste mesmo elemento se crie, se conserve e se exercite com tanto dano do bem público um monstro tão dissimulado, tão fingido, tão astuto, tão enganoso, e tão conhecidamente traidor? Vejo, peixes, que, pelo conhecimento que tendes das terras em que batem os vossos mares, me estais respondendo e convindo que também nelas há falsidades, enganos, fingimentos, embustes, ciladas, e muito maiores e mais perniciosas traições. E sobre o mesmo sujeito que defendeis, também podereis aplicar aos semelhantes outra propriedade muito própria, mas pois vós a calais, eu também a calo. Com grande confusão, porém, vos confesso tudo, e muito mais do que dizeis, pois o não posso negar. Mas ponde os olhos em Antônio, vosso pregador, e vereis nele o mais puro exemplar da candura, da sinceridade e da verdade, onde nunca houve dolo, fingimento ou engano. E sabei também, que para haver tudo isto em cada um de nós, bastava antigamente ser português; não era necessário ser santo.

 Tenho acabado, irmãos peixes, os vossos louvores e repreensões, e satisfeito, como vos prometi, às duas obrigações de sal, posto que do mar, e não da terra: "Vós sois o sal da terra". Só resta fazer-vos uma advertência muito necessária, para os que viveis nestes mares. Como eles são tão esparcelados e cheios de baixios, bem sabeis que se perdem e dão à costa muitos navios, com que se enriquece o mar e a terra se empobrece. Importa, pois, que advirtais que nesta mesma riqueza tendes um grande perigo, porque todos os que se aproveitam dos bens dos naufragantes ficam excomungados e malditos. Esta pena de excomunhão, que é gravíssima, não se pôs a vós, senão aos homens, mas tem mostrado Deus por muitas vezes que, quando os animais cometem materialmente o que é proibido por esta lei, também eles incorrem, por seu modo, nas penas dela, e no mesmo ponto começam a definhar, até que acabam miseravelmente. Mandou Cristo a S. Pedro que fosse pescar, e que na boca do primeiro peixe que tomasse acharia uma moeda com que pagar certo tributo. Se Pedro havia de tomar mais peixe que este, suposto que ele era o primeiro, do preço dele e dos outros podia fazer o dinheiro com que pagar aquele tributo, que era de uma só moeda de prata, e de pouco peso. Com que mistério manda logo o Senhor que se tire da boca deste peixe, e que seja ele o que morra primeiro que os demais? Ora, estai atentos. Os peixes não batem moeda no fundo do mar, nem têm contratos com os homens, donde lhes possa vir dinheiro: logo, a moeda que este peixe tinha engolido, era de algum navio que fizera naufrágio naqueles mares. E quis mostrar o Senhor que as penas que S. Pedro, ou seus sucessores, fulminam contra os homens que tomam os bens dos naufragantes, também os peixes, por seu modo, as incorrem, morrendo primeiro que os outros, e com o mesmo dinheiro que engoliram atravessado na garganta. Oh! que boa doutrina era esta para a terra, se eu não pregara para o mar! Para os homens não há mais miserável morte que morrer com o alheio atravessado na garganta, porque é pecado de que o mesmo S. Pedro e o mesmo Sumo Pontífice não pode absolver. E posto que os homens incorrem a morte eterna, de que não são capazes os peixes, eles, contudo, apressam a sua temporal, como neste caso, se materialmente, como tenho dito, se não abstêm dos bens dos naufragantes.

§ VI

Com esta última advertência vos despido, ou me despido de vós, meus peixes.

E para que vades consolados do sermão, que não sei quando ouvireis outro, quero-vos aliviar de uma desconsolação mui antiga, com que todos ficastes desde o tempo em que se publicou o Levítico. Na lei eclesiástica, ou ritual do Levítico, escolheu Deus certos animais que lhe haviam de ser sacrificados, mas todos eles ou animais terrestres ou aves, ficando os peixes totalmente excluídos dos sacrifícios. E quem duvida que esta exclusão tão universal era digna de grande desconsolação e sentimento para todos os habitadores de um elemento tão nobre, que mereceu dar a matéria ao primeiro sacramento? O motivo principal de serem excluídos os peixes foi porque os outros animais podiam ir vivos ao sacrifício, e os peixes geralmente não, senão mortos, e coisa morta não quer Deus que se lhe ofereça nem chegue aos seus altares. Também este ponto era mui importante e necessário aos homens, se eu lhes pregara a eles. Oh! quantas almas chegam àquele altar mortas, porque chegam, e não têm horror de chegar, estando em pecado mortal! Peixes, dai muitas graças a Deus de vos livrar deste perigo, porque melhor é não chegar ao sacrifício, que chegar morto. Os outros animais ofereçam a Deus o ser sacrificados, vós oferecei-lhe o não chegar ao sacrifício; os outros sacrifiquem a Deus o sangue e a vida, vós sacrificai-lhe o respeito e a reverência.

Ah! peixes, quantas invejas vos tenho a essa natural irregularidade! Quanto melhor me fora não tomar a Deus nas mãos, que tomá-lo tão indignamente! Em tudo o que vos excedo, peixes, vos reconheço muitas vantagens. A vossa bruteza é melhor que a minha razão, e o vosso instinto melhor que o meu alvedrio. Eu falo, mas vós não ofendeis a Deus com as palavras; eu lembro-me, mas vós não ofendeis a Deus com a memória; eu discorro, mas vós não ofendeis a Deus com o entendimento; eu quero, mas vós não ofendeis a Deus com a vontade. Vós fostes criados por Deus para servir ao homem, e conseguis o fim para que fostes criados; a mim criou-me para o servir a ele, e eu não consigo o fim para que me criou. Vós não haveis de ver a Deus, e podereis aparecer diante dele muito confiadamente, porque o não ofendestes; eu espero que o hei de ver, mas com que rosto hei de aparecer diante de seu divino acatamento, se não cesso de o ofender? Ah! que quase estou por dizer que me fora melhor ser como vós, pois de um homem que tinha as minhas mesmas obrigações, disse a Suma Verdade que melhor lhe fora não nascer, ou não nascer homem: "Se esse homem não houvera nascido" (Mt 26,24). E pois os que nascemos homens respondemos tão mal às obrigações de nosso nascimento, contentai vos, peixes, e dai muitas graças a Deus pelo vosso.

"Baleias e peixes, todos os que se movem nas águas bendizei ao senhor". Louvai, peixes, a Deus, os grandes e os pequenos, e repartidos em dois coros tão inumeráveis, louvai-o todos uniformemente; louvai a Deus, porque vos criou em tanto número. Louvai a Deus, que vos distinguiu em tantas espécies; louvai a Deus, que vos vestiu de tanta variedade e formosura; louvai a Deus, que vos habilitou de todos os instrumentos necessários para a vida; louvai a Deus, que vos deu um elemento tão largo e tão puro; louvai a Deus, que vindo a este mundo, viveu entre vós, e chamou para si aqueles que convosco e de vós viviam; louvai a Deus, que vos sustenta; louvai a Deus que vos conserva; louvai a Deus que vos multiplica; louvai a Deus, enfim, servindo e sustentando ao homem, que é o fim para que vos criou, e assim como no princípio vos deu sua bênção, vo-la dê também agora. Amém. Como não sois capazes de glória, nem graça, não acaba o vosso sermão em graça e glória.

SERMÃO PARA O

Dia de S. Bartolomeu

*Em Roma. Na ocasião de promoção de Cardeais,
entre 1670 e 1674.*

∾

"Escolheu dentre eles doze, que chamou apóstolos."
(Lc 6,13)

Vieira é convidado a pregar num evento cardinalício. O dia é dedicado ao apóstolo São Bartolomeu. A cidade certamente é Roma. Promovem-se alguns cardeais eleitos. Quem são? Quantos seriam? A história o dirá. Vieira prefere tratar de um fato: foram eleitos. E de início, apresenta toda a matéria em três regras. Primeira: Com quem se há de fazer a eleição? A segunda: Quais devem ser os eleitos? A terceira: Quantos se hão de eleger? Em três palavras, diz ele: Com quem? Quais? E quantos? — Com quem? Com o mais interessado: Deus. É o exemplo de Cristo ao eleger os discípulos, e o exemplo dos apóstolos ao elegerem entre Matias e José. — Quais? Os melhores dos melhores. Ainda o exemplo de Cristo e o exemplo da eleição de Saul e de Davi. — Quantos? Poucos. Assim, também as leis: poucas e bem guardadas. Cristo definiu de maneira certa e estabelecida: doze. E os declarou: Pedro e André etc. E onde fica São Bartolomeu? Tudo o que se disse do melhor dos melhores se deve entender desse apóstolo. Deus não vê apenas as aparências, vê e conhece o coração.

§ I

Temos hoje desvelado a Cristo: "E passou a noite" (Lc 6,12), e com razão desvelado. Havia de eleger os pastores de sua Igreja, havia de eleger os maiores ministros de sua monarquia: justa e exemplarmente se desvela. Nenhum negócio mais deve tirar o sono a um príncipe, nenhum o deve desvelar mais que a eleição dos grandes ministros, porque desta eleição dependem todas as eleições, todas as resoluções, todas as execuções, e todo o bom governo e felicidade da república. Aqui se faz ou se desfaz tudo. Justamente, logo, se desvela o supremo rei, justa e exemplarmente o supremo pastor: "O sono fugia dos meus olhos" (Gn 31,40), dizia Jacó, quando pastor de Labão. Se o cuidado das ovelhas tanto desvelava ao pastor, quanto mais deve desvelar ao dono a eleição dos pastores? Lembra-me — vamos do monte ao mar — lembra-me que no Mar de Tiberíades corria fortuna a barca do apostolado, e no maior rigor da tempestade se diz de Cristo que dormia: "Ele, no entanto, dormia" (Mt 8,24). No mar, Senhor meu, dormindo, e no monte desvelado? Não vos tira o sono a tempestade, e a eleição dos que vão na barca vos desvela tanto? Sim, que quem se desvela nas eleições não periga nas tempestades. Pedro estava ao leme, André, João e Diogo, e os demais aos remos, e quando está a barca tão bem provida, bem pode dormir o patrão. A tempestade estava no mar, a segurança no monte. Onde se fez a eleição, ali se venceu o perigo, e onde estava o perigo, ali houve de ser o desvelo: "Passou a noite".

Este é o ponto sobre que havemos de falar hoje, matéria não só grande, mas entre as maiores a maior. Como se devem eleger os grandes ministros? Cristo nos ensinará, e sua Mãe Santíssima nos alcançará a graça. *Ave Maria.*

§ II

"Escolheu dentre eles doze que chamou apóstolos".

Elegeu Cristo hoje os maiores ministros de sua Igreja, e no modo e circunstâncias admiráveis desta eleição, deixou canonicamente prescrito a seus sucessores como eles também os haviam de eleger. Todo o exemplar se reduz a três regras. Primeira: com quem se há de fazer a eleição? Segunda: quais devem ser os eleitos? Terceira: quantos se hão de eleger? Em três palavras: Com quem? Quais? E quantos? Comecemos.

A primeira pergunta destas é: com quem se hão de fazer as eleições? Com os parentes? Com os amigos? Com os interessados? Não, e sim. Não com os parentes, mas com o mais parente; não com os amigos, mas com o mais amigo; não com os interessados, mas com o mais interessado: com Deus: "Na oração a Deus". No Sagrado Colégio tinha Cristo parentes, tinha amigos, tinha interessados. Tinha parentes, porque tinha a João e os dois Jacobos, primos seus; porém, não consultou estes parentes, senão a Deus, que é o mais parente, porque é pai. Tinha amigos, e muito do seu seio, Pedro, João e Diogo, dos quais fiava tudo, porém não consultou estes amigos, senão a Deus, que é o mais amigo, porque só seu amor é fiel, e sua vontade reta. Tinha interessados, e estes — como costuma ser — eram todos: "Qual deles pareceria ser o melhor?" (Lc 22,24). E não consultou estes interessados, senão a Deus, que nesta eleição era o mais interessado, porque nos ministros idôneos de sua Igreja vai empenhado seu serviço, sua honra, sua glória, e o bem e salvação do mundo. Por isso o humaníssimo Senhor, que em outras ocasiões chamou a conselho a seus discípulos, nesta nem lhes quis perguntar, nem os quis ouvir, antes, como bem advertiu o grande arcebispo de Bulgária, Teofilato, para exemplo e doutrina dos que agora haviam de ser eleitos, e depois eleitores, tratou tudo com Deus, só por só, em larga oração: "Depois da oração – diz ele – elegeu os discípulos, para nos ensinar que quando havemos de ordenar alguém no sagrado ministério, que o façamos com orações a fim de que instruídos por Deus e por nossas preces, nos revele quem é o idôneo"[1].

Todas as circunstâncias do caso pregam e confirmam esta verdade. Primeiramente: "Subiu a um monte": subiu-se Cristo a um monte. — Os políticos dirão aqui que, para fazer eleições semelhantes, importa subir a um monte, e muito alto, donde se descubra e veja todo o mundo, os reinos, os estados, os príncipes, as dependências, o poder de uns, a declinação de outros, o de perto, o de longe, o que é, o que pode ser. Mas este modo de subir ao monte, mais tem de tentação que de eleição: "Transportou-o o demônio a um monte muito alto e lhe mostrou todos os reinos do mundo e glória deles" (Mt 4,8). E a que fim? "Se prostrado me adorares". Subir ao monte para descobrir desde o alto os reinos do mundo e ver sua grandeza, e onde se acham menos ou mais gloriosas as suas coroas, é mais a propósito para adorar ao diabo, que para eleger instrumentos que o destruam. Cristo subiu ao monte nesta ocasião, não para ver o mundo, mas para se apartar mais dele e para pôr os olhos mais de perto no céu. Por isso subiu de noite, e não de dia: "Passou a noite". Notou Filo Hebreu discretamente que o dia descobre a terra e encobre o céu; a noite descobre o céu e encobre a terra. Esta é a melhor hora de eleger, quando a terra se fecha aos olhos, e o céu se abre. Por isso vai o Senhor de noite, e ao monte. De noite, para não ver a terra, senão o céu; ao monte, para ver mais livremente e mais de perto: "Subiu a um monte e passou a noite".

Este tempo e este lugar escolheu Cristo para fazer a eleição em seu lugar e a seu tempo. E para que fosse acertada, consultou só por só com Deus: "Na oração a Deus". Com Deus propunha os fins, sendo o único fim o mesmo Deus; com Deus consultava os meios, não havendo coisa em meio entre ele e Deus; com Deus media os talentos, com Deus pesava os merecimentos, e onde estes eram maiores, ele era o que intercedia, ele era o orador: "Para orar no monte". Orava como homem para eleger como Deus: orador, e não orado. Vede a diferença maior desta eleição. Nas cortes do mundo os interessados oram, o príncipe elege. No consistório de Cristo os interessados calam, o príncipe ora. Os eleitos não se hão de pedir ao príncipe; há de pedi-los o príncipe a Deus. Estavam duas cadeiras vagas no apostolado, pediu-as ambas a viúva do Zebedeu. E que respondeu Cristo? Que pelo menos lhe daria uma, para satisfazer com outra a outros respeitos iguais? Não. O que respondeu foi: "Não me pertence dar-vos, mas àqueles para os quais está preparado por meu Pai" (Mt 20,23). Divino modo de negar sem ofender. Eleja Deus, e não se ofenderão os homens; seja Deus o que eleja, e Deus o que nomeie. A nomeação e a eleição, tudo há de ser de Deus: "Escolheu doze, que chamou apóstolos" (Lc 6,13). Depois que Cristo orou ao Eterno Pai, então saiu a nomeação e a eleição, e primeiro a eleição que a nomeação: "Escolheu e chamou". Se um nomeia quando outro elege, não elege quem elege, elege quem nomeia.

Bastava só esta razão para ser Deus, e só Deus, o consultado nas eleições; mas há outra mais interior e mais forçosa: o acerto.

Não há coisa mais difícil que eleger um homem a outro homem, porque, ou o conhece, ou não. Se o não conhece, elege às cegas; e se o conhece, também; porque, se o conhece, ou o ama ou o aborrece, e tão cego é o amor como o ódio. Mas é certo que, com a paixão, ou ainda sem ela, nenhum homem conhece a outro. O conhecimento do homem é reservado somente a Deus, e ainda nele admirável: "Maravilhosa se tem feito a tua ciência de mim" (Sl 138,6). Necessário é logo que se peça a Deus orando, o que o homem, nem por si, nem por outrem pode alcançar conhecendo. Assim o fizeram os mesmos que hoje foram eleitos, quando quiseram substituir o lugar que vagou de Judas.

Propôs S. Pedro, e ele e os demais apóstolos escolheram, de todos os discípulos, os mais eminentes em santidade e os mais experimentados nos exercícios e ministérios do apostolado, que foram Matias e José, chamado o justo. Isto feito, se pôs todo o colégio em oração. E que pediram a Deus? "Vós, Senhor, vós que só conheceis os corações e o interior dos homens, vede qual destes dois elegeis" (At 1,24) — e assim se fez a eleição. Eles propuseram e oraram: Deus elegeu. E para ensinar Deus quão errados — ainda sem paixão — são os juízos humanos, não elegeu para apóstolo aquele a quem os homens tinham dado o nome ou a antonomásia de justo. Assim sucedeu Matias no lugar em que hoje foi eleito Judas. Torno a dizer: em que hoje foi eleito Judas. Se em doze eleitos por Cristo, e com Deus, se achou um Judas, em doze eleitos sem Deus e sem Cristo, quantos se acharão? Queira o mesmo Deus que não sejam mais de onze. Por isso só se deverão fazer as eleições com Deus. Corra por conta de Deus o acerto. Como faça o eleitor sua obrigação, não importa que o eleito não faça a sua. Judas não fez o que devera, mas Cristo fez o que devia, porque orou antes de eleger, e o consultou primeiro e mui devagar com Deus: "Passou a noite na oração a Deus".

Em uma noite se fizeram e acabaram de fazer as eleições, e ao amanhecer do outro dia se nomearam os apóstolos: "Quando o dia se fez" (Lc 6,13). Que brevemente se conclui o que se consulta só com Deus? Onde não entram razões temporais, não se gasta tempo. Toda a noite parece que gastou Cristo, como significa o termo: "Passou a noite". Mas é assaz que doze eleições se façam em doze horas. Quantos dias, quantos meses, quantos anos se gastam muitas vezes em eleger um homem? É porque não se fazem as eleições com Deus. Direis que é necessário fazê-las com grande consideração. Também assim o digo. Com consideração sim, com considerações não, e as considerações são as que levam e as que gastam o tempo. Não quero para isso outro autor que o grande pontífice. S. Gregório, mui costumado a fazer grandes eleições. Elegeu Samuel a Saul, e fez-se a eleição com toda esta cerimônia. No primeiro escrutínio saiu a tribo de Benjamin, no segundo a família de Métri, no terceiro a casa de Cis, no quarto a pessoa de Saul. Diz S. Gregório: "Quis com isto significar Deus que os príncipes de sua Igreja se hão de eleger com muita e mui larga consideração". — Assim foi, mas tudo se fez em quatro escrutínios, e tudo em um dia, porque se fez somente com Deus, sem outras considerações nem dependências. Sobre a eleição do sacerdócio concorreram as doze tribos com outras tantas varas, que foram levadas ao tabernáculo e se puseram na presença de Deus, e em uma noite a vara de Arão se cobriu de folhas, se esmaltou de flores e se encheu de frutos, com que ele foi o eleito e declarado Sumo Sacerdote. Para fazer outro tanto a natureza com as raízes na terra, fora necessário um ano, mas como as varas desarraigadas da terra se puseram na presença de Deus, bastou uma noite. Nesta noite em que orou Cristo, doze vezes se multiplicou este milagre. Floresceram doze varas, e amanheceram ao mundo, para a reforma dele, eleitos doze apóstolos: "Passou a noite na oração a Deus, e quando se fez dia, escolhe doze dentre eles".

§ III

Passemos à segunda questão. Quais hão de ser os eleitos? Os maus? Claro está que não. Logo os bons? Não digo isso. Nem os maus, nem os bons, senão os melhores. Ainda disse mal, e ainda pouco. Os melhores dos melhores digo, quais eram os que hoje elegeu Cristo. Os melhores do povo de Israel, eram os que criam em Cristo; os melhores que criam nele eram seus discípulos, e os melhores de seus discípulos foram os doze, que hoje elegeu e nomeou por apóstolos: "Escolheu doze dentre eles, que chamou apóstolos". Note-se muito, não só a quem, e a quais, mas de quem, e de quais escolheu: "Chamou dentre eles". Entre os discípulos estava Lucas, estava Marcos, estava Estêvão, e tantos outros eminentemente bons, e melhores que bons. Mas o Senhor, como elegia os apóstolos para eminentíssimos, não elegeu os melhores dos bons, senão os melhores dos melhores. Esta foi a razão por que Cristo chamou diante de si a todos os discípulos, quando escolheu aos apóstolos: "Chamou seus discípulos, e escolheu doze dentre eles" — para que, à vista dos que deixava, se conhecessem melhor os que escolhia. Quis que se lhe conhecesse o jogo pelo descarte. Quando Samuel houve de ungir a Davi, ordenou Deus que viessem primeiro diante dele todos os filhos de Jessé. Veio o morgado Eliab: não é este, diz Deus. Veio Aminadad: nem este. Veio Sama, e outros sete irmãos, e nenhum escolheu Deus, até que veio do campo Davi. Pois, se Davi era o escolhido, para que vêm primeiro à presença de Samuel todos os filhos de Jessé? Para que, vendo Samuel e o pai, quais eram os que Deus deixava, conhecessem melhor qual era o que escolhia: "Chamou seus discípulos". Venham todos os discípulos diante de Cristo: exclua-se um Marcos, exclua-se um Lucas, exclua-se um Estêvão, para que, à vista da grandeza dos excluídos, se conheça melhor a eminência dos doze eleitos: "E escolheu doze dentre eles". Nas promoções humanas os excluídos condenam as eleições; nas divinas os excluídos qualificam os eleitos.

"Doze dentre eles". Não se fez aqui a eleição entre escolhidos e reprovados, senão entre escolhidos e escolhidos, porque, quando se elegem príncipes da Igreja, não se há de eleger o escolhido do reprovado, senão o escolhido do escolhido. Ouvi um grande lugar do Evangelho, que ainda entre grandes expositores anda mal entendido. Chamou o pai de famílias os operários que haviam de trabalhar na sua vinha, uns mais cedo, outros mais tarde, a diferentes horas do dia, e no fim do mesmo dia receberam todos o seu jornal, começando não dos primeiros, senão dos últimos. Daqui tirou e inferiu o Senhor aquela tão celebrada conclusão: "Porque muitos são chamados e poucos os escolhidos" (Mt 20,16). — A exposição comum destas palavras é que, sendo os chamados todos, os escolhidos são poucos e os reprovados muitos. Mas neste lugar é certo que essa mesma sentença, repetida em outros, não quer dizer tal coisa, nem esse era o intento de Cristo. Prova-se evidentemente, porque todos os que foram à vinha, e entraram nesta comparação, foram escolhidos, porque todos receberam o jornal ou denário, que é o prêmio dos que guardam os dez Mandamentos. Pois se todos eram escolhidos, como infere e conclui Cristo que os chamados são muitos e os escolhidos poucos? Porque a eleição de que o Senhor falava nesta parábola é a eleição da preferência aos primeiros lugares: "Os últimos serão os primeiros" (Mt 20,16). E esta eleição não se faz entre escolhidos e reprovados, senão entre escolhidos e escolhidos, quais eram todos os que receberam o denário. E daqui se infere e conclui, com toda a propriedade, que os chamados são muitos e os escolhidos poucos, porque os chamados para esta eleição são todos os escolhidos entre os demais, e os escolhidos para ela são só os escolhidos entre os escolhidos. Assim se viu na eleição de hoje: os chamados foram muitos, porque foram todos os discípulos: "Chamou seus discípulos". Os quais discípulos eram todos escolhidos, porém os escolhidos destes escolhidos foram só os doze apóstolos: "Escolheu doze dentre eles". "Dentre eles", que eram os escolhidos; "Dentre eles", que eram os melhores, porque os príncipes da Igreja hão de ser o escolhido do escolhido e o melhor do melhor.

Duas eleições temos de Deus no Testamento Velho, em que não se requeria nem se professava tanta perfeição, e sendo não eclesiásticas, senão seculares — e bem significativas da nossa Igreja, como notou S. Agostinho — vede quais foram os escolhidos. O primeiro foi Saul, o segundo Davi. E por que foi Saul o primeiro? Porque era o melhor, diz o texto sagrado! "Não havia um homem entre os filhos de Israel melhor do que ele" (1Rs 9,2); nenhum em todo Israel era melhor que ele. E por que ninguém cuide que havia algum tão bom, acrescenta a mesma Escritura que ninguém lhe era igual: "Porque não há alguém semelhante a ele em todo o povo". Nenhum era melhor, porque dos melhores ele era um; e nenhum era tão bom, porque dos melhores ele era o melhor. Davi também vivia em tempo de Saul, donde se infere — coisa muito digna de se notar — que, quando Saul foi eleito, era melhor que Davi. Assim o afirma o bispo Abulense — e acrescento a Abulense a pregação de bispo, porque nenhuma autoridade citei, nem citarei neste sermão, que não seja de autor constituído na primeira dignidade eclesiástica: "Deve-se responder, diz ele, que Davi era melhor do que Saul depois que este pecou. Saul, no entanto, antes de pecar era melhor do que Davi"[2]. Elegeu pois Deus a Saul, porque ainda que Davi era tão singular entre os melhores, contudo Saul naquele tempo era melhor que Davi. Não respeitou Deus em Davi o que haveria de ser seu pai; antepôs-lhe o melhor. Quando elegeu Deus a Davi? Quando foi melhor que Saul. Expressamente o texto: "O Senhor tirou-te hoje o reino e o entregou a outro melhor do que tu" (1Rs 15,28). Tirou-te Deus hoje a coroa — diz Samuel a Saul — porque a tem dado a outro homem melhor do que tu és. Não há outro porque nas eleições de Deus, senão o ser ou o não ser melhor. Quando Saul era melhor que Davi, elegeu a Saul; quando Davi foi melhor que Saul, elegeu a Davi: sempre o melhor do melhor.

Oh! quão bem recebidas seriam as eleições, e quão aplaudidos os eleitos e os eleitores, se observassem os homens esta regra de Deus! Eleito que foi Saul, e achado — porque se escondera — trouxe-o o profeta Samuel a público, e mostrou-o ao povo. E que tal era? "Em pé no meio do povo era o mais alto de todos dos ombros para cima" (1Rs 10,23). Apareceu Saul em meio do povo, grandes e pequenos, e viram todos que, dos ombros para cima, era mais alto que todos. — Não grande entre os pequenos, não maior entre os grandes, mas sobre todos os maiores maior: "Dos ombros para cima". Com toda a cabeça excedia aos demais. Não era maior na idade, nem maior na riqueza, nem maior na potência, nem maior nos amigos e parentes, senão maior na cabeça, e por isso o fez Deus cabeça de todos. Então levantou o profeta a voz e disse: "Vossos olhos são testemunhas que este, a quem elegeu Deus, nenhum é a ele igual" (1Rs 10,24). E a esta voz e a esta vista, que se seguiu? Seguiram-se os vivas e aclamações de todos: "Viva o rei". Eleja-se o maior e o melhor, e os mesmos excluídos dirão: Viva!

Portou-se Cristo tão exato na observância ou no exemplar desta regra, que não só a observou com os apóstolos eleitos, a respeito dos excluídos, senão também a respeito dos mesmos eleitos uns com os outros, elegendo e nomeando primeiro os maiores e melhores. Não sei se tendes reparado que, sendo os eleitos doze, as eleições foram seis. Assim se colhe dos evangelistas, que com modo particular e nunca outra vez usado, os vão contando a pares e nomeando de dois em dois: "Escolheu doze que chamou apóstolos: Pedro e André; Thiago e João; Felipe e Bartolomeu etc.". Elegeu Cristo os doze apóstolos, não juntos, senão por partes, e a pares: primeiro dois, Pedro e André, depois outros dois: Diogo e João, e assim os demais, preferindo sempre os melhores e mais dignos, começando por Pedro, e acabando em Judas. Porque não só devem eleger-se os melhores, mas ainda entre os melhores que se elegem, os melhores dos melhores devem sair primeiro. De sorte que as eleições que se fazem com Deus, e por Deus, olham sempre tanto para o melhor, que se há muitos melhores, os melhores dos melhores hão de ser os primeiros eleitos e depois sucessivamente os outros. De doze, Pedro e André; de dez, João e Diogo; de oito, Filipe e Bartolomeu, e assim dos demais, dando-se sempre o primeiro lugar e a primeira nomeação aos primeiros, isto é, aos que mais o merecem, não por outro respeito, que por melhores.

Mas porque esta doutrina parece miúda e apertada, é necessário darmos a razão dela. Que razão há para se elegerem não só os bons, senão os melhores, e ainda dos melhores, os que forem ou o que for melhor? A razão é porque o que elege não só é obrigado a procurar o bem público, senão o maior bem. Por isso não deve eleger nem o mau, nem o bom, senão o melhor. O mau não, porque este fará mal; o bom também não, porque este fará menos bem; o melhor, e só o melhor sim, porque este fará melhor. Entre o bom e o melhor há a mesma diferença que entre o menos e o mais; e deste mais de bem, que acresce sobre o menos de bem, não deve privar a república ou a Igreja àquele que é obrigado a lhe procurar o seu maior bem. Há-se de pôr em balança o menos e o mais, e assim se hão de fazer as eleições. O melhor, que pode servir mais à Igreja, eleito; o que a pode servir menos, ainda que bom, excluído. Que escreveu a mão de Deus, quando foi excluído do governo e da coroa el-rei Baltasar? "Pesado na balança achou-se que tinha menos" (Dn 5,27). Foste pesado na balança, e achou-se que tinhas menos. — Menos é correlativo de mais, e quem foi achado com mais em comparação de Baltasar, que foi achado com menos? Era o rei Ciro, que lhe sucedeu. Pôs Deus em balança de uma parte a Ciro e da outra a Baltasar, e porque Ciro havia de ser mais útil à Igreja e ao seu povo, que então estava desterrado e cativo em Babilônia, como verdadeiramente foi, mandando-lhe restituir a liberdade, a pátria e o templo; porque

Ciro, digo, havia de ser mais útil, e Baltasar menos; este menos lhe tirou a púrpura e a coroa a Baltasar, e este mais a deu a Ciro.

Há de fazer a balança da justiça neste caso o que a balança da cobiça nos seus. Digamo-lo mais claro. Há de fazer a cobiça do bem público o que faz a cobiça do bem particular. A quem dá a cobiça as dignidades, e a quem as tira? Dá-as a quem vê que tem mais, porque recebe, ou espera mais; tira-as a quem vê que tem menos, porque, ou não recebe, ou espera menos. Sabeis, sacerdote virtuoso, sabeis, religioso exemplar, sabeis, ministro zeloso e incorrupto, sabeis, doutor grão letrado, por que fostes excluído? Porque "Achou-se que tinha menos". O eleito não tinha mais virtude, nem mais letras, nem mais zelo, nem mais talento que vós; mas tinha mais. Quando se busca o que tem mais, pobre do que tem menos! Assim há de atender ao mais e ao menos a cobiça do eleitor, somente ambicioso do bem público. Exclua aqueles de quem se espera menos, ainda que bons, e eleja os que prometem de si mais, que são os melhores. Este é o único respeito que faz as eleições justas, e não respectivas. Todos os outros respeitos e atenções que respeitam ao bem e útil particular, são peste da república, e tanto mais venenosa quanto mais chegada às veias.

Dois respeitos ou duas atenções podiam ocorrer na eleição de hoje, uma do sangue, outra do temor: a do sangue em João, a do temor em Judas. João era parente, e parente mui querido; mas nem por isto João foi anteposto a Pedro, senão Pedro a João. Judas não havia de seguir as partes de Cristo, antes se havia de unir com a parcialidade de seus inimigos; mas nem por esse temor foi excluído Judas. E por quê? Porque Cristo tratava de eleger apóstolos, e não de multiplicar criaturas: "E Judas Iscariotes, que foi o traidor" (Lc 6,16). Até Judas foi eleito, porque era ao presente dos melhores, ainda que depois fosse, ou havia de ser, inimigo. Seja Judas traidor a quem o elege, mas quem elege não seja traidor à eleição. Tão fiel, tão generoso e tão magnânimo se mostrou Cristo no eleger, ainda ao duodécimo dos doze: "Escolheu doze dentre eles".

§ IV

A terceira e última questão é: quantos hão de ser os eleitos? Hão de ser poucos ou muitos? Número certo ou incerto? Arbitrário ou estabelecido? Cheio ou não cheio? A tudo responde Cristo em uma palavra: "doze". Vamos por partes. Se hão de ser poucos ou muitos? Responde Cristo que poucos. E por quê? Porque, havendo de ser os eleitos, como dissemos, os melhores, quando não são muitos os bons, não podem ser os melhores muitos. Em poucos há ordem, há união, há conselho; na multidão nem ordem, porque será perturbação; nem união, porque será discórdia; nem conselho, porque será tumulto. Os ministros hão de ser como as leis; as leis hão de ser poucas e bem guardadas, e os ministros poucos e escolhidos: "Escolheu doze".

Governa Deus a universidade deste mundo, e quantos lhe assistem? Sete espíritos: "Graça para vós e paz da parte daquele que é, e que era, e que há de vir, e da parte dos sete espíritos que estão diante do seu trono" (Ap 1,4). Sete com os olhos no que era, no que é, e no que há de vir, bastam para manter o mundo em graça e em paz: "Graça para vós e paz". Mas perde-se a graça, e a paz não se acha, porque se põem os olhos, não no que é e há de vir, senão no que não é e querem que seja, e no que não devera vir e querem que venha. Por isso não fazem setenta o que puderam fazer sete. É verdade que os homens não são anjos, ainda que o deviam ser. Assim o diz logo o mesmo S. João, nomeando os bispos de Ásia: "Ao anjo da Igreja de Éfeso; ao anjo da Igreja de Smirna; ao anjo da Igreja de Pérgamo" (Ap 2,1; 8.12). Mas ainda que os homens não sejam anjos, o que fazem sete anjos bem o podem fazer doze homens, se forem eleitos com Deus, e por Cristo. Tudo tinha dito Davi: "Teus filhos substituirão teus pais" (Sl 44,17). Pelos doze pais vos nasceram doze filhos. Quer dizer: pelos doze patriarcas fareis doze apóstolos. "E farás deles príncipes sobre toda a terra" (Sl 44,17): "A estes doze fareis príncipes de toda a terra." — E que se seguirá? Eles se lembrarão de Deus, e Deus porá a seus pés todos os povos do mundo. Doze homens que se lembrem de Deus bastam para sujeitar o mundo a Deus. Mas se estes, ou seus sucessores, se esquecerem de Deus, não só não hão de trazer os povos a Deus, mas Deus perderá os que já tinha. Tanto podem desfazer muitos homens, e tanto podem fazer poucos: "Multiplicaste a gente, não aumentaste a alegria" (Is 9,3). O muito não o faz a multidão. A multidão faz muitos; os poucos fazem muito. "A grandeza da virtude não consiste na grandeza numérica, mas na honradez"[3], comenta o que, sendo um, fez o que muitos não fazem, o grande arcebispo de Constantinopla, Crisóstomo.

Mas este número, será bem que seja certo ou incerto? Arbitrário ou estabelecido? "Doze". Ensina Cristo que há de ser certo e estabelecido, e não incerto nem arbitrário. O número dos doze apóstolos não só estava estabelecido, mas predestinado. Estabelecido nos doze patriarcas, filhos de Jacó, nos doze exploradores da Terra de Promissão, nas doze fontes do deserto, nas doze pedras do racional. Predestinado nos doze fundamentos e nas doze portas da cidade de Deus, nas doze estrelas da mulher vestida do sol, e nas doze cadeiras do juízo universal. E como era número canonicamente decretado e consagradamente misterioso, sendo Cristo superior a todas as leis e Senhor delas, observou exatamente a religião do mistério, e não quis mudar, nem alterar o número. Ponderou o caso profundamente S. Pascásio, e diz assim: "Cristo quis ter consigo doze, uma vez que, se fossem somente onze, Judas não poderia agir"[4]. Foi tão observante e tão observador Cristo do número decretado, que teve por melhor meter no número a Judas, que não observar pontualmente o número. Sejam doze, como está decretado, ainda que Judas seja o duodécimo. E se foi muito não diminuir o número por Judas, não foi menos não acrescentar o número, nem por Marcos, nem por Estêvão. Não se altere o número estabelecido, ainda que fiquem fora dele o terceiro evangelista e o primeiro mártir.

Maior ponderação. Pergunta S. Pedro a Cristo: "Eis que deixamos tudo, e te seguimos, que prêmio será o nosso?" (Mt 19,27). Responde Cristo: "Sentareis sobre doze tronos" (Mt 19,28). Vós, os que deixastes por mim tudo e me seguistes, sentar-vos-eis no dia do meu juízo sobre doze cadeiras. — Senhor meu? E se houver também outros que vos sigam e deixem tudo por vós, como os apóstolos, e mais ainda que eles, não haverá cadeiras para eles? Não. "Doze tronos". O número das cadeiras é de doze: doze são, e não mais, os que se hão de assentar. Não se há de multiplicar o número dos lugares, ainda que cresça o número dos beneméritos. Pague-se o merecimento, sim, mas com outros prêmios: não devem ser as cadeiras mais que doze. Não se hão de multiplicar dignidades, não se hão de multiplicar lugares, não se hão de fazer ministros supernumerários. Se são doze os patriarcas, sejam doze os apóstolos, e não mais de doze. Se são setenta os anciãos do povo, sejam setenta os discípulos, e não mais de setenta. E por quê? Porque, cerrado o número, cerra-se a porta a inconvenientes sem-número. Vós o discorrei, que o sabeis melhor. Porém direis que Cristo, posto que tão observador do número, fez algum ministro supernumerário, que foi S. Paulo. S. Matias não, porque "foi contado com os onze" (At 1,26). Porém S. Paulo foi verdadeiramente supernumerário, porque nem foi do número da primeira eleição, nem do número da segunda, e foi o apóstolo décimo terceiro. Grande privilégio verdadeiramente de S. Paulo! E todas as vezes que houvesse um S. Paulo, eu admitira facilmente que se alargassem as leis, para acrescer tal companheiro ao Sagrado Colégio. Mas adverti que não foi acrescentado o número por medo das provisões que levava de Jerusalém contra Damasco, senão pela eminência do talento, e por fins altíssimos da maior glória de Deus e de seu nome, e por eleição mui livre, mui soberana, mui de Cristo e para Cristo: "Este é para mim um vaso escolhido, para levar o meu nome às gentes e aos reis" (At 9,15). Não por respeito dos reis, senão para os sujeitar.

Mas ainda assim digo que não foi supernumerário Paulo, nem por ele, ou com ele se excedeu o número. Assim o diz a Igreja: "Que mereceu possuir o décimo segundo trono". A cadeira que ocupou e se deu a S. Paulo não foi supernumerária, senão, do número das doze, a duodécima. Pois a duodécima não se deu a S. Matias? Sim, a Matias, e mais a Paulo: ambos foram providos e nomeados na mesma cadeira, para que se veja quão justificada havia sido a eleição de Judas,

e qual foi o seu precipício. Prudêncio chamou a Judas: "o grande dos discípulos". Não fora tão mau se não houvera sido tão grande. A corrupção do melhor é o pior. Escolheu Cristo em Judas um homem tão grande, que a vacância ou o vazio do seu lugar não o encheu só Matias, senão Matias e Paulo. Onde também se deve notar que esta multiplicação de dois sujeitos em lugar de um, não foi contra o número estabelecido, senão mui conforme a ele. O número dos doze apóstolos foi decretado e estabelecido no número dos doze patriarcas. Estes são os vinte e quatro anciãos que viu S. João assistir ao trono do Cordeiro, como observam comumente os Padres: doze patriarcas e doze apóstolos. Porém nos doze patriarcas houve um lugar que se substituiu com dois, que foi o lugar de José, substituído em Manassés e Efraim. E assim como o lugar de José, o vendido, se substituiu com dois, Efraim e Manassés, assim o lugar de Judas, o vendedor, se substituiu com outros dois, Matias e Paulo. Tão observador foi Cristo do número canonicamente decretado, que nem para dar e abrir lugar a S. Paulo quis exceder o número: "Escolheu doze".

Esta é a razão por que não elegeu Cristo mais de doze. Resta saber por que não elegeu menos, e por que encheu o número? Porque não convém que haja lugares vagos. A natureza não admite vácuo, nem o deve admitir a política, ou seja sagrada ou profana. Um lugar vago na república tem os mesmos inconvenientes que teria no mundo o vácuo. Se houvera vácuo no mundo, havia-se de inquietar toda a natureza, havia de correr toda impetuosamente a ocupar aquele lugar. O mesmo sucede nos lugares vagos. Inquietações, perturbações, tumultos, e tanto mais precipitosos e desordenados, quanto correm todos, não ao comum, senão cada um ao seu não a encher o lugar, mas a encher-se com ele. A todos estes inconvenientes se cerra a porta com cerrar o número. Melhor é cerrar o número que a porta. Na parábola das virgens, "cerrou-se a porta" (Mt 25,10), mas não se cerrou o número, porque eram dez os lugares: "As dez virgens". E como o número não estava cerrado, posto que estivesse cerrada a porta, que haviam de fazer as néscias, senão clamar, e dar vozes, e inquietar as bodas? Davam vozes as virgens, davam vozes as alâmpadas acesas, e o dinheiro despendido também dava vozes. Para evitar clamores, cerrar o número.

Que bem entendeu esta importância o primeiro Vigário de Cristo! A primeira coisa que fez em seu governo foi encher o número dos doze. Falando de Judas, reparou no número: "O qual estava contado entre nós" (At 1,17). E logo encheu o mesmo número com Matias: "Foi contado com os onze" (At 1,26). E por que tão depressa, e sem mais dilação? Porque entendeu que assim importava, e assim o disse: "Convém pois" (At 1,21). Os apóstolos não haviam de repartir entre si o mundo — como o não repartiram — senão dali a doze anos. E, contudo entendeu Pedro, alumiado pelo Espírito Santo — antes de sua vinda — que logo importava encher o lugar e o número: "Convém". Não aguardou memoriais, não aguardou intercessões, não aguardou obséquios, nem pretensões, nem dependências; antes, por fechar a porta a todos esses embaraços, fechou o número. Para vacar ao que mais importa, importa que não haja lugares vagos. Por isso elegeu Cristo doze, e nomeou e declarou doze: "Escolheu doze que chamou apóstolos".

Não basta só eleger o número, senão elegê-lo e declará-lo. Elegeu Cristo a doze, e declarou a doze. Soube-se que eram doze os eleitos, e no mesmo ponto se soube também que os eleitos eram Pedro e André, João e Diogo, e os demais. Pudera Cristo eleger as pessoas e encher o número, e calar os nomes, ao menos os de alguns, e deixá-los *in pectore*[5]. É certo que, se de alguma vez tinha lugar esta suspensão e este segredo, era na presente. Ficavam excluídos do apostolado setenta discípulos, todos dignos e muitos digníssimos. Bem podiam logo ficar eleitos *in pectore* alguns, pelo menos para que, não se sabendo quais eram, entretivesse esta suspensão a esperança de todos, e não pudesse queixar-se nenhum dos exclusos, podendo ser dos que eram secretamente eleitos. Pois, por que não fez Cristo esta reservação? Por muitas razões. Primeira, porque tinha peito para isso. Reservar *in pectore* não sei se alguma vez é falta de peito. Em segundo lugar, porque semelhantes reservações não se fazem sem justos respeitos, e é melhor não haver respeitos, ainda que justos. Finalmente elegeu Cristo, e não ocultou algum, mas declarou logo todos os eleitos, porque era tão justificada a eleição, que não temia a queixa. Não quis Cristo afrontar a eleição, nem os eleitos, nem os excluídos. Não quis afrontar a eleição, por que fora grande afronta ser ela tal que temesse sair a público. Não quis afrontar os eleitos, porque ocultá-los seria confessar que não eram os mais dignos. Não quis afrontar os excluídos, porque supô-los descontentes era declará-los ambiciosos. Declarar tudo foi honrar a todos: à eleição com a justiça, aos eleitos com o merecimento, aos excluídos com o desinteresse. Sobretudo ficou honrada toda a escola de Cristo, porque a honra e crédito maior de uma comunidade é que faltem lugares e sobejem beneméritos. A maior grandeza do convite de Cristo no deserto foram as sobras. Elegeu Cristo doze apóstolos, mas sobejaram setenta que o mereciam ser, e provaram todos que o mereciam, porque nenhum se mostrou queixoso.

Setenta exclusões, e nenhuma queixa! Oh! século bem-aventurado! Quase que estou para dizer que foram os excluídos maiores que os eleitos. Os eleitos eram grandes, porque todos mereceram ser apóstolos; os excluídos parecem maiores, porque nenhum invejou o apostolado. Com esta dignidade ficaram todos, quando as dignidades se deram só a doze. "Escolheu doze".

§ V

Tenho acabado as três partes do meu discurso. Mas vejo que me perguntam os ouvintes por S. Bartolomeu, como se, enquanto disse até agora, não falara dele. Tudo o que disse do melhor dos melhores se entende deste gloriosíssimo apóstolo. E se por ser no seu dia é lícito dar-lhe alguma preferência aos demais, o mesmo lugar que lhe dá o Evangelho entre os eleitos não favorece pouco este pensamento. O lugar que dá o Evangelho a S. Bartolomeu é o sexto, e se tirardes daquele sagrado número — como se deve tirar — a Judas reprovado, o sexto entre os onze é o lugar do meio, sempre e em todas as nações estimado pelo de maior honra. Do sábio humilde disse o Espírito Santo que se assentaria no meio dos magnatas: "A sabedoria do humilhado exaltará a sua cabeça, e o fará assentar-se no meio dos grandes" (Eclo 11,1). E quem foi entre os apóstolos o sábio humilde, senão Bartolomeu? S. Bartolomeu, segundo a opinião mais recebida, foi aquele grande doutor da lei, Natanael, de quem disse o mesmo Cristo: "Eis verdadeiramente um israelita em quem não há dolo" (Jo 1,47). E deste grande sábio metido entre pescadores humildes e idiotas — mas esses os magnatas do reino de Cristo — se verifica, pelo lugar que tem no meio de todos, a promessa do divino oráculo: "E o fará assentar-se no meio dos grandes".

Daqui se ficará entendendo a solução ou concórdia, de dois textos ao parecer muito encontrados, um do Testamento Velho, outro do Novo. No Testamento Velho foram significados os doze apóstolos nas doze pedras do racional, que o Sumo Sacerdote trazia sobre o peito (Ex 28,17), e no Testamento Novo são significados outra vez nas mesmas doze pedras dos fundamentos da cidade nova de Jerusalém, que São João viu descer do céu. A dúvida agora, e o encontro, está na disposição e ordem nas mesmas pedras, porque no racional a primeira pedra era sárdio, e nos fundamentos da Jerusalém celeste a mesma pedra sárdio era a sexta (Ap 21,20). Pois se esta pedra em uma parte tem o primeiro lugar, como se lhe dá o sexto na outra? O sexto lugar, como diz S. Lucas, é o de S. Bartolomeu; a pedra sárdio, como diz S. João é o sexto apóstolo: pois, se o sárdio, e Bartolomeu, em uma parte tem o sexto lugar, como tem na outra o primeiro? Porque o lugar do meio é o primeiro lugar, e quando o sexto lugar é o do meio — como é o de S. Bartolomeu — é sexto e primeiro juntamente. Por isso nas doze pedras dos fundamentos da Jerusalém nova tem o sárdio o sexto lugar, e nas doze pedras do racional, o primeiro. Este é pois o lugar que em um e outro Testamento se deu a São Bartolomeu, porque os primeiros lugares, como até agora mostramos, se devem dar ao melhor do melhor.

Plínio, tratando da pedra sárdio, diz que é tão semelhante à carne viva, que parece carne convertida em pedra preciosa[6]. Por esta semelhança se chama vulgarmente pedra carnerina. E quem não vê retratado nela ao natural o nosso São Bartolomeu, todo em carne viva e sem pele, da qual se deixou esfolar ou ir esfolando por partes, crudelíssima mente, com tal valor, fortaleza e constância, como se não fora de carne, mas verdadeiramente de pedra. Os doze artigos da fé que se contêm no Símbolo também foram repartidos pelos doze apóstolos, pronunciando cada um o seu. E o sexto, que coube a S. Bartolomeu, foi o da ressurreição, com a mesma propriedade, porque a carne ressuscitada é viva e impassível. Assim o provou a do fortíssimo apóstolo, com assombro dos tiranos, quando o esfolavam vivo, sendo tal a dureza da sua paciência naquele estranho tormento, que mais parecia impassibilidade que paciência. E desta sorte ficou Bartolomeu entre as doze estátuas dos apóstolos, singular na figura e no exemplo. No exemplo, digo, das virtudes heroicas, de que devem ser dotados os que hão de ser eleitos aos primeiros lugares da Igreja; e na figura com que devem pôr neles os olhos, e formar deles juízo os eleitores.

Não há coisa que mais engane o juízo dos que elegem, e que mais embarace e perturbe o acerto das eleições, que a pele. O merecimento ou capacidade dos homens não se há de considerar pelo que aparece e se vê de fora, senão pelo que têm e pelo que são de dentro. Dispam-se primeiro da pele e de tudo o que neles é exterior, e então se fará verdadeiro juízo do que merecem. No princípio do mundo, assim como Deus ia dando ser e forma às criaturas, assim as ia logo aprovando com aquele testemunho geral: "Viu Deus que era bom" (Gn 1,10). Criou finalmente o homem, e é coisa mui notada e digna de se notar, que só ao homem não desse aprovação, nem diga dele a Escritura que viu Deus que era bom. Pois, se todas as outras criaturas, sendo menos perfeitas, tiveram esta aprovação dos olhos de Deus, o homem, que era mais perfeito que todas, e formado por suas próprias mãos, por que a não teve? Excelentemente Santo Ambrósio: "Por isso o homem não é louvado antes porque deve ser provado não pela pele exterior, mas pelo homem interior". Não teve o homem a aprovação dos olhos de Deus, como a tiveram as outras criaturas tanto que as via, porque os homens não se hão de julgar pela pele e pelo que se vê de fora, senão pelo que têm e pelo que são de dentro: "Não pela pele exterior, mas pelo homem interior". As outras coisas são aquilo que nelas se vê; no homem o que se vê é o menos, o que se não vê é o tudo: "As outras coisas são vistas pela aparência, o homem pelo que é oculto".

Não nego que a pele, se o interior do homem ou o homem interior, feita exata anatomia, é qual deve ser, acrescenta decência à pessoa e autoridade ao lugar, e que no tal caso assentará muito bem a púrpura sobre a pele. Por isso no primeiro templo, que foi o Tabernáculo, mandou Deus que estivesse coberto com peles tintas de púrpura: "Peles de púrpura" (Ex 25,5). Mas estas mesmas peles, que é o que cobriam, e que é o que havia debaixo delas? Arca do Testamento, Tábuas da Lei, Querubins, Propiciatório, Deus. Quando isto é o que cobrem as peles, bem é que elas também se cubram de púrpura. Mas se há muitas peles — como verdadeiramente há — que, cobrindo semelhantes tesouros do céu, nem por isso se veem rubricadas, consolem-se com os discípulos que na eleição de hoje ficaram excluídos. Digam ou cantem com aquela alma escolhida de Deus: "Sou negra, mas formosa, assim como as tendas de Cedar, como os pavilhões de Salomão" (Ct 1,4). As riquezas de Cedar, e as joias de Salomão, e, o que é mais, o mesmo Salomão, bem pode andar debaixo de peles pouco agradáveis à vista. O de dentro e o que se encobre aos olhos é o que faz o homem: o exterior é o que se vê; assim como é natureza, e não merecimento nem culpa, assim se não deve louvar nem desprezar nele: "Não louves o homem pela sua aparência, nem desprezes o homem pelo seu exterior" (Eclo 11,2), diz o Espírito Santo, falando nomeadamente dos que devem ser exaltados aos lugares maiores.

Quando Samuel foi ungir por rei um dos filhos de Jessé, o primeiro que o pai lhe presentou foi, como dissemos, Eliab, seu primogênito, mancebo de gentil presença e de galharda estatura. E tanto que o profeta o viu, lhe pareceu a pessoa verdadeiramente digna de império. Porém Deus o advertiu logo que se não deixasse levar daqueles exteriores, porque não era ele o escolhido; antes o tinha reprovado e ainda desprezado: "Não olhes para o seu vulto, nem para a altura da sua estatura, porque eu o rejeitei" (1Rs 16,7). E acrescentou o Senhor — sentença que os príncipes deviam trazer sempre diante dos olhos: "Eu", diz Deus, "não julgo pela vista, como os homens, porque eles veem só o que aparece de fora: eu vejo o coração e o que está dentro" (1Rs 16,7). Assim hão de ver e julgar os que elegem, para que sejam acertadas as eleições. Não com os olhos de homens, que param nas aparências exteriores, mas com olhos de Deus, que penetram o interior e o coração, em que consiste o ser, o valor, e a diferença de homem a homem. Hão-se de julgar e avaliar os homens não só despidos das galas, que também subornam e enganam, senão despidos também da pele, que muitas vezes com uma valente pintura se cobre um coração muito fraco, qual era o de Eliab. Eliab na estatura era muito maior que Davi, mas Davi no coração era muito maior que o gigante; e este coração, que não viam os homens, é o que via e escolheu Deus: "O Senhor olha o coração". Sendo pois os interiores os que fazem e distinguem os homens, e só Deus o que vê e conhece os interiores, por isso se devem consultar as eleições dos homens muito devagar com Deus; como Cristo fez neste dia, ou nesta noite: "Passou a noite na oração a Deus".

SERMÃO DO

Mandato

Pregado na Capela Real, ano de 1645.

～

"Sabendo Jesus que era chegada sua hora de passar deste mundo ao Pai, como tinha amado os seus que estavam no mundo, amou-os até o fim."
(Jo 13,1)

Há um ano Vieira fora nomeado pregador régio. Em 1643, pregara este mesmo sermão na Igreja do Hospital Real. É o sermão do Mandamento Novo "mandatum", tema da Quinta-Feira Santa. Hoje ele confronta a sabedoria de Cristo com a ignorância humana. Cristo só amou finamente porque amou sabendo e os homens só foram finamente amados, porque foram amados ignorando. São quatro as ignorâncias do amante: 1. Não se conhece; se se conhecesse, não empregaria o pensamento onde não havia de pôr. 2. Não conhece a quem ama; se o conhecesse não quereria finezas que haviam de aborrecê-lo. 3. Não conhece o amor; se o conhecesse não se empenharia cegamente. 4. Não conhece o fim onde há de parar amando; se os previsse, não padeceria os danos a que havia de chegar. Paralelamente, são quatro as ciências de Cristo e em todas elas cresce o seu amor. 1. Conhece a si mesmo, porque sabe que é Filho de Deus. 2. Conhece a quem ama, porque sabe quão ingratos são os homens. 3. Conhece o amor, pela larga experiência do que amara. 4. Conhece o fim onde havia de parar amando, a morte e tal morte. Um a um todos esses pontos são considerados longamente à luz das Escrituras e dos Santos Padres.

§ I

Considerando eu com alguma atenção os termos tão singulares deste amoroso Evangelho, e ponderando a harmonia e correspondência de todo seu discurso, tantas vezes e por tão engenhosos modos deduzido, vim a reparar finalmente — não sei se com tanta razão, como novidade — que o principal intento do evangelista foi mostrar a ciência de Cristo, e o principal intento de Cristo, mostrar a ignorância dos homens.

Sabia Cristo, diz S. João, que era chegada a sua hora de passar deste mundo ao Pai: "Sabendo Jesus que era chegada sua hora de passar deste mundo ao Pai" (Jo 13,1). Sabia que tinha depositados em sua mão os tesouros da onipotência, e que de Deus viera e para Deus tornava: "Sabendo que o Pai depositara em suas mãos todas as coisas, e que ele saíra de Deus, e ia para Deus" (Jo 13,3). Sabia que entre os doze que tinha assentados à sua mesa estava um que lhe era infiel, e que o havia de entregar a seus inimigos: "Porque sabia qual era o que o havia de entregar" (Jo 13,11). Até aqui mostrou o evangelista a sabedoria de Cristo. Daqui adiante continua Cristo a mostrar a ignorância dos homens. Quando S. Pedro não queria consentir que o Senhor lhe lavasse os pés, declarou-lhe o Divino Mestre a sua ignorância, dizendo: "O que eu faço, Pedro, tu não o sabes" (Jo 13,7). — Depois de acabado aquele tão portentoso exemplo de humildade, tornou a se assentar o Senhor, e, voltando-se para os discípulos, disse-lhes: "Sabeis porventura o que acabei agora de vos fazer?" (Jo 13,12) — Aquela interrogação enfática tinha força de afirmação, e perguntar: Sabeis? — foi dizer que não sabiam. De maneira que, na primeira parte do evangelho, o evangelista atendeu a mostrar a sabedoria de Cristo, e Cristo, na segunda, a mostrar a ignorância dos homens.

Mas se o fim e intento de ambos era o mesmo, se o fim e o intento de Cristo e do evangelista era manifestar gloriosamente ao mundo as finezas do seu amor, por que razão o evangelista se emprega todo em ponderar a sabedoria de Cristo, e Cristo em advertir a ignorância dos homens? A razão que a mim me ocorre, e eu tenho por verdadeira e bem fundada, é porque as duas suposições, em que mais apuradamente se afinou o amor de Cristo hoje, foram, da parte de Cristo, a sua ciência, e, da parte dos homens, a nossa ignorância. Se da parte de Cristo, amando, pudera haver ignorância, e da parte dos homens, sendo amados, houvera ciência, ainda que o Senhor obrara por nós os mesmos excessos, ficariam eles e o seu amor — não no preço, mas na estimação — de muito inferiores quilates. Pois, para que o mundo levante o pensamento de considerações vulgares e comece a sentir tão altamente das finezas do amor de Cristo, como elas merecem, advirta-se, diz o evangelista, que Cristo amou sabendo: "Sabendo Jesus" (Jo 13,1), e advirta-se — diz Cristo — que os homens foram amados ignorando: "Não sabes" (Jo 13,7).

Está proposto o pensamento, mas bem vejo que não está declarado. Em conformidade e confirmação dele pretendo mostrar hoje, que só Cristo amou finamente, porque amou "sabendo", e só os homens foram finamente amados, porque foram amados "ignorando". Unindo-se, porém, e trocando-se de tal sorte "o sabendo com o não sabes e o não sabes com o sabendo," que, estando a ignorância da parte dos homens e a ciência da parte de Cristo, Cristo amou sabendo como se amara ignorando; e os homens foram amados ignorando como se foram amados sabendo. Vá agora o amor destorcendo estes fios. E espero que todos vejam a fineza deles.

§ II

Primeiramente só Cristo amou, porque amou "sabendo". Para inteligência desta amorosa verdade, havemos de supor outra não menos certa, e é que no mundo, e entre os homens, isto que vulgarmente se chama amor não é amor, é ignorância. Pintaram os antigos ao amor menino, e a razão, dizia eu o ano passado que era porque nenhum amor dura tanto que chegue a ser velho. Mas esta interpretação tem contra si o exemplo de Jacó com Raquel, o de Jônatas com Davi, e outros grandes, inda que poucos. Pois se há também amor que dure muitos anos, porque no-lo pintam os sábios sempre menino? Desta vez cuido que hei de acertar a causa. Pinta-se o amor sempre menino, porque, ainda que passe dos sete anos, como o de Jacó, nunca chega à idade de uso de razão. Usar de razão e amar são duas coisas que não se ajuntam. A alma de um menino que vem a ser? Uma vontade com afetos e um entendimento sem uso. Tal é o amor vulgar. Tudo conquista o amor quando conquista uma alma; porém o primeiro rendido é o entendimento. Ninguém teve a vontade febricitante, que não tivesse o entendimento frenético. O amor deixará de variar, se for firme, mas não deixará de tresvariar, se é amor. Nunca o fogo abrasou a vontade que o fumo não cegasse o entendimento. Nunca houve enfermidade no coração que não houvesse fraqueza no juízo. Por isso os mesmos pintores do amor lhe vendaram os olhos. E como o primeiro efeito, ou a última disposição do amor, é cegar o entendimento, daqui vem que isto, que vulgarmente se chama amor, tem mais partes de ignorância; e quantas partes tem de ignorância, tantas lhe faltam de amor. Quem ama porque conhece, é amante; quem ama porque ignora, é néscio. Assim como a ignorância na ofensa diminui o delito, assim no amor diminui o merecimento. Quem ignorando ofendeu, em rigor não é delinquente. Quem ignorando amou, em rigor não é amante.

É tal a dependência que tem o amor destas duas suposições, que o que parece fineza, fundado em ignorância, não é amor, e o que não parece amor, fundado em ciência, é grande fineza. As duas primeiras pessoas deste Evangelho nos darão a prova: Cristo e S. Pedro. Transfigurou-se Cristo no Monte Tabor, e, vendo S. Pedro que o Senhor tratava com Moisés e Elias de ir morrer a Jerusalém, para o desviar da morte, deu-lhe de conselho que ficasse ali: "Senhor, é bom que estejamos aqui" (Mt 17,4). Esta resolução de S. Pedro, considerada como a considerou Orígenes, foi o maior ato de amor que se fez, nem pode fazer no mundo, porque se Cristo não ia morrer a Jerusalém não se remia o gênero humano; se não se remia o gênero humano, S. Pedro não podia ir ao céu: e que quisesse o grande apóstolo privar-se da glória do céu, porque Cristo não morresse na terra, que antepusesse a vida temporal de seu Senhor à vida eterna sua, foi a maior fineza de amor a que podia aspirar o coração mais alentado. Deixemos a S. Pedro assim, e vamos a Cristo.

Em todas as coisas que Cristo obrou neste mundo, manifestou sempre o muito que amava aos homens. Contudo, uma palavra disse na cruz em que parece se não mostrou muito amante: "Tenho sede" (Jo 19,28). Padecer Cristo aquela rigorosa sede, amor foi grande; mas dizer que a padecia, e significar que lhe dessem remédio, parece que não foi amor. Afeto natural sim, afeto amoroso não. Quem diz a vozes o que padece, ou busca o alívio na comunicação, ou espera o remédio no socorro, e é certo que não ama muito a sua dor quem a deseja diminuída ou aliviada. Quem pede remédio ao que padece, não quer padecer; não querer padecer não é amar: logo, não foi ato de amor em Cristo dizer: *Sitio*: "Tenho sede". Contraponhamos agora esta ação de Cristo na cruz, e a de S. Pedro no Tabor. A de S. Pedro parece que tem muito de fineza; a de Cristo, parece que não tem nada de amor. Se será isto assim?

Dois evangelistas o resolveram com duas palavras: o evangelista S. João com um "Sabendo", e o evangelista S. Lucas com um "Não sabendo". O que em S. Pedro parecia fineza não era amor, porque estava fundado em ignorância: "Não sabendo o que dizia" (Lc 9,33). O que em Cristo não parecia amor era fineza, porque estava fundado em ciência: "Sabendo que tudo estava cumprido, para se cumprir a Escritura, disse: Tenho sede" (Jo 19,28). Apliquemos por cada parte. Quando S. Pedro disse: "É bom que estejamos aqui", "não sabia o que dizia" (Lc 9,33), porque estava transportado e fora de si. E assim todas aquelas finezas que considerávamos pareciam amor e eram ignorâncias, pareciam afetos da vontade e eram erros do entendimento. Se aquela resolução de São Pedro se fundara no conhecimento das consequências que dissemos, não há dúvida de que fora o mais excelente ato de amor a que podia chegar a bizarria de um coração amoroso; mas, como a resolução se fundava na ignorância do mesmo que dizia, em vez de sair com título de amante, saiu com nome de néscio, porque amar ignorando não é amar, é não saber.

Não assim Cristo. Porque, quando disse: "Tenho sede", sabia muito bem que, acabados já todos os outros tormentos, faltava só por cumprir a profecia do fel: "Sabendo que tudo estava cumprido, para se cumprir a Escritura, disse: Tenho sede". E assim aquelas tibiezas que considerávamos, parecia que não eram amor, e eram as maiores finezas; parecia que eram um desejo natural, e eram o mais amoroso e requintado afeto. Se Cristo dissera tenho sede cuidando que lhe haviam de dar água, era pedir alívio; mas dizer tenho sede sabendo que lhe haviam de dar fel, era pedir novo tormento. E não pode chegar a mais um amor ambicioso de padecer que pedir os tormentos por alívios e, para remediar uma pena, dizer que lhe acudiam com outra. Dizer Cristo que tinha sede não foi solicitar remédio à necessidade própria: foi fazer lembrança à crueldade alheia. Como se dissera: Lembrai-vos homens do fel que vos esquece: "Tenho sede". Tão diferente era a sede de Cristo do que parecia. Parecia desejo de alívios e era hidropisia de tormentos. De sorte que a ciência com que obrava Cristo, e a ignorância com que obrava Pedro, trocaram estes dois afetos, de maneira que o que em Pedro parecia fineza, por ser fundado em ignorância, não era amor; e o que em Cristo não parecia amor, por ser fundado em ciência, era fineza. E como a ciência ou ignorância é a que dá ou tira o ser, e a que diminui ou acrescenta a perfeição do amor, por isso o evangelista S. João se funda todo em mostrar o que Cristo sabia, para provar o que amava: "Sabendo que era chegada a sua hora, amou-os até o fim" (Jo 13,1).

§ III

Quatro ignorâncias podem concorrer em um amante, que diminuam muito a perfeição e merecimento de seu amor. Ou porque não se conhecesse a si, ou porque não conhecesse a quem amava, ou porque não conhecesse o amor, ou porque não conhecesse o fim onde há de parar amando. Se não se conhecesse a si, talvez empregaria o seu pensamento onde o não havia de pôr, se se conhecera. Se não conhecesse a quem amava, talvez quereria com grandes finezas a quem havia de aborrecer, se o não ignorara. Se não conhecesse o amor, talvez se empenharia cegamente no que não havia de empreender, se o soubera. Se não conhecesse o fim em que havia de parar amando, talvez chegaria a padecer os danos a que não havia de chegar, se os prevíra. Todas estas ignorâncias, que se acham nos homens, em Cristo foram ciências, e em todas e cada uma crescem os quilates de seu extremado amor. Conhecia-se a si, conhecia a quem amava, conhecia o amor, e conhecia o fim onde havia de parar amando. Tudo notou o evangelista. Conhecia-se a si, porque sabia que não era menos que Deus, Filho do Pai Eterno: "Sabendo que saíra de Deus" (Jo 13,3). Conhecia a quem amava, porque sabia quão ingratos eram os homens e quão cruéis haviam de ser para com ele: "Sabia qual era o que o havia de entregar" (Jo 13,11). Conhecia o amor, e bem à custa do seu coração, pela larga experiência do que tinha amado: "Como tinha amado os seus" (Jo 13,1). Conhecia finalmente o fim em que havia de parar amando, que era a morte, e tal morte: "Sabendo que era chegada a sua hora" (Jo 13,1). E que, conhecendo-se Cristo a si, conhecendo a quem amava, conhecendo o amor, e conhecendo o fim cruel em que havia de parar amando, amasse contudo? Grande excesso de amor: "Amou até o fim"? Para que conheçamos quão grande e quão excessivo foi, vamo-lo ponderando por partes em cada uma destas circunstâncias de ciência.

Primeiramente, foi grande o amor de Cristo porque nos amou conhecendo-se: "Sabendo que saíra de Deus" (Jo 13,3). Que conhecendo-se Cristo a si nos amasse a nós, grande e desusado amor! Enquanto Páris, ignorante de si e da fortuna de seu nascimento, guardava as ovelhas do seu rebanho nos campos do Monte Ida, dizem as histórias humanas que era objeto dos seus cuidados Enone, uma formosura rústica daqueles vales. Mas quando o encoberto príncipe se conheceu e soube que era filho de Príamo, rei de Troia, como deixou o cajado e o surrão, trocou também de pensamento. Amava humildemente enquanto se teve por humilde; tanto que conheceu quem era, logo desconheceu a quem amava. Como o amor se fundava na ignorância de si, o mesmo conhecimento que desfez a ignorância acabou também o amor. Desamou príncipe, o que tinha amado pastor, porque como é falta de conhecimento próprio nos pequenos levantar o pensamento, assim é afronta da fortuna nos grandes abater o cuidado. Ah! Príncipe da glória, que assim parece vos havia de suceder convosco, mas não foi assim! Quem ouvisse dizer que nos amava o Filho de Deus com tanto extremo, parece que poderia pôr em dúvida se o Senhor se conhecia ou vivia ignorante de quem era? Pois, para que a verdade de nossa fé não perigue nos extremos de seu amor, e para que o mundo não caia em tal engano, saibam todos — diz o evangelista — que Cristo amou e amou tanto: "Amou até o fim" (Jo 13,1); mas saibam também que juntamente conhecia quem era: "Sabendo que saíra de Deus" (Jo 13,3).

Se Cristo não se conhecera, não fora muito que nos amasse; mas amar-nos conhecendo-se foi tal excesso, que parece que o mesmo amar-nos foi desconhecer-se. Disse uma vez a Esposa dos Cantares a seu Esposo, que o amava muito: "A quem a minha alma ama". E ele, que lhe responderia? "Se não o sabes, ó mais formosa entre as mulheres" (Ct 1,8). — Notável resposta! De maneira que quando a Esposa afirma ao Esposo que o ama, o Esposo pergunta à Esposa se se desconhece: "Se não o sabes"? Esposo discreto e amado, que modo de responder é esse, e que consequência tem esta vossa resposta? Quando a Esposa vos assegura o seu amor, vós duvidais-lhe o seu conhecimento, e, quando afirma que vos ama, perguntais-lhe se se desconhece: "Se não o sabes"? Sim. Porque conforme a alta estimação que o Esposo fazia dos merecimentos da Esposa, afirmar ela que o amava tanto era grande razão para duvidar se se não conhecia. Como se dissera o Esposo: Vós dizeis que me amais: "A quem a minha alma ama"? Pois eu vos digo que vos não conheceis: "Se não o sabes, ó mais formosa"? Porque, se vos conheceis a vós, como é possível que me ameis a mim? Foi necessário que a vós vos faltasse o conhecimento, para que a mim me sobejasse a ventura. O amor de minha indignidade vem a parecer ignorância de vossa grandeza: "Se não o sabes"; porque, se não deixareis de vos conhecer, como vos abateríeis a me amar?

Isto que antigamente disse Salomão à princesa do Egito, podemos nós dizer com mais razão ao verdadeiro Salomão, Cristo, à vista dos extremos de seu amor: "Se não o sabes" (Ct 1,8). É isto amor, Deus meu, ou ignorância? Amais-nos, ou desconheceis-vos? Verdadeiramente, parece que vos esqueceis de quem sois, e que vos tirais da memória para nos meter na vontade. Oh! que alta e que profundamente considerou hoje São Pedro estes dois extremos, quando, com assombro do céu, vos viu diante de si com os joelhos em terra: "Vós a mim?" (Jo 13,6). Vós a Pedro? — Parece, Senhor, que nem vos conheceis a vós, nem me conheceis a mim. Mas o certo é que a vós vos conheceis, e a mim amais. E é tão grande vossa sabedoria em conhecer estas desproporções, como vosso amor em ajuntar estas distâncias. Mas em amor infinito, bem podem caber distâncias infinitas. Assim o provam as mãos de Deus juntas com os pés dos homens: "Sabendo que o Pai depositara em suas mãos todas as coisas" (Jo 13,3): eis aí as mãos de Deus. "Começou a lavar os pés aos discípulos" (Jo 13,5): eis aí os pés dos homens.

Apareceu Deus na sarça a Moisés, e mandou-lhe descalçar os sapatos: "Tira os teus sapatos de teus pés" (Ex 3,5). Quando eu lia este passo, admirava-me certo muito de que a majestade e grandeza de Deus entendesse com os pés de Moisés. Mas quem puser os olhos na sarça, deixará logo de se admirar. A sarça em que Deus apareceu estava ardendo toda em chamas vivas; e um Deus abrasado em fogo, que muito que se abalance aos pés dos homens! Falando a nosso modo, nunca Deus se conheceu melhor que quando estava na sarça, porque ali definiu sua essência: "Eu sou o que sou" (Ex 3,14). E que, definindo-se Deus, o fogo não se apagasse? Que, conhecendo-se Deus essencialmente, as labaredas em que ardia não se diminuíssem? Grande amor! Definir-se e esfriar-se fora tibieza; definir-se e arder, isso é amar. Não fora Deus quem é, se não amara como amou. O definir-se foi declarar a sua essência; o arder foi provar a definição. O mesmo aconteceu a Cristo hoje: "Sabendo que saíra de Deus, depôs suas vestes" (Jo 13,3). Sabendo que era Filho de Deus, começou a despir as roupas. Quem sabia que era Filho de Deus, conhecia-se; quem lançava de si as roupas, abrasava-se. E conhecer-se e abrasar-se, isso é amor: "Amou até o fim".

§ IV

A segunda ignorância, que tira o merecimento ao amor, é não conhecer quem ama a quem ama. Quantas coisas há no mundo muito amadas, que, se as conhecera quem as ama, haviam de ser muito aborrecidas. Graças, logo, ao engano, e não ao amor. Serviu Jacó os primeiros sete anos a Labão, e ao cabo deles, em vez de lhe darem a Raquel, deram-lhe a Lia. Ah! enganado pastor, e mais enganado amante! Se perguntarmos à imaginação de Jacó por quem servia, responderá que por Raquel. Mas se fizermos a mesma pergunta a Labão, que sabe o que é e o que há de ser, dirá com toda a certeza que serve por Lia, e assim foi. Servis por quem servis, não servis por quem cuidais. Cuidais que os vossos trabalhos e os vossos desvelos são por Raquel, a amada, e trabalhais, e desvelais-vos por Lia, a aborrecida. Se Jacó soubera que servia por Lia, não servira sete anos, nem sete dias. Serviu logo ao engano, e não ao amor, porque serviu por quem não amava. Oh! quantas vezes se representa esta história no teatro do coração humano, e não com diversas figuras, senão na mesma! A mesma, que na imaginação é Raquel, na realidade é Lia; e não é Labão o que engana a Jacó, senão Jacó o que se engana a si mesmo. Não assim o divino amante, Cristo. Não serviu por Lia debaixo da imaginação de Raquel, mas amava a Lia conhecida como Lia. Nem a ignorância lhe roubou o merecimento ao amor, nem o engano lhe trocou o objeto ao trabalho. Amou e padeceu por todos e por cada um, não como era bem que eles fossem, senão assim como eram. Pelo inimigo, sabendo que era inimigo, pelo ingrato, sabendo que era ingrato, e pelo traidor, sabendo que era traidor: "Sabia qual era o que o havia de entregar" (Jo 13,11).

Deste discurso se segue uma conclusão tão certa como ignorada, e é que os homens não amam aquilo que cuidam que amam. Por quê? Ou porque o que amam não é o que cuidam, ou porque amam o que verdadeiramente não há. Quem estima vidros, cuidando que são diamantes, diamantes estima, e não vidros; quem ama defeitos, cuidando que são perfeições, perfeições ama, e não defeitos. Cuidais que amais diamantes de firmeza, e amais vidros de fragilidade; cuidais que amais perfeições angélicas, e amais imperfeições humanas. Logo, os homens não amam o que cuidam que amam. Donde também se segue que amam o que verdadeiramente não há, porque amam as coisas, não como são, senão como as imaginam, e o que se imagina e não é, não o há no mundo. Não assim o amor de Cristo, sábio sem engano: "Como amasse os seus que estavam no mundo" (Jo 13,1). Notai o texto, e a última cláusula dele, que parece supérflua e ociosa: Como amasse aos seus que havia no mundo. — Pois onde os havia de haver? Fora do mundo? Claro está que não. Logo se bastava dizer: como amasse aos seus, porque acrescenta o evangelista: "os seus que havia no mundo?" Foi para que entendêssemos o conhecimento com que Cristo amava aos homens, mui diferente do com que os homens amam. Os homens amam muitas coisas, que as não há no mundo. Amam as coisas como as imaginam, e as coisas como eles as imaginam, havê-las-á na imaginação, mas no mundo não as há. Pelo contrário, Cristo amou os homens como verdadeiramente eram no mundo, e não como enganosamente podiam ser na imaginação: "Como amasse os seus que estavam no mundo". Não amou Cristo os seus como vós amais os vossos. Vós amai-los como são na vossa imaginação, e não como são no mundo. No mundo são ingratos, na vossa imaginação são agradecidos; no mundo são traidores, na vossa imaginação são leais; no mundo são inimigos, na vossa imaginação são amigos. E amar ao inimigo, cuidando que é amigo, e ao traidor, cuidando que é leal, e ao ingrato, cuidando que é agradecido, não é fineza, é ignorância. Por isso o vosso amor não tem merecimento, nem é senão engano. Só o de Cristo foi verdadeiro amor e verdadeira fineza, porque amou os seus como eram, e com inteira ciência do que eram: ao inimigo, sabendo o seu ódio; ao ingrato, sabendo a sua ingratidão; e ao traidor, sabendo a sua deslealdade: "Sabia qual era o que o havia de entregar" (Jo 13,11).

Mas se esta ciência de Cristo era universal, em respeito de todos os discípulos, que eram os seus que havia no mundo, por que nota mais particularmente o evangelista o conhecimento desta mesma ciência em respeito de Judas, advertindo que "sabia o Senhor qual era o que o havia de entregar". Tão inteiramente conhecia Cristo a Judas, como a Pedro e aos demais; mas notou o evangelista com especialidade a ciência do Senhor em respeito de Judas, porque em Judas, mais que em nenhum dos outros, campeou a fineza do seu amor. Ora vede. Definindo São Bernardo o amor fino, diz assim: "O amor fino não busca causa nem fruto"[1]. — Se amo porque me amam, tem o amor causa; se amo para que me amem, tem fruto; e o amor fino não há de ter porquê nem para quê. Se amo porque me amam, é obrigação, faço o que devo; se amo para que me amem, é negociação, busco o que desejo. Pois como há de amar o amor para ser fino? "Amo porque amo, e amo para amar". Quem ama porque o amam, é agradecido; quem ama para que o amem, é interesseiro; quem ama, não porque o amam, nem para que o amem, esse só é fino. E tal foi a fineza de Cristo em respeito de Judas, fundada na ciência que tinha dele e dos demais discípulos.

Na prática desta última ceia, disse Cristo aos discípulos: "Já não vos chamarei servos, mas amigos" (Jo 15,15): discípulos meus, daqui em diante não vos hei de chamar servos, senão amigos. Sendo isto assim, lede todos os evangelistas, e achareis que só a Judas chamou amigo, quando disse: "Amigo, a que vieste?" (Mt 26,50). — Pois, Senhor, não está aí Pedro, não está aí João, que merecem mais que todos o nome de amigos? Por que lhe não dais a eles este nome, senão a Judas? A Judas, o inimigo? A Judas, o falsário? A Judas, o traidor, o nome de amigo? "Amigo"? — Hoje sim, porque Cristo neste dia não buscava motivos ao amor, buscava circunstâncias à fineza. Os outros discípulos, sabia Cristo que o amavam, e sabia que o haviam de amar até dar a vida por ele. Porque o amavam, tinha o seu amor causa, e porque o haviam de amar, tinha fruto. Pelo contrário, Judas nem amava a Cristo, porque o vendia, nem o havia de amar, porque havia de perseverar obstinado até a morte; e amar o Senhor a quem o não amava, nem havia de amar, era amar sem causa e sem fruto, e por isso a maior fineza. Amar ingratidões conhecidas, coisa é que algumas vezes se acha no amor. Mas ninguém amou uma ingratidão sabida que aí mesmo não amasse a um agradecimento esperado. Só Cristo foi tão fino e tão amante, que amou sem correspondência, porque amou a quem sabia que o não amava, e sem esperança, porque amou a quem sabia que o não havia de amar. Por isso dá o título de amigo só a Judas, não porque lhe merecesse o amor, mas porque lhe acreditava a fineza. Amar por razões de amar, isso fazem todos; mas amar com razões de aborrecer, só o faz Cristo. Fez das ofensas obrigações, e dos agravos motivos, porque era obrigação do seu amor chegar à maior fineza: "Amou até o fim".

§ V

A terceira circunstância de ciência, que grandemente subiu de ponto o amor de Cristo, foi o conhecimento que tinha do mesmo amor. Cristo conhecia todas as coisas com três ciências altíssimas: com a ciência divina, como Deus; com a ciência beata, como bem-aventurado; com a ciência infusa, como cabeça do gênero humano e redentor do mundo. O amor ainda o conheceu com outra quarta ciência, que foi a experimental e adquirida, porque, assim como diz S. Paulo que aprendeu a obedecer padecendo, assim aprendeu a amar amando. E isto é o que ponderou muito S. João, advertindo que "amou tendo amado".

Questão é curiosa nesta filosofia, qual seja mais precioso e de maiores quilates: se o primeiro amor, ou o segundo? Ao primeiro ninguém pode negar que é o primogênito do coração, o morgado dos afetos, a flor do desejo, e as primícias da vontade. Contudo eu reconheço grandes vantagens no amor segundo. O primeiro é bisonho, o segundo é experimentado; o primeiro é aprendiz, o segundo é mestre; o primeiro pode ser ímpeto, o segundo não pode ser senão amor. Enfim o segundo amor, porque é segundo, é confirmação e ratificação do primeiro, e por isso, não simples amor, senão duplicado, e amor sobre amor. É verdade que o primeiro amor é o primogênito do coração; porém, a vontade, sempre livre, não tem os seus bens vinculados. Seja o primeiro, mas não por isso o maior.

A primeira vez que Jônatas se afeiçoou a Davi, diz a Escritura Sagrada que lhe fez juramento de perpétuo amor: "Davi e Jônatas fizeram acordo entre si, porque Jônatas o amava como a si mesmo" (1Rs 18,3). Passaram depois disso alguns tempos de firme vontade, posto que de vária fortuna; torna a dizer o texto que Jônatas fez segundo juramento a Davi, de nunca faltar a seu amor: "E fez Jônatas a Davi esse novo juramento, pelo amor que lhe tinha" (1Rs 20,17). Pois se Jônatas tinha já feito um juramento de amar a Davi, por que faz agora outro? Porventura quebrou o primeiro, para que fosse necessário o segundo? É certo que o não quebrou, porque não fora Jônatas o exemplo maior da amizade, se o não fora também da firmeza. Pois se o amor estava jurado ao princípio, por que o jura outra vez agora? Porque foi mui diferente matéria jurar o amor antes de conhecido, ou jurá-lo depois de experimentado. Quando Jônatas jurou a primeira vez, não sabia ainda o que era amar, porque o não experimentara; quando jurou a segunda vez, já tinha larga experiência do que era e do que custava, pelo muito que padeceu por Davi, e era tão diferente o conceito que Jônatas fazia agora de um amor a outro que julgou que o juramento do primeiro não o obrigava a guardar o segundo. Pois, para que a ignorância passada não diminuísse o merecimento presente, por isso fez juramento de novo amor. Não novo, porque deixasse de amar alguma hora, mas porque era pouco o que dantes prometera, em comparação do muito que hoje amava. Então prometeu como conhecia, agora prometia como experimentara. Que Jônatas se resolvesse a amar a Davi, quando não conhecia as paixões deste tirano afeto, não foi muita fineza; mas, depois de conhecer seus rigores, depois de sofrer suas sem-razões, depois de experimentar suas crueldades, depois de padecer suas tiranias, depois de sentir ausências, depois de chorar saudades, depois de resistir contradições, depois de atropelar dificuldades, depois de vencer impossíveis; arriscando a vida, desprezando a honra, abatendo a autoridade, revelando secretos, encobrindo verdades, desmentindo espias, entregando a alma, sujeitando a vontade, cativando o alvedrio, morrendo dentro em si, por tormento, e vivendo em seu amigo, por cuidado; sempre triste, sempre afligido, sempre inquieto, sempre constante, apesar de seu Pai e da fortuna de ambos — que todas estas finezas diz a Escritura fez Jônatas por Davi — que depois, digo, de tão qualificadas experiências de seu coração e de seu amor, se resolvesse segunda vez a fazer juramento de sempre amar? Isto sim, isto é amor.

O mesmo digo do nosso fino amante, com a vantagem que vai de Filho de Deus a filho de Saul. Se Cristo pudera não conhecer o amor, ou o não conhecera por experiência, menos fora que nos amasse; porém, conhecendo experimentalmente o amor, e o amor seu, e sabendo que este fora tão rigoroso, que o arrancou do peito de seu Pai; que foi tão desumano, que o lançou na terra em um presépio; que foi tão cruel que, a oito dias de nascido, lhe tirou o sangue das veias; que foi tão desamoroso que, antes de dois meses de idade, o desterrou sete anos para o Egito; e que era tão tirano que, se lhe não tirou a vida a mãos de Herodes, foi porque se não contentava com tão pouco sangue; que conhecendo Cristo que este era o seu amor, não desistisse, nem se arrependesse, antes continuasse a amar, grande amor! Grande, porque amou, mas muito maior, porque amou sobre ter amado: "Como amasse, amou".

Bem vejo que me replicam os teólogos que o amor de Cristo, desde o primeiro instante até o último, sempre foi igual, e nunca cresceu. Assim o pedia a razão. Se o diminuir no amor é descrédito, também é descrédito o crescer. Quem diz que ama mais desacredita o seu amor, porque ainda que o crescer seja aumento, é aumento que supõe imperfeição. Amor que pode crescer não é amor perfeito. Pois se o amor perfeitíssimo de Cristo sempre foi igual, e nunca cresceu, como dizemos que hoje foi maior? Todos respondem, e bem, que foi maior nos efeitos. Mas eu, como mais grosseiro, ainda na mesma substância do amor não posso deixar de reconhecer alguma consideração de maioria. Confesso que não cresceu, mas bem se pode ser maior sem crescer. Uma coluna sobre a base, uma estátua sobre a peanha, cresce sem crescer. Assim o amor de Cristo hoje, porque foi amor sobre amor. E como a base e a peanha não só era da mesma substância, senão a mesma substância do amor de Cristo, não só fica hoje mais subido, senão, em certo modo, maior. É tanto isto assim, que, a meu ver, não podem ter outro sentido as palavras do evangelista: "Como amasse, amou". — Estas palavras dizem mais do que soam. Amasse e amou não têm mais diferença que no tempo; na significação não têm diversidade. Que nos diz logo de novo o evangelista? Se dissera: como amasse muito, agora amou mais, bem estava; isso é o que queria provar. Mas, se queria dizer que amou mais, como diz somente que amou? Porque o diz com tais termos, que dizendo só que amou, fica provado que amou mais: "Como amasse, amou", e isto de amor sobre haver amado, não é só amar depois, senão amar mais. Não diz só relação de tempo, senão excesso de amor. E, como o evangelista queria subir de ponto o muito que o Senhor amou hoje, entendeu que, para encarecer o amor presente, bastava supor o passado.

Quando Deus mandou a Abraão que lhe sacrificasse seu filho, em todo o rigor da propriedade hebreia, diz o texto assim: "Toma o teu filho, Isaac, que amaste" (Gn 22,2). Sacrifica-me teu filho Isaac, a quem amaste. — A quem amas, parece que havia de dizer, porque todo o intento de Deus foi encarecer o amor, para dificultar o sacrifício. Pois por que não diz: Sacrifica-me o filho que amas, senão o filho que amaste? Por isso mesmo. Queria Deus encarecer o amor para dificultar o sacrifício, e em nenhuma coisa podia encarecer mais o amor presente, que na suposição do passado. Sacrifica-me o filho, não só que amas, senão que amaste, porque amar sobre haver amado é o maior amor. Por isso o evangelista hoje, comparando amor com amor, não fez comparação de grande a excessivo, senão de primeiro a segundo: "Como amasse, amou". Esta foi a primeira e segunda ferida do coração, de que o nosso divino Amante, muito antes de o amor lhe tirar as setas, já se gloriava: "Feriste o meu coração, irmã, minha esposa, feriste o meu coração" (Ct 4,9). A primeira ferida foi a do amor passado; a segunda, a do amor presente. E para prova de qual foi maior e mais penetrante, se não basta ser ferida sobre ferida, baste saber que com a primeira viveu, e que a segunda lhe tirou a vida: "Como amasse, amou até o fim". E somos entrados, sem o pretender, na quarta consideração.

§ VI

A quarta e última circunstância em que a ciência de Cristo afinou muito os extremos de seu amor, foi saber e conhecer o fim onde havia de parar amando: "Sabendo que era chegada a sua hora". De muitos contam as histórias que morreram porque amaram; mas, porque o amor foi só a ocasião, e a ignorância a causa, falsamente lhe deu a morte o epitáfio de amantes. Não é amante quem morre porque amou, senão quem amou para morrer. Bem notável é neste gênero o exemplo do príncipe Siquém. Amou Siquém a Dina, filha de Jacó, e rendeu-se tanto aos impérios de seu afeto que, sendo príncipe soberano, se sujeitou a tais condições e partidos, que a poucos dias de desposado lhe puderam tirar a vida Simeão e Levi, irmãos de Dina. Amou Siquém, e morreu, mas a morte não foi troféu de seu amor; foi castigo de sua ignorância. Foi caso, e não merecimento, porque não amou para morrer, ainda que morreu porque amou. Deve-lhe Dina o amor, mas não lhe deveu a morte; antes, por isso, nem o amor lhe deveu. Que quem amou porque não sabia que havia de morrer, se o soubera, não amara. Não está o merecimento do amor na morte, senão no conhecimento dela.

Vede-o em Abraão e Isac claramente. Naqueles três dias em que Abraão foi caminhando para o monte do sacrifício com seu filho Isac, ambos iam igualmente perigosos, mas não iam igualmente finos. Iam igualmente perigosos porque um ia a morrer, outro a matar, ou a matar-se; mas não iam igualmente finos, porque um sabia onde caminhavam, o outro não o sabia. O caminho era o mesmo, os passos eram iguais, mas o conhecimento era muito diverso, e por isso também o merecimento. Abraão merecia muito, Isac não merecia nada, porque Abraão caminhava com ciência, Isac com ignorância; Abraão ao sacrifício sabido, Isac ao sacrifício ignorado. Esta é a diferença que faz o sacrifício de Cristo a todos os que sacrificou a morte, por culpas do amor. Só Cristo caminhou voluntário à morte sabida; todos os outros, sem vontade, à morte ignorada. A Siquém, a Sansão, a Amon e aos demais que morreram porque amaram, levou-os o amor à morte com os olhos cobertos, como condenados (Gn, Jz, Rs). Só a Cristo como triunfador, com os olhos abertos. — Tomara ter mais honradas antíteses, mas estas são as que lemos na Escritura. — Nem Siquém amara a Dina, nem Sansão a Dalila, nem Amon a Tamar, se anteviram a morte que os aguardava. Só a ciência de Cristo conheceu que o seu amor o levava à morte, e só Cristo conhecendo-a e vendo-a vir para si, caminhou animosamente a ela: "Sabendo que era chegada a sua hora".

Que bem, e que poeticamente o cantou Davi: "O sol conheceu o seu ocaso" (Sl 103,19). — Poucas palavras, mas dificultosas. O sol é uma criatura irracional e insensível — porque, ainda que alguns filósofos creram o contrário, é erro condenado —. Pois se o sol não tem entendimento nem sentidos, como diz o profeta que "o sol conheceu o seu ocaso". O certo é, diz Agostinho, que debaixo da metáfora do sol material, falou Davi do sol divino, Cristo, que só é sol com entendimento. E porque ambos foram mui parecidos em correr ao seu ocaso, por isso retratou as finezas de um nas insensibilidades do outro. Se a luz do sol fora verdadeira luz de conhecimento, e o Ocidente, onde se vai pôr o sol, fora verdadeira morte, não nos causara grande admiração ver que o sol, conhecendo o lugar de sua morte, com a mesma velocidade com que sobe ao zênite, se precipitasse ao Ocidente? Pois isto foi o que fez aquele sol divino: "O sol conheceu o seu ocaso". Conheceu verdadeiramente o sol divino o seu ocaso, porque sabia determinadamente a hora em que, chegando aos últimos horizontes da vida, havia de passar deste ao outro hemisfério: "Sabendo que era chegada a sua hora de passar deste mundo". E que sobre este conhecimento, certo do fim cruel que o levava seu amor, caminhasse sem fazer pé atrás, tão animoso ao verdadeiro e conhecido ocaso como o mesmo sol material que não morre nem conhece? Grande resolução e valentia de amor! Não só conhecer a morte, e ir a morrer, mas ir a morrer conhecendo-a, como se a ignorara.

Só S. João, que nos deu o pensamento, poderá dar a prova. Quando vieram a prender a Cristo seus inimigos, diz assim o evangelista: "Sabendo o Senhor tudo o que havia de vir sobre ele, saiu a encontrar-se com os que o vinham prender, e disse-lhes: A quem buscais?" (Jo 18,4). Parece que se implica nos termos esta narração. Quem sabe, não pergunta. Pois, se Cristo sabia tudo, e sabia que o buscavam a ele, e o evangelista nota que o sabia, por que pergunta, como se o não soubera? A razão e o mistério é porque, desde este ponto, começava Cristo a caminhar para a morte, e esse foi o modo com que seu amor o levava. Levava-o à morte sabendo, como se o levara ignorando. Quem ler o que diz o evangelista, dirá que Cristo sabia; quem ouvir o que Cristo pergunta, cuidará que Cristo ignorava, e, ou na verdade, ou na aparência, tudo era. Na verdade sabia, e na aparência ignorava, porque de tal maneira amou e foi a morrer sabendo, como se amara e morrera ignorando.

Este é o segredo que encobria aquele véu, ou aquele misterioso eclipse com que o amor hoje cobriu os olhos a Cristo por mãos de seus inimigos: "Vendaram-lhe os olhos, e davam-lhe no rosto" (Lc 22,64). Que sofresse o Senhor outros muitos tormentos, não me espanto, que a tudo se oferece quem sobre tudo ama. Mas de permitir que lhe cobrissem os olhos, parece que não só se podia ofender a sua paciência, senão muito mais seu amor. S. João, hoje naquele repetido *sciens*, não tirou as vendas ao amor de Cristo, para que soubesse o mundo que amava com os olhos abertos? Pois por que permite no mesmo dia que lhe cubram e vendem os olhos? Porque esta foi a destreza com que o amor de Cristo soube equivocar a ciência com a ignorância. Fez que amasse de tal maneira com os olhos abertos, como se amara com os olhos fechados. Que amasse de tal maneira sabendo, como se amara ignorando. Desafrontou-se o amor com aquele véu que parecia afrontoso, e vingou-se, para maior honra sua, do que lhe tinha feito S. João. S. João tirou as vendas ao amor de Cristo, e o mesmo amor tornou-as a pôr em Cristo, para que advertíssemos que de tal maneira amou sabendo, e com os olhos abertos, como se amara ignorando, e com os olhos fechados: "Vendaram-lhe". (Lc 22,64). Conhecia-se Cristo a si, e amou como se não conhecera; sabia o que amava, e amou como se o não soubera; tinha experimentado o amor, e amou como se o não experimentara; previu o fim a que havia de chegar amando, e amou como se o não previra. E porque amou sabendo, como se amara ignorando, por isso só ele amou e soube amar finamente: "Sabendo, sabendo, sabendo, sabendo amou-os até o fim".

§ VII

Temos considerado o amor de Cristo pelas advertências de S. João. Consideremo-lo agora pelas advertências do mesmo Cristo que, como quem o conhecia melhor, serão as mais bem ponderadas e mais profundas. Apostaram hoje o maior amante e o maior amado. Cristo e S. João, apostaram, digo, a encarecer os extremos do mesmo amor, e depois que S. João disse quanto soube, advertindo que Cristo amara sabendo: Tá, diz Cristo, que não é essa a maior circunstância que sobe de ponto o meu amor. Se os homens querem saber a fineza com que os amei, não a ponderem pela minha sabedoria: ponderem-na pela sua ignorância. Amei muito aos homens, porque os amei sabendo eu tudo; mas muito maior foi meu amor, porque os amei, ignorando eles quanto eu os amava: "O que eu faço, não sabes". Por mais que os homens façam discursos e levantem pensamento, nunca poderão chegar a conhecer o amor com que os amou Cristo, nem enquanto Deus, nem enquanto homem; e que se resolva Cristo a amar a quem não só lhe não havia de pagar o amor, mas nem ainda o havia de conhecer! Que não haja de ter o meu amor não só a satisfação de pago, mas nem ainda o alívio de conhecido! Esta foi a maior valentia do coração amoroso de Cristo, e esta a maior dificuldade por que rompeu a força do seu amor.

E, se não, façamos esta questão: Que é o que mais deseja e mais estima o amor: ver-se conhecido, ou ver-se pago? É certo que o amor não pode ser pago, sem ser primeiro conhecido; mas pode ser conhecido, sem ser pago. E, considerando divididos estes dois termos, não há dúvida que mais estima o amor, e melhor lhe está ver-se conhecido que pago. Porque o que o amor mais pretende é obrigar: o conhecimento obriga, a paga desempenha; logo, muito melhor lhe está ao amor ver-se conhecido que pago; porque o conhecimento aperta as obrigações, a paga e o desempenho desata-as. O conhecimento é satisfação do amor-próprio; a paga é satisfação do amor alheio. Na satisfação do que o amor recebe, pode ser o afeto interessado; na satisfação do que comunica, não pode ser senão liberal: logo, mais deve estimar o amor ter segura no conhecimento a satisfação da sua liberalidade, que ver duvidosa na paga a fidalguia do seu desinteresse. O mais seguro crédito de quem ama é a condição da dívida no amado: mas como há de confessar a dívida quem a não conhece? Mais lhe importa logo ao amor o conhecimento que a paga, porque a sua maior riqueza é ter sempre endividado a quem ama. Quando o amor deixa de ser acredor, só então é pobre. Finalmente, ser tão grande o amor, que se não possa pagar, é a maior glória de quem ama. Se esta grandeza se conhece, é glória manifesta; se não se conhece, fica escurecida, e não é glória: logo, muito mais estima o amor, e muito mais deseja, e muito mais lhe convém a glória de conhecido, que a satisfação de paga. Baste de razões; vamos à Escritura.

A maior façanha do amor humano foi aquela animosa resolução com que o patriarca Abraão, antepondo o amor divino ao natural e paterno, determinou tirar a vida a seu próprio filho. Teve Deus mão à espada ao desamorado e amorosíssimo servo seu, e o que lhe disse imediatamente foi: "Agora sei que temes a Deus" (Gn 22,12). Agora conheço, Abraão, que me amas. — Isto quer dizer aquele "temes", em frase da Escritura, e assim o trasladam muitos e interpretam todos: "Agora sei que amas a Deus". Depois disto apareceu ali um cordeiro grande, embaraçado entre umas sarças, que deu alegre fim ao não imaginado sacrifício, o qual acabado, tornou Deus a falar a Abraão, e disse-lhe: "Porque fizeste esta ação, eu te abençoarei e multiplicarei a tua descendência como as estrelas do céu" (Gn 22,16s). Em prêmio desta ação que fizeste, será tua geração bendita, multiplicarei teus descendentes como as estrelas, nascerá de ti o Messias. Este foi historicamente o caso; reparemos agora nele. Duas vezes falou Deus aqui com Abraão, e duas coisas lhe disse: uma logo, quando lhe deteve a espada, e outra depois. A que lhe disse logo, foi que conhecia que o amava: "Agora sei que amas a Deus". A que lhe disse depois, foi que lhe premiaria liberalmente aquela ação: "Porque fizeste esta ação", etc. Pois, pergunto: por que diz Deus a Abraão em primeiro lugar que conhecia seu amor, e no segundo que o premiaria? E já que dilatou para depois as promessas do prêmio, por que não dilatou também as certificações do conhecimento: "Agora sei"? Falou Deus como quem conhece os corações, e sabe o que mais estima quem verdadeiramente ama. Primeiro certificou a Abraão de que conhecia seu amor, e reservou para depois o assegurar-lhe que o havia de premiar, porque, como Abraão era tão verdadeiro e fino amante, mais estimava ver o seu amor conhecido, que pago. As promessas do prêmio, dilatem-se embora; mas as certificações do conhecimento, deem-se logo, e no mesmo instante, porque mais facilmente sofrerá um grande amor as dilações ou esperanças de pago, que as dúvidas de conhecido. Antes, digo que foi necessária a consequência de dizer Deus a Abraão que conhecia seu amor, quando lhe mandava suspender a espada, porque, se Abraão não ficara certo de que seu amor estava já conhecido, sem dúvida executara o golpe, para que o sangue da melhor parte de seu coração dissesse a gritos quão verdadeiramente amava. E que, estimando o amor sobre tudo ver-se conhecido, e não conhecendo os homens o amor de Cristo antes, sendo impossível conhecê-lo como ele é, vencesse seu amor esta dificuldade, e atropelasse este impossível, e, apesar dele e de si mesmo, amasse? Estupenda resolução de amor!

§ VIII

Muito custou a Cristo amar-nos, muito padeceu amando-nos; porém a mais rigorosa pena a que o condenou seu amor foi que amasse a quem o não havia de conhecer. Isto é o que mais sente, isto é o que lastima a quem ama. Dois desmaios, ou dois acidentes grandes padeceu a Esposa dos Cantares, causados ambos do seu amor. Um foi logo no princípio dele, que se escreve no capítulo segundo; outro foi depois de haver já amado muito, e se refere no capítulo quinto. Houve-se porém a Esposa nestes dois acidentes com diferença mui digna de consideração e reparo. No primeiro acidente disse: "Acudi-me com confortativos, trazei-me rosas e flores, porque estou enferma de amor" (Ct 2,5). No segundo diz: "Conjuro-vos, ó filhas de Jerusalém, que se achardes o meu amado, lhe digais que estou enferma de amor" (Ct 5,8). Pelo que vos mereço, filhas de Jerusalém, que busqueis a meu amado, e lhe façais a saber que estou enferma de amor. — Notável diferença! Se a esposa em ambos os casos estava igualmente "enferma de amor": por que razão no primeiro acidente pediu remédios e confortativos, e no segundo não? E se no segundo não teve cuidado de pedir remédios, por que encomenda com tanto encarecimento às amigas, e lhes pede juramento de que o façam a saber a seu esposo: "Conjuro-vos, que digais ao amado"? Não se podia melhor pintar a verdade do que dizemos. No primeiro acidente, em que a Esposa era ainda principiante no amor, pediu somente remédios para a enfermidade, porque os efeitos penosos que experimentava seu coração eram os que mais lhe doíam. Porém, no segundo acidente, em que o amor era já perfeito e consumado, em vez de dizer que acudam com remédios a seu mal, diz que acudam com notícias a seu amado, porque não lhe doía tanto a sua dor porque ela a padecia, quanto porque ele a ignorava. Acudiu a Esposa primeiro ao que lhe doía mais; e mais lhe doíam os afetos do seu amor porque os ignorava a causa, que porque os padecia o sujeito. Por isso, em vez de dizer: trazei-me remédios, dizia: levai-lhe notícias. Tanto a afligiam as penas do seu amor muito mais por ignoradas que por padecidas. O mesmo foi em Cristo.

No Salmo 34, conforme o texto grego, diz assim o Filho de Deus: "Caíram sobre mim tantos açoites, e ignoraram" (Sl 34,15). — Para inteligência deste afeto, havemos de supor que, de todos os tormentos de sua paixão, nenhum sentiu Cristo tanto como o dos açoites. Bastava a razão por prova, mas o mesmo Senhor o declarou, quando descobriu aos discípulos o que havia de padecer: "Será entregue aos judeus, será escarnecido, e açoitado, e cuspido, e depois de o açoitarem, tirar-lhe-ão a vida" (Lc 18,32s). Em todos os outros tormentos, e na mesma morte falou só uma vez; porém o tormento dos açoites repetiu-o duas vezes: "Será açoitado, e depois de o açoitarem", porque o que mais sente o coração, naturalmente sai mais vezes à boca. Diz pois o Senhor: "Caíram sobre mim tantos açoites, e ignoraram" (Sl 34,15). — Afligido JESUS, que termos de falar são estes? Se foram os açoites o tormento de vós mais sentido, parece que haveis de dizer: Caíram sobre mim os açoites. Oh! como os senti! Oh! como me atormentaram! — Mas em vez de dizer que os sentiu e que o atormentaram, queixa-se somente o Senhor de que os ignoram; porque, no meio dos maiores excessos do seu amor, o que mais atormentava o coração de Cristo não era o que ele padecia, senão o que os homens "ignoravam". Não se queixa dos açoites, e queixa-se da ignorância, porque os açoites afrontavam a pessoa, a ignorância desacreditava o amor. E quem amava com tanto extremo, que quis comprar os créditos de seu amor à custa das afrontas de sua pessoa, que visse enfim a pessoa afrontada, e o amor não conhecido, oh! que insofrível dor! E por que esta falta de conhecimento é o que mais sente, e mais deve sentir quem ama, por isso ponderou Cristo a fineza de seu amor, não pela circunstância da sua ciência, senão pela de nossa ignorância: "O que eu faço, não sabes". Muito mais realça o amor de Cristo este "Não sabes", que o "sabendo" de S. João tantas vezes repetido, porque se foram grandes circunstâncias de amor amar conhecendo-se a si e conhecendo a quem amava, e conhecendo o amor, e conhecendo o fim em que havia de parar amando, sobre todas estas considerações se levanta e remonta incomparavelmente empregar todos esses conhecimentos e todo esse amor, por quem o não havia de conhecer: "Não sabes" (Jo 13,7).

§ IX

Mas sendo assim que as ignorâncias dos homens eram por uma parte o maior sentimento, e por outra o maior crédito do amor de Cristo, usou o mesmo amor tão finamente delas que tomou essas mesmas ignorâncias por instrumento de nos acreditar a nós, sem reparar nas consequências com que se podia desacreditar a si. Subindo Cristo à cruz, isto é, ao trono do seu amor, no mais público teatro dele, que foi o Calvário, a primeira palavra que falou foi esta: "Eterno Pai, perdoai aos homens, porque não sabem o que fazem" (Lc 23,34). — Porque não sabem o que fazem, perdoador amoroso? E sabe vosso amor o que vos obriga a fazer nesta razão que alegais? Se a nossa ignorância nos faz menos ingratos, também vos faz a vós menos amante; porque na pedra da ingratidão afia o amor as suas setas, e

quanto a dureza é maior, tanto mais as afina. Como formais logo desculpas a nossas ingratidões, donde podíeis crescer motivos a vossas finezas? Cuidei que tinha dito a maior de todas, mas esta foi a maior. Chegou Cristo a diminuir o crédito de seu amor, para dissimular e encobrir os defeitos do nosso, e quis parecer menos amante, só para que nós parecêssemos menos ingratos. Assim usou da ignorância dos homens, sendo a consideração da nossa ignorância o mais apurado motivo da sua fineza.

Mas por isso mesmo veio a não ser assim; e onde arriscou o amor de Cristo a sua opinião, dali saiu com ela mais acreditada, porque não pode chegar a maior fineza um amante que a estimar mais o crédito do seu amado que o crédito do seu amor. Exemplo deste primor só no mesmo Cristo se pode achar. Nasceu Cristo em um presépio, e diz por boca do evangelista que nasceu ali "porque não havia lugar na cidade" (Lc 2,7). Evangelista sagrado, não digais tal coisa, seria essa a ocasião, mas não foi essa a causa. Nasceu Cristo em um presépio, porque foi tão amante dos homens que logo quis padecer por eles aquele desamparo; e nasceu fora da cidade, porque foram os homens tão duros, e tão ingratos, que lhe não quiseram dar abrigo dentro em Belém. Pois se o amor de Cristo e a ingratidão dos homens foram a causa, por que se cala o merecimento de Cristo, e a culpa, que era dos homens, se atribui à ocasião e ao tempo: "Porque não havia lugar na cidade"? O certo é que mais amante se mostrou Cristo na causa que apontou que no desamparo que padeceu. O que era eleição sua, quis que parecesse necessidade, e o que era ingratidão nossa, quis que parecesse contingência, para que na contingência ficasse dissimulada a ingratidão, e na necessidade o amor. A ingratidão acrescentava a fineza, a necessidade diminuía o amor, e quis Cristo parecer menos amante, para que os homens parecessem menos ingratos. Assim amou no princípio da vida, e assim acabou no fim dela. Por isso desculpa a ingratidão dos homens com a sua ignorância: "Pois não sabem o que fazem", sendo a mesma ignorância dos homens o maior crédito de seu amor: "O que eu faço, não sabes".

§ X

Este foi, cristãos, o amor de Cristo, esta a ciência, e as ciências com que nos amou, e esta a ignorância, e ignorância sobre que somos amados. Tragamos sempre diante dos olhos este "sabendo" e este "não sabes"; tenhamos sempre na memória — que o mesmo Senhor tanto nos recomendou neste dia — a sua ciência e a nossa ignorância. Sirva-nos a sua ciência de espertador, para nunca deixar de amar; sirva-nos a nossa ignorância de estímulo para sempre amar mais e mais a quem tanto nos amou. Como não havemos de amar sempre a quem sempre está vendo e conhecendo se o amamos? Como não havemos de amar muito a quem nos amou tanto, que jamais o poderemos alcançar, nem conhecer? Oh! que confusão tão grande será a nossa, se bem considerarmos a força e correspondência deste "Sabendo, e deste não sabes". Quando Cristo perguntou tantas vezes a S. Pedro se o amava, respondeu ele atônito da pergunta: "Bem sabeis, Senhor, que vos amo" (Jo 21,15). — Comparai agora este "Sabes" de Pedro, dito a Cristo, com o "Não sabes" de Cristo, dito a Pedro. Quando Cristo ama a Pedro, não sabe Pedro quanto o ama Cristo: "Não sabes". Mas quando Pedro ama Cristo, sabe Cristo quanto ama Pedro: "sabes". Oh! que desproporção tão notável de amor e de ciência! O amor de Pedro sabido, o amor de Cristo ignorado. O amor de Cristo padece a nossa ignorância, o nosso padece a sua ciência, e ambos podem estar igualmente queixosos. O de Cristo queixoso, porque o não conhecem os homens: "Não sabes"; o dos homens queixoso, porque o conhece Cristo: "Sabes". Se Cristo não conhecera o amor dos homens, tivera o nosso amor essa consolação nas suas tibiezas, e se os homens conheceram o amor de Cristo, tivera o seu amor essa satisfação nos seus excessos. Mas que, sendo o amor de Cristo tão excessivo, não o conheçam os homens, e que, sendo o amor dos homens tão imperfeito, o conheça Cristo! Mui igual e mui desigual sorte é a de ambos. Os remédios que isto tinha, Senhor, era que vós e nós trocássemos os corações. Se vós nos amásseis com o nosso coração, proporcionado seria o amor e o merecimento, e bastaria a nossa ignorância para o conhecer. E se nós vos amássemos com o vosso, amar-vos-íamos quanto mereceis, e só a vossa ciência conheceria o nosso amor. Mas já que isto não pode ser, vós, que só vos conheceis, vos amai; vós, que só conheceis vosso amor, o pagai. E seja única glória vossa e sua, saber-se que só de vós pode ser pago, e só de vós conhecido. Assim o cremos, assim o confessamos, e, prostrados aos pés de vosso amor, lhe oferecemos uma eterna coroa, tecida deste "não sabes" e deste "sabendo": "Sabendo que era chegada a sua hora, amou-os até o fim".

SERMÃO AO
Enterro dos Ossos dos Enforcados

Pregado na Igreja da Misericórdia da Bahia, ano de 1637,
em que ardia aquele Estado em guerra.

∽

"A misericórdia e a verdade se encontraram:
a justiça e a paz se deram ósculo."
(Sl 84,11)

Ordenado sacerdote em dezembro de 1634, em Salvador, Vieira dedica-se logo à pregação. Salvador está cercada pelos holandeses. A celebração é um aparato fúnebre: por um lado, homens vivos, prisioneiros, são levados pela justiça ao lugar infame do suplício, são enforcados. Por outro lado, uma vez mortos são trazidos pela misericórdia à honra da sepultura eclesiástica: a justiça e a paz se abraçavam. A justiça não é a que depende da paz, senão a paz da justiça. E a todas une a verdade. Assim, a misericórdia feita a homens mortos é sempre louvada nas Escrituras se verdadeiramente se faz aos mortos, como a mortos. Senão é hipocrisia e mentira sem misericórdia. Deus sempre premia a misericórdia com a misericórdia, e se é misericórdia e verdade também com misericórdia e verdade, com a graça e a glória.

§ I

Esta dobrada união de virtudes, que Davi prometeu ao mundo, quando nele se vissem também unidas a natureza divina com a humana, são as duas partes de que religiosamente se compõe todo este aparato fúnebre, que, entre horror e piedade, temos presente. Despojos da justiça, troféus da misericórdia. Vede com que diferentes procissões, e com que diversos acompanhamentos, estes mesmos homens, vivos, foram levados pela justiça ao lugar infame do suplício, e, mortos, são trazidos pela misericórdia, com tanta honra ao da eclesiástica sepultura. Ali pagaram o que mereciam os delitos, aqui recebem o que se deve à humanidade. Diz pois Davi que naqueles tempos ditosos, saindo a se encontrar a misericórdia e a justiça, a justiça se abraçou com a paz, e a misericórdia com a verdade: "A misericórdia e a verdade se encontraram: a justiça e a paz se deram ósculo" (Sl 84,11).

Abraçaram-se a justiça e a paz, e foi a justiça a primeira que concorreu para este abraço: "Justiça e paz", porque a justiça não é a que depende da paz — como alguns tomam por escusa — senão a paz da justiça. Faça a justiça aquela justa guerra de que estes ossos são os despojos, e deles, e dela nascerá a suspirada paz, cuja falta padecemos há tantos anos. No nascimento de Cristo anunciaram os anjos paz aos homens: "E na terra paz para os homens" (Lc 2,14). E donde havia de vir essa paz aos homens e à terra? Não precisamente do rei pacífico que nascia, senão da justiça que em seus dias havia de nascer: "Nascerá em seus dias a justiça — diz o profeta — e então haverá grande colheita de paz" (Sl 71,7); porque a paz são os frutos da justiça. Toda a República, em todo o tempo, há mister paz, e a nossa no tempo presente dobrada paz: paz interior contra os inimigos de dentro, paz exterior contra os de fora, e uma e outra teremos, se a justiça a cultivar como deve. Vedes aqueles ossos desenterrados? Pois aquela é a semente de que nasce a paz. A justiça semeia-os no ar, e a paz colhe-se na terra. Absalão quer dizer: "Paz de seu pai"; mas não foi paz de seu pai estando vivo, senão depois de morto e enforcado (2Rs 19,1). Vivo, fez-lhe cruel guerra; enforcado, deu-lhe a paz de todo o reino. Se houvera justiça que enforcara Absalões, eu vos prometo que dentro e fora não houvera tantas guerras. O maior exemplo de justiça que viu o mundo foi o do dilúvio. E que se seguiu depois dele? A paz que trouxe a pomba a Noé no ramo da oliveira. As águas do dilúvio não arrancaram nem secaram a oliveira, antes a regaram (Gn 8,11). Debaixo delas se conservou inteira e verde, porque, debaixo dos grandes e exemplares castigos, cresce e reverdece a paz.

Para mim, o primeiro sinal dela, não foi o da pomba, senão o do corvo. Saído o corvo da arca, pôs-se a comer e cevar nos corpos afogados do dilúvio; e quando se dá carne de justiçados aos corvos, segura está a paz do mundo. Se o corvo trouxera à arca uma daquelas caveiras, tanto e mais se pudera assegurar dela Noé, que da oliveira da pomba. Nunca Jerusalém gozou maior paz que no tempo de el-rei Salomão; mas essa não estava só no Olivete, senão no Calvário. Assim o profetizou ao mesmo Salomão seu pai, falando da felicidade do seu reinado: "Os montes trarão a paz ao povo, e os outeiros a justiça" (Sl 71,3). E por que os outeiros a justiça e os montes a paz? Porque em Jerusalém havia um monte mais alto, coberto de oliveiras, que era o Olivete, e outro outeiro ou monte mais baixo, coberto de caveiras, que era o Calvário, onde se justiçavam os delinquentes. E quando os outeiros, como o Calvário, com as suas caveiras, mostram a justiça, os montes, como o Olivete, com as suas oliveiras, anunciam a paz: "Os montes trarão a paz e os outeiros a justiça". Oh! como veríamos esses montes coroados de paz, se se vissem estes outeiros semeados de justiça! Mas nós, esquecidos desta regra — que também é militar — todos nos ocupamos em fortificar e presidiar outeiros e montes. Que importa que estejam presidiadas as fortalezas, se estão desguarnecidas as forcas? Aquelas são as que nos hão de defender da justiça divina, que só vem do céu, quando falta na terra. O imperador Maximiliano[1], quando via uma forca, tirava-lhe o chapéu, porque estas, dizia, são as que me sustentam em paz o meu império. Por isso diz Davi, como profeta, e também o pudera dizer como rei, que "a justiça e a paz se abraçaram".

Tenho declarado uma das partes do tema que, sendo tão própria do tempo, também não foi alheia do lugar e do ato presente, pois é de misericórdia que supõe justiça; para discorrer mais largamente sobre a segunda e principal, é-nos necessária maior graça. *Ave Maria*.

§ II

"*A* misericórdia e a verdade se encontraram".

Um dos mais prodigiosos casos com que o céu assombrou a terra, e as nossas terras, foi o memorável terremoto da Ilha Terceira, não muitos anos antes deste. Arruinou, soverteu e arrasou totalmente a vila chamada da Praia, mas foi muito mais notável pelo que deixou em pé, que pelo que derrubou. Unicamente ficaram inteiras sem lesão estas três partes ou peças daquele povo: a cadeia pública, a Casa da Misericórdia e o púlpito da igreja maior. Oh! providência divina, sempre vigilante, ainda nos casos que parecem e podem ser da natureza! Aquelas três exceções tão notáveis não foram sem grande mistério, e todos os que as viram o notaram e reconheceram logo. No cárcere, o reconheceram a justiça, no hospital a misericórdia, e no púlpito a verdade. Como se nos pregara Deus aos portugueses, e mais aos das cidades e praças marítimas — como esta é, e aquela era — que por falta de justiça, de misericórdia e de verdade, se veem tão destruídas e assoladas as nossas conquistas, e que só se pode defender, conservar e manter em pé sobre três colunas, com verdade, e com misericórdia, e com justiça; da justiça, basta o que fica dito; da misericórdia e verdade, diremos agora.

"A misericórdia e a verdade se encontraram". Contêm estas palavras, Senhores, um documento notável e muito digno de o notarem e advertirem todos os que nesta ilustríssima comunidade, com o nome e com as obras, professam misericórdia. Profetiza e canta Davi, como maravilha e excelência própria da lei da graça, que nos tempos dela — que são estes nossos — a misericórdia e a verdade se concordariam, se abraçariam e se uniriam entre si. Isto quer dizer: "Se encontraram". E é notável dizer. As virtudes não são como os vícios. Os vícios, ainda que se ajuntem no mesmo sujeito, e para o mesmo fim, sempre vão atados ao revés, como as raposas de Sansão, sempre desencontrados e inimigos. Não assim as virtudes. As virtudes conservam tal irmandade e harmonia entre si, que sempre estão unidas e concordes; e entre todas as virtudes, a nenhuma é mais intrínseca esta união, que à verdade, porque a virtude que não é juntamente verdade, não é virtude. Como diz logo Davi, e como celebra por maravilha própria da lei de Cristo, que a misericórdia se ajuntaria com a verdade, e a verdade com a misericórdia: "A misericórdia e a verdade se encontraram". Uma coisa diz Davi, outra supõe, e ambas certas. Diz que a misericórdia e a verdade se haviam de encontrar e unir, porque assim o manda Cristo; e supõe que a misericórdia e a verdade podiam andar desencontradas e desunidas, porque assim acontece muitas vezes. Nem tudo o que parece misericórdia é misericórdia e verdade. Há misericórdias, que são misericórdias e mentiras: parecem misericórdias e são respeitos, parecem misericórdias e são interesses, parecem misericórdias e são outros afetos tão contrários desta virtude, como de todas.

Quem ouvisse dizer a Judas: "Por que este desperdício? Podia vender-se por grande preço e dar-se o dinheiro aos pobres" (Mt 26,8). Para que é esperdiçar assim este unguento tão precioso? Melhor fora vendê-lo por muito dinheiro, e matar com ele a fome a muitos pobres. — Quem ouvisse isto a um apóstolo havia de dizer que era vontade de fazer bem, que era espírito de caridade, que era impulso e afeto de misericórdia. Mas o evangelista S. João, que lhe conhecia o ânimo, vede que diferentemente no-lo pintou e despintou: "Disse isso, não pelo cuidado que tivesse dos pobres, mas porque era ladrão, e tinha a bolsa" (Jo 12,6). Não dizia isto Judas porque tratasse dos pobres, senão porque tratava de si. As palavras pareciam de um apóstolo, mas os intentos eram de um ladrão. Era cobiça em hábito de piedade, era ladroíce com rebuço de misericórdia: "Porque era ladrão, e tinha a bolsa". Eu não quero aplicar; faça-o cada um consigo, se achar por onde. Vamos a outro exemplo de gente mais honrada e de matéria mais perigosa.

Saiu Abraão peregrino de sua pátria, fez assento em Egito com toda sua família, e não se tinham passado muitos dias depois que chegara quando já era um dos mais ricos e poderosos do lugar: tinha muitos campos, muitos gados, muitos escravos, liberalidades tudo do rei e moradores daquela terra. Quando isto li a primeira vez, comecei a murmurar de nossos tempos, e a dizer comigo: Esta sim que é caridade, esta sim que é misericórdia! Remediar com tanta presteza um homem peregrino, socorrer com tanta abundância uma família desterrada: não se faz assim entre nós com os retirados de Pernambuco. Li por diante, e tudo o que ouvistes nada era menos que aquilo que aparecia. Parecia piedade, eram respeitos, parecia misericórdia e eram interesses. Digamo-lo mais claro: parecia caridade, e era amor. Todas estas enchentes de bens corriam à casa de Abraão, não por amor de Abraão, senão por amor de Sara, e não porque era peregrina Sara, senão porque a formosura de Sara era peregrina: "Sei que és uma mulher formosa. E eles se houveram bem com Abraão, por amor dela" (Gn 12,11.16).

De sorte — como dizia — que nem tudo o que parece misericórdia é misericórdia e verdade, senão, muitas vezes, misericórdia e mentira. Em Judas o zelo dos pobres parecia misericórdia, e era cobiça; em Faraó o agasalho dos peregrinos parecia misericórdia, e era lascívia; e se estes defeitos se acham em misericórdias coroadas, ou com a coroa sacerdotal, como era a de Judas, ou com a coroa real, como a de Faraó, menos maravilha seria que se possam achar nas misericórdias de outros sujeitos, onde os da menor condição, e os da maior, todos são inferiores. Com ser porém assim, que em muitas ações e obras de misericórdia a misericórdia e a verdade andam desencontradas — de que pode ser, que nesta mesma casa, e dentro destas santas paredes, assim nas eleições dos ofícios como no exercício deles haja menos antigos e mais palpáveis exemplos — deixados eles à consideração e consciência do tribunal a quem toca, e vindo ao ato presente, como próprio deste dia, digo, senhores, que, entre todas as obras de misericórdia que, ou pública ou privadamente, professa o vosso instituto, esta é singularmente aquela em que a misericórdia e a verdade se acham juntas. Nas outras obras de misericórdia pode ir a misericórdia por um caminho e a verdade por outro; nesta não é assim. Por mais desencontradas, e mais longe que andassem uma da outra, aqui se encontram, aqui se abraçam, aqui se unem: "A misericórdia e a verdade se encontraram".

E para que conheça a Irmandade da Misericórdia quanto digo nisto que digo, ouçamos ao mesmo Davi, não já falando da misericórdia humana, mas da divina. O maior pregador da misericórdia, entre todos os profetas, foi Davi. E todas as vezes em que ele — como eu agora — se achava em algum grande auditório, o que pregava da misericórdia de Deus é que sempre andou junta com a verdade: "Não escondia a tua misericórdia e a tua verdade da grande congregação" (Sl 39,11). Como rei, que tanto devia à misericórdia divina, e como profeta, que também a conhecia, sempre a trazia na boca, mas sempre junta com a verdade. Se falava com Deus, misericórdia e verdade: "A misericórdia e a verdade precederão a tua face. Senhor, no céu está a tua misericórdia e a tua verdade até as nuvens" (Sl 35,6). Se falava de Deus, misericórdia e verdade: "Deus ama a misericórdia e a verdade. Todos os caminhos do Senhor são misericórdia e verdade" (Sl 24,10). Se nos exortava a louvar a Deus, misericórdia e verdade: "Louvai todas as gentes ao Senhor, porque sobre nós foi confirmada a sua misericórdia, e a verdade do Senhor permanece eternamente (Sl 116,1s). Não a nós, Senhor, não a nós, mas a teu nome dá glória (SL 114,1). Sobre a tua misericórdia e a tua verdade" (Sl 137,2). Mas por que insistia tanto Davi nos louvores de Deus, em ajuntar sempre a verdade com a misericórdia? Porque é tão grande prerrogativa, tão alta e tão divina a união da misericórdia com a verdade, que entre todos seus atributos, de nenhuma se preza nem gloria mais Deus que desta união. O mesmo Deus o revelou assim a Davi, e o mesmo Davi a nós: "Sobre a tua misericórdia e tua verdade, porque engrandeceste sobre tudo o teu santo nome" (Sl 137,2). Quis Deus magnificar e engrandecer o seu nome, quis tomar para si um nome que fosse sobre todo o nome, e o nome que elegeu entre todos seus atributos foi misericórdia e verdade. "A seu Filho deu Deus um nome sobre todo o nome" (Fl 2,9), e para si tomou também um nome sobre todo o nome: "Engrandeceste sobre tudo o teu santo nome". E assim como o nome de Cristo sobre todo o nome é Jesus: "Para que ao nome de Jesus se dobre todo o joelho" (Fl 2,10), assim o nome de Deus sobre todo o nome é "misericórdia e verdade". Não misericórdia e justiça, não misericórdia e sabedoria, não misericórdia e onipotência, não misericórdia e imensidade, senão misericórdia e verdade. E se a união da verdade com a misericórdia é tão sobre-excelente e tão sobredivina na misericórdia de Deus, vede que será e qual será na misericórdia humana! Pois isto é, senhores, o que eu digo desta ação da misericórdia que temos presente: "A misericórdia e a verdade se encontraram".

§ III

E se me perguntais o fundamento desta tão gloriosa e quase divina singularidade, respondo que por duas razões, ambas também presentes, uma geral, outra particular. A primeira e geral, porque é obra de misericórdia feita a homens mortos; a segunda e particular, porque é feita a mortos justiçados e tirados da forca.

Começando pela primeira: então se une a misericórdia com a verdade quando a obra de misericórdia é tão verdadeira e pura que não tem mistura de outro afeto que a vicie, nem liga de outro motivo ou respeito que a falsifique, e tais são as obras de misericórdia que se exercitam com os mortos. Quando Judas condenou a unção da Madalena, acudiu o divino Mestre a emendar a censura do mau discípulo, dizendo e ensinando a toda a sua escola que aquela obra fora boa: "Praticou uma boa ação" (Mt 26,10).

Em dizer o Senhor absolutamente que a obra fora boa, qualificou e definiu que era livre de todo e qualquer defeito que a pudesse viciar, porque "O bem é causado por uma causa total e o mal por uma deficiência particular"[2]. Agora pergunto: e por que foi absolutamente boa e pura aquela obra, e não só livre dos defeitos que lhe opunha a calúnia de Judas, senão de todo o defeito? Eu cuidava que nas mesmas palavras de Cristo estava a verdadeira razão. Não só disse o Senhor: "Praticou uma boa ação", mas acrescentou: "em mim". E como aquela obra fora feita em Cristo, a Cristo e por Cristo, parece que não havia mister outra coisa nem outra prova, para ser qualificada por boa, e puramente boa: "Boa ação". Assim o cuidava eu, e creio que o cuidaram todos, mas não foi esta a razão com que o Senhor provou a bondade e pureza da obra, senão outra muito mais secreta, que ninguém podia imaginar, verdadeiramente admirável e profundíssima. "Derramando este bálsamo sobre o meu corpo, fê-lo preparando-me para ser sepultado"

(Mt 26,12). Os unguentos preciosos e aromáticos naquele tempo usavam-se para ungir os mortos, e também os vivos. Os vivos por delícia, os mortos para a sepultura. Responde pois Cristo a Judas: vês este unguento que derramou a Madalena sobre mim, e de que tu tanto te escandalizas. Pois hás de saber que ela não me ungia por delícia, como vivo, senão para a sepultura, como morto. Quando o meu corpo estiver morto no sepulcro, há-me de querer ungir a Madalena, e não há de poder. E porque a sua devoção merece que eu não deixe de receber este último ofício de piedade, por isso, com moção e instinto divino me veio ungir antecipadamente, para prevenir em meu corpo esta cerimônia de defunto: "Ungiu antecipadamente o meu corpo" (Mc 14,8). De sorte — notai agora — que para Cristo haver por provado que aquela obra era absolutamente boa, e livre de todo o respeito e defeito humano, não bastou referir que era feita a ele, como todos estavam vendo, mas foi-lhe necessário revelar o mistério que só mesmo o Senhor e a Madalena entendiam, e declarar que o não ungiu como vivo, senão como morto: "Praticou uma boa ação, preparando-me para ser sepultado". Tanto vai nas obras de misericórdia serem feitas a mortos ou a vivos, ainda que o vivo seja o mesmo Cristo. Se fora obséquio feito a Cristo vivo, pudera arguir a especulação e suspeitar a malícia, ou murmurar e caluniar algum defeito aparente que, quando menos, o pusesse em dúvida; mas, como era obra de misericórdia exercitada com um corpo morto, e para lhe dar sepultura, irrefragavelmente ficou demonstrando que era verdadeira e pura misericórdia, ou, falando nos nossos termos, que era "misericórdia e verdade".

O fundamento sólido e claro desta filosofia é porque os motivos que podem viciar a pureza e falsificar a verdade das obras de misericórdia são outros respeitos humanos, e na dos mortos não há respeitos. Ponhamos o exemplo nos mais respeitados e nos mais respeitosos do mundo, que são os reis e os que andam mais chegados a eles. Morreu el-rei Herodes, aquele que logo em seu nascimento quis tirar a vida a Cristo e o obrigou a fugir ao Egito, e tanto que morreu, apareceu o anjo a S. José, e disse-lhe que seguramente podia tornar para as terras de Israel: porque "já eram mortos os que perseguiram o menino" (Mt 2,20). — Este porque do anjo parece que foi mais largo do que havia de ser. O evangelista diz que só "morrera Herodes". Pois, se o que morreu foi só Herodes, perseguidor de Cristo, como diz o anjo que morreram todos os que o perseguiam? Porque com a morte dos reis morrem todos os respeitos que os acompanham na vida. Herodes perseguia a Cristo por respeito da coroa; os demais perseguiam-no por respeito de Herodes, e como morreu Herodes também morreram com ele todos esses respeitos.

E diz o anjo angelicamente, não que morreram os respeitos, senão que morreram os respeitosos ou respectivos, isto é, os familiares de Herodes, para que se desenganem todos os mortais de quão pouco se devem fiar os mortos dos vivos. Em algumas nações na Índia, quando morrem os reis, matam-se juntamente com eles todos os seus criados e validos. Cá não se matam, mas também morrem. Morrem para eles, e vivem — como sempre viveram — só para si. E se isto sucede aos reis, que será ali dali abaixo? Desenganemo-nos pois, que para os mortos não há vivos. Todos morrem com quem morre: "Morto Herodes; pois já eram mortos". Atai as palavras do evangelista com as do anjo, e notai muito aquele "Pois". Morrem os vivos com os mortos, sem outro achaque nem porquê, senão porque eles morreram.

Não morreria muito tresvariado e fora de si quem nomeasse por seu testamenteiro um morto? Pois assim o fazem os que na morte encomendam os descargos de sua alma aos vivos. Até os que na vida morriam por vós, na morte morrem convosco. Vede-o nos filhos para com os pais, e nos irmãos para com os irmãos, e, o que é mais que tudo, nos amigos para com os amigos. O par maior de amigos que lemos nas Escrituras — que os outros são fabulosos — foram Jônatas e Davi. Morreu Jônatas, ficou Davi vivo, e tudo o que fez por ele foi tirar a fazenda a seu filho, e compor um soneto ou uma canção à sua morte: "Angustiado estou por ti, meu irmão Jônatas; quão amabilíssimo me eras! Mais maravilhoso me era o teu amor do que o amor das mulheres. Como uma mãe ama seu filho único, assim eu te amava" (2Rs 1,26). Reparai no "amava". Ele mesmo confessa e diz, não que ama, senão que amava, porque com a morte de Jônatas, morreu também o amor de Davi. Fiai-vos lá de amigos, e mais dos mais discretos! O que podeis esperar, quando muito, da memória ou do seu entendimento, é uma meia folha de papel com catorze versos; melhor fora uma bula dos defuntos.

Mas, tornando a Herodes e à declaração dos respeitos porque na sua morte morreram com ele todos os seus, é de saber que este Herodes, por sobrenome Ascalonita, foi o homem que por todas as artes e manhas soube melhor ganhar, sujeitar e unir a si os ânimos dos homens. Como era intruso na coroa, e reinou quarenta e dois anos, sempre com receio de que o privassem do reino, a uns granjeava com favores e mercês, como rei, a outros sujeitava com rigores e castigos, como tirano. E por este modo dominava de tal sorte a todos, que não havia no seu reino mais que uma só vontade, que era a sua. Bem se viu na entrada dos magos em Jerusalém, com voz de outro rei: "Turbou-se Herodes"; "E toda Jerusalém com ele" (Mt 2,3) e todos por ele, e com ele. E, assim como todos viviam com ele quando vivo, assim todos morreram com ele quando morto. Enquanto vivo, uns viviam com ele pelo benefício, outros pelo medo; tanto que morreu, morreram também todos com ele, porque nem uns tinham já que temer, nem outros que esperar. Esta é a maior miséria dos mortos: serem gente que não pode fazer bem nem mal. E porque com eles morrem e se acabam todos os respeitos e dependências por que se governam os afetos humanos, por isso, assim como neles aquela é a maior miséria, assim para com eles esta é a maior misericórdia. Misericórdia sem respeito, misericórdia sem dependência, misericórdia sem motivo algum que não seja pura misericórdia, e por isso, enfim, "misericórdia e verdade".

Não sou muito amigo de autoridades, porque raramente se podem ajustar com quem disser o que não está dito. Ouçamos, porém, a de Santo Ambrósio, que melhor e mais altamente que todos tocou este ponto. Naquele seu famoso livro, que intitulou *De Officiis*, falando da sepultura dos mortos, diz que entre todos os benefícios que pode fazer a piedade humana, este é o mais excelente: "Nenhum benefício é mais excelente do que este". Outros diriam que maior benefício e maior obra de misericórdia é sustentar os pobres e remir os cativos, porque a uns dá-se vida, e a outros liberdade. Contudo, este grande doutor da Igreja, e mestre de Santo Agostinho, diz que dar sepultura aos mortos, ainda da parte de quem recebe o benefício, é o mais excelente de todos e dá a razão: "Nenhum benefício é mais excelente do que este, feito a quem já não pode dar em troca": É — diz — o mais excelente de todos, porque é o benefício feito a quem o não pode pagar; eu acrescentara, nem dever. É fazer bem a quem vos não pode fazer bem; eu acrescentara: nem mal. É obra de que se não espera agradecimento; eu acrescentara: nem queixa. É, finalmente, compadecer-me eu e remediar a quem não padece de miséria, nem sente o benefício, que isto é ser morto. O bem que se faz aos vivos — como bem sabem os que o fazem e não ignoram os que o recebem — pode-o negociar o interesse, pode-o solicitar a dependência, pode-o violentar o respeito, e nada disto se pode esperar de uns ossos secos, nem temer de umas cinzas frias. Logo, a sepultura dos mortos é o maior ofício de piedade, como diz Ambrósio; logo a sepultura dos mortos é misericórdia e verdade, como nós dizemos, porque é misericórdia pura e limpa de toda outra atenção, e nua, como a verdade, de todo o respeito. Mas, concluamos com a Escritura, que é só a que diz tudo.

Considera Davi o estado dos mortos, e admirado de que também deles tenha providência Deus, exclama ou pergunta assim: "É possível que faças maravilhas pelos mortos?" (Sl 87,11). É possível, Senhor, que com os mortos, que já não têm ser, há de ser tão cuidadosa a vossa providência, que faça por eles maravilhas? — Não se poderá exagerar mais, nem encarecer melhor, quão grande coisa é fazer bem aos mortos e lembrar deles, pois um profeta que sabia e conhecia de Deus mais que todos, chega a chamar a esta obra milagre da Divina Bondade, e não só o venera com tanta admiração, mas quase parece que o duvida: "É possível que faças maravilhas pelos mortos?". Ora, saibamos em que topava esta admiração e dificuldade Davi, e que maior ou menor razão achava nos mortos que nos vivos, para ser mais maravilhosa neles a providência e bondade divina. O mesmo Davi se declarou respondendo a uma pergunta com outra pergunta, e amplificando "um porventura com outro porventura: Porventura alguém narrará no sepulcro a tua misericórdia, e a tua verdade na perdição?" (Sl 87,12). É possível que se hão de contar exemplos da vossa misericórdia na sepultura, e da vossa verdade na perdição? Se Davi fizera de encomenda este verso, não viera mais de molde ao que dizemos. Primeiramente chama à misericórdia verdade, e à sepultura perdição, e logo põe "a misericórdia na sepultura" e "a verdade na perdição", porque, em ser a sepultura perdição, consiste o ser a misericórdia verdade. Ora vede: lá disse com alta filosofia Sêneca que a verdade do bem fazer não consiste em dar o benefício e perdê-lo, senão em o perder e dá-lo: "Não é benefício não dar e perder, mas perder e dar". Dar o benefício e perdê-lo é caso que sucede muitas vezes, ou por imprudência de quem o dá, ou por impossibilidade, ou por avareza, ou por ingratidão de quem o recebe; e, neste caso, a boa obra não é benefício; é ignorância ou desgraça. Pois, quando é verdadeiro benefício a obra boa? Quando quem a faz sabe que a perde, e, contudo, a faz. E tais são os benefícios que se fazem aos mortos. Como os mortos não sentem, nem conhecem o benefício que se lhes faz, e ainda que o conheceram não o podem agradecer nem pagar, tudo o que se faz aos mortos, é como se perdera, e por isso a sepultura se chama perdição: "No sepulcro, na perdição". E, contudo, que sendo a sepultura perdição, haja contudo misericórdia tão alheia e tão limpa de todo o interesse, que não só dê sepultura aos mortos, mas sepultura tão nobre e tão honrada como a que temos presente, com tão longo e tão ilustre acompanhamento, com tanta pompa de luzes, com tanta majestade de insígnias, com tanto aparato e riqueza de túmulos, com tanto concerto e harmonia de cerimônias sagradas, de ministros, de sufrágios e de ofícios eclesiásticos, estas são as maravilhas da misericórdia, de que Davi parece que duvidava e se admira: "Porventura fazes maravilhas pelos mortos?". E esta é aquela pura misericórdia que, por não ter mistura alguma de outro afeto ou respeito, se chama em Deus e nos homens misericórdia e verdade: "A tua misericórdia no sepulcro, e a tua verdade na perdição. A misericórdia e a verdade se encontraram".

§ IV

Está dada a primeira e geral razão, mas não basta, porque tem sua réplica. Passemos à segunda e particular, que a não tem nem pode ter. Basta absolutamente ser a obra de misericórdia feita a mortos, por ser misericórdia e verdade, se verdadeiramente se faz aos mortos, como a mortos. Mas alguma vez, e muitas, não basta, porque muitas vezes são servidos e honrados os mortos, não por si, mas por respeito dos vivos. E isto não é misericórdia e verdade, senão hipocrisia e mentira sem misericórdia. Não vedes nas mortes e funerais, principalmente dos grandes, os concursos e assistência de todos os estados que se fazem àqueles perfumados cadáveres, de cujas almas por ventura se não tem tanto cuidado? Pois não cuideis que cuidamos que o fazeis por piedade dos mortos. Todos sabemos, tão bem como vós, que são puras cerimônias e lisonjas com que incensais os vivos.

Ia Cristo chegando às portas de Naim, quando vinha saindo a enterrar com grande pompa e acompanhamento de toda a cidade, um moço, filho único de uma mãe viúva, a qual também, com muitas lágrimas, seguia a tumba. Descreve o evangelista São Lucas este encontro por ocasião de um famoso milagre que o Senhor ali obrou, e diz desta maneira: "Saía a enterrar um moço, filho único de sua mãe, a qual era viúva, e ia grande multidão do povo com ela". — Não sei se reparais nos termos. Não diz o evangelista que os que acompanhavam o defunto iam com ele, senão "com ela": Parece que havia de dizer que o acompanhamento ia com o filho, e não com a mãe, porque o filho era o defunto, e a mãe viva; mas por isso mesmo disse que iam com ela e não com ele: "Com ela", porque ordinariamente o que parece que se faz aos defuntos, faz-se aos vivos. Se fora a defunta a mãe, o acompanhamento havia de ir com o filho; mas porque o defunto era o filho, o acompanhamento ia com a mãe. Por mais que sejam funerais os obséquios, aos vivos é que se fazem, e não aos mortos. Ouvis aqueles responsos de corpo presente, tão concertados e tão sentidos? Pois não se rezam aos defuntos: cantam-se aos vivos. Por isso os de Naim, no enterramento do filho da viúva, iam com ela, e não com ele. O filho era o defunto, e a mãe a acompanhada. Os da tumba levavam o morto, os do acompanhamento levava-os a viúva. Ele ia para a sepultura, e eles não iam com quem ia, iam com quem ficava.

Se isto é o que passa nas cidades pequenas, como a de Naim, que será nas grandes cortes, onde é tamanha a lisonja dos vivos como o esquecimento dos mortos? Ponhamo-nos na de Mênfis. Morreu Jacó, pai de José, no Egito, e depois morreu também José na mesma corte. Mas é digno de admiração e de pasmo o modo com que se portaram os egípcios em uma e outra morte. Na de Jacó, duraram os prantos e as exéquias setenta dias: "O povo o chorou durante setenta dias" (Gn 50,3). E porque logo se trasladou o seu corpo para a terra de Canaã, como tinha mandado, "acompanharam-no até lá todos os príncipes e grandes do paço do Faraó, e todos os magistrados e senhores do Egito, com grandes tropas de cavalaria e aparato de carroças" (Gn 50,7.9). Assim foram caminhando até fora das raias do Egito, e, depois que passaram o Jordão e chegaram ao lugar do sepulcro, renovaram outra vez as exéquias por espaço de sete dias, com tantas lágrimas e extraordinários prantos, que admirados os cananeus, puseram por nome àquele sítio: "O pranto do Egito" (Gn 50,10s). Tão sentida e tão majestosamente como isto celebraram os egípcios as exéquias de Jacó, pai de José. E quais vos parece agora que seriam as do mesmo José, quando depois morreu no mesmo Egito? De indústria referi todas as palavras com que a Escritura descreve as do pai, para que a mesma Escritura nos diga também as do filho. Ouvi com assombro o que diz: "Morreu José de idade de cento e dez anos, e, ungido, como era costume dos hebreus, o meteram em um lugar do tamanho do seu corpo no Egito" (Gn 50,25).

E não diz mais a História Sagrada, sendo estas as últimas palavras de toda a que escreveu Moisés. E que é das exéquias? Que é das lágrimas e prantos? Que é da solenidade do enterro? Que é dos aparatos fúnebres? Que é dos mausoléus e pirâmides egipcíacas? Que é do concurso da corte? Que é do acompanhamento e assistência dos tribunais, dos ministros e senhores grandes da casa de Faraó, de que José era o maior, o mais valido, o mais respeitado e adorado, e sobretudo, o mais benemérito? Nada disto diz Moisés, sendo sem dúvida que o havia de dizer, se houvera, assim como com tanta especialidade e miudeza descreveu as honras e exéquias de Jacó. Pois, se a Jacó, só por ser pai de José, sem outro merecimento ou serviço com que tivesse obrigado aos egípcios, lhe fazem na morte tão magníficas exéquias e tão esquisitas honras, e, o que é mais, acompanhadas de tantas lágrimas e prantos, como falta tudo isto na morte de José, na morte, outra vez, daquele mesmo José a quem os mesmos egípcios deram o nome de Redentor do mundo, porque ao rei tinha remido e conservado o reino, e aos vassalos primeiro tinha dado a vida, depois a fazenda, e ultimamente a liberdade? Aqui vereis quanto vai de mortos a mortos, quando concorre ou falta o respeito dos vivos. Quando morreu Jacó era vivo José, e porque era vivo o filho, e tal filho, fizeram tantas honras ao pai. Pelo contrário, quando morreu José, não deixou vivo depois de si a quem os egípcios respeitassem, ou de quem dependessem, e como não havia vivos para os obséquios, não houve exéquias para o defunto. Só se podiam desculpar os egípcios com José, dizendo que lhe faltaram com as lágrimas na morte, porque já lhas tinham dado em vida. E assim foi. Nas exéquias de Jacó, o chorado não era o pai, era o filho, porque não choravam os egípcios pelo morto: choravam para o vivo. Saíam as lágrimas dos seus olhos para que as vissem os de José, e não as exprimia a dor ou a saudade, senão a dependência e lisonja, como lágrimas de figuras pintadas, que, assim como se riem sem alegria, também choram sem tristeza.

De todo este discurso tão provado com a Escritura e tão confirmado com a experiência, se conclui, sem controvérsia nem réplica, que este ato de misericórdia que temos presente é ato puramente de misericórdia e de verdade, porque é misericórdia exercitada com mortos, em quem não cabe dependência nem lisonja de vivos. Que vivo há que queira ser pai ou filho de um enforcado? É tão feio, tão infame e tão abominável o suplício da forca, que de todos estes respeitos priva e despoja aos miseráveis que nela acabam.

O que hoje é a forca, era antigamente a cruz — como foi até o tempo do imperador Constantino — e falando dela São Paulo, diz: "Todo o homem que acaba a vida pendurado de um pau é maldito" (Gl 3,13). — Alude o Apóstolo ao capítulo vinte e um do Deuteronômio, onde a lei divina pronuncia a mesma maldição com palavras ainda de maior horror: "O homem que morre em um pau, não só é maldito, senão maldito de Deus" (Dt 21,23). — Sentença verdadeiramente horrenda, e que só se pode entender por encarecimento da infâmia e abominação de tal gênero de morte. Eram condenados a este suplício não todos os delitos, senão os mais graves e atrozes, como o latrocínio, o homicídio, a rebelião, a blasfêmia, e não diz a lei que são malditos de Deus os ladrões, os homicidas, os sediciosos, os blasfemos, senão os que morrem pendurados de um pau: "Amaldiçoado por Deus é aquele que pende do madeiro". Como se fora mais abominável a pena que a culpa, e mais mofinos e malditos os justiçados pela infâmia do suplício, que pela atrocidade dos crimes. E como esta infâmia e maldição corre pelas veias, e se difunde e estende aos parentes, qual haverá que a queira herdar, ou ter parte nela? Esta é a razão por que os vivos destes mortos não podem ser adulados nem lisonjeados neles; envergonhados e afrontados, sim. Antes, a maior honra e graça que se pode usar com os tais, é dissimular-lhes o sangue e encobrir-lhes o parentesco. Por isso consideram alguns que, estando Cristo na cruz, nem à Mãe chamou Mãe, nem ao primo primo, naquelas duas verbas do seu testamento, calando os nomes do parentesco, por lhe não publicar a afronta.

Mas quem mais altamente ponderou a verdade desta razão foi o profeta Isaías. Aquele texto: "Quem narrará a sua geração?"

(Is 53,8), a que se tem dado tantos sentidos literais, se bem se atar — como deve — com a relação do que fica atrás e vai adiante, quer dizer: Quem tomará na boca sua geração, ou quem se prezará e jactará de ser da geração de Cristo? E por quê? "Porque foi tirado da terra dos viventes", porque foi morto violentamente. — Pois por ser morto violentamente se haviam afrontar de sua geração? Morto violentamente foi el-rei Josias, morto violentamente Abner, mortos violentamente os famosos Macabeus, Judas e Eleazaro, e nem por isso se desprezava ninguém de ser de sua geração, antes se honravam muito. Como diz logo Isaías que se haviam de afrontar os homens de ser da geração de Cristo, por ser morto violentamente? Não diz isto Isaías pela morte nem pela violência, senão pelo gênero e ignomínia dela, como já tinha declarado nas palavras antecedentes, isto é, porque havia de morrer violentamente em uma cruz, que era o mesmo que em uma forca; e parente, e da geração de um enforcado, ninguém há que o queira ser. As palavras em que o declarou o profeta são aquelas: "Nós o vimos e não tinha aparência e o seu rosto se achava como encoberto" (Is 53,2s), como aguda e eruditamente notou aquele grande expositor, a quem Espanha tem dado modernamente o título de Beda, o Venerável Padre Gaspar Sanches[3]. Assim como cá aos nossos enforcados lhes cobrem o rosto quando os hão de lançar da forca, assim antigamente cobriam o rosto aos crucificados, não quando os pregavam na cruz, senão quando os condenavam a ela. Quando el-rei Assuero mandou crucificar a seu valido Amã, diz o texto, que logo lhe cobriram o rosto: "Ainda não havia saído da boca do rei uma palavra, quando logo lhe cobriram a face" (Est 7,8). E quando Caifás, e os do seu conselho condenaram a Cristo, logo também lhe cobriram o rosto: "Condenaram-no réu de morte, e começaram alguns a cuspir nele e a cobrir-lhe o rosto" (Mc 14,64). E isto é o que declarou Isaías, profetizando o gênero da morte de Cristo, quando disse que o viram com o rosto coberto e escondido: "Nós o vimos e não tinha aparência e o seu rosto se achava como encoberto". E porque tinha já dito que o gênero de morte havia de ser tão ignominioso e afrontoso, como era o da forca daquele tempo, por isso acrescentou que ninguém havia de querer ser da sua geração, e não por outra causa, senão pela morte com que havia de ser tirado deste mundo: "Quem narrará a sua geração porque foi tirado da terra dos viventes".

Assim o disse Isaías, e assim o mostrou a experiência nos que eram do sangue e geração do mesmo Cristo, como notou São Paulo: "Pregamos Cristo crucificado, escândalo para os judeus, loucura para os gentios" (1Cor 1,23). Eu prego a Cristo crucificado, assim aos judeus como aos gentios; mas, como lhes digo que foi crucificado, os judeus escandalizam-se, os gentios zombam. — Deixemos aos gentios, vamos aos judeus. Cristo era "da tribo de Judá": Era "filho de Davi e de Abraão". E estes mesmos pais e avós são aqueles de quem tanto se prezavam os judeus: "Nós somos descendentes de Abraão" (Jo 8,33.39). Sobretudo, Cristo era Filho de Deus, como ele provou aos mesmos judeus com as palavras do salmo: "Disse o Senhor ao meu Senhor: Senta-te à minha mão direita" (Sl 109,1), a que eles não tiveram que responder. Pois, se por todos os lados lhe estava tão bem aos judeus serem parentes de Cristo, por que o não querem, por que se afrontam dele? Em que reparam os seus brios, em que tropeça a sua honra, que isto quer dizer "Escândalo"? Todo o escândalo em que tropeçavam era a cruz; todo o reparo e toda a repugnância era haver sido Cristo crucificado: "Cristo crucificado, escândalo para os judeus". De sorte que, posta de uma parte a honra da divindade, e da outra a afronta da cruz, afrontavam-se do parentesco de Deus, só por não ser parentes de um crucificado. E como os vivos fogem e abominam tanto o ser parentes dos que tão afrontosamente morreram, por isso a obra de misericórdia que se exercita com estes mortos é livre de toda a consideração e respeito dos vivos, e como tal, sem controvérsia, misericórdia e verdade: "A misericórdia e a verdade se encontraram".

O mesmo Davi, que nos deu o fundamento de tudo o que temos dito, nos dará também a última cláusula e prova, pois não pode haver melhor intérprete do texto que o mesmo autor dele. Morreu el-rei Saul na fatal batalha dos Montes Gelboé, e morreram juntamente três filhos seus, o príncipe, e dois infantes. Ao outro dia vieram os filisteus a recolher os despojos e, reconhecendo entre os mortos os corpos dos quatro príncipes, insolentes com a vitória, os enforcaram barbaramente, e os deixaram pendurados das ameias, nos muros da cidade de Betsã. Assim não valem púrpuras nem coroas contra os castigos que vêm sentenciados pelo céu, e não há desgraça nem miséria tão indigna a que não estejam sujeitos os que nasceram homens, por mais que os tenha levantado a fortuna sobre toda a igualdade da natureza. Desta maneira estiveram expostos aos olhos do mundo aquelas quatro grandes figuras desta grande tragédia, até que movidos à piedade, os moradores de Jabes Galaad, ajudados do silêncio da noite, os desceram daquele infame lugar e lhes deram sepultura. O que agora faz ao nosso ponto é que, agradecendo Davi aos de Jabes esta obra de misericórdia, o fez com estas palavras: "Sois benditos do Senhor, vós que fizestes misericórdia com o vosso senhor Saul, e o sepultastes. Agora o Senhor vos retribuirá misericórdia e verdade" (2Rs 2,5s). Muito vos louvo e agradeço, diz Davi, a obra de misericórdia que usastes com Saul, vosso antigo Senhor, com lhe dardes sepultura, e também vos prometo que Deus vos pagará esta misericórdia e verdade.

No primeiro lugar chamou a esta obra misericórdia, e no segundo, chamou-lhe misericórdia e verdade. E por quê? Porque enterrar os defuntos é absolutamente obra de misericórdia, mas enterrar defuntos enforcados, como estes eram, e sem outro respeito nem dependência de vivos, porque também estes se tinham acabado com Saul, não só é misericórdia de qualquer modo, mas misericórdia e verdade: "Agora o Senhor vos retribuirá misericórdia e verdade". El-rei Saul, ainda que deixou alguns filhos, assim ele como eles estavam já deserdados por Deus, e ungido para a coroa Davi, como era público em todo Israel; e que, não havendo vivos a quem respeitar nem adular, tivessem aqueles mortos e enforcados quem, tirados do lugar infame, lhes desse honrada sepultura, não só foi ato de misericórdia, mas de misericórdia e verdade, e de misericórdia e verdade canonizada pelo mesmo Espírito e pelo mesmo autor do nosso texto: "O Senhor vos retribuirá misericórdia e verdade: a misericórdia e a verdade se encontraram".

E para que acabemos um ato de misericórdia tão desinteressada com o maior interesse que pode esperar a misericórdia, saiba toda esta santa Comunidade que neste mesmo desinteresse seu consiste o maior interesse. Não o terão com os homens, porque estes mortos não têm vivos, mas tê-lo-ão com aquele Senhor que sempre vive, e nenhumas obras mais estima e premia que as que os vivos exercitam com os mortos. Deus sempre premia misericórdia com misericórdia, que é uma das maiores excelências desta virtude: "Bem-aventurados os misericordiosos, porque eles alcançarão misericórdia" (Mt 5,7). Mas assim como esta obra tem de mais ser misericórdia e verdade, assim a premia também Deus com misericórdia e verdade: "E agora o Senhor vos retribuirá misericórdia e verdade".

Muitas obras de misericórdia premia Deus muitas vezes com misericórdia que não é misericórdia e verdade. A misericórdia que os esmoleres exercitam com os pobres, muitas vezes a premia Deus com acrescentar a fazenda que com eles se reparte: "O que se compadece do pobre empresta ao Senhor" (Pr 19,17). A misericórdia, que os filhos exercitam com os pais, promete-lhe Deus em prêmio a larga vida: "Para teres uma vida longa sobre a terra" (Ex 20,12). A misericórdia que os capitães exercitam com os inimigos também lhe remunera Deus com vitórias e despojos: "Se paguei com mal aos que retribuíram caia com razão sem vida sob os meus inimigos" (Sl 7,5). Mas todas estas misericórdias com que Deus muitas vezes paga a misericórdia, não são misericórdia e verdade, porque a fazenda, a vida, as vitórias, e todas as felicidades do mundo são tão falsas e vãs como o mesmo mundo, com o qual todas acabam. Qual é logo a misericórdia e verdade com que Deus paga nesta vida? A misericórdia e verdade de que fala Davi quando diz: "E agora o Senhor vos retribuirá misericórdia e verdade", é só a graça de Deus. Por isso Cristo se chama "cheio de graça e de verdade" (Jo 1,14), porque nesta vida só a graça de Deus é verdade, e tudo o que não é graça de Deus é vaidade e mentira: mentira e vaidade as riquezas; mentira e vaidade as honras; mentira e vaidade as que tão falsamente se chamam delícias; enfim, tudo o que este mundo preza, ama e busca, mentira e vaidade: "Por que amais a vaidade e buscais a mentira?" (Sl 4,3). Oh! se bem acabássemos hoje de entender esta verdade, que grande misericórdia de Deus seria! E como nesta vida só a graça de Deus é verdade, esta é também a verdade e misericórdia, com que Deus paga nesta vida a misericórdia que juntamente é verdade. Isso quer dizer: Agora, e nesta vida, "o Senhor vos retribuirá misericórdia e verdade".

Mas porque Deus nos não fez só para vivermos neste mundo que acaba, senão também no outro, que há de durar para sempre, sabei por última conclusão que assim como Deus paga a misericórdia e verdade nesta vida com a verdade desta vida, assim a há de pagar também na outra vida, com a verdade da outra. E qual é a verdade da outra vida? É a glória que responde à graça. Neste mundo, que é a terra da mentira, a única verdade é a graça; no outro mundo, que é a terra da verdade, toda a verdade é a glória. E assim como Deus nesta vida paga a misericórdia e verdade com a graça, que é a verdade desta vida, assim na outra vida a há de pagar igualmente com a glória, que é a verdade da outra. Assim o tem prometido o mesmo Deus, e não por outra boca, senão pela do mesmo Davi, que nos ensinou e exortou a ajuntar a misericórdia e verdade: "Deus ama a misericórdia e a verdade, o Senhor dará graça e glória": Porque Deus ama a misericórdia e verdade; a todos os que ajuntarem a misericórdia com a verdade dará Deus nesta vida a graça, e na outra a glória.

SERMÃO DA

Primeira Dominga do Advento

Pregado na Capela Real, ano de 1652.

∽

"Em verdade vos afirmo, que esta geração não passará
enquanto não se cumprirem todas estas coisas."
(Lc 21,32)

Antes de partir para o Maranhão, em 1652, os sermões de Vieira revelam sentimentos vários pelos anos passados na corte, de 1641 a 1652. A primeira dominga do Advento reinicia o ano litúrgico. Vieira se propõe tratar não do início do ano mas do juízo universal no fim dos tempos. Baseado nas Escrituras, descreve inicialmente aquele grande e temeroso dia com todas as notas bíblicas. E deixa em aberto duas perguntas que serão o tema do sermão: Quando há de ser o dia do Juízo? E quais de nós se hão de ver à mão direita e quais à esquerda? Quanto ao fim, várias são as opiniões, mas quanto ao dia, não nos enganemos, é hoje, foi ontem e há de ser amanhã. Por isso, muito mais temeroso é o juízo particular, no momento da morte, do que o juízo universal no fim dos tempos. O juízo particular é juízo sem aviso, sem sinal. Creiamos o que vemos e experimentemos cada hora.

§ I

Muitas coisas sabemos deste grande dia, todas grandes e temerosas, e duas só ignoramos. Sabemos que antes do dia do Juízo, o sol, que soía fazer o dia, se há de escurecer e esconder totalmente com o mais horrendo e assombroso eclipse que nunca viram os mortais. Sabemos que a lua, não por interposição da Terra, mas contra toda a ordem da natureza, se há de mostrar entre as trevas medonhamente desfigurada e toda coberta de sangue. Sabemos que as estrelas do firmamento, desencaixadas dos orbes celestes, hão de cair, e como no mundo inferior não tem onde caber, lá hão de estalar a pedaços com horrível estrondo e exalar-se em vapores ardentes. Sabemos que o mar há de sair furiosamente de si e atroar os ouvidos atônitos com pavorosos roncos, e, levantando ondas imensas até as nuvens, já não há de bater como dantes as praias, mas sorver inteiras as ilhas e afogar os montes. Sabemos que depois destes tristíssimos sinais (a que o Evangelho chama princípios das dores) entre trovões, relâmpagos e raios há de chover um dilúvio de fogo, com que se há de acender o ar, secar o mar e abrasar a terra, e que, nesta universal confusão de fumo e labaredas, há de arder e consumir-se em todos os três elementos tudo o que até então respirava e vivia neles. Sabemos que assim hão de acabar todos os homens, e que assim há de acabar com eles tudo o que a sua ambição e vaidade fabricou em tantas vidas e séculos, e que este há de ser, enfim, o fim do nosso mundo, lastimoso, mas não lastimável, porque já não haverá quem se lastime dele.

Neste vastíssimo deserto, e neste profundíssimo silêncio de tudo o que foi, sabemos que se ouvirá em um e outro hemisfério o som de uma trombeta, a cuja voz portentosa se levantarão daquele sepulcro universal todos os mortos e vivos, mas não sairão na mesma, senão em muito diversas figuras, porque cada um trará no semblante o retrato de sua própria fortuna. Tornado a povoar assim o mundo com todos os que hoje são, com todos os que foram e com todos os que hão de ser, sabemos que de repente se há de abrir no céu uma grande porta, e que a primeira coisa que todos verão sair por ela, cercada de resplendores bastantes a escurecer o sol (se ainda houvera sol) será a mesma sagrada Cruz em que o Redentor do mundo padeceu, reservada só ela do incêndio e reunida de todas as partes da Cristandade onde esteve dividida e adorada. Sabemos que a esta celestial bandeira seguirão, repartidos em nove numerosíssimos exércitos, todas as Hierarquias dos anjos, e que sinaladamente se divisarão entre eles os que tiveram por ofício guardar os homens, uns com rosto alegre, outros severo, segundo o feliz ou infeliz estado daqueles a quem guardaram. Sabemos que por fim deste infinito e pomposíssimo acompanhamento, aparecerá em trono majestoso de luzidíssimas nuvens o supremo e universal Juiz, Cristo Jesus, a cuja vista se abaterão, prostrados com profundíssimo acatamento, toda a multidão imensa do gênero humano ressuscitado, adorando agora com bem diferentes afetos, uns a majestade que creram e serviram, outros a que não quiseram crer, outros a que não quiseram servir.

Parado em proporcionada distância o tremendo consistório, e assentados de um e outro lado, como assessores, os doze apóstolos, sabemos que sairão dele, como ministros inferiores de justiça, muitos anjos em forma visível, os quais, entrando por aquela imensidade de homens (já despidos e desenganados todos dos falsos respeitos que se lhes guardavam na vida) sem confusão nem resistência, os apartarão uns dos outros, e os bons e ditosos serão colocados à mão direita, e os maus e mal-aventurados postos à esquerda. De uma parte estará a esperança alentando e da outra o receio tremendo; e no meio desta suspensão e terror (de que até os mesmos anjos se não darão por seguros) sabemos que, em um momento, se abrirão os processos, e ficarão manifestas e patentes as vidas de todos, sem haver obra, palavra, omissão nem pensamento, por mais secreto e oculto, que ali não seja público, vendo todos as consciências de todos, todos a de cada um e cada um a sua. Sabemos que, convencidos desta evidência, ninguém haverá que replique, ninguém que embargue, ninguém que apele, nem para a Mãe de misericórdia, nem para a misericórdia do Filho e suas chagas, porque, havendo-se dado à mesma misericórdia tantos anos, aquele dia tantas vezes pregado e não temido será todo da justiça. Sabemos finalmente que, pronunciada a sentença por aquela mesma sacratíssima boca que tantas vezes nos exortou à penitência dos pecados, que tanto tempo nos esperou pela emenda e nos esteve rogando com o perdão, sabemos, digo, que os da mão direita, com o mesmo e maior aparato (por que já as almas bem-aventuradas irão revestidas de seus corpos gloriosos) marcharão em triunfo para o céu, dando-se mil parabéns e vivas, e os miseráveis condenados, lançando sobre si infinitas maldições, e vendo sem remédio o que por sua culpa perderam, abrindo-se de repente a terra, cairão precipitados no inferno e, tornando-se outra vez a cerrar, ficarão sepultados e ardendo nele para enquanto Deus for Deus.

Estas são as grandes coisas que sabemos se hão de ver naquele grande e temeroso dia, todas certas e infalíveis, porque todas, sem afetação nem hipérbole, são tiradas das Sagradas Escrituras, no sentido natural, próprio e literal delas. Mas entre estas coisas tão sabidas e tão pregadas neste dia, há outras duas, como dizia ao princípio, as quais só ignoramos e não sabemos. E que duas coisas ignoradas são estas? São também grandes? São também temerosas? São também importantes e de que dependa a felicidade ou infelicidade eterna, a salvação ou condenação dos que vivemos? Agora o vereis. A primeira coisa que ignoramos é quando há de ser o dia do Juízo; a segunda, quais de nós são os que se hão de ver à mão direita e quais à esquerda. Estas duas coisas tão ignoradas, quero que leveis hoje sabidas, e elas serão os dois pontos do meu discurso. No primeiro vos direi de certo quando há de ser o dia do Juízo; no segundo, também de certo, quais se hão de ver à mão direita e quais à esquerda naquele dia. A matéria e tão grande e tão importante, que por si mesma se recomenda, e não é necessário pedir atenção; graça sim a Deus, e muita graça, para que nossas almas se deixem penetrar destes dois raios de luz, e tirem deles um último desengano, de que tanto necessita a nossa cegueira.

§ II

"Em verdade vos afirmo, que esta geração não passará enquanto não se cumprirem todas estas coisas."

A questão do dia do Juízo e fim do mundo pode-se excitar de dois modos e em dois sentidos: ou mais largamente, quanto aos anos, ou mais estreita e determinadamente, quanto ao dia. Quanto aos anos, há várias e mui diversas opiniões. Alguns têm para si que se há de acabar o mundo no ano da conjunção maior, ou perfeitamente máxima, isto é, quando os orbes celestes, depois de acabarem inteiramente seu curso, tornarem outra vez a ficar no mesmo posto, composição e assento em que foram criados. O fundamento é porque não parece conveniente nem conforme à providência do autor da natureza que fabricasse esta grande máquina com tantos, tão diversos e tão concertados movimentos, para ficar parada no meio da carreira, e não dar sequer uma volta ou passeio inteiro, em que se visse e lograsse a consonância e simetria de sua admirável arquitetura, sendo certo que toda foi criada para louvor e glória do supremo Artífice. E, segundo esta sentença e seus autores, ainda restam de vida ou duração do mundo mais de nove mil anos.

A segunda opinião prova, ou quer provar, que o curso do mundo, desde o dia de sua criação até o do Juízo, há de ser de oito mil anos completos. Funda-se naquele lugar do Profeta Habacuc, em que diz que Deus se havia de manifestar aos homens no meio dos anos: "No meio dos anos tornas manifesto" (Hab 3,2). E constando, segundo a mais verdadeira e exata cronologia, que o mistério da Encarnação do Verbo, em que Deus se manifestou aos homens, foi quatro mil anos depois da criação, segue-se que do ano do nascimento de Cristo a outros quatro mil há de ser o fim do mundo. E, segundo esta opinião, ainda o mundo há de durar dois mil e trezentos e cinquenta anos, tempo em que será já tão outro, que de tudo quanto hoje há nele apenas se conserve algum vestígio, gastados, como vemos, em menor antiguidade os mármores, e consumidos os bronzes.

A terceira e comuníssima sentença é que, assim como o mundo foi criado em seis dias, há de durar somente seis mil anos, conforme aquela regra de que mil anos para Deus são um dia: "Mil anos, aos teus olhos, são como um dia" (Sl 89,4). E, assim como ao sexto dia da criação se seguiu o sétimo, em que diz a Escritura que descansou Deus de tudo o que tinha obrado, e depois deste dia não se conta outro, assim, ao sexto milenário da duração do mundo se há de seguir o sétimo, sem fim, no descanso da eternidade. Este modo de dizer se tem comumente por tradição antiquíssima, continuada desde o princípio do mesmo mundo. E verdadeiramente assim o demonstra a conspiração com que vemos concordes no mesmo parecer os mais doutos homens dos gentios, dos hebreus, dos gregos, dos latinos. Dos gentios, Hidaspes, Mercúrio, Trismegisto, e as Sibilas; dos hebreus, Rabi Isac, Rabi Elias e Rabi Moisés Gerundense; dos gregos, S. Hipólito, S. Justino, S. Irineu, S. Cirilo, S. Crisóstomo; dos latinos, Tertuliano, Lactâncio, S. Jerônimo, S. Agostinho, S. Hilário. Acrescenta-se ao peso de tanta autoridade ser conforme este número à distribuição natural da Providência divina, pois sabemos que a lei da natureza durou dois mil anos, a escrita outros dois mil, e parece que, segundo a proporção e correspondência das mesmas leis, deve durar a da graça outro tanto tempo. Por estes e outros fundamentos, muitos e graves autores modernos, como Belarmino, Genebrardo, Fevardêncio, Pico Mirandulano, Bongo, Cornélio e outros, têm esta sentença por mui provável, e como tal a seguem. Na suposição dela, e de que o mundo não há de durar mais que seis mil anos, desde o ano presente, em que estamos, até o último, não lhe restam de duração mais que trezentos e cinquenta. E daqui podem inferir os que hoje edificam tão magnificamente em todas as cortes, Roma, Paris, e na nossa Lisboa, que tudo isto que fazem, e em que tanto se cansam, é em ir ajuntando lenha para o fogo do dia do Juízo.

O Cardeal Cusano, grande filósofo e teólogo, em um tratado particular que compôs desta matéria, ainda estreita muito mais este prazo[1]. Toma por fundamento aquela profecia de S. Paulo, em que diz que a Igreja há de crescer segundo a medida da idade de Cristo: "Segundo a medida da idade da plenitude de Cristo" (Ef 4,13). E, dando a cada ano da idade de Cristo um ano da remissão ou redenção, que na Lei Velha se chamava Ano Jubileu e vinha de cinquenta em cinquenta anos, vem a concluir, por boa aritmética, que o fim do mundo há de ser o ano de mil e setecentos, daqui a quarenta e nove. Segundo esta conta, muitos dos que hoje são vivos se podem achar presentes a toda a tragédia do dia do Juízo, e ver os horrendos sinais que o hão de preceder. Oh! se houvesse alguns que se persuadissem disto! Que pouco cuidado lhes dariam outros futuros, que tão pouco importam, e que pouco se cansariam a si e aos príncipes em requerer comendas e rendas para muitas vidas.

Mas, passando do ano ao dia, ainda o desengano é mais breve e mais certo, e mais para persuadir o desprezo de tudo. Cristo, Senhor nosso, disse a seus discípulos que o segredo daquele dia é reservado só ao Pai, e que nem os anjos do céu o sabem, nem ele o sabia em foro que o pudesse revelar: "Ninguém sabe a respeito daquele dia e daquela hora, nem os anjos no céu, nem o Filho, a não ser o Pai" (Mt 24,36). Contudo, eu me não arrependo, nem me desdigo do que prometi. Prometi de vos dizer com certeza quando há de ser o dia do Juízo. E quando cuidais que há de ser? Não vos quero ter suspensos. É hoje, foi ontem, há de ser amanhã, e não amanhece nem anoitece dia que não seja certamente o dia do Juízo. Que coisa é o dia do Juízo? É um dia em que se há de acabar o mundo é um dia em que Cristo nos há de vir julgar, é um dia em que havemos de dar conta de toda a nossa vida, e em que os bons hão de ir para o céu e os maus para o inferno. Não é esta a essência e substância do dia do Juízo? Sim. Pois isto é o que se faz hoje, o que se fez ontem, o que se há de fazer amanhã e todos os dias. Acaba-se o mundo todos os dias, porque para quem morreu acabou-se o mundo. Vem Cristo a julgar todos os dias, porque no ponto em que cada um expira, logo o vem julgar, e julga, não outrem, senão o mesmo Cristo. Toma-se conta, e estreitíssima conta de toda a vida, todos os dias, porque no dia da morte, e no mesmo instante dela, se toma e se dá esta conta. Finalmente, vão os bons para o céu e os maus para o inferno todos os dias, porque todos os dias os que morrem, ou são absoltos e vão para o céu, ou condenados, e vão para o inferno. Vamos agora ao Evangelho, e vejamos como este mesmo Juízo, e na mesma forma em que o tenho declarado, é o que hoje nos prega Cristo.

§ III

Tinha Cristo, Senhor nosso, pregado o mesmo Evangelho que ouvistes, tinha anunciado a seus discípulos os sinais tremendos que hão de preceder ao Juízo, e o poder e majestade com que o mesmo Senhor há de vir em pessoa a julgar o mundo, e conclui com as palavras que tomei por tema: "De verdade vos prometo e afirmo que não há de passar a presente geração, sem que tudo o que vos tenha dito se cumpra". — Este é um dos dificultosos lugares de toda a história evangélica. Uma geração, em frase da Escritura, quer dizer uma idade ou um século, porque o mais que chega a durar a vida humana são cem anos. Neste sentido, diz o Eclesiastes pelas mesmas palavras do nosso texto: "Uma geração passa, e outra geração lhe sucede" (Ecl 1,4) e Davi em muitos lugares:

"De geração em geração"; e o mesmo Deus, com maior distinção e declaração, revelando o tempo do cativeiro do Egito: "Será afligida por quatrocentos anos, mas na quarta geração tornarão a vir aqui" (Gn 15,13.16). Donde consta com evidência que uma geração é um século, ou cem anos, pois quatrocentos anos são quatro gerações. Isto suposto, vem a dizer Cristo, por conclusão do que acabava de ensinar e revelar acerca do dia do Juízo, que tudo se havia de cumprir naquele mesmo século, e dentro daqueles cem anos. Aqui está a dificuldade. Daquele tempo para cá tem passado mais de mil e seiscentos anos, e já temos contado dezesseis séculos, e estamos no século dezessete, e o dia do Juízo ainda não chegou. Além desta demonstração, segundo as opiniões que acima referimos, o mundo provavelmente ainda há de durar, ou muitos ou alguns séculos antes do dia do Juízo, pois, como diz o Senhor, e com tão particular asseveração, que tudo se havia de cumprir dentro do mesmo século que então corria, e que se não havia de acabar aquele século sem que viesse o dia do Juízo: "Esta geração não passará enquanto não se cumprirem todas essas coisas". Assim o disse e afirmou a verdade eterna, e assim se cumpriu naquele século; e cumprirá nos seguintes, porque nenhum homem houve naquele século que dentro do mesmo século não tivesse o seu dia do Juízo. Como as vidas e as idades geralmente não passam de cem anos, nenhum homem há que não acabe a vida dentro do mesmo século a que pertence, e nenhum há que não seja julgado no tribunal de Cristo e tenha o seu dia do Juízo no mesmo século. Os que morrem hoje têm o seu dia do Juízo hoje; os que morreram ontem, tiveram o seu dia do Juízo ontem; os que morrerem amanhã, e daqui a vinte anos, amanhã e daqui a vinte anos terão o seu dia do Juízo, mas sempre dentro do mesmo século e da mesma idade ou geração: "Esta geração não passará enquanto não se cumprirem todas essas coisas".

Bem sei que os doutos terão esta exposição por nova, e bem sabem eles também quão duras e dificultosas são as que até agora se têm dado. Eu a tenho por adequada, genuína e literal, mas não por minha, senão do mesmo Cristo, porque, como consta do evangelista S. Mateus, neste mesmo discurso aplicou o Senhor ao dia da morte tudo o que tinha dito do Juízo, exortando aos mesmos com quem falava, que se aparelhassem para ela (Mt 24,44). Aqueles com quem o Divino Mestre falava quando disse: "Em verdade vos afirmo" (Mt 24,31) eram os apóstolos, os quais todos haviam de morrer, e morreram, naquele século, e por isso mui acomodadamente a eles lhes disse o Senhor que dentro do mesmo século se havia de cumprir tudo: "Esta geração não passará enquanto não se cumprirem todas essas coisas".

Não faltará, porém, quem replique, e parece que com bom fundamento. Cristo, Senhor nosso, tinha dito que, antes do Juízo, havia de haver "sinais no sol, na lua e nas estrelas". Tinha dito que havia de vir a julgar em trono de majestade, e que assim o haviam de ver: "Então virá o Filho do homem com grande poder e majestade". E naquele século, nem nos seguintes, não se viu coisa alguma disto: logo, não se verifica que naquele século se havia de cumprir tudo. "Esta geração não passará enquanto não se cumprirem todas essas coisas". Aqui vereis qual é o tudo do dia do Juízo, e que é o que Cristo chama tudo. O tudo do dia do Juízo é a conta da vida que o mesmo Cristo há de tomar; é a sentença que há de dar, segundo os merecimentos dela; é o céu ou inferno para sempre, a que cada um há de ser julgado; o demais são acidentes e aparatos do Juízo universal, e não a substância do mesmo Juízo, a qual se não distingue dos juízos particulares. Desta substância e deste tudo do Juízo Universal é que falou o Senhor na sua conclusão, e porque esta substância e este tudo se não distingue dos juízos particulares que se fazem na morte, por isso disse que tudo se havia de cumprir dentro daquele século, como verdadeiramente se cumpriu. E se quisermos reparar na propriedade das palavras: "Enquanto não se cumprirem todas essas coisas", ainda acharemos nelas mais particular energia, porque no dia do Juízo final não se há de fazer coisa alguma de novo, senão declarar-se somente o que já está feito. Os juízos particulares, que se fizeram na morte, esses mesmos são os que se hão de publicar no Juízo universal, e o juízo não se faz quando se publica a sentença, senão quando se dá; logo, no dia da morte é que propriamente se faz o Juízo, e tudo isto, que faz agora, e não depois, é o que o Senhor disse que se havia de fazer dentro daquele século: "Esta geração não passará enquanto não se cumprirem todas essas coisas".

Para tirar toda a dúvida, ouçamos ao mesmo Cristo em caso muito mais apertado e que a podia fazer maior. No capítulo quinto de S. João (Jo 5,25), fala o Senhor do dia do Juízo final com maiores e mais intrínsecas circunstâncias, porque faz menção da ressurreição universal dos mortos e da sentença, também universal, dos bons e dos maus, segundo o merecimento de suas obras: "Todos os que se acham nos sepulcros ouvirão a voz do Filho de Deus, e os que obraram bem sairão para a ressurreição da vida, mas os que obraram mal sairão ressuscitados para a condenação" (Jo 5,28s). E declarando o mesmo Senhor quando há de ser este tempo, diz que "há de vir, e que agora é". Pode haver proposição mais encontrada? Há de vir o dia do Juízo, e já agora é? Se o dia do Juízo estava tão longe, se há mil e seiscentos anos que ainda não veio, e se ainda não sabemos quando há de ser aquele dia ou aquela hora, como diz o Oráculo de Cristo que já é: "Chegou a hora, e é agora" Admirável e literalmente S. Jerônimo[2], e se eu lhe pedira o comento, não o pudera escrever com mais ajustadas palavras: "Porque o que acontecerá no dia do juízo para todos, cumpre-se no dia da morte em cada um".

Diz o Senhor que o dia do Juízo há de vir, e que já é porque, ainda que o dia do Juízo há de ser depois, e muito depois, o dia da morte é já agora; e o que se há de cumprir em todos no dia do Juízo, "cumpre-se em cada um no dia da morte". Notai o "cumpre-se". As outras profecias cumprem-se a seu tempo, esta do dia do Juízo tem o seu cumprimento antes de tempo, porque aquilo mesmo que se faz agora é o que se diz que há de ser então. Então hão se de examinar as obras, então há-se de pronunciar a sentença, então hão de sair uns absolutos, outros condenados, e tudo isto que então se há de fazer no dia do Juízo é o que se faz ou está já feito agora no dia da morte. Por isso diz o Senhor que aquele dia está por vir e já é: "Cumpre-se". Agora. Estes dois advérbios de tempo, então e agora, sempre são opostos; mas no dia do Juízo, comparado com o da morte, ainda que a morte seja dois mil anos antes que o Juízo, não tem oposição. O agora é então, e o então é agora. No nosso Evangelho diz o mesmo Senhor: "Então verão", e aquele então é agora, aquele: "Então é agora: então virão, e é agora".

E não obsta que no dia do Juízo Universal haja de haver outras circunstâncias muito notáveis, que não há no Juízo particular do dia da morte. Por isso, havendo referido

Cristo neste mesmo texto essas mesmas circunstâncias, afirma contudo absolutamente que já agora é o que há de ser então, porque fala o Senhor, como eu dizia da substância do Juízo, que no final e no particular é a mesma, e não dos acidentes, aparatos e circunstâncias em que o sinal será muito diverso. Mas acrescentemos à autoridade de S. Jerônimo a de Santo Agostinho, que na interpretação das Escrituras são as duas maiores. Movidos destas mesmas circunstâncias Esíquio, Bispo de Jerusalém[3], e da dificuldade de outros textos do Evangelho, em que parece se encontram ou equivocam as coisas do Juízo futuro com as do tempo presente, e não se satisfazendo da solução que ele lhes dava, consultou a Santo Agostinho. E que responderia aquele grande doutor e oráculo da Igreja? A verdade entre todos os que a alcançam é a mesma. Respondeu Santo Agostinho o mesmo que tinha dito S. Jerônimo, mas com palavras e termos muito próprios de Agostinho. Alega aquele texto de Cristo por S. Marcos: "O que digo a vós, digo a todos" (Mc 13,37), e pergunta por que diz e prega Cristo a todos o que só pertence aos que forem vivos no dia do Juízo? "Por que diz a todos o que diz respeito somente a eles que então existirão?". E responde com estas divinas palavras: "Pois então chegará aquele dia para cada um. E quando este dia lhe chegar, que saia deste mundo tal qual há de ser julgado naquele dia"[4]. Avisa, diz Agostinho, e acautela Cristo a todos para o dia do Juízo, porque a todos há de vir o dia do Juízo, quando a cada um vier aquele dia no qual sairá deste mundo tal qual há de ser julgado no último dia. — No último dia, que é o do Juízo, cada um há de ser julgado tal qual for julgado no dia da morte; logo, no dia da morte vem a cada um o dia do Juízo. Ainda se explica no mesmo lugar o mesmo Santo Agostinho por outros termos mais claros e igualmente seus: "O seu dia do Juízo encontrá-lo-á naquele estado no qual o último dia do mundo o achou. Porque cada um será julgado naquele dia tal qual morreu neste dia". Afirma Cristo, diz outra vez Agostinho, que o que há de ser no dia do Juízo também há de ser agora, e já agora é, porque haveis de advertir que o novíssimo do Juízo se divide em dois novíssimos: o novíssimo do mundo, que é o último dia do mundo, e o novíssimo da vida, que é o último dia da vida; e qual for este primeiro novíssimo, tal há de ser o segundo. — Logo, já é o que há de ser, porque não há de ser outra coisa senão o que é. Se o Juízo do último dia do mundo houvera de ser diverso do Juízo do último dia da vida, então eram propriamente dois Juízos: um futuro, outro presente; mas como são verdadeiramente um só juízo dividido ou multiplicado em dois dias, feito em um, e repetido no outro, mais propriamente é já agora, no dia em que se faz, do que há de ser depois, no dia em que se repete. Por isso diz a suma Verdade que há de vir, e que já é: "Chegou a hora, e é agora".

De maneira, Senhores, que o conceito que ordinariamente fazemos do dia do Juízo é muito enganoso e muito errado. Consideramos o dia do Juízo como uma coisa medonha e espantosa, mas que está lá muito longe, como as serpes nas areias da Líbia ou os crocodilos no Nilo, e por isso nos não faz medo. Não é assim: o dia do Juízo não está longe; está tão perto como o dia de amanhã e como o dia de hoje, e como esta mesma hora em que estamos: "Chegou a hora, e é agora". O vale de Josafá não está só em Jerusalém, nem entre o Monte Sião e o Olivete: está em Lisboa, está neste mesmo lugar, e em todos os do mundo. Se vos tomar a morte no mar, ou na campanha, ou na vossa cama, o mar, a campanha, a vossa cama é o Vale de Josafá, e esse dia, qualquer que for, é o vosso dia do Juízo, ou mais cedo, ou mais tarde, mas dentro deste mesmo século em que nascemos: "Esta geração não passará enquanto não se cumprirem todas essas coisas".

§ IV

Temos visto quando há de ser certamente o dia do Juízo, e como é hoje, amanhã e todos os dias, porque o Juízo que se faz no dia da morte é o mesmo e não outro que o Juízo final. Agora, descendo às circunstâncias de um e outro juízo, se acaso vos parece que as do Juízo final são mais espantosas e horríveis, digo que também neste conceito vos enganais. Muito mais rigorosas, muito mais terríveis e muito mais para temer são as circunstâncias do dia do Juízo de agora do que hão de ser as do que vulgarmente se chama dia do Juízo.

Primeiramente o que faz grande horror na consideração do Juízo final é que naquele dia se há de acabar este mundo a que estamos tão pegados. E não cuidamos nem advertimos que também no dia da morte se acaba o mundo. Que importa que o mundo se acabe para mim, ou para todos? Que importa que o mundo se acabe para mim, ou eu para ele? S. Paulo, descrevendo este mundo, para nos desafeiçoar de suas vaidades, diz que é como um teatro em que as figuras cada uma entra a representar o seu papel, e passa: "Pois passa a figura deste mundo" (1Cor 7,31). Não diz o Apóstolo que passa o mundo, senão as figuras, porque as figuras vão-se e o teatro fica. Alude à sentença do Espírito Santo: "Uma geração passa e outra geração lhe sucede, mas a terra permanece sempre firme" (Ecl 1,4). Uns nascem, outros morrem, uns vêm a este mundo, outros saem dele, e o mundo, como teatro destas representações, sempre está no mesmo lugar e não se move. Contudo, São João, na sua primeira Epístola, diz que não só nós, os amadores do mundo, somos os que passamos, senão que também o mesmo mundo passa: "O mundo passa e a sua concupiscência" (1Jo 2,17). Pois se o mundo sempre está e permanece firme, e ainda que nós passemos, ele não se move, como diz S. João que também "o mundo passa". Por ventura encontra-se a doutrina dos dois Salomões da Igreja, Paulo e João? Não. Ambos, por diferentes termos, dizem a mesma verdade. Como nós, os que vivemos neste mundo, passamos e não permanecemos, ainda que o mundo permaneça, também ele passa: "O mundo passa". Não passa o mundo para si, mas passa para nós. Tanto que nós passamos desta vida, também ele passou; tanto que nos acabamos, também ele acaba. Para os que cá ficam, dura e permanece; para nós acabou juntamente conosco. E se não, perguntai aos que morreram se há para eles mundo, ou alguma coisa do mundo? Se navegavam, acabou-se para eles o mar; se lavravam, acabou-se a terra; se negociavam, acabaram-se os tratos; se militavam, acabaram-se as guerras; se estudavam, acabaram-se os livros; se governavam o secular ou eclesiástico, acabaram-se as varas, os tribunais, as coroas, as mitras, as púrpuras, as tiaras, tudo se acabou naquele momento. Nem para os reis, nem para os papas, que foram senhores do mundo, há já mundo, porque como eles acabaram e passaram, também o mundo passou e acabou para eles.

Copérnico, insigne matemático do próximo século, inventou um novo sistema do mundo, em que demonstrou, ou quis demonstrar — posto que erradamente — que não era o sol o que se movia e rodeava o mundo, senão que esta mesma terra em que vivemos, sem nós o sentirmos, é a que se move e anda sempre à roda. De sorte que, quando a terra dá meia volta, então descobre o sol, e dizemos que nasce, e quando acaba de dar a outra meia volta, então lhe desaparece o sol, e dizemos que se põe. E a maravilha deste novo invento, é que, na suposição dele corre todo o governo do universo e as proporções dos astros e medidas dos tempos, com a mesma pontualidade e certeza com que até agora se tinham observado e estabelecido na suposição contrária. O mesmo passa sem erro, e com verdade, nesta passagem nossa e do mundo. Escolhei das duas opiniões qual quiserdes. Ou seja o sol o que se move, ou nós os que nos movemos, ou o sol se ponha para nós, ou nós para ele, os efeitos são os mesmos. Ou no dia do Juízo o ocaso seja do mundo, ou no dia da morte seja meu, ou o mundo então acabe para todos, ou eu agora acabe para o mundo, tudo vem a ser o mesmo, porque tudo acaba. Assim como o mundo hoje ainda não é para os que hão de nascer, porque eles ainda não são, assim o mesmo mundo já não é para nós quando morrermos porque já não somos.

Daqui se segue com evidência que também hoje, amanhã e cada dia é o fim do mundo. Agora vede, com a mesma evidência, quanto mais para temer e quanto mais para desconsolar é este primeiro fim do mundo, no dia da morte, do que há de ser o último, no dia do Juízo. Sêneca disse que é "grande consolação acabar juntamente com o mundo"[5]. Disse mais Sêneca do que entendeu, porque não teve conhecimento do dia do Juízo. Mas em que consiste esta consolação? Consiste em que, no dia do Juízo, se o mundo acaba para mim, acaba também para todos. No mal, que é de todos, perde-se a comparação, e onde não há comparação não há miséria:

"Ninguém é pobre, se não há comparação". Na morte de agora não é assim. Acaba-se o mundo para mim, mas para os outros não acaba. Aqueles morrem quando já ninguém pode viver; eu morro e deixo outros vivendo. Isto é padecer a morte própria e mais a vida alheia. No dia do Juízo não há de haver esta dor, porque ninguém se poderá queixar de se lhe acabar o mundo e a vida, quando igualmente se há de acabar para todos, ainda para os que nascerem no mesmo dia. Então, diz S. João no Apocalipse, que se há de ouvir a voz de um anjo, o qual diga e apregoe que se acabou o tempo para sempre: "Porque já não haverá mais tempo". O tempo não é outra coisa senão a duração do mundo. Assim como o tempo começou com o mundo, assim há de acabar com ele. E acabar um homem o seu mundo quando se acaba o mundo, acabar os seus dias quando se acaba o tempo, como pode ser matéria de sentimento, quando era o mais a que podia aspirar o desejo? E isto é o que sucederá aos que acabarem a vida no dia do Juízo. Mas que se acabe o mundo e o tempo, os dias para mim, quando há mundo, e tempo, e anos para os outros? Esta é uma grande diferença de dor, com que agora acaba o mundo para nós, ou nós para ele. Vamos à outra.

Uma das grandes penas com que Deus ameaçava pelo profeta Amós os ricos e poderosos daquele tempo, como pudera também ameaçar os do nosso, era que edificavam Palácios magníficos e casas de prazer para delícia, mas que não as haviam de lograr: "Edificareis casas de pedra, porém não habitareis nelas; plantareis vinhas as mais excelentes, porém não bebereis do vinho delas" (Am 5,11). Esta razão de mágoa corre igualmente em um e outro fim do mundo. Assim, os que morrerem então, como os que morrem agora, nenhuma coisa hão de lograr do que com tanto gosto e gasto, e com tanto esquecimento do fim da vida, trabalham, ajuntam e edificam para ela. Mas esta mesma mágoa há de ser muito menor para os do dia do Juízo. Aquele rico do Evangelho, que fazia conta de viver muitos anos, e morreu na mesma noite, perguntou-lhe a voz do céu: "O que ajuntaste, de quem será?" (Lc 12,20) E tudo isto que ajuntaste, de quem há de ser? Os que acabarem com o mundo no dia do Juízo estão livres desta pena porque não hão de ter a dor de que outros logrem o que eles trabalharam: "Não edificarão para que outros habitem; não plantarão para que outros colham" (Is 65,22), diz o Profeta Isaías, e o conta por uma grande felicidade. Mas esta não a podem ter os que morrem enquanto dura o mundo, e tanto menos, quanto mais tiverem dele. Perguntai a essas casas, a essas quintas, a essas herdades prezadas; perguntai a essas salas e galerias douradas, a esses jardins, a essas estátuas, a essas fontes, a essas alamedas e bosques artificiais, cujos frutos são somente a sombra, perguntai-lhes de quem foram, e de quem são, e de quem hão de ser? Isto é o que sucede aos que acabam o seu mundo antes que o mundo se acabe. Sabem o que deixam, mas não sabem para quem: "E não sabem para quem reúnem aquelas coisas" (Sl 38,7). Ou para o pródigo, que o há de dissipar; ou para o estranho, que o não há de agradecer; ou para o poderoso, que com violência o há de ocupar; ou para o inimigo, que com o vosso há de triunfar e crescer; ou para um pleito eterno, em que tudo se há de consumir. Quanto mais estimariam os que assim acabam que se sepultasse com eles tudo o que possuíam, como se há de sepultar com os do dia do Juízo?

Mais. Um dos maiores rigores que tem a morte é ser apartamento: apartamento e despedida geral de todos os que amáveis e vos amavam. Assim o ponderou el-rei Agag, vendo-se condenado à morte pelo profeta Samuel: "É possível, morte amarga, que assim me apartas?" — Assim. Apartava-o da mulher, dos filhos, dos vassalos, dos amigos e de tudo o que amava ou de que era amado na vida. E a este apartamento chamou com razão a maior amargura da morte: "Morte amarga". A morte no dia do Juízo não tem esta amargura nem esta dor, porque, ainda que seja morte, não é apartamento. Todos então hão de ir juntos, sem ter de quem levar saudades nem a quem as deixar. O dia do Juízo diz Cristo que há de ser como o dilúvio de Noé: "Como aconteceu nos dias de Noé" (Mt 24,37). E considerou discretamente Santo Agostinho que naquela desgraça geral do dilúvio morriam os homens com uma grande consolação, que era não deixar neste mundo quem os chorasse. Esta mesma consolação hão de ter no dia do Juízo todos os que então morrerem. Porém os que morrem agora, não só têm a desconsolação contrária, mas muitas vezes dobrada. Apartam-se dos amigos e dos inimigos, e não só deixam depois de si quem chore sua morte, senão também quem se alegre com ela, que não é menor sentimento: "Alegraste os meus inimigos".

Finalmente no dia do Juízo há-se de acabar a vida com o mundo, mas com o mesmo mundo se hão de acabar também os encargos da vida; porém no dia da morte acaba-se o mundo para a vida, mas não se acaba para os encargos. Os encargos da vida que mais inquietam e afligem na morte hão-se de acabar com o mundo, porque então não há de haver requerimentos de acredores, nem satisfação de criados, nem acomodamento de filhos, nem disposição da casa, nem dívidas, nem restituições, nem nomeação de herdeiros e testamenteiros, nem testamentos, nem codicilos, nem mandas ou demandas —

tantas quantas são as cláusulas — nem sepultura, nem funerais, nem tantas outras perturbações e embaraços que primeiro afogam a alma do que ela saia do corpo. Tudo isto, e infinitas outras coisas de aflição, de moléstia, de escrúpulo e de risco da salvação concorrem e se atravessam na hora da morte. Mas nenhuma delas há de haver no dia do Juízo, porque todas acabam com o mundo, que totalmente acaba, e não como agora, que acaba para a vida, e não para os encargos dela. Vede se é mais trabalhoso e mais estreito este dia. Por isso dizia Davi: "Vi que toda a perfeição tem um fim; mas o vosso mandamento é amplíssimo" (Sl 118,96). Olhei, Senhor, para o dia em que se há de acabar o mundo, e então me pareceu a vossa lei muito larga, porque todas as estreitezas, apertos e angústias em que agora nos põe a lei de Deus, na hora da morte, no dia do Juízo, em que tudo acaba com o mundo, também elas cessam e se acabam.

§ V

E se é mais para desconsolar e temer o modo com que o mundo se acaba agora para cada um, do que o fim com que no dia do Juízo se há de acabar para todos, também da parte do modo e circunstâncias com que Cristo agora nos vem julgar é muito mais temeroso e tremendo o dia da morte do que há de ser o dia do Juízo.

Para entendimento desta grande verdade, que por mal considerada o não parece, havemos de saber e supor que os adventos de Cristo não são só dois, como ordinariamente se cuida, senão três. O primeiro advento é o que hoje começa a celebrar a Igreja, no qual veio o Filho de Deus a remir o mundo, e começou no dia da Encarnação. O segundo advento é o que também hoje prega no Evangelho, no qual há de vir a julgar o mesmo mundo, e há de ser no dia do Juízo. E estes são os dois adventos dos quais somente faz menção o Símbolo, quando diz: "E outra vez há de vir", porque são gerais e visíveis. O terceiro advento é particular e invisível, no qual vem o mesmo Cristo julgar na hora da morte a cada um de nós, e este Juízo se faz no instante em que a alma se aparta do corpo. E porque esta doutrina ou nome de terceiro advento vos não faça novidade, como já fez, ouçamos a Escritura.

O apóstolo Santiago, no capítulo quinto da sua Epístola, exortando os cristãos daquele tempo a se absterem de pleitos, em que sempre se ofende a caridade, diz assim: "Porque a vinda do Senhor está próxima, não vos ressintais, irmãos, uns contra os outros, para que sejais julgados. Olhai que o juiz está diante da porta" (Tg 5,8). Não vos queixeis, irmãos, uns dos outros, e se em alguma coisa vos sentis agravados, não vos demandeis em juízo, porque o advento do Senhor é chegado, e o juiz está à porta. Não pode haver palavras nem mais parecidas, nem mais encontradas com o texto de S. Mateus na mesma história do nosso Evangelho. Umas e outras falam no advento do Senhor. Santiago: "Porque a vinda do Senhor está próxima"; S. Mateus: "E verão o Filho do homem que virá" (Mt 24,30). Umas e outras dizem que está à porta. Santiago: "Eis que o juiz está diante da porta"; S. Mateus: "Sabei que está perto às portas" (Mt 24,33). Mas S. Mateus refere que tudo isto se há de verificar depois dos sinais e prodígios que hão de preceder ao dia do Juízo: "Quando virdes tudo isso" (Mt 24,33). E Santiago não fala do dia do Juízo, senão do mesmo tempo seu em que escrevia: "Eis". Que advento é logo este, não futuro, senão presente, de que fala Santiago:

"Porque a vinda do Senhor está próxima"? É o terceiro advento, que eu dizia. O advento de que fala S. Mateus é o advento geral, em que Cristo no dia do Juízo há de vir julgar a todos; o advento de que fala Santiago é o advento particular, em que o mesmo Cristo no dia da morte vem julgar a cada um. Naquele advento há de estar o juízo à porta, depois que os homens virem os sinais que o hão de preceder: "Quando virdes tudo isso, sabeis que está perto às portas". Porém nestoutro advento — porque todos os dias e todas as horas morrem e podem morrer os homens — todos os dias e todas as horas está o juízo à porta: "Eis que o juiz está diante da porta". Do mesmo modo, e do mesmo advento fala S. Paulo, quando diz: "O tempo da minha morte se aproxima": Vem-se chegando o tempo da minha morte. — "Está preparada para mim a coroa da justiça": Já me está aparelhada a coroa merecida. — "Que o Senhor, justo juiz, me dará naquele dia": A qual me há de dar naquele mesmo dia o Senhor, como justo Juiz. — E só a vós, Paulo, há de dar esta coroa o justo Juiz no dia da morte? Não: "Não só a mim, senão a todos os que amam o seu advento" (2Tm 4,6.8). — De sorte que, além dos dois adventos gerais, um em que veio remir, outro em que há de vir julgar a todos, tem Cristo, Senhor nosso, outro terceiro advento, em que no dia da morte vem julgar a cada um.

Sobre o modo deste advento ou desta vinda, tem para si graves autores, e entre eles o Padre Suárez[6], que vem Cristo julgar-nos na hora da morte, não por presença e assistência real de sua própria pessoa, como há de ser no Juízo universal, mas só por modo intelectual, em forma que entenda claramente o que morre, que está julgado, e julgado por Cristo. Outros, com o Papa Inocêncio Terceiro, seguem o contrário, e dizem que na morte de cada um o vem Cristo julgar real e presencialmente, no mesmo lugar onde morre[7]. Este segundo modo de dizer é muito mais verossímil, por ser mais conforme às Escrituras Sagradas, as quais se devem entender no sentido e propriedade natural que significam as palavras, e o vir propriamente é vir em pessoa. Logo neste sentido se hão de entender as Escrituras, tantas e tão expressas, as quais todas dizem que vem Cristo ao juízo particular. Só no capítulo doze de S. Lucas diz o mesmo Senhor cinco vezes que há de vir, e fala da hora da morte: "Para que, quando vier, e bater à porta (Lc 12,36). E se vier na segunda vigília, e se vier na terceira vigília (Lc 12,38). Estai preparados porque à hora que não cuidais, virá o Filho do homem" (Lc 12,40). E se queremos que o diga o mesmo Cristo mais vezes, aos criados dos talentos, a quem tomou conta: "Negociai até que eu venha" (Lc 19,13). às virgens, a quem abriu e fechou as portas do céu: "Eis aí vem o esposo" (Mt 25,6); ao bispo de Sardes, a quem ameaçava com a morte: "Virei a ti como um ladrão, e não saberás a hora em que eu virei" (Ap 3,3); e, finalmente, aos discípulos, quando se despediu deles: "Se eu for, prepararei para vós um lugar, virei outra vez e vos levarei para mim" (Jo 14,3), onde se deve notar que, se o ir neste caso foi em realidade, como havia de ser o vir por entendimento? O "outra vez" demonstra que o ir e o vir era pelo mesmo modo. Quanto mais que, se não havia de vir, bastava dizer: "Levar-vos-ei para mim", e o "virei" era supérfluo e impróprio. Segue-se logo que no dia da morte, da qual o Senhor falava, não só vem de qualquer modo, senão própria e realmente, assim como própria e realmente tinha ido para o céu.

Nem as razões do autor alegado, posto que tão exímio, provam o contrário. A primeira é que para Cristo dar esta sentença não é necessário que venha em Pessoa. Mas também não é necessário o Juízo universal, porque já todos estão julgados, e contudo é certo que há de haver este Juízo, e que há de vir Cristo a ele em pessoa, só porque ele o diz. A segunda razão é porque, se assim fosse, andaria Cristo como em perpétuo movimento, e estaria no mesmo tempo em diversos lugares. Mas assim como o mesmo Cristo, sem esse inconveniente ou incômodo, se faz presente no Santíssimo Sacramento tão repetidamente, e em lugares tão diversos, e assim como vem à casa e à cama dos que estão para morrer, para os confortar como viático, por que não virá ao mesmo lugar, ou lugares, para os julgar como Juiz? Enfim, é certo e de Fé que Cristo vem fazer este juízo, posto que o modo não esteja definido.

Mas de qualquer sorte que o Senhor venha, as circunstâncias com que vem julgar na hora da morte, é sem dúvida, como dizia, que são muito mais temerosas e tremendas, que as do dia do Juízo. As circunstâncias que fazem horrendo o dia do Juízo são a escuridão total, que então há de suceder, do sol, o sanguinolento da lua, a ruína das estrelas, os bramidos do mar, e toda aquela discórdia e estrago da natureza com que se há de confundir o universo. Porém, todas estas coisas verdadeiramente grandes, e espantosas, e nunca vistas, ainda que na primeira apreensão parecem muito para temer, bem consideradas em si mesmas, e em seus efeitos e fins, antes são muito para sossegar e aquietar os ânimos que para os intimidar ou perturbar.

O profeta-rei, falando dos efeitos do Juízo final, não como futuro, mas como já passado, a modo profético diz uma coisa admirável: "A terra tremeu e aquietou-se quando Deus veio para o julgamento" (Sl 75,9). Quando Deus veio a juízo, a terra tremeu e aquietou-se. Que a terra trema quando Deus vem a juízo, e quando todos os outros elementos, confusos e perturbados, e o mesmo céu e seus Planetas, padecem um fracasso tão geral, que ela faça um grande abalo, e que não só tema e trema, mas se esconda debaixo dos abismos, como quando foi criada, e se suma dentro em si mesma, faz a terra o que deve, que o caso é para isso: "Quando Deus virá para o julgamento". Mas se a terra neste mesmo caso tremeu: "A terra tremeu", como logo se sossegou e aquietou: "E aquietou-se"? Tremeu à primeira vista dos horrores do Juízo, e aquietou-se logo, porque todos aqueles prodígios e estrondo do Juízo universal, tomados de repente e na primeira apreensão, são temerosos, são horríveis, são tremendos: "A terra tremeu". Mas, bem considerados os fins e efeitos deles, antes são para sossegar esse mesmo temor, e para quietar os ânimos, que para os inquietar e perturbar: "A terra tremeu, e aquietou-se".

E qual é a razão deste segundo efeito, tão diverso do primeiro? O Evangelho o diz: "Haverá sinais no sol, na lua e nas estrelas". Todas essas mudanças do céu, toda essa escuridade dos astros, toda essa perturbação dos elementos, "são sinais". Sinais de que chega o fim do mundo, sinais de que está perto o dia do Juízo, sinais para que todos estejam notificados e advertidos — que por isso se põem os mesmos sinais no céu, onde possam ser vistos de todos. — E um Juízo em que Deus, antes de vir, nos manda diante notificar, e nos avisa primeiro, não é tanto para temer. Muito mais temeroso é o Juízo particular sem esses assombros, do que o universal com eles, porque os assombros e terrores do Juízo universal são sinais e avisos para os homens, e o juízo particular, a que nada disso precede, é juízo sem aviso, juízo sem sinal. Pinta o profeta Davi a Deus armado de arco e setas, e as setas não só embebidas já no arco, senão ervadas de venenos mortais e abrasadas em fogo: "Armou o seu arco e o tem pronto. Já pôs nele os instrumentos da morte, já preparou as suas setas ardentes" (Sl 7,13s). E que é o que faz ou intenta Deus assim armado, e com as setas já postas no arco? Umas vezes quer livrar a seus amigos, outras quer derrubar e destruir a seus inimigos. Se quer livrar os amigos, bate primeiro com as setas no arco, e dá sinal; se quer destruir os inimigos, dispara sem dar sinal, e executa o golpe, e antes de eles o sentirem, se veem caídos a seus pés. Uma e outra coisa disse o mesmo Davi admiravelmente: "Destes aos que vos temem um sinal, para que fugissem da mira do arco e os seus amados se livrassem (Sl 58,6). As vossas setas são agudas nos corações dos inimigos do rei; sob vós cairão os povos" (Sl 44,6). De maneira que a demonstração certa de Deus estar propício ou irado, de querer salvar ou não querer salvar, é dar sinal primeiro, ou não dar sinal. Se quer salvar, dá sinal, e isto é o que será no dia do Juízo: "Haverá sinais"; se não quer salvar, não dá sinal, e isto é o que acontece no Juízo de agora.

 Os do Juízo Universal não podem deixar de estar muito prevenidos, e com grandes disposições para a salvação, porque hão de morrer avisados de todos aqueles sinais do sol, da lua, do mar e de todos os elementos. Porém nós, como morremos? O sol está muito claro, o céu sem nuvem, a lua como uma prata, o mar como leite, e no meio desta serenidade do mundo e nossa, dá a morte sobre nós e põe-nos a juízo: "Quando disserem paz e segurança, então lhes sobrevirá uma morte repentina" (1Ts 5,3). Quando estiverem mais descuidados, e se derem por mais seguros — diz S. Paulo — então virá sobre eles a morte repentinamente. — Todos os homens, ou quase todos, ainda que nós o não imaginemos assim, morrem de repente. Cuidamos que só morrem de repente aqueles que subitamente caem mortos, aqueles que matou o raio, a bala, a estocada, o desastre, a postema que rebentou, o bocado que se atravessou na garganta, a apoplexia, a peste, o terremoto, o naufrágio e tantos outros acidentes, ou naturais, ou violentos, ou casuais, a que anda exposta a vida e nos deveram trazer em perpétuo temor. Estes só cuidamos que morrem de repente, e é engano. Todos os que morrem quando o não cuidavam, morrem de repente. Os que morrem por via natural, uns morrem de velhice, outros de enfermidade. E que velho há tão decrépito que não cuide que ainda há de viver alguns anos? E que enfermo tão desconfiado que não cuide que há de escapar da doença, como outros escaparam, por mais aguda que seja? Os maiores e mais poderosos são os mais infelizes e os mais enganados nesta parte, porque não se lhes dá o desengano, senão a tempo em que já não há tempo, e quando as que deveram ser prevenções para o Juízo, por falta de juízo já não são prevenções. Oh! quanto mais ditosos são os que hão de morrer e acabar com o mundo no dia do Juízo! "Haverá sinais". Aqueles hão de ver os sinais no céu muito antes da morte; cá também se ouvem os sinais na paróquia, mas depois que morrestes.

 Bem pudera Deus ordenar que no mesmo dia e na mesma hora em que hão de aparecer aqueles sinais tremendos, se executasse também o Juízo. Mas tem decretado sua misericordiosa providência que entre os sinais e o dia do Juízo haja mais dias e mais tempo, no qual os homens que então viverem se preparem para a conta que se lhes há de tomar. E esta é outra segunda e mui considerável circunstância em que o juízo particular agora é mais horrendo e formidável para cada um, do que será então para todos o Juízo universal. No Juízo universal tomará Deus conta, mas dará tempo; no juízo particular toma conta, e não dá tempo, porque primeiro toma o tempo e depois a conta. Um dos textos mais notáveis da Escritura Sagrada é dizer Deus que, como tomar tempo, então há de julgar os homens e ver se são justos ou injustos: "Quando tiver tempo, julgarei com justiça". Deus para julgar, não há mister tempo, porque todas as nossas obras, palavras e pensamentos, desde sua eternidade, lhe são e foram sempre presentes. Pois, que tempo é este que Deus toma, quando há de julgar os homens, e como o toma? O tempo que Deus toma é o que muitos haviam mister na morte para ajustar suas contas. E o modo com que Deus toma este tempo é não lho dando, ou privando-os dele por seus justos juízos quando lhes vem tomar conta "na hora em que menos o cuidam". Assim comenta o texto Lorino, e pudera citar a São Boaventura, cuja é esta interpretação, tão sutil como verdadeira. Quando Deus pede conta e dá tempo, ainda os que têm más contas as podem dar boas, como aconteceu àquele rendeiro do Evangelho, a quem o pai de família disse: "Presta conta da tua administração" (Lc 16,2). E como teve tempo de cuidar o que faria, achou traça de as ajustar. Porém, quando Deus toma conta e toma juntamente o tempo: "Quando tiver tempo", então é muito dificultoso dar boa conta, então nenhum que viveu mal a pode dar boa. E isto é o que sucede geralmente aos que morrem agora.

Aos que hão de morrer no dia do Juízo avisa Cristo no nosso Evangelho com esta comparação: "Vedes a figueira e todas as árvores, quando já produzem frutos, sabeis que o verão está próximo" (Mt 24,32): Quando vedes que nas árvores começam a arrebentar e brotar os frutos, conheceis que o verão está perto. — Pois, da mesma maneira, quando virdes os sinais que vos tenho dito, sabei que está perto o dia do Juízo: "Assim também vós, quando virdes tudo isto sabeis que o reino de Deus está próximo". De sorte que, entre os sinais do dia do Juízo e o mesmo dia, há de dar Cristo de espaço quanto vai da primavera ao verão, ou do verão ao estio, e dos frutos verdes aos maduros. E a nós, quando na morte nos vem julgar, quanto espaço nos dá ou promete o mesmo Cristo? O que deu aos servos da parábola, quando lhes mandou que esperassem por sua vinda: "Lâmpadas acesas nas vossas mãos, e vós semelhantes aos homens que esperam o seu Senhor" (Lc 12,35). Haveis de estar sempre esperando por mim, com as tochas acesas nas mãos. E não bastará, Senhor, que as tochas estejam prevenidas e o lume aparelhado, senão já "acesas"? Não bastará que estejam arrimadas e prontas, senão já "nas mãos": Não, diz Cristo. Hão de estar acesas, porque vos não prometo o espaço que é necessário para as acender; e hão de estar nas mãos, porque vos não seguro o momento que é necessário para as tomar. Tanto vai daquele vir a este vir, e daquele juízo a este juízo. Lá, há-se de esperar o tempo que basta para os frutos verdes amadurecerem; cá, não se espera por frutos maduros, nem ainda verdes, porque se cortam as flores ainda antes de estarem abertas: "As flores apareceram, chegou o tempo da poda" (Ct 2,12).

Esta diferença dos sinais, que então há de haver e agora não há, é a que faz a diferença dos efeitos muito mais para temer no juízo de cada dia que no do fim do mundo. Que efeitos há de causar nos homens a vista daqueles sinais? O evangelista o refere por bem extraordinários termos: "Os homens definharão de medo na expectativa das coisas que sobrevirão a todo o mundo" (Lc 21,26). Andarão os homens atônitos e mirrados com o temor e expectação do que há de ser no dia do Juízo. — Atônitos, porque ninguém há de ter advertência nem coração para cuidar noutra coisa; mirrados, pela extrema abstinência ou inédia com que hão de passar aqueles dias, mais rigorosa que a dos ninivitas. Tudo há de ser orar, chorar, bater nos peitos, fazer penitência, pedir misericórdia e aparelhar para a conta, não havendo homem capaz deste nome que se haja de lembrar então do que foi, nem do que é, senão do que há de ser e do que está para vir: "Que sobrevirão a todo o mundo". Parece-vos, cristãos, que farão bem estes homens naquele caso, e que terão justa causa de o fazer? Ninguém haverá que o negue, se é que tem fé. E nós, que a temos, por que não fazemos o mesmo, ou alguma parte disto? Direis que aqueles homens, pelos sinais do céu, saberão certamente que está perto o dia do Juízo. E sabe algum de nós que o seu dia do Juízo está mais longe? Não sabemos todos com a mesma certeza que o nosso dia do Juízo pode estar ainda mais perto, e que pode ser amanhã, ou hoje e nesta mesma hora em que Cristo está julgando muitos milhares de homens? Aos ninivitas, que eram gentios, e ao seu rei, que era Sardanapalo, o mais mau rei e o mais mau homem que houve no mundo, deu Deus de prazo quarenta dias: "Ainda quarenta dias" (Jn 3,4). E assim o rei, como toda a corte, no mesmo ponto, sem esperar mais, se converteram com tão extraordinária penitência. Que seria se Deus lhes não segurasse nem um só dia? Pois este é o nosso caso, e este estado e contingência em que nos achamos todos e cada um.

Ouvi o desengano de uma caveira, que era ou tinha sido de um vivo que morreu quando não cuidava:

"Flores, se soubésseis que os vossos tempos duram um mês, havíeis de vos alegrar porque não são apenas um dia".

Se soubésseis que vos não restava de vida mais que um mês, havíeis de chorar, e rides, e andais alegres e contente, podendo ser que vos não reste um dia inteiro. — Quem dissera a el-rei Baltasar, quando com tanta festa e alegria estava brindando aos seus ídolos, nos próprios vasos sagrados de ouro e prata que Nabucodonosor, seu pai, tinha roubado ao templo de Jerusalém, quem lhe dissera que a mesma noite daquela ceia fatal era a última da sua vida e da sua coroa? Neste banquete, em que eram mil os convidados, diz o texto, que cada um bebia conforme a sua idade; porém a morte, que não guarda esta ordem nem conta os anos, sendo poucos os de Baltasar e o primeiro de seu reinado, lhe apareceu de repente com a balança do Juízo na mão: "Foste pesado na balança" (Dn 5,27). E na mesma noite executou a sentença e lhe tirou a vida: "Na mesma noite Baltasar foi morto" (Dn 5,30). Isto é o que sucedeu aquela noite, e isto o que sucede cada dia, sem haver quem se desengane. Somos como aqueles incrédulos, dos quais refere Cristo Senhor nosso que, à vista dos sinais do dia do Juízo, todos seus cuidados hão de ser banquetes, festas, bodas, fábricas e edifícios, como se os alicerces da terra estivessem muito seguros, quando já as abóbadas do céu estarão caindo a pedaços: "As estrelas caem do céu". S. Agostinho diz que tudo isto causará naqueles loucos a falta de fé, e eu não sei o que diga da nossa, nem do nosso entendimento. Muito mais loucos somos, e muito mais incrédulos do que eles hão de ser. Eles não crerão o que há de suceder uma só vez no mundo, sem outro exemplo nem experiência, e nós não acabamos de crer o que vemos e experimentamos cada hora em tantos e tão formidáveis exemplos. Mas por isso são também mais tremendas as circunstâncias do juízo presente, sabendo de certo que é hoje para uns, amanhã para outros, e que, para os que nascemos e vivemos neste século, não há de passar dele: "Esta geração não passará enquanto não se cumprirem todas essas coisas".

§ VI

Deste primeiro e largo discurso, e da resolução dele, se pode colher facilmente a do segundo, em que vos prometi mostrar quais hão de ser no dia do Juízo os que hão de ficar à mão direita e quais à esquerda. E para que este ponto tão importante se entenda com maior clareza, vejamos primeiro quantos hão de ser, e depois veremos quais.

Os teólogos disputam quanto é o número dos que se salvam, e fazem duas distinções: uma, considerando e compreendendo todos os homens do mundo, fiéis e infiéis; outra, separando somente os fiéis e católicos. Na primeira consideração é certo que o número dos que se condenam é incomparavelmente maior. Todos sabeis que no dia em que morreu São Bernardo morreram sessenta mil, e só quatro se salvaram. Dos católicos, segundo muitos textos da Escritura, parece que comumente se salva a metade. De dois um: "Um será tomado, e o outro será deixado (Mt 24,40). Cinco dentre elas eram loucas, e cinco prudentes" (Mt 25,2). Esta é a mais provável e mais bem fundada sentença, e se confirma eficazmente do texto proximamente alegado. Na parábola de dez Virgens, falava Cristo Senhor nosso própria e literalmente do dia do Juízo, e não do juízo de todos, senão particularmente dos católicos. Por isso saíram todas com lâmpadas acesas, em que é significado o lume da fé. E porque fé sem obras não basta para a salvação, por isso também aquelas a que faltou óleo ficaram fora do céu, e só entraram as que o levavam prevenido. Mas, se o intento de Cristo era acautelar-nos aos católicos e meter-nos um grande temor do dia do Juízo, como consta de toda a parábola, por que não introduziu nela o Senhor que de dez se salvasse só uma ou duas, e se condenassem oito ou nove, senão que se salvaram cinco e se condenaram outras cinco? A razão verdadeira é porque só Cristo, Senhor nosso, conhece o número dos que se hão de salvar: "O número dos eleitos aos quais será concedida a felicidade eterna somente ele conhece". E, posto que, para o seu intento e para o nosso temor, servia mais diminuir o número dos que se salvam, segundo porém a sua presciência e a verdade da sua doutrina, não o podia alterar nem diminuir. Diz, pois, que de dez se salvaram cinco e se perderam cinco, porque das almas católicas, de quem falava, a metade comumente são as que se salvam e a metade as que se perdem.

Conforme esta doutrina, que é de muitos Santos, e não a mais estreita, senão larga e favorável, se eu pregara hoje em outro auditório, dissera que a metade dos ouvintes pertenciam à mão direita e a metade à esquerda, consideração verdadeiramente tristíssima e tremenda, que de homens cristãos e católicos, alumiados com a fé, criados com o leite da Igreja e assistidos com tantos sacramentos e auxílios se salve só a metade. Que de dez homens que creem em Cristo, e por quem morreu Cristo, se percam cinco! Que de cento se condenem cinquenta! Que de mil vão arder eternamente no inferno quinhentos! A quem não fará tremer esta consideração? Mas se olharmos para a pouca Cristandade e pouco temor de Deus com que se vive, antes devemos dar graças à divina misericórdia que admirar-nos desta justiça.

Isto era o que eu havia de dizer, se pregara, como digo, em outro auditório; mas porque o dia é de desenganos e o auditório presente tão diverso, não cuidem, nem se persuadam os que me ouvem que esta regra é geral para todos, posto que sejam ou se chamem católicos. Assim como nesta vida há grande diferença dos grandes e poderosos aos que o não são, assim a há de haver no dia do Juízo. Eles têm hoje a mão direita; mas como o mundo então há de dar uma tão grande volta, muito é de temer que fiquem muitos à esquerda. Dos outros, salvar-se-á a metade; e dos grandes e poderosos, quantos? Salvar-se-á a terça parte? Salvar-se-á a décima? Praza à divina misericórdia que assim seja! O que só digo — e não me atrevera a o dizer se não fora oráculo expresso e sentença infalível da suprema Verdade — o que só digo é que serão muito poucos, e muito raros, e por grande maravilha. Ouçam os grandes e poderosos, não a outrem, senão ao mesmo Deus no capítulo sexto da Sabedoria: "Dai ouvidos, vós que governais os povos, porque o poder vos foi dado pelo Senhor" (Sb 6,3). Vós, príncipes, vós, ministros, que tendes debaixo de vosso mando os povos, vós a quem o Senhor deu esse poder para mandar e governar a república: "dai-me ouvidos". — E que hão de ouvir a Deus os que tão mal ouvem aos homens? Um pregão do dia do Juízo muito mais portentoso e temeroso que o que há de chamar a ele os mortos: "Aqueles que presidem terão um julgamento duríssimo. Ao que é pequeno se concederá misericórdia; e os poderosos serão poderosamente atormentados" (Sb 6,5). O juízo com que Deus há de julgar aos que mandam e governam há de ser um juízo duríssimo, porque aos pequenos conceder-se-á misericórdia, porém os grandes e poderosos serão poderosamente atormentados: "Os poderosos serão poderosamente atormentados". Eis aqui em que hão de vir a parar os poderes que tanto se desejam, que tanto se anelam, que tanto se estimam, que tanto se invejam. Os poderosos agora não temem outro poder, porque eles podem tudo; porém, quando vier o Juízo duríssimo, então verão se há quem pode mais que eles: "Os poderosos serão poderosamente atormentados".

Mas se esse poder é dado por Deus aos poderosos: "Porque o poder vos foi dado pelo Senhor", como é causa esse mesmo poder de que os poderosos se condenem e sejam poderosamente atormentados? Não é o poder a causa, mas é a ocasião. Ordinariamente tantos são os pecados como as ocasiões: quanto mais e maiores ocasiões, tanto mais e maiores pecados, e não há maior nem mais terrível ocasião que o poder. Tentação e poder? Tentado e poderoso? Tudo quanto tenta e intenta o diabo em um poderoso, tudo leva ao cabo, ou seja nos pecados de homem ou nos de ministro. Nos pecados de homem, se se ajunta o poder com o apetite, não há honra, não há honestidade, não há estado, nem ainda profissão, por sagrada que seja, que se não empreenda, que se não conquiste, que se não sujeite, que se não descomponha. E nos pecados de ministro, se o poder se ajunta com a ambição, com a soberba, com o ódio, com a vingança, com a inveja, com o respeito, com a adulação, não há lei humana nem divina que se não atropele, não há merecimento que se não aniquile, não há incapacidade que se não levante, não há pobreza, nem miséria, nem lágrimas que se não acrescentem, não há injustiça que se não aprove, não há violência, não há crueldade, não há tirania, que se não execute. E como estes são os abusos, os excessos e as durezas do poder, justíssimo é que o juízo do Onipotente seja duríssimo e que os poderosos — pois assim são poderosos — sejam poderosamente atormentados: "Os poderosos serão poderosamente atormentados".

Eu não nego que esta regra possa ter suas exceções. Nem a mesma Sabedoria divina o nega, antes concede, aponta e louva muito a exceção, mas ela é tal que confirma mais a mesma regra. Ouvi outra vez, não a outrem, senão a mesma Sabedoria divina, falando neste mesmo caso no capítulo trinta e um do Eclesiástico: "Quem pôde transgredir e não transgrediu, fazer o mal e não fez: quem é este e o louvaremos? Porque fez coisas maravilhosas em sua vida" (Ecl 31,9s). Poderoso que pode quebrar as leis sem ninguém lhe ir à mão nem pedir conta, e não as quebrou; poderoso que pode viver mal, fazer com liberdade o que lhe pede seu apetite, e não o fez: "Quem é este e o louvaremos?". Que homem é este, para que o canonizemos? "Porque fez coisas maravilhosas em sua vida", fez milagres na sua vida. Não falo nos milagres destes poderosos, porque destes estão cheias as certidões juradas, e, o que pior é, as histórias impressas. Se os ouvirmos e lhes tomarmos o depoimento, todos são retíssimos e santíssimos: não há neles paixão, nem interesse, nem vingança, nem má vontade, senão zelo, justiça, piedade, amor do bem comum, e todas as virtudes de um ministro cristão e perfeito. Mas o tribunal divino, que se não governa pelo que eles dizem, senão pelo que fazem, e estes são os autos por onde os há de julgar, vede e ponderai bem o que diz: "Quem é este?". Não diz: "Quem são estes?". Não fala de muitos ou de alguns, senão de um só, e unicamente. E por quê? Porque poderoso que possa quebrar as leis, e não as quebra: "Que pôde transgredir e não transgrediu"; poderoso que pode viver mal e fazer mal, e o não faça: "Fazer o mal e não fez"; este tal, se acaso no mundo se acha algum, é um: "Quem é este?". E esse um, não ordinariamente nem sempre, senão por milagre: "Porque fez coisas maravilhosas em sua vida". Assim o diz e pondera Deus que sabe tudo, e bastava saber o que todos sabem. E como são tão poucos e tão raros os grandes e poderosos que façam o que devem, devendo não só dar conta das suas almas e das suas vidas, senão também, e muito estreita, de todas aquelas que tem debaixo do seu governo ou do seu domínio, vede se serão muitos os que no dia do Juízo se achem à mão direita.

§ VII

Mas porque esta regra não é para todos os estados nem para todas as pessoas, concluamos com uma universal, que compreenda a todos, e pela qual possa conhecer cada um o lugar que há de ter no dia do Juízo. Cristo, Senhor nosso, deu hoje sinais para se conhecer ao longe o dia do Juízo; bem será que saibamos nós também algum sinal por onde possamos conhecer o lugar que nele havemos de ter, e que seja hoje, pois o nosso juízo está mais perto. Para esta demonstração temos um famoso texto da mesma Sabedoria divina, tantas vezes alegada neste ponto, porque em matéria tão grave e tão sólida, não convém nem se requer menor autoridade. No capítulo onze do Eclesiastes, diz assim: "Se a árvore cair para a parte austral, ou para a parte aquilonar, no lugar onde cair, aí ficará para sempre" (Ecl 11,3). — Esta árvore é cada um de nós: cai ou há de cair na hora da morte, e para onde cair naquele momento, aí há de ficar para sempre, porque daquele momento depende a eternidade.

Sendo, porém, quatro as partes universais do mundo para onde pode cair uma árvore, o norte, que é o aquilão, o sul, que é o austro, o leste, que é o levante, o oeste, que é o poente, faz menção o texto somente da parte austral, que é a direita do mundo, e da parte aquilonar, que é a esquerda, porque o homem só pode cair para uma destas duas partes, ou para a mão direita, com os que se salvam, ou para a esquerda, com os que se condenam.

Mas como poderá esse homem adivinhar este grande segredo? Como poderá conhecer desde agora o lugar que há de ter no dia do Juízo, e se há de ficar à mão direita ou à esquerda? Também disto quis a Providência divina que tivéssemos um sinal muito claro e muito certo, e esse é o mistério com que o Espírito Santo o reduziu todo à semelhança da árvore quando cai: "No lugar onde cair a árvore". Uma árvore, antes de se cortar, não se conhece muito fácil e muito naturalmente para que parte há de cair? Pois assim o pode conhecer cada um de si dentro em si mesmo. E se não entendeis ainda, e me perguntais o modo, ouvi-o da boca de São Bernardo, o qual com grande propriedade e clareza o ensina por estas palavras: "Onde cairá a árvore? Se quiseres saber, considera os seus ramos: onde houver maior abundância deles e mais peso, não duvides que para lá ela cairá"[8]. Se quereis saber para onde há de cair a árvore quando for cortada, olhai para ela, e vede para onde inclina com o peso dos ramos. Se inclina para a parte direita, para a parte direita há de cair, e pelo contrário, se o peso a tem dobrado para a parte esquerda, da mesma maneira há de cair para a parte esquerda, e uma e outra coisa é sem dúvida. "Não duvides". — Olhe agora cada um, e olhe bem para a sua alma, para a sua vida e para as suas obras, que estas são os ramos da árvore. Se vir que são de fé, de piedade, de temor de Deus, de obediência a seus preceitos, de religião, de oração, de mortificação das próprias paixões, de verdade, de justiça, de caridade, enfim, de pureza de consciência, de frequência dos sacramentos e das outras virtudes e obrigações do cristão, entenda que, perseverando, há de cair sem dúvida para a mão direita. Mas se as obra pelo contrário, são de liberdade e soltura de vida, de ambição, de cobiça, de soberba, de inveja, de ódio, de vingança, de sensualidade, de esquecimento de Deus e da salvação, sem uma muito resoluta e verdadeira emenda e perseverança nela, entenda da mesma maneira que a árvore há de cair para a mão esquerda, e que tem certa a condenação.

Dir-me-eis, ou dir-vos-á o diabo, que entre a árvore e o homem há uma grande diferença, porque a árvore, depois que está robusta e crescida, não se pode dobrar, mas o homem, que é árvore com alvedrio e uso de razão, ainda que agora esteja tão inclinada, com o peso dos vícios, para a mão esquerda, em qualquer hora que se quiser voltar para a direita, com o arrependimento dos pecados e emenda deles, o pode fazer. Assim é, ou assim poderá ser alguma vez, e assim o insinuou o mesmo S. Bernardo, acrescentando às palavras referidas: "Se contudo for então cortada". Mas no dia do Juízo veremos que todos os católicos que estão no inferno os levou lá esta mesma confiança ou esta mesma tentação.

S. Pedro, falando da certeza ou incerteza da salvação, e do modo com que não só a poderemos conhecer, mas fazer certa, diz estas notáveis sentenças no primeiro capítulo da sua segunda epístola: "Por isso, irmãos, ocupai-vos em fazer certa a vossa vocação e eleição por meio de boas obras. Fazendo isso, não pecareis. Assim a entrada no reino de Nosso Senhor e Salvador Jesus Cristo ser-vos-á oferecida generosamente" (2Pd 1,10s): Se duvidais, cristãos, diz São Pedro, e estais incertos de vossa salvação, aplicai-vos com todo cuidado a fazer boas obras, e logo a fareis certa. — A palavra "certa", no original grego, em que escreveu São Pedro, ainda tem mais apertada significação, porque quer dizer: "Firme, estável e imutável", isto é, tão certa, firme e segura, que se não possa mudar. E por que seguram tanto as boas obras a certeza da salvação, que a fazem infalível e imutável? O mesmo Príncipe dos Apóstolos dá imediatamente a razão: "Fazendo isso, não pecareis". Porque fazendo boas obras com o cuidado e diligência que digo, jamais caireis em pecado grave. — Donde se seguirá que certamente se vos abrirão com largueza as portas do céu, e entrareis a gozar o reino eterno de Nosso Senhor e Salvador, Jesus Cristo: "Assim a entrada no reino de Nosso Senhor e Salvador Jesus Cristo ser-vos-á oferecida generosamente". Comentando este texto, o Padre Cornélio a Lapide[9], autor doutíssimo e eruditíssimo, e que nas Sagradas Escrituras busca sempre o sentido genuíno e sólido, depois de disputar teologicamente a matéria, reduz a forma silogística toda a sentença do Apóstolo, e diz assim: "Este é o silogismo de São Pedro. Quem não peca, e se conserva puro de pecado, este faz certa a sua vocação e eleição tanto para a graça, quanto em consequência para a glória. Ora, quem se ocupa e se dedica a boas obras, este não peca. Logo, quem se ocupa e se dedica a boas obras, faz certa a sua vocação e eleição". Quer dizer: Aquele que se conserva sem pecado, sem dúvida faz certa a sua salvação; aquele que se emprega com diligência em boas obras, conservar-se-á sem pecado: logo, aquele que se empregar assim em boas obras, faz certa a sua salvação.

A menor, ou segunda proposição deste silogismo, como verdadeiramente é notável, assim parece também dificultosa, se não fora revelação canônica e definição expressa de São Pedro, com a cláusula mais universal que pode ser: "Fazendo isso, não pecarás". Eu bem sei que as boas obras só podem merecer *de congruo*[10] a perseverança e graça final. Mas essa mesma congruência, a qual tem o efeito dependente da aceitação e vontade divina, depois de S. Pedro declarar que o dito efeito é certo, fica fora de toda a dúvida e contingência. Sendo pois assim, como parece que não pode deixar de ser, toda a consequência das três proposições do Apóstolo corre formalmente, porque a terceira segue-se com certeza da segunda, e a segunda da primeira. A primeira assenta o fundamento das boas obras: "Em fazer certa a vossa vocação e eleição por meio de boas obras". A segunda mostra os efeitos das mesmas boas obras, que é a perseverança: "Fazendo isso não pecarás". E a terceira conclui com o fim e prêmio da mesma perseverança, que é a salvação e reino do céu: "Assim a entrada no reino de Nosso Senhor ser-vos-á oferecida generosamente".

Contudo, vindo ao rigoroso exame desta certeza e da qualidade ou qualificação dela, a sentença comum dos Teólogos é que deste texto de S. Pedro só se convence certeza moral, quanta podemos ter naturalmente, sem revelação. Comparada, porém, qualquer revelação não canônica com as boas obras, eu antes quisera a certeza das boas obras que a da revelação, porque a revelação não me pode salvar sem boas obras, e as boas obras podem-me salvar sem revelação. Outros querem que a certeza de que fala o Apóstolo seja maior que moral, porque, com certeza somente moral, pode ser a salvação incerta. Mas a incerteza da salvação com boas obras, em opinião que eu muito venero, também é certeza. Perguntou uma vez meu padre Santo Inácio ao Padre Diogo Laíncz, aquele tão celebrado teólogo do Papa no Concílio Tridentino, qual de duas escolheria, se Deus as pusesse na sua eleição: ou ir logo para o céu com certeza, ou ficar servindo a Deus neste mundo com incerteza da salvação? Laínez respondeu que escolheria ir logo para o céu; Santo Inácio, porém, lhe disse que ele antes elegeria ficar servindo a Deus, posto que com incerteza de se salvar: "Preferia viver incerto da bem-aventurança, e entrementes servir a Deus, do que certo de sua glória logo morrer". Assim o refere a Igreja na lenda do mesmo Santo, aprovando e canonizando esta sua resolução. Mas se esta resolução, ao que parece, era tão arriscada, como a louva e põe por exemplo a Igreja? E como elegeu também esta parte um espírito tão alumiado como o de Santo Inácio, trocando a certeza da salvação pela incerteza? Porque a incerteza da salvação, sobre servir a Deus e fazer boas obras, como era neste caso, é uma incerteza tal que vem a ser a maior certeza. Assim o julgou e declarou logo o mesmo Santo Inácio, cujo juízo e espírito foi um dos maiores oráculos da sua idade e o será de todas.

Mas porque a doutrina geral, em matéria de tanto peso, não deve ser Heroica, senão vulgar e alheia de toda a dúvida ou controvérsia, concluo o que prometi com duas sentenças dos dois príncipes da Teologia e Filosofia, Santo Tomás e Aristóteles. Santo Tomás, no artigo oitavo da Questão 23, diz assim: "Portanto, é preciso que os predestinados se esforcem em agir bem e em rezar, porque é por esse meio que o efeito da predestinação se realiza com certeza"[11]. Tinha dito que na ordem da predestinação divina se contêm também as nossas boas obras, por meio das quais se alcança a salvação, e sem as quais se não pode alcançar, e conclui que todos se devem aplicar com toda a eficácia ao exercício das ditas boas obras, porque por elas conseguirão o efeito e fim da predestinação, e isto não em dúvida, senão "com toda a certeza". Digo com toda, porque o Doutor Angélico não limita nem distingue grau ou qualidade nela. Mas porque alguns dos seus intérpretes[12] querem que fale somente de certeza moral, que é o que comumente e quase sempre sucede, esta, quando menos, é a certeza com que cada um pode conhecer hoje o lugar da mão direita ou esquerda que há de ter no dia do Juízo. E porque, em negócio de salvar ou não salvar, não é necessária maior certeza para o justo receio e cuidado de cada um, também esta deve parecer bastante a todos para o desempenho da minha promessa. Porque, como diz Aristóteles no Livro primeiro das Éticas, nenhum sábio deve procurar nem desejar maior certeza que a que pode ter a matéria de que se trata: "É próprio do sábio procurar aquela certeza segundo o gênero de cada uma, na medida em que a natureza da coisa consente"[13].

O que resta é que cada um olhe atentamente e com a devida consideração para a árvore da sua vida, e que examine e veja, sem engano do amor-próprio, se os ramos das suas obras pesam para a mão direita ou para a esquerda. E para que esta vista seja tão clara e certa, como quem vê de muito perto, e não de longe, só lembro por fim a todos o que a todos pregava S. João Batista: "Já está posto o machado à raiz da árvore" (Lc 3,9). Para qualquer parte que a árvore penda, e qualquer que ela seja, já o machado está posto às raízes. — Cada dia e cada hora é um golpe que a morte está dando à vida. E reparem os que a fazem tão delicada, que para derrubar as árvores grossas são necessários muitos golpes; para as delgadas basta um. Cristo, Senhor e Redentor nosso, que tanto deseja e tanto fez e padeceu por nossa salvação, nos desenganou hoje, que o nosso juízo não há de passar dos cem anos: "Esta geração não passará enquanto não se cumprirem todas estas coisas". Mas advirtamos que não nos promete que havemos de chegar a esses cem anos, nem aos noventa, nem aos oitenta, nem a dez, nem a um, nem a meio, antes nos avisa que o dia pode ser este dia e a hora esta hora. O mesmo Senhor, por sua misericórdia, no-la conceda a todos tão feliz que todos naquele dia nos achemos à sua mão direita, e nos leve consigo a gozar daquela glória que se não alcança senão por boas obras, ajudadas da sua graça. Amém.

Deus seja louvado.

NOTAS

SERMÃO DA RAINHA SANTA ISABEL (1674) [p. 9-23]

* Rainha Santa Isabel (1271-1321). Diz Vieira: "Filha de um rei, Pedro III de Aragão, o Grande (1234-1285), em quem estavam unidos os brasões de todos os reis da Europa. Mulher de um rei, Dionísio (Dinis) de Portugal, o Cancioneiro (1261-1325), que foi árbitro dos reis em todos os pleitos que tiveram em seu tempo as Coroas de Espanha. Mãe de um rei, Afonso IV de Portugal, o Bravo (1291-1357), de quem descendem todos os monarcas e príncipes da Cristandade".

1. Plínio, o Velho (23-79), De Summa Felicitate em *Historia Naturalis*, Liber VII.
2. O Abulense (Alfonso de Madrigal — "El Tostado" [1410-1455]). Humanista e teólogo, foi professor em Salamanca e, posteriormente, bispo de Ávila. Suas obras foram editadas em vinte volumes, entre elas: *De Potestate Papae*, *De Beata Trinitate*.
3. Santo Agostinho (354-430), ML 38 em *Sermones ad Populum. Classis II. De Tempore. Sermo CXXI, In Natali Domini VII*, cap. II, 2, De Nativitatae Christi, col. 1008.
4. Papa São Leão Magno (440-461). Durante o seu pontificado aconteceu o Concílio de Calcedônia (451), o 4º Ecumênico.
5. Vale das Salinas: a respeito desta designação, anotamos aqui outra observação de Vieira sobre o mesmo Mar Morto, no Sermão do Santíssimo Sacramento, v. I, parágrafo V, em que diz: "o que nós hoje chamamos Mar Morto, e naquele tempo se chamava Vale das Salinas... porque só se tirava dele sal". No *Dictionnaire de la Bible*, de Vigouroux, entre os vários nomes por que é designado o Mar Morto, não consta essa denominação de Vale das Salivas.
6. São Basílio de Selêucia († 468), MG 85 em *Sermões sobre as Escrituras*.
7. São Jerônimo (347-420), em *Epistolário* I, 60, 3, a Heliodoro [*Elogio Fúnebre de Nepociano*], p. 586, BAC, Madrid, 1993.

SERMÃO DA GLÓRIA DE MARIA, MÃE DE DEUS (1644) [p. 25-39]

1. Sêneca, o Velho, (4 a.C.-65 d.C.), em *De Beneficiis*, Liber III.
2. Ovídio (43 a.C.-18 d.C.), no Livro XV das *Metamorfoses* v. 750.
3. Plutarco (45-125), no Livro *In Alexandrem* (no Brasil: *Vidas paralelas de Alexandre e César*).
4. Cláudio Claudiano (370-404), em *Panegyricus in Laudem Honorii*.
5. Sidônio Apolinar (432-482), bispo francês de Avernum (Clermont Ferrand), na Carta a Audaz, prefeito dos reis godos.
6. Horácio (65 a.C.-8 a.C.), no Livro III das *Odes* VI, 46.
7. São Gregório de Nazianzo (Nazianzeno) (329-389), MG 35s, Cartas 1 e 2 para Nicóbulo (senador), o pai, e para Nicóbulo (Junior, o filho).

8. Santo Agostinho (354-430), ML 33, *Carta a Juliana*, mãe de Demétria (Demetriades em latim). São Jerônimo (347-420), *Carta a Demétria*, escrita em 414, em Biblioteca de Autores Cristianos, Madrid MCMXCV, v. 549, San Jerônimo, *Epistolário* II, n. 130.

SERMÃO DA PRIMEIRA DOMINGA DA QUARESMA (1655) [p. 41-59]
1. Ostende, cidade belga na província de Flandres Ocidental. Entre 1601 e 1604, aconteceu o Cerco de Ostende, iniciado pelo arquiduque da Áustria, Alberto, com o apoio de tropas espanholas. Vieira cita Londin, na *História de Flandres*.
2. Sêneca, o Velho (4 a.C.-65 d.C.), em *De Beneficiis*, Liber VII.
3. Santo Ambrósio (339-397), ML 15 em *Expositio Evangelii Secundum Lucam*, Libris Decem Comprehensa, Liber IV, vers. 5, col. 1620 A.
4. Santo Antonino (1389-1459), dominicano, foi arcebispo de Florença. Combateu o neopaganismo renascentista, deixando escritos teológicos de valor.
5. Santo Agostinho (354-430), ML 44 em *De Anima Et Ejus Origine*, Libri Quatuor, passim.
6. Haymo von Halberstadt ou Haimon († 853), monge beneditino alemão; bispo de Halberstadt, reconhecido como exegeta bíblico e historiador.
7. Neste tempo foi degolado o rei da Inglaterra, Carlos I, em 1649.
8. Fala alternadamente com Deus e com o rei.

SERMÃO DA TERCEIRA QUARTA-FEIRA DA QUARESMA (1669) [p. 61-83]
* Em 1670 Vieira se encontra em Roma. A data provável deste Sermão seria 1669.
1. Plínio, o Jovem (61-114), sobrinho de Plínio, o Velho, que o adotou. O *Panegírico de Trajano* (100) é o seu único texto. Escritor, relatou a erupção do Vesúvio (79) e se conservaram 247 cartas escritas a amigos.
2. Plínio, o Velho (23-79), em Prefácio da *Historia Naturalis*, cf. *Dictionnaire historique et critique par Pierre Bayle*, p. 476, n. 57.
3. São Pedro Crisólogo, MG 52, em *Sermões*. Sermão sobre os dois filhos, o pródigo e o bem comportado.
4. Dom João II (1455-1495), o 13° rei de Portugal.
5. Bartolo de Sassoferrato (1313-1357), jurisconsulto medieval. Martin Azpicuelta Navarro (Doctor Navarrus) (1491-1586), teólogo moralista, escreveu *Manuale Confessariorum*.
6. Filo [Filon] de Alexandria (25 a.C.-50 d.C.), elaborou uma síntese entre a Bíblia e Platão.

SERMÃO DE SANTO ANTÔNIO (1670) [p. 85-96]
1. Juramento de Dom Afonso Henriques (1109-1185), em *Monarquia Lusitana*, Tomo III, p. 127ss, escrito em Coimbra em 1152.
2. Santo Agostinho (354-430), ML 39 em *Sermones Suppositi*. Classis IIII. De Diversis. In Ascensione Domini IV, 2, Angelorum Admiratio.
3. Na Vulgata: *Qui ascendes super equos tuos, et quadrigae tuae salvatio*: Tu, que montas sobre os teus cavalos, e os teus carros são a nossa salvação (Hab 3,8). No versículo 15 porém, lê-se: *Viam fecisti in mari equis tuis, in luto aquarum multarum*: Tu abriste um caminho aos teus cavalos no mar, através do atoleiro de muitas águas (Hab 3,15).
4. Francisco Vatablo († 1547), professor e intérprete de Aristóteles. São Cornélio Papa († 253). Maluenda (1566-1628), religioso dominicano e exegeta notável. Tomás Bósio (1548-1620), membro da congregação do Oratório, fundada por S. Filipe de Néri.
5. Santo Agostinho (354-430), ML 41 em *De Civitate Dei*, Libri XXII, Liber XVI, cap. IX, col. 487.
6. São Sulpício Severo (c.364-c.430), ML 20 em *Chronicorum*, Quae Vulgo inscribuntur Historia Sacra Libri Duo, Liber I, XLVIII, col. 124D.
7. Gregório IX (1170-1241), papa a partir de 1227. Dom Manoel (1469-1521), 14° rei de Portugal. Leão X (1475-1521), papa a partir de 1513.
8. Nas armas de Clemente X (1590-1676), papa a partir de 1670, havia seis estrelas.

SERMÃO DE S. ROQUE (1644/1646) [p. 97-117]
* São Roque (início do século XIV), peregrino à Terra Santa, permaneceu na Itália atingido pela peste. Dedicou-se aos doentes em várias cidades. Contraindo a doença, retornou à sua cidade natal, onde faleceu. Suas relíquias estão em Veneza. É o padroeiro dos inválidos.
1. Em 1645, nova epidemia de peste assolou a cidade de Tavira no Algarve. Durou cerca de um ano. A data provável deste Sermão seria 1644-1646.
2. São João Crisóstomo (347-407), MG 47-63, em *De poenis impiorum* — De inferno.
3. Santo Agostinho (354-430), ML 35 em *In Evangelium Joannis Tractatus* CXXIII, 5, col. 1967.
4. Tertuliano (160-230), ML 2 em *De Praescriptionibus Adversus Haereticos*, cap. XIV col. 28A. Cf. Justiniano (483-565), imperador, em *Corpus Iuris Civilis* (Codex, Liber I, 1.5.0), e William Ockham (1285-1347), em *Dialogus Pars* I, c. 5.
5. Texto hebraico. A Vulgata diz: *Ero mors tua, o mors!* (Eu serei tua morte, ó morte).
6. São João Crisóstomo (347-407), MG 49, em *Homiliae duae de Cruce et Latrone*.
7. Santo Atanásio (295-373), MG 27, em *Ex Commentariis in Lucam/Fragmenta in Mathaeum*.
8. Concílio de Constança (1414-1418), sendo papa Martinho V — com a renúncia de Gregório XII.

SERMÃO DE S. PEDRO NOLASCO (1657) [p. 119-135]
* São Pedro Nolasco (1189-1245), leigo, fundou em 1218 a Ordem de Nossa Senhora das Mercês, Mercedários, que se dedicou a resgatar cristãos presos ou escravos no norte da África.
1. Sêneca, o Velho (4 a.C.-65 d.C.), em *De Beneficiis*, Liber II.
2. Assim, Francisco Suárez (1548-1617) pela versão de São Basílio (319-379), "mendigou". Cornélio a Lapide (1567-1637), pela versão de Erasmo de Roterdã (c. 1466-1536), "se fez pobre".
3. Santo Tomás de Aquino (1225-1274), em *Suma Teológica*, Parte III, questão 40, artigo 3. Cf. *Suma Teológica*, Edições Loyola, São Paulo, 2006, v. VIII.
4. Tertuliano (160-230), ML 2 em *Adversus Marcionem Libri* V, Liber I, cap. XIV, col. 262A.
5. Nicolau de Lira (1270-1349), em *Postillae litterales et morales in Novum et Vetus Testamentum*.
6. Calisto III (1378-1458), papa a partir de 1455. Foi professor de direito na Universidade de Lérida (Espanha) e bispo de Valência. Urbano VIII (1568-1644), papa a partir de 1623, encorajou a vida religiosa aprovando novas ordens religiosas. Martinho V (1368-1431), papa a partir de 1417, eleito no Concílio de Constança.
7. *Quam mihi magis optandam putarem?* Cicero, *Oratio pro P. Sestio*.

SERMÃO DA SEXTA SEXTA-FEIRA DA QUARESMA (1662) [p. 137-151]
1. Santo Agostinho (354-430), ML 38 em *Sermones Ad Populum*. Classis I. De Scripturis Sermo LXXXVII, cap. II, 3, col. 531.
2. Aristóteles (384 a.C.-322 a.C.), nasceu em Estagira. Passou por Atenas, Assos e Mitilene antes de se tornar tutor do futuro Alexandre Magno. Em 336 volta para Atenas e inicia uma escola (o Liceu) promovendo um amplo programa de estudos, inclusive de ciências naturais. Cf. *De Republica sive Politica* (Bk 1252). Xenofonte (427 a.C.-355 a.C.), ateniense, discípulo de Sócrates e militar, participou de várias campanhas inicialmente a favor Ciro, o Jovem e depois aliado aos espartanos. Cf. *Apologia de Sócrates* (Nova Cultural). Tácito (55-120), conhecido por suas obras, uma vez que são poucos os dados sobre sua infância e juventude. Chegou a ser cônsul em Roma. Cf. *Historiae* e *Annales* que relatam os acontecimentos, ano por ano, de 14 a 68 e de 69 a 96, respectivamente.
3. São Cipriano (200-258), ML 4, Cf. *Epistolae*, Epistola XXXI, Cleri Romani ad Cyprianum, V, col. 313A.
4. Juramento de Dom Afonso Henriques (1109-1185), em *Monarquia Lusitana*, Tomo III, p. 127ss, escrito em Coimbra, em 1152.

SERMÃO DA QUINTA DOMINGA DA QUARESMA (1651) [p. 153-169]

1. 1Ped. 3,20. O mesmo diz São João Damasceno (675-749), na *Epístola a Epictecto* [referência do autor].
2. Que Cristo desceu até o inferno dos condenados é sentença de Santo Agostinho (354-430), Santo Ambrósio (339-397), São Fulgêncio de Ruspe (467-532), São Gregório de Nissa (335-394), São Cirilo de Jerusalém (315-386), São Eusébio de Emessa (300-358) e de outros que o cardeal Belarmino (1542-1621) cita no Livro IV *De Cristi Anima*, cap. 16 [referência do autor].
3. Santo Tomás de Aquino (1225-1274), *Suma Teológica*, Parte III, questão 52, art. 4, ad 2. Cf. *Suma Teológica*, São Paulo, Edições Loyola, 2002, v. II.
4. São Clemente I (romano), papa (91-101), em *Liber I Recognitionum* (MG 1 col. 1157). Santo Epifânio (315-403), em *Praefatio in Panarium Sive Arcula Adversus Octoginta Hæseses* (MG 41 col. 174). São Cirilo de Alexandria (380-444), em *Adversus Julianum Imp. Libri Decem*, Liber I et III (MG 76 col. 490). São João Damasceno (675-749), em *Initium Libri de Hæresibus* (MG 94 col. 678). São Jerônimo (347-420), *Commentariorum in Osee Prophetam*, Libri Tres (ML 25). Eusébio de Cesareia (263-337), *Chronicorum Libri Duo* (MG 19 col. 99-313) no *Livro das Crônicas* [referências do autor].
5. Santo Agostinho (354-430), ML 32, *Confessionum Libri Tredecim*, Liber IV, cap. XII, 18 (col. 701).
6. À margem do texto o Autor indica apenas o nome do "gentio" a que se refere: Sêneca (4 a.C.- 65 d.C.).
7. São Pedro Crisólogo (406-450), ML 52 em *Sermones*, Sermo XXV, col. 271C.
8. Na Vulgata: "E Jonas começou a entrar na cidade, andando por ela um dia...".
9. Cardeal Barônio (1538-1607), em *Annales Ecclesiastici*. Os Anais Eclesiásticos relatam, em 12 volumes, a história da Igreja do início (260) até o ano de 1189.

SERMÃO DE NOSSA SENHORA DA GRAÇA (1651) [p. 171-190]

1. Hb 11,21 — Vulgata: Pela fé, José, antes de morrer, abençoou cada um dos filhos, e adorou a extremidade de seu bastão (*et adoravit fastigium virgae eius*). O texto a que se refere a Carta aos Hebreus: Gn 47,31 — Vulgata: "Ele adorou voltado para a cabeceira do leito (*Adoravit Israel Deum conversus ad lectuli caput*).
2. Santo Tomás de Aquino (1225-1274), em *Expositio super Salutatione Angelica*, videlicet Ave Maria, *Suma Teológica*, Parte III, questão 27, artigo 5. Cf. *Suma Teológica*, Edições Loyola, São Paulo, 2002, v. VIII.
3. Domingos de Soto (1495-1560), dominicano, professor em Salamanca. Participou do Concílio de Trento.
4. Vieira se detém em cada palavra do texto bíblico citado em latim: "*Egressus ejus* [saídas dele] *ab initio* [desde o início], *a diebus aeternitatis* [desde os dias da eternidade]".
5. Santo Anselmo (1033-1109), ML 158, *Cur Deus homo Libri Duo*, Liber I, cap. VIII (col. 369B).
6. Santo Alberto Magno (1193-1280), teólogo, filósofo e cientista; mestre de Santo Tomás de Aquino; professor em Paris e em Colônia. Cf. *Summa de Creaturis*, um comentário ao livro *Sententiarum*, de Pedro Lomardo.
7. Santo Agostinho (354-430), passim em ML 32 *Confessionum Libri Tredecim*. Cf. ML 37 em *Enarrationes In Psalmos*, In Psalmum XCVI Enarratio, 19, n. 112.
8. Lucrécio (99 a.C.- 55 a.C.), poeta romano e filósofo epicurista. Sua única obra conhecida é o poema épico, escrito em hexâmetros, *De Rerum Natura Libri Sex*.
9. Guerrico d'Igny (1080-1157), abade cisterciense. ML 185 em *Sermones Per Annum*, In Assumptione B. Mariae, Sermo II De Mutuo Amore Jesu et Mariae, 6, col. 193C.
10. Santo Agostinho (354-430), ML 33 em *Epistolae*. Epistola CCXLIII Augustinus Laeto, 9, col. 1058.

11. Eusébio Emisseno († 359), bispo de Emessa (Homs), na Síria. Discípulo de Eusébio de Cesareia, estudou em Antioquia e Alexandria. Vieira o cita com frequência. Cerca de quarenta homilias foram traduzidas ao latim.

SERMÃO DE S. ANTÔNIO [AOS PEIXES] (1654) [p. 191-210]
1. São Basílio Magno (319-379), irmão de São Gregório de Nissa. MG 31 Cf. *Homiliae et Sermones*, col. 163; *Moralia*, col. 700.
2. São Gregório de Nazianzo [Nazianzeno] (329-389), MG 37.38. Cf. *Carminorum Libri Duo*, col. 398-1586. Sua obra poética é imensa e compreende cerca de 17.000 versos.
3. É a tradução dos LXX [Septuaginta]. A Vulgata traduz: "E o Espírito de Deus se movia sobre a face das águas".
4. Santo Agostinho (354-430), ML 36 em *Enarrationes in Psalmos*, In Psalmum LXIV Enarratio, Sermo Ad Plebem, 9, col. 780. Cf. In Psalmum XXXIX, 9, vers. 6-9, col. 440.
5. Sêneca, o Velho (4 a.C.-65 d.C.), em *Tiestes*, Ato III, Cena III, 607, 9, tradução de J. A. Segurado e Campos, Editorial Verbo, 1996, p. 84 e 85.
6. Santo Agostinho (354-430), ML 36 em *Enarrationes in Psalmos*, Sermo, In Psalmum XXXVIII, 11, vers. 7, col. 422.
7. São Máximo de Turim († 423), ML 57 em *Homiliae in quatuor classes distributae*, Classis Tertia, De Sanctis, Homilia LXXII, col. 406A.

SERMÃO PARA O DIA DE S. BARTOLOMEU (1670/1674) [p. 211-224]
1. Teofilato († 1118), arcebispo de Ochrida na Bulgária. MG 123, em *Argumentum in Evangelium secundum Lucam*, col. 686-1110.
2. O Abulense (Alfonso de Madrigal — "El Tostado" [1410-1455]), bispo de Ávila. Em *Commentarius super Primum Librum Regum et super Secundum Librum Regum*.
3. Diz o ditado: "A virtude não está na quantidade, mas na qualidade".
4. São Pascásio Radberto (790-860). ML 120, passim em *Expositio in Evangelium Mathaei*, col. 31A-994C.
5. *In pectore*: no peito, intimamente, em segredo. Emprega-se para designar um cardeal que o papa nomeou e cujo nome não tornou público.
6. Plínio, o Velho (23-79), em *Historia Naturalis*, Liber XXXVII, cap.VI.

SERMÃO DO MANDATO (1645) [p. 225-241]
1. São Bernardo de Claraval (1091-1153). ML 183 em *Sermones in Cantica Canticorum*. Sermo LXXXIII, 4, col. 1183B.

SERMÃO AO ENTERRO DOS OSSOS DOS ENFORCADOS (1637) [p. 243-256]
1. Maximiliano I de Habsburgo (1459-1519).
2. Dionísio Areopagita (séc. V-séc. VI). Em *De Divinis Nominibus* [MG 3,729]; citado por Santo Tomás de Aquino, *Suma Teológica*, Parte I-II, questão 19, artigo 6, ad 1. Cf. *Suma Teológica*, Edições Loyola, São Paulo, 2003, v. III.
3. Gaspar Sanches, da Companhia de Jesus, *De prædicatione S. Jacobi in Hispania*, em Prólogos de Pedro Poiares (*Diccionario lusitanico-latino de nomes próprios*).

SERMÃO DA PRIMEIRA DOMINGA DO ADVENTO (1652) [p. 257-280]
1. Cardeal Cusano (1401-1464*)*, *Tractatus de Duratione Mundi* [referência do autor].
2. São Jerónimo (340-420), ML 25, em *Commentariorum in Ioëlem Prophetam*, Liber Unus, cap. II, col. 965B.

3. Santo Hesíquio de Jerusalém (séc. V), MG 93 em *Epistola* 79 [referência do autor].
4. Santo Agostinho (354-430), ML 33 em *Epistolae*, Epístola CXCIX De Fine Saeculi, cap. I, 2.3, col. 906.
5. Sêneca, o Velho (4 a.C.-65 d.C.), em *Dialogi*, De Providentia cap. V.
6. Francisco Suárez (1548-1617), em Tomus 2, in 3 Parte, *Disputationis* 52, Sectio 2 [referência do autor].
7. Papa Inocêncio III (1160-1216), ML 214-217, no Livro 2 do *Desprezo do mundo*.
8. São Bernardo (1090-1153), ML 182-5, em Sermão 49, *Inter Parvos* [referência do autor].
9. Cornélio a Lapide (1567-1637), professor de exegese bíblica em Louvain e em Roma. Comentou grande parte dos livros canônicos.
10. Mérito "de congruo": a recompensa de uma ação pode estar baseada na Justiça (*meritum de condigno*), ou na Equidade ou Congruência (*meritum de congruo*).
11. Santo Tomás de Aquino (1225-1274), *Suma Teológica*, Parte I, questão 23, artigo 8. Cf. *Suma Teológica*, Edições Loyola, São Paulo, 2001, v. I.
12. Gabriel Vásquez (1549-1604), professor de teologia moral em Madrid, Alcalá. Escreveu *Commentarii ac Disputationes in Summam Theologiae Thomae Aquinatis*, Disputatio 92 [referência do autor].
13. Aristóteles (384 a.C.-322 a.C.), Livro I da *Ética* [referência do autor].

SEGUNDA PARTE

Em Lisboa,
Na Oficina de Miguel Deslandes

À sua custa e de Antônio Leite Pereira, Mercador de Livros.

MDCLXXXII

∽

Com todas as licenças e privilégio real.

APROVAÇÕES

Aprovação do M. R. P. M. Fr. João de Deus, da Seráfica Ordem de S. Francisco, Qualificador do Santo Ofício etc.

Vai este Livro, que contém os Sermões do P. Antônio Vieira, da Companhia de Jesus, de vários assuntos, pregados em várias partes, e geralmente aplaudidos em todas. E entre as agudezas deste grande Pregador não há cousa contra nossa Santa Fé, ou bons costumes. São Francisco da Cidade, 17 de janeiro de 1682.

Fr. João de Deus

Aprovação do M. R. P. M. Fr. Tomé da Conceição, da Ordem do Carmo, Qualificador do Santo Ofício etc.

Vi esta **Segunda Parte** dos Sermões do P. Antônio Vieira, da Companhia de Jesus, Pregador de S. Alteza. Em nenhum deles achou cousa alguma contra nossa Santa Fé, ou bons costumes; e me parecem digníssimos da licença, que se pede, para que por meio da estampa se comunique a todos a fecundidade de tão fundo e claro Engenho. Carmo de Lisboa, em 3 de fevereiro de 1682.

Fr. Tomé da Conceição

Aprovação do M. R. P. M. Fr. João da Madre de Deus, provincial que foi da Província de Portugal da Seráfica Ordem de S. Francisco. Pregador de Sua Alteza. Examinador das Três Ordens Militares. E hoje digníssimo Arcebispo da Bahia etc.

Senhor:

Manda-me V. A. que veja a **Segunda Parte** dos Sermões do P. Antônio Vieira, da sagrada Religião da Companhia de Jesus, digníssimo Pregador de V. A. havendo-me já concedido a honra de o informar com o meu parecer, sobre a impressão do primeiro Tomo. E é esta a primeira ventura, que segunda vez se repetiu. As suas Obras são em tudo tão iguais, que o mesmo juízo, que se fez de umas, se deve fazer de todas. E se se lhe pode notar diferença, é a que se acha nas veias das Minas, que quanto mais abertas, dão a prata mais acendrada, e o ouro mais puro. Eu os li com gosto igual à admiração com que este máximo Pregador é venerado em todas as partes do mundo, por Oráculo de todos os Pregadores. Ordinariamente os Sermões lidos são menos agradáveis do que ouvidos; porque lhe falta no papel aquela alma que o espírito dá às palavras, e com que as vozes acompanham as ações. Porém neste papel estão tão animadas as palavras, e tão viva a eloquência, que lhe dá tanta vida a pena, como lhe tinha dado a boca. A linguagem tersa sem afetação, os conceitos sentenciosos sem artifício, a eloquência fecunda sem demasia, tudo tão ajustado às leis de um grande Orador, que em reduzi-lo a termos praticáveis, é este Orador tão singular, que Deus o fez o primeiro. E não sei quando fará o segundo! Unir o eloquente com o sentencioso é felicidade, de que só pode presumir sem vaidade o P. Antônio Vieira; pois admirando a Fama repartidas, em Túlio a eloquência, e em Sêneca as sentenças, vemos nele juntos o sentencioso de um Sêneca e o eloquente de um Túlio. Disse Filo Hebreu que Abraão entre os Eteus foi respeitado por seu Príncipe, porque não usava de palavras que fossem vulgares, mas de razões, que pareciam Divinas: *Honorabantur eum, quasi suum Principem, neque enim sermonibus utebatur vulgaribus, sed Divinitatem quamdam prae se ferentibus.* Nascendo bem a dívida deste respeito ao Autor destes Sermões; pois estilo, razões e conceitos, tudo é tão sobre ao que tem chegado o humano, que se deixa conhecer neles com singularidade uma influência Divina. Salamão repetidas vezes avaliou as Letras em maior preço que o Ouro: *Omne aurum in comparatione illius arena est exigua.* E assim se fora consultado sobre a impressão destes Sermões, creio, que havia de ser de parecer, que ao menos se deviam imprimir com Letras de Ouro. Eu digo o que ele havia de dizer. V. A. como Príncipe tão sábio, mandará o que for mais servido mandar. S. Francisco da Cidade, 26 de fevereiro de 1682.

Fr. João da Madre de Deus

LICENÇAS

DA RELIGIÃO

Eu Antônio de Oliveira da Companhia de Jesus, Provincial da Província do Brasil, por comissão especial que tenho de nosso Muito Reverendo Padre João Paulo Oliva, Prepósito Geral, dou licença, para que se possa imprimir este Livro da **Segunda Parte** dos Sermões do P. Antônio Vieira, da mesma Companhia, Pregador de S. A. O qual foi revisto, examinado e aprovado por Religiosos doutos dela, por Nós deputados para isso. E em testemunho da verdade, dei esta subscrita com meu sinal, e selada com o selo de meu Ofício. Dada na Bahia aos 30 de junho de 1681.

Antônio de Oliveira

DO SANTO OFÍCIO

Vistas as informações, pode-se imprimir a **Segunda Parte** dos Sermões do Padre Antônio Vieira, conteúdos nesta petição. E depois de impressos, tornarão para se conferirem e dar licença, que corram. E sem ela não correrão. Lisboa, 4 de fevereiro de 1682.

Manoel Pimentel de Sousa. Fr. Valério de S. Raimundo

DO ORDINÁRIO

Podem-se imprimir estes Sermões do Padre Antônio Vieira. E depois tornarão para se dar licença para correrem. E sem ela não correrão. Lisboa, 7 de fevereiro de 1682.

Serrão

DO PAÇO

Que se possa imprimir, vistas as licenças do Santo Ofício, e Ordinário. E depois de impresso tornará à Mesa, para se taxar e conferir; e sem isso não correrá. Lisboa, 22 de fevereiro de 1682.

Roxas. Lamprea. Rego. Noronha

Visto constar da folha atrás, estar este Livro conforme com seu Original, pode correr. Lisboa, 24 de novembro de 1682.

Manoel Pimentel de Sousa. Manoel de Moura Manoel. Jerônimo Soares. Fr. Valério de S. Raimundo. João da Costa Pimenta. Bento de Beja de Noronha

Pode correr. Lisboa, 25 de novembro de 1682.

Serrão

Taxam este Livro em doze tostões. Lisboa, 24 de novembro de 1682.

Roxas. Basto. Rego. Lamprea. Noronha

Este livro foi composto nas famílias tipográficas
Liberty e Minion
e impresso em papel *Bíblia 40g/m²*

Edições Loyola

editoração impressão acabamento
rua 1822 n° 341
04216-000 são paulo sp
T 55 11 3385 8500
F 55 11 2063 4275
www.loyola.com.br